ネオアパルトヘイト都市の
空間統治

南アフリカの
民間都市再開発と移民社会

JOHANNESBURG

宮内洋平
Yohei Miyauchi

明石書店

ネオアパルトヘイト都市の空間統治

南アフリカの民間都市再開発と移民社会

*

目　次

序　章　**自由の迷走** ────────────────────────── 1

第1節　問題の所在　*1*

第2節　包摂社会が生み出す排除　*3*

第3節　研究対象・方法　*5*

第4節　調査地　*8*

第1章　**南アフリカと新自由主義** ─────────────── 17

第1節　ポストアパルトヘイト社会の苦悩　*17*

現代南アフリカの「社会的なもの」　*17*

ポストアパルトヘイトの治安と不安　*22*

ゼロ・トレランス政策　*24*

第2節　新自由主義時代の生権力論　*30*

略奪による蓄積　*32*

資本主義と生権力　*34*

第2章　**例外空間と構造的不正義** ─────────────── 43

第1節　新自由主義が生み出す例外空間　*43*

第2節　要塞都市ヨハネスブルグ　*47*

Sandton（サントン）　*48*

ゲーテッド・コミュニティ　*50*

第3節　新自由主義時代のコミュニティ統治　*56*

大監禁時代の復活　*57*

過剰包摂型社会の相対的剥奪感　*59*

コミュニティの希求　*61*

第4節　地理的不均等発展と公共空間　*65*

第5節　構造的不正義に抗する空間的正義　69

第3章　アパルトヘイトとフォーディズム　79

第1節　フォーディズムの統治性　79

第2節　アパルトヘイトの移民労働システム　81

第3節　アパルトヘイト都市と人種的フォーディズム　85

　　　ヨハネスブルグの「産業革命」　86

　　　アパルトヘイト都市の規律権力　88

第4節　新自由主義とアパルトヘイト撤廃　91

第5節　ポストフォーディズムの統治性　93

第4章　インナーシティの空間編成史　99

第1節　インナーシティの創造的破壊　99

第2節　インナーシティのスーパーブロック化（1970〜1990年）
　　　100

第3節　インナーシティの放棄（1990〜2000年）　105

第4節　インナーシティのプライベート都市化（2000年〜現在）
　　　109

　　　インナーシティ再生計画　109

　　　米国の都市再生モデルの移植　114

　　　ヨハネスブルグの都市改良地区化の過程　116

　　　法定都市改良地区の理念と仕組み　120

　　　ヨハネスブルグの都市改良地区の種類　124

　　　インナーシティの都市改良地区　128

　　　住宅都市改良地区　130

　　　商業都市改良地区　133

第5章 ヨハネスブルグのクリエイティブ産業 ………… 137

第1節 ポストフォーディズム時代の都市間競争 137

第2節 ヨハネスブルグの新進黒人アーティスト 141

アーティストとギャラリスト 141

海外文化機関とアーティスト・プラットフォーム 147

アーティストの仕事場 150

August House 152

第3節 Joburg Art Fair 156

第4節 アートフェアとグローバル都市 161

第6章 「光の都市」の誕生 ……………………………………… 167

第1節 ボヘミアンのノスタルジア 167

第2節 文化主導インナーシティ再生 169

Newtown 171

Braamfontein 175

第3節 「光の都市」の成長戦略 179

クリエイティブ・コミュニティづくり 181

単独デベロッパーによる開発 184

Maboneng 開発資金 187

開発物件の概要 191

洗練された空間デザイン 207

街のブランディング 211

第7章 「闇の都市」に生きる移民 ………………………… 217

第1節 「黄金の都市」の希望と絶望 217

Jeppestown の混沌　*220*

第2節　インナーシティのインフォーマル経済　*226*

　　　　Jeppe 駅前マーケット　*229*

　　　　複雑な感情　*234*

　　　　「闇の都市」の起業家精神　*237*

　　　　廃品回収人　*241*

　　　　自動車修理工　*246*

　　　　労働者の食堂　*249*

　　　　一掃作戦　*252*

第3節　脅かされる貧困層の住まい　*256*

第4節　労働者ホステルから失業者ホステルへ　*264*

　　　　ホステルの記憶　*264*

　　　　Jeppe Hostel の現在　*267*

第8章　「光の都市」のネオアパルトヘイト　277

第1節　批判にさらされる「光の都市」　*277*

第2節　ヨハネスブルグのジェントリフィケーション　*280*

第3節　インナーシティ開発業者が求められる倫理　*285*

第4節　インナーシティのネオアパルトヘイト　*288*

　　　　Jeppestown に生まれた壁　*288*

　　　　インナーシティ再開発とジェントリフィケーション批判　*290*

　　　　消費空間の分断　*293*

　　　　Maboneng と周辺地区の価格差　*295*

第9章　「光の都市」の社会工学　299

第1節　包摂的コミュニティへの転換　*299*

Maboneng 2.0　*300*

包摂的コミュニティづくりのハブ　*303*

包摂的コミュニティづくりのアイデア　*306*

海外学術機関と Maboneng　*312*

第2節　「光の都市」の起業家精神　*315*

シェアオフィス　*316*

起業家ネットワーク　*320*

国際 NGO　*324*

社会起業家　*330*

第3節　都市改良地区というアーキテクチャ　*334*

第4節　「光の都市」のセキュリティ　*343*

Maboneng の警備体制　*345*

監視のなかの「自由」　*350*

第5節　「場所づくり」とグラフィティ　*353*

第10章　「光の都市」の葛藤 ·················· *359*

第1節　アイデンティティ政治　*359*

「白人植民地」からの挑戦　*359*

ラスタファリアン　*361*

脆く儚いアイデンティティ　*362*

アジアと精神世界　*363*

肌の色の話　*364*

反消費主義　*364*

第2節　奇妙な Maboneng　*366*

Maboneng に相応しいマイノリティ　*370*

包摂的コミュニティの理想との乖離　*372*

第3節　境界侵犯　*374*

　　ボーダーレス・ゴート　*374*

　　安全地帯からの脱出　*375*

　　宝（ガラクタ）探し　*379*

第4節　「闇の都市」のアジール　*381*

第5節　アフロフューチャリズム　*383*

第6節　批評空間の提供　*388*

第7節　包摂とは何か？　*393*

終章　正義への責任のために　*401*

第1節　論点の整理　*401*

第2節　救済の物語が生み出す社会的分離　*402*

第3節　新たな生権力の担い手たち　*403*

第4節　構造的不正義に抗する民主主義をめざして　*405*

　　参考文献　*407*

　　インフォーマント　*430*

　　あとがき　*434*

序章　自由の迷走

第1節　問題の所在

　アパルトヘイトという暴力的な抑圧装置による不正義がまかり通っていた時代を、民衆の力によって終わらせ、民主制のもとで新生南アフリカが誕生したのは1994年のことであった。南アフリカは世界でもっとも先進的であると評される憲法のもとで、人種融和を掲げて、新しい社会づくりを進めてきた。民主化から20年あまりが経ち、南アフリカはG20の一員として、BRICsの一員として、アフリカ大陸における経済大国として、援助ドナー国として、2010年サッカー・ワールドカップの開催国として、世界の表舞台で活躍が目立つようになってきた。緩やかにだが経済成長は続き、比較的安定した政権運営が営まれ、「ブラック・ダイヤモンド」と呼ばれる黒人中間層が生まれてきたことなどは、評価されるべきことなのかもしれない。

　だが残念ながら、民主化後20年を手放しで祝福出来る状況ではないというのが、大方の南アフリカ人の心情であろう。アパルトヘイト撤廃後、さまざまな希望に燃えて再興された南アフリカだが、グローバル経済への再統合に必死になったあげく、IMFと世界銀行に説得されたり強制されたりして新自由主義の方針を受け入れ［クライン 2011: 273-306］、そのあまりに当然の帰結として、今や経済的アパルトヘイトが、以前から存在している人種的アパルトヘイトを広範に強化している現実がある［ハーヴェイ 2007: 160-161］。新聞やテレビは、政治家や政府高官による汚職、公共財の私物化、行政サービスの停滞、人種差別、外国人排斥、治安の悪化、暴力の蔓延、所得格差の拡大、貧困といった負のニュースで溢れかえっており、民衆の怒りは高まっている。

　政治地理学者のPatrick Bondは「1994年以降選出された4人の大統領は国家

の富の再分配と徹底的な参加型民主主義の構築に失敗したため、抗議行動、ポピュリストによる民衆扇動、無関心に覆われてしまった」と嘆き [Saul & Bond 2014: 146]、社会運動家の Thembani Ngongoma は「貧困層の実状を中間層は知らない。ただニュースのヘッドラインで抗議行動を繰り返す怒れる者の姿を目にするだけだ。民主主義を追求するためには、貧しき者を暴力的で、非合理で、政治に値しない犯罪者とみなす風潮をただちに止めなければならない。施政者は民衆の存在なくして自分たちの存在はないことを、しっかりと認識すべきだ」と警鐘をならした。

　2012 年 8 月 16 日に起きた「Marikana 鉱山虐殺事件」はポストアパルトヘイト社会の行方に暗雲を立ち込めさせるものであった。北西州 Marikana にある英ロンミン社のプラチナ鉱山で、警察が暴力的に労働ストライキを鎮圧したことによって、34 人が死亡し 70 人以上が負傷したのである。この事件を受けて、労働者の怒りは頂点に達し、同様のストライキが全国に飛び火した。この事件はポストアパルトヘイト社会の抱える根本的な問題に、政府も産業界も適切に対応出来ていないことを白日の下にさらした。アパルトヘイト時代の悲劇的事件であった「シャープビル虐殺事件の再来か」といったメディアの論調にも見られるように、本件は南アフリカ国民にも大きな衝撃を持って受け止められた[3]。

　ポストアパルトヘイト社会における人びとの嘆きは、「アパルトヘイトが撤廃され、確かに『自由』を獲得出来たかもしれない。だが、何かが上手くいっていない。それはなぜか？」というものであろう。人びとは漠然とした不安を抱えながら、不確実性のなかを生きている。アパルトヘイト政策に基づく不正義とは異なって、「自由」の下で生み出される不正義は、その責任がいったい誰にあるのかを見出すことは難しい。　新自由主義のグローバリゼーションによって、「自由」の名の下に新たな権力の働きかけと支配の構造が世界中で生まれているから、南アフリカという領域国家に全責任を負わせることも出来ない。したがって、南アフリカの特殊な歴史を考慮しつつも、世界の同時代史的文脈のなかで事象を捉えなおす必要があるだろう。もはや「アパルトヘイトの負の遺産」だけを、現代南アフリカ社会が抱える諸問題の原因に帰すことは難しくなりつつあるなか [牧野 2013]、このあたりで新時代の南アフリカが、この負の構造にどのように絡め取られてしまっているのかを確認しておく必要があるのではな

いだろうか。本書の出発点はここにある。

第2節　包摂社会が生み出す排除

　ポストアパルトヘイトの南アフリカには、人種隔離や人種的排除を促す法律や政策はもはや存在しない。新生南アフリカは、社会的包摂をキーワードに掲げ、アパルトヘイト時代に「排除」されてきた人びとを包摂しようと試みてきた。排除社会から包摂社会への変革を成し遂げて、あらゆる人びとが1つの社会に包摂されたはずである。しかしながら、新たな包摂社会こそが、現実には包摂されない人びとを生み出しているのではないだろうか。包摂は心地の良い言葉である。だが、後述するように、資本主義の発展には、止めどない空間的包摂が不可欠であるように、包摂という用語は、一方向的な権力関係を予期させるものである。

　ロベール・カステルは、法的に包摂されているにも関わらず、社会の最底辺にとどめ置かれ、明日への希望を見出せない人びとを「社会喪失」に陥っている人びとであると表現する。そして、社会喪失に陥っている人たちへの対応が、「排除との闘い」となりがちなことを問題視する。なぜなら、この対応は「排除されている人びと」という集団を創出し固定化してしまい（現実は流動性を帯びているにも関わらず）、結局のところ、彼らを排除された状態にとどめ置きながら、限定的介入（施しのような支援）を実施することを正当化してしまう「排除の罠」に陥ってしまうからである［カステル 2015: 320-339］。つまり、この態度は社会構造全体の機能不全を解消しようとするものではない。また権利としての社会保障の提供ではなく、施しを授ける救済となる。これによって、「排除された」人びとは、現状から抜け出すことがいっそう困難となってしまうだろう。カステル［2015: 333］は、社会問題への対応に際し、「魚は頭から腐る」ということを忘れ、「中心」よりも「周辺」に介入していることを批判する。なぜなら「排除に対して闘う」ためにまず介入すべき対象は、例えば労働に関する規制や、労働と結びついた保障システムのような「中心」にあるはずだからである。

　このように排除と包摂の関係は複雑であり、排除をしないように心がけたり、「排除されている人びと」に手を差し伸ばしたり、包摂的な政策を施行したりす

れば解決するわけではない。現実の複雑な構造にしっかりと目を向けて、「中心」に切り込む勇気が必要なのである。

21世紀のグローバル時代において、包摂社会を生み出す原動力は、新自由主義であろう。新自由主義に基づく統治は、世界的な潮流となっているが、南アフリカもその例外ではない。現代南アフリカ社会が直面する新自由主義が引き起こす苦境、とりわけ新たな包摂社会が生み出す社会的分離の実態をより正確に捉えるために、本書は都市の「空間編成[4]」と都市の「統治性」に注目する。

ハーヴェイ［1989, 1990, 1999］は、資本主義を存続の危機に陥れる「過剰蓄積（overaccumulation）[5]」を解消するためには、「空間的回避（spatial fix）」という新たな空間の包摂によって資本を移動（まだ手付かずの自然と人間の商品化）するか、「創造的破壊（creative destruction）」という既存の空間を一度破壊し再生（例えば都市再開発）するか、のいずれかによって、空間的包摂が図られる必要があると主張する。そして、このような空間的包摂は、地理的不均等発展を招くとともに、新たな空間は、文化、とりわけ消費文化の創造に大きな影響を及ぼしてきたと言う。フーコーの空間をめぐる権力論を読み解きながら、ソジャ［2003: 105-107］は、空間や空間編成は社会的な翻訳・変形・経験の所産であり、空間は社会的枠組みから独立したものではないので、社会 - 空間弁証法によって、資本主義と空間、そして社会との関係性を正確に捉えることが出来るという。つまり、都市の空間編成は、われわれの生のあり方、すなわち生の統治のテクノロジーに大きな影響を及ぼしてきた。同時に、われわれが選択する社会のあり方が都市空間を形づくってきた。空間と社会の相互作用によって都市空間と都市社会・文化が生まれていくのである。

ポール・ラビノウはグローバリゼーションによる包摂の原動力として、資本主義、生命科学、人道主義を挙げている［Rabinow et al. 2008］。新自由主義はこれら3者のコラボレーションによる新しい形の生の統治を進めていると言えよう。よって、新自由主義の統治性を理解するためには、新自由主義と「社会的なもの」の厄介な結合から出発しなければならない［市野川 2013］。真島［2006: 36］は、「社会的なものを再考する上で、主体化と従属化という両義性を孕む中間集団（国家と個人の間に存在するさまざまな団体）の二価性を念頭に置くことで、『自由』や『自発性』といった新自由主義的な倫理の狡知に気づかぬまま、交渉

や陣地戦といった形容を多用する民族誌やエージェンシーによる権力への抵抗を標榜する類の民族誌を退けることができる」と指摘する。

そこで、本書はポストフォーディズム時代の資本主義の存続のために過剰蓄積の解消を目的に実行される都市空間の再編に注目しながら、生の統治のテクノロジーの弁証法的展開を論じることとなる。そのために、後章で詳述するフーコーの「統治性」の概念を参照することになる。本書は生命をめぐる科学技術の進歩にともなう社会変化を重点的に取り上げるものではないが、近年まで人種主義に基づく生の統治を実施してきた社会が変革し、新自由主義的統治性の下で、新しい社会を生み出している現状を捉えようとするポスト・フーコー的生権力論に位置づけられる。

新自由主義的な空間編成、つまり新しい帝国主義による資本主義的空間の拡大（「略奪による蓄積」［ハーヴェイ 2007］）の側面だけでなく、まるで企業のように振る舞う競争力溢れる市民（市民団体）の手によって生み出されていく自己統治のテクノロジー（新自由主義的統治性）に注目することで、より正確に社会が抱える構造的問題を把握することが出来るだろう。国家や都市政府、民間企業、中間集団、個人によって生み出される新自由主義的統治性に注目することによって「構造的不正義」とアイリス・マリオン・ヤング［2014］が呼ぶ構造的機能不全の実態を浮かび上がらせることが可能となる。その結果、われわれが真に立ち向かうべきものはいったい何なのかをより明確にすることが出来るだろう。

第3節　研究対象・方法

新自由主義のグローバリゼーションが進むなか、「プライベート都市」［Glasze et al. 2006］と呼ばれる都市空間の私有化と都市統治の民営化が世界的な潮流となってきた。民間都市再開発によるプライベート都市化は南アフリカの大都市でも珍しいものではなくなっている。「都市改良地区（City Improvement District: CID）」と呼ばれる民間企業、民間管理機構、市民の手による民間都市再開発プロジェクトと開発後の民間都市統治が、南アフリカを代表する都市、ヨハネスブルグ（Johannesburg）のインナーシティの広範なエリアで見られるよ

うになってきた。

都市の一角に境界線を引き、民間統治するプライベート都市は、特定の民間人に利益をもたらすとともに、この空間に歓迎されない他者を排除する装置であると批判されてきた。1990年代以降、世界各地で進むプライベート都市化に対して、さまざまなディベートが展開されており、それらは、「市民の財・サービスの私的管理 vs 公的管理」、「安全な環境への囲い込みの権利 vs 自由なアクセス権」、「個人的消費 vs 協同的消費」、「排除 vs 包摂」、「均質化 vs 異種混交化」、「効率性 vs 公平性」といった根本的な問いを投げかけるものであった [Glasze et al. 2006]。

民間都市再開発は、民間企業だけでなく、国家や都市政府といった公的機関も積極的に参画しているということを強調しておく必要がある。民間企業や資本家、投資家が利益を貪っているというような、まず耳にするであろう批判以上に、政府が公共財の私有化を後押しし、利潤を追求しており、その結果、公共財の不均等分配を促進してしまっていることを問題視すべきであろう。さらに重要なことは、この都市開発の手法が市民から広く支持されているということである。

南アフリカにおける民間都市再開発と民間都市統治は以下の様な疑念を導き出す。都市統治の民営化は、ポストアパルトヘイト社会においてもっとも必要と考えられる公共空間をないがしろにし、貧困層や弱者に適切な再分配を可能とするはずの基盤である「社会的なもの」を奪ってしまうのではないだろうか？　経済的あるいは文化的要因に基づいて特定の空間にアクセス出来るか、出来ないかが決定されてしまい、結果として社会的分離を引き起こしてしまうのではないだろうか？　特定の空間だけに資本投下されることによって、残された空間を分離してしまう可能性があるのではないだろうか？　アパルトヘイト政策という人種隔離を実施していた社会で、新たな社会的分離を引き起こす可能性を持つ都市開発は看過出来ない問題ではないだろうか？

このような疑念を投げかけられるとともに、アパルトヘイトの歴史を無視出来ない南アフリカのプライベート都市は、より倫理的振る舞いを要求されている。こうしたなか、ヨハネスブルグには社会的包摂を全面的に打ち出した都市再生事業を始めているプライベート都市がある。プライベート都市が社会的包

摂プロジェクトに介入することはいったい何を意味しているのであろうか？
果たして、市民の手による主体的な都市統治という掛け声のもとでなされる民間都市再開発は何をもたらすのであろうか？

　こうした疑念に答えるために、本書は民間都市再開発事業によって生まれた都市空間で人びとがどのような実践をし、そこでどのような言説が生まれているのかに注目する。とりわけ2009年に、ヨハネスブルグのインナーシティで始まった民間都市再開発プロジェクトであるMabonengに注目したい。Mabonengはクリエーターやアーティストといった人びとを集めることで、脱工業化や郊外化により荒廃したインナーシティを再生するという世界的な潮流ともなっている文化主導都市再生プロジェクトである。Maboneng開発によって、「治安が悪く薄汚れたインナーシティ」は、華やかな都市空間に転換し、そこはヨハネスブルグの中間層や旅行者がひっきりなしに訪れる街へと変貌を遂げた。

　この都市再開発をめぐっては、都市政府、民間企業、不動産開発企業、市民団体、NGO/NPO、社会起業家、都市研究者、アーティスト、建築家、都市計画家、ジャーナリスト、住民らが、それぞれの立場から多様な実践と言説を展開している。そこで、彼らが繰り広げる試みと語りを丁寧に拾い集めて、それらを編み直す作業を行いたい。そのために、文化人類学的な参与観察、関係者へのインタビュー、街歩きによる景観把握、新聞や一般雑誌の記事、都市政策ペーパー、都市開発関連法、企業レポート、企業広報、パンフレット、広告、研究レポート、NGO/NPO文書、社会起業家の事業書、アーティストらの展示品や展示パネルの説明文、私が参加し記録をとった都市関連のイベント・シンポジウム・ワークショップ・学術会議の議論などを分析対象とした。また、このプロジェクトの影響を受けると考えられるMabonengの隣接地区に住むアフリカ諸国からの移民の日常生活にも注目した。ハーヴェイ［2010: 76］は、都市化は資本の剰余を吸収する際に決定的な役割を果たし、より増大する地理的なスケールで進むが、それは、大衆から都市への権利をも収奪する創造的破壊の拡大という代償をはらって果たされると指摘しており、ヨハネスブルグの民間都市再開発が移民社会に与える影響は看過出来ないからである。

　私はMaboneng開発が始まった草創期の2010年から、開発動向を追ってき

8

た。本書に関連する調査は2008年2月から、ヨハネスブルグの北60kmのプレトリアに移り住む機会を得たときから始まった。2011年3月に日本に帰国するまでの3年間、南アフリカの政治動向や社会経済の調査研究と北部郊外のプライベート都市やゲーテッド・コミュニティ、Mabonengプロジェクトの進捗度を定期的に把握した。その後、2013年2～3月にヨハネスブルグを再訪しMabonengと北部郊外のプライベート都市の最新動向をおさえ、2014年2～8月までMaboneng地区に滞在して参与観察をすることで民族誌的データの収集に努めた。

第4節　調査地

本書の舞台は南アフリカ共和国最大の商業都市ヨハネスブルグである。ヨハネスブルグは1886年の金の発見にともなって、突如誕生した近代都市であり、南アフリカ共和国の北部内陸にあるハウテン州（Gauteng）のほぼ中心部に位置している【図1；図2】。ヨハネスブルグ市は南北に縦長で、市内はA～Gまでの7地区に分かれている【図3】。

イギリス帝国主義の進展によって生まれたこの都市は、アフリカ的（だが、十分にではなく）、ヨーロッパ的（だが、もはやそれほどでもなく）、（埋め込まれた消費文化という点で）アメリカ的な要素をあわせ持つ、「とらえどころないアフロポリス（*Afropolis*）」へと発展を遂げた［Mbembe & Nuttall 2008: 24-25］。文化的往来に注目するならば、姉妹自治領（カナダ・ニュージーランド・オーストラリア）、東アフリカの三角地帯（ケニア・タンザニア・ウガンダ）、そしてブラジルの影響も見逃せない［Mbembe & Nuttall 2008: 19］。経済的側面に注目すれば、金融業とサービス業を中心に多国籍企業が本社を構え、先進国のアフリカ進出の拠点であるばかりか、近年は新興経済国の拠点として大きな役割を担うようになってきた。

多種多様な人びとからなるこの都市は、南アフリカ都市のなかで最大の人口の443万人（「黒人」76%、「カラード」6%、「インド人・アジア人」5%、「白人」13%）を抱えており（2011年、南アフリカ統計局）[6]、周辺諸国を中心に、アフリカ大陸各地から一攫千金を狙う移民、祖国の崩壊により生命の危機にさらされ着

序章　自由の迷走　9

図1　南アフリカ全体地図　出典：筆者作成

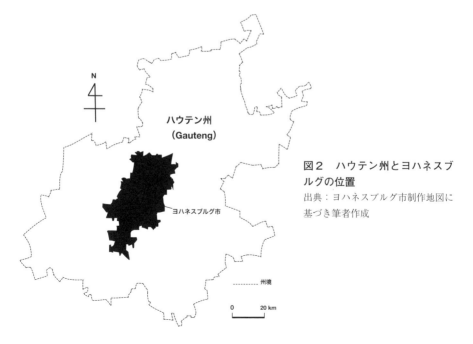

図2　ハウテン州とヨハネスブルグの位置

出典：ヨハネスブルグ市制作地図に基づき筆者作成

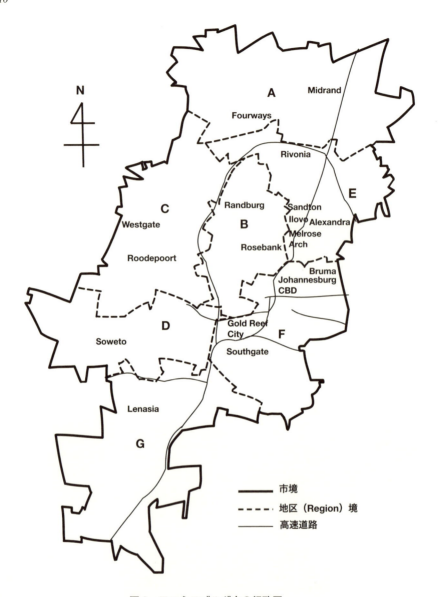

図3 ヨハネスブルグ市の行政区
出典：ヨハネスブルグ市制作地図に基づき筆者作成

の身着のままでたどり着いた難民を大量に受け入れていて、人口増加の一途をたどっている。ヨハネスブルグのGDPは1,100億米ドル（2008年）に上り、これはバンコク（1,190億米ドル）、ブラジリア（1,110億米ドル）と同程度で、福岡（880億米ドル）を大きく上回る水準である［PwC 2009: 32］。

ヨハネスブルグは中心部を囲むように環状高速道路が走り、北部から南部へとM1高速道路が貫いている。ヨハネスブルグの中心業務地区（Central Business District: CBD）は民主化後、衰退の一途をたどり、北部郊外のSandton（サントン）やRosebank（ローズバンク）といった新都心が生まれた。北部郊外は人工林の緑が溢れる閑静な住宅街に、プール付きの邸宅が整然と立ち並び、白人が多く住んでいる。一方、アパルトヘイト体制によってつくられたSowetoなどの旧黒人居住区はCBDの南側の郊外に広がっていて、政府が供給する小さな住居や掘っ立て小屋に、引き続き黒人が住んでいる。

ヨハネスブルグは、このように人種的分離の歴史によって生まれた「アパルトヘイト都市」の空間構造を現在も引き継いでいて、地理的不均等発展を明示している。近年、ヨハネスブルグ市は「都市の空間転換」という目標を掲げて、都市の不均等発展の解消を目指している。だが、かつての法律に基づく居住区分離が生み出した制約を克服することは容易ではない。

現在のヨハネスブルグの都市空間は便宜的に、①インナーシティ、②アウターシティ／北部郊外、③タウンシップに分類出来る【図4】。「ネオアパルトヘイト都市」［Beavon 2004］とも称される空間分離と各地区が醸し出している印象によって、人びとの行動は制約を受ける。

①インナーシティは本書で中心的に取りあげる地区である。1886年に金の発見によりヨハネスブルグの歴史が始まって以降、この地区がアフリカ大陸の商業拠点として発展をとげた。だが、1980年代以降、企業の郊外移転が始まった。さらに1994年の民主化後、白人中間層が郊外に退去し、アフリカ人移民が流入して、空きビルのスクオッティングが始まった。金融機関本店などを除き、多くの大企業は北部郊外の新都心に移転し、公共投資も停止した結果、中心部は荒廃を極め、南アフリカ経済の本拠地としての役割を終えて、「立入禁止」地区として知られるようになった。荒廃したインナーシティではあるが、インナーシティは周辺諸国から集まった移民や難

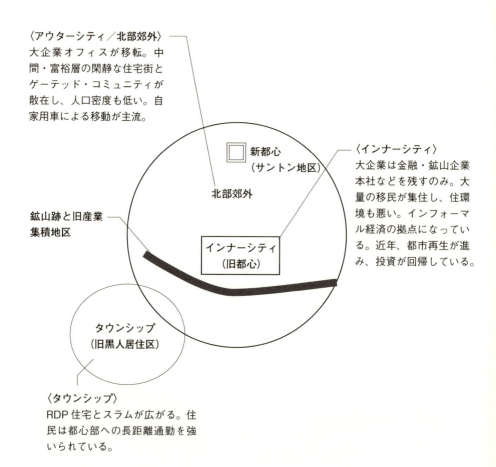

図4　現在のヨハネスブルグの空間的分離
（ネオアパルトヘイト都市）の模式図
出典：筆者作成

民が生活を営み、インフォーマル経済に従事する活気溢れる地区であると言い換えることも出来る。このように長らく投資家から見放されてきた中心街であったが、2000年代に入りインナーシティ再生の機運が高まり、再び投資も始まって、脚光を浴びている。

②アウターシティ／北部郊外は、1980年代にインナーシティから撤退した大企業や中間層の流入によって新規に開発された地区である。代表的な地区がSandtonであり、国際会議場、ホテルなどが集まっている。Sandtonは世界中からヒト・モノ・カネを集積するグローバル都市である。北部郊外には中間・富裕層の住宅街としてゲーテッド・コミュニティが生まれている。Sandtonは民間統治が行われているプライベート都市であり、この空間に富の集積が進むことによって、残りの地区との格差はますます広がっている。

③タウンシップはアパルトヘイト時代に黒人が強制的に居住させられていた旧黒人居住区である。居住区分離が終わって以降も、多くの黒人の都市住民の生活拠点となっている。Sandtonのような富の集積地区で最下層の労働者として動員されている人もいるが、多くは失業者である。加えて日常的な暴力に苛まれている人も多い。都市の外周縁に位置しており、政府が供給しているRDP（復興開発計画）住宅と呼ばれる低所得者層向けの住宅から、トタン板を用いた手作りの掘っ立て小屋に至るまで、さまざまな住居がある。近年、不動産投資と開発も盛んになってきており、黒人中間・富裕層をターゲットに巨大なショッピングモールやゲーテッド・コミュニティの建設なども見られるようになってきた。

　これら3つの地区の格差は明白である。北部郊外は大規模な住宅が多く、人口密度は低いが、インナーシティとタウンシップは小さな住宅が集まり人口密度が高い。とくにインナーシティの「不法居住」アパートには大量の移民がすし詰め状態で暮らしている。ヨハネスブルグの空間編成は自家用車での移動を前提としている。したがって、自家用車を持つ中間・富裕層は自由に動き回れるが、タウンシップの住民はアパルトヘイト時代から変わることなく、ミニバスによる長距離通勤を強いられている。このように、アパルトヘイト政策によって分断された都市空間は現在も変わらず続いているばかりか、アパルトヘ

イト撤廃後、中間・富裕層は郊外のゲーテッド・コミュニティに退避し続け、他方で新たな低所得者層住宅はタウンシップに建てられ続けているので、多くの黒人は引き続き旧黒人居住区に暮らし続けている。よって、近年ますます空間分離が進んでいると言えよう。

　本書で中心的に描かれる地区はインナーシティの東縁部の2つの地区、City and Suburban と Jeppestown にまたがって、民間企業が都市再開発事業を展開している Maboneng 地区である【図5】。City and Suburban は CBD に隣接する軽工業地区であり、Jeppestown はヨハネスブルグ CBD の次に生まれた古い町であり、軽工業街とともに、商店や住宅もある混合利用地区である。かつては南アフリカ経済を支える工場街であったが、脱工業化によって衰退した。立ち並ぶ産業ビルの多くは古びていて、空きビルになっているものも多く、乗っ取られたビル（ハイジャックビル）や荒廃を極めたスラムビルなども目につく。そこに突如生まれた Maboneng は異彩を放っている。

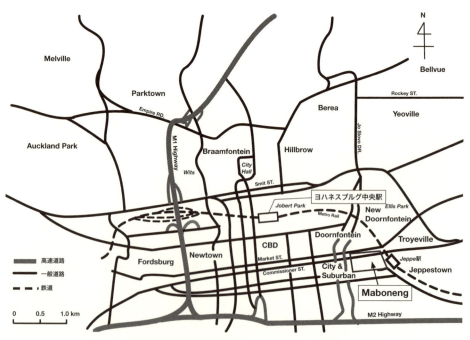

図5　ヨハネスブルグ・インナーシティ地図と調査地 Maboneng の位置　出典：筆者作成

注

1 南アフリカは、2011 年 4 月にブラジル、ロシア、インド、中国からなる新興経済国グループ BRICs に加わった。

2 Thembani Jerome Ngongoma (Member of Executive Committee of Abahlali base Mjondolo), Panel Discussion: South Africa's Enduring Apartheid Landscape, hosted by The South African Civil Society Information Service & Friedrich Ebert Stiftung, Rosebank (17 Apr 2014).

3 シャープビル虐殺事件とは、1960 年にパス法に反対する抗議行動参加者に対して警察官が発砲し、69 人が死亡した事件。今回の事件はこれを思い起こさせるものであった。("Marikana mine shootings revive bitter day of Soweto and Sharpeville: Deaths of protesting miners mark low point for democratic South Africa run by 'co-opted' ANC mistrusted by the poor," *The Guardian*, September 7, 2012.)

4 原初的空間そのものをなくしたり変えたりすることは出来ないが、原初的空間の性質を変え、空間が新しい性質を持つように原初的空間に新しい要素を人為的に付け加えることなら出来る。これが空間の実質的包摂である。空間の実質的包摂により、空間は新たな要素が付け加わって変容する。これが、経済・社会を支える空間編成 (spatial configurations) の生産である。空間編成のあるものは土地に合体された施設の形をとっており、その総体が都市などの建造環境として、経済・社会を支える 1 つの物理的・素材的なシステムをなす。また、物的施設ではなくとも、国境線のように、堅固に制度化された空間も、土地に刻み込まれる［水岡 2002: 43］。

5 過剰蓄積の一般的な状態は、遊休の生産能力、商品の供給過剰と有り余っている在庫品、余剰貨幣資本（おそらくは貯蓄として保持されているもの）、そして高い失業率によって表示される［ハーヴェイ 1999: 234］。

6 南アフリカ社会を描くにあたり、厄介な人種分類を避けることは出来ない。人種分類による統治制度は、アパルトヘイト体制を支えた根幹であった。1911 年に南アフリカ連邦が建国した際に人びとは「ヨーロッパ人または白人」・「バンツー」・「混血またはバンツー以外のカラード」の 3 グループに分類された。1911 年のセンサスは、3 グループがさらに 23 のサブカテゴリーに分類されていた。1948 年にアパルトヘイト体制が始まり、1950 年に人口登録法が施行されると、「白人」・「原住民 (Native)」・「カラード」の 3 分類が出来た。1959 年には「アジア人／インド人」がこれらに加わった。反アパルトヘイト運動の熱が高まり、

黒人意識運動が始まった 1970 年代以降、多くのアフリカ人が「黒人」という分類を積極的に採用し始めて、「黒人」は被抑圧者の南アフリカ人の意味を帯びてきたことから、カラードやインド人のなかにも「黒人」を積極的に名乗る者が出てきた。民主化後の南アフリカでは公的な人種分類は存在しないが、多くの南アフリカ人は自身を「白人」・「カラード」・「黒人／アフリカ人」・「インド人／アジア人」のいずれかに分類している。センサスや大学入学願書などに、「人種」を申告する欄が存在している。本論文では引用元や発話者の人種分類に基づいて記載していることが多い。対白人という文脈では「黒人」は「非白人」全体を指していることもあるが、多くは「アフリカ人」と「黒人」は同一の集団を指している。ただし、南アフリカの人種分類の歴史的文脈から離れて、周辺諸国からの移民や難民をアフリカ諸国出身者という意味で「アフリカ人」と記載している場合もある。文末のインフォーマントリストに記載した人種分類は、私が南アフリカ生活を通して習慣化した他者の分類であり、インフォーマントの自己申告ではない。人種社会を描く上で便宜的に人種分類を記載する必要性があると判断して記載したが、「非科学的な人種」［ジョルダン2013］を使用することに問題があることは否めない。なお、インフォーマントリストで民族名が記載されている人物がいるが、これらはインフォーマントの自己申告によるものである。

7 2014 年には次のような会議も開催された。"Spatial Transformation of Cities Conference: Johannesburg as a Laboratory," Turbine Hall, Newtown, Johannesburg（4-5 March 2014）

第1章　南アフリカと新自由主義

第1節　ポストアパルトヘイト社会の苦悩

現代南アフリカの「社会的なもの」

2010 年 10 月 27 日に、私はケープタウンの国会議事堂の外交団席で、Pravin Gordhan 財務大臣（当時）の「中期予算政策演説」を傍聴していた。サッカー・ワールドカップの南アフリカ大会が終了して間もない高揚感に包まれていた時期であり、ワールドカップ後の経済政策の行方に関心が集まっていた。元歳入庁長官の Gordhan 財務大臣はいつも冷静で、かつ頭脳明晰さを印象づける人物だった。歳入庁長官時に、南アフリカの歳入を最大化した辣腕を買われて、2009 年の Zuma 政権発足時に入閣した。この日、Gordhan 財務大臣のいつも通りの抑制の効いた演説のなかに、いくぶんか柔らかい、興味深い一文が挿入されていた。同大臣はサッカー・ワールドカップの成功を引き合いに出して、「南アフリカはやれば出来ることを証明した。今こそ南アフリカの直面している課題に取り組もう」、「議論は尽くされた。今こそ実行の時である」[National Treasury 2010] としきりに繰り返したのである。

「今こそ実行しなくてはならない」というフレーズを、私は南アフリカで頻繁に耳にした。政府、シンクタンク、NGO/NPO、国際機関などが主催する会議は、いつもこの言葉で締め括られた。つまり、これはやるべきことが後回しになっていて、何も実行に移されてこなかったことを意味している。「やるべきこと」とは、南アフリカ生活で耳にしない日はないほど頻出する「サービス・デリバリー」のことである。サービス・デリバリーとは電気、水道、道路、医療保健、教育、福祉、住宅といった、政府が提供することが当然とされている一般的な「公共サービスの提供」のことを指している。

新生南アフリカ政府は人種・民族的に分断された再分配システムを、新たに加盟した市民（つまり黒人）の要求に見合ったものへと転換しなければならないという挑戦に直面している。だが、厳しい財政事情、基本的な公共サービスとインフラの膨大なやり残し、人種・地域間の行政サービスの不均等、そして緊張した社会関係といったアパルトヘイトの負の遺産が、社会開発のあしかせとなっている［Munslow & McLennan 2009: 1-2］。アパルトヘイト時代から続く不均等なサービス・デリバリーが民主化後もいっこうに改善されないことに対して、貧困層は不満を抱えている。サービス・デリバリーの是正を要求するデモは、暴動に転化することも多く、社会不安を引き起こし、公権力の抑圧的振る舞いに正当性を与えている。このような不満を導き出す要因は、統計資料から読み取ることが出来る。

　例えば、所得格差はポストアパルトヘイト社会になって深刻度を増している。上位 10% の富裕層の所得割合が先進国でもっとも大きい国は米国であるが、それでも 30% 弱であるのに対し、南アフリカはこれが約 52% に上っている。これは国の所得の半分以上を最富裕層 10% が占有していることを意味している［高橋 2014: 119］。地元紙は「南アフリカの最富裕世帯 10% は、最貧困世帯 10% の 94 倍の年間所得がある」と伝える［Boyle 2008, *Sunday Times*］。所得格差を示す指標、ジニ係数は、1996 年の 0.60 から 2008 年に 0.67 へと拡大し、民主化後もいっそう所得格差が拡がっている［Van Aardt & Coetzee 2008: 41］。人種別のジニ係数の変化を見ると、アフリカ人は 0.53（1996 年）から 0.67（2008 年）に、カラードは 0.48（1996 年）から 0.57（2008 年）に、インド人は 0.47（1996 年）から 0.50（2008 年）に、白人は 0.45（1996 年）から 0.41（2008 年）に変化した。アフリカ人内での所得格差がこの 10 年あまりで大幅に拡がっていることは注目に値しよう［Van Aardt & Coetzee 2008: 62］。これは、富裕層の増加とともに、経済成長の果実が平等に分配されずに、技能を持つ一部の黒人のみが恩恵を受けたからである［Isa 2008, *Business Day*］。

　1 日 1.25 米ドル以下で暮らす絶対貧困人口率は約 14%（2009 年）に上り［高橋 2014: 119］、南アフリカ政府発行の『開発指標報告』は、「貧困削減政策と社会保障政策はともに失敗した」と指摘している［The Presidency 2010: 25-27］。

　雇用情勢も厳しく失業率は高いままである。2001 ～ 2010 年にかけて、就業

意欲喪失者を含む拡大失業率は常時35％前後に上るうえ、就業意欲のある15〜24歳の公式失業率は50％前後、25〜34歳の公式失業率も30％弱を推移してきており、若年層の失業がとくに深刻である［The Presidency 2010: 21-22］。

ポストアパルトヘイト社会の階級ピラミッドは、経営管理職・専門職などからなる「富裕層」、教師・看護師・単純事務労働者・技能労働者・非熟練労働者などからなる「中間層」、農園労働者・家事労働者・失業者などからなる貧しい「アンダークラス」から成り立っているが【図6】、厳しい雇用情勢によって「中間層」は減少し、「アンダークラス」は増加している［Seekings & Nattrass 2006: 336-339］。

むろん政府は民主化後、貧困層に対して何もしてこなかったわけではない。

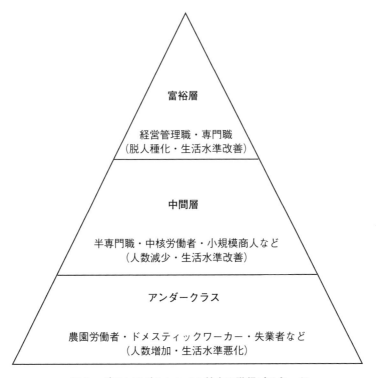

図6　ポストアパルトヘイト社会の階級ピラミッド
出典：Seekings & Nattrass［2006: 337］に基づき筆者作成

貧困層向けの社会保障政策の大きな柱である、社会手当による現金給付と住宅供給を実施してきた。ただし、これらの政策はアパルトヘイト体制下でも実施されていた。高齢者手当や障害者手当は黒人にとって貴重な現金収入源であった。アパルトヘイト政府は住宅供給の形を通して、黒人居住区を生み出した。新政府はこれらの政策を拡張する方向で、黒人の権利を保障しようとしてきた。民主化後、政府は330万戸の低所得層向け住宅（RDP住宅）を供給し、貧困層の住宅改善に取り組んできた［The Presidency 2010］。だが、さまざまな問題を抱えており見直しが迫られている。

　民主化後、労働法や社会保障制度改革が進み、労働者の権利や保護が全体としては強化されてきたが、その恩恵を受けたのは正規雇用労働者にとどまっており、失業者や非正規雇用労働者のための社会保障は不十分なままである［牧野 2007a］。ベーシック・インカム[8]の導入をめぐる議論が、かなり現実的な方向で展開されてきたものの実現はしていない［牧野 2005, 2006, 2007b］。

　サービス・デリバリーの停滞は、地方自治体の機能不全のせいにされることが多い。行政サービスの効率が悪いとされたとき、民営化によって解決を図ろうとするのが世界の潮流であるが、南アフリカでも同様のことがより急進的に起きている。

　例えば、ヨハネスブルグ市の水道事業は、フランスの多国籍企業、Suez社が実質的に経営している。これにともなって、プリペイド式の水道メーターが旧黒人居住区の低所得住宅に設置された。南アフリカ政府は貧困家庭一世帯あたり、月6,000リットルの水を無料供給しているが、6,000リットルを超える部分について住民は前もって支払いを済ませておかなくてはならない（商店などで支払いを済ませ、暗証番号を受け取り、メーターに登録することで、支払い額分の量の水を使用出来る）。前払いをしなければ無料分を使い切ったところで水道供給は停止する。他方、中間・富裕層世帯は、翌月に届く請求書に対して後払いをすれば良いだけであり、支払いを忘れても猶予期間があるので、ただちに水道供給は停止しない。また、Suez社は中間・富裕層世帯の水道料金を維持する一方で、貧困層世帯の料金は値上げするなど、中間・富裕層寄りだと批難されている［Bond 2005; Bond & Dugard 2008］。貧困層向けの水道供給事業に重きを置かないのは、大企業に対して出来るだけ水道料金を安く抑えたいからであり、こ

れは世銀とヨハネスブルグ市が共同で進めてきたヨハネスブルグを世界水準の
ビジネス都市にするという試みに合致するものであると指摘されている［Bond
2005: 350］。Bond & Dugard［2008: 24］はこの状況を「ウォーター・アパルト
ヘイト（water apartheid）」と呼んでいる。ウォーター・アパルトヘイトが悲劇
的な結末を生んだ。Soweto の掘っ立て小屋で火災が起きたとき、消火の途中
で利用上限に達し、水の供給が停まったために家が全焼してしまったのである
［Bond & Dugard 2008: 1］。

　ケープタウン市のゴミ収集の事例も同様の問題を示している。ケープタウン
ではゴミ収集業務の 64% を市が担い、残りの 36% を民間委託している。白人住
宅街における民間委託率は 25% に過ぎず、ゴミ収集に支障をきたしていないが、
民間委託率の高い貧困地区では民間業者が適切に業務を遂行出来ず、住民ボラ
ンティアがゴミ収集をしなければならない事態に陥っている［Miraftab 2004］。

　このように公共サービスの民営化は、貧困層にシワ寄せがいくことが多い。
水道事業の民営化はグローバルな規模で展開されている同時代の「本源的蓄積」
とも指摘されていて［Swyngedouw 2005］、強欲な資本家が狡猾に公共財を強奪
している構図が見て取れる。

　このように南アフリカのサービス・デリバリーの停滞は、世界的な公共サー
ビスの民営化の動きと連動している。単に地方自治体や行政官の能力不足だけ
が問題なのではなく、公共サービスが民営化される大きな流れのなかで、自ず
と貧困層への公共サービスが停滞してしまっている。公共財は知らぬうちに民
間企業や個人の手に譲り渡されていく。このプロセスで汚職や縁故主義が蔓延
し、公共財が有力者や民間企業の懐に入る仕組みが生まれている。BEE 政策に
巣食う *tenderprenuer* [9] は、この典型例である。

　アパルトヘイト時代に適切な公共サービスを受けることが出来なかった黒人
は、ポストアパルトヘイト時代になると、今度は民営化、私有化、新自由主義
化の名の下で、自分たちの手で公共サービスを担うことを強いられていて、そ
の結果、多くの貧困層は最低限の公共サービスですら受け取ることが出来ない
のである。

ポストアパルトヘイトの治安と不安

新自由主義化が進むポストアパルトヘイト南アフリカで、庶民は治安の悪化、不正義、漠然とした不安など、さまざまなトラウマに苛まれている［Comaroff & Comaroff 1999: 292］。

南アフリカ警察の犯罪統計は民主化後の長年にわたる深刻な治安状況を示している。南アフリカ警察の公式犯罪統計によると、民主化された 1994 年から 2009 年までの 15 年間で殺人事件が 32 万 8 千件、レイプ事件が 75 万件、強盗事件が 160 万件、暴行傷害事件が 360 万件発生している［Bruce 2010: 389］。南アフリカ警察は「近年、治安は改善傾向にある」と発表しているが、2010 年度の重大犯罪件数は 210 万件に上り［SAPS 2011］、依然として深刻な事態にある[10]。

犯罪情報分析研究所の調べによると、殺人の 70 ～ 80%、殺人未遂の 60%、レイプの 75%、暴行傷害の 90% が被害者の顔見知りによる「社会的接触犯罪」であり、殺人の原因を見てみると、社会的振る舞い（喧嘩など）の結末が 65%、他の犯罪（強盗など）の結末が 16% であった［SAPS 2011］。黒人やカラードが住む貧しいコミュニティのほうが中間層のコミュニティよりも殺人事件発生率が高く、脆弱な貧困層ほど凶悪犯罪の被害にあう確立が高くなっている［Bruce 2010: 406］。黒人は白人の 20 倍、殺人事件の被害者となる可能性が高いとも言われている［Dawson 2006: 131］。タウンシップでは、治安維持の役目を果たさない警察に、しびれを切らした住民が私刑に訴える事件が多発している。

強盗は中間層・富裕層がターゲットになると考えられており、マスコミにも頻繁に取り上げられる。警察の優先事項は「トリオ犯罪」ないしは「ハイ・プロファイル・シックス」の撲滅である[11]。なぜなら、暴力犯罪に対する公的言説を生み出す上でもっとも大きな影響力を持つ大企業や中間・富裕層といったグループに、もっとも大きな影響力を及ぼす犯罪だからである［Bruce 2010: 39］。治安動向に詳しい David Bruce は「警察がトリオ犯罪への対処を優先してきたのは、政府がこれまであらゆる政策の優先事項を決定する上で、富裕層の声を重んじてきたという不公平を表している。すなわち貧困コミュニティにおいて、暴力がどれだけ深刻な影響を及ぼしているかが全く理解されていない」と批判している［Hartley 2009, *Business Day*］。

警察への不信感が高まっていることに加えて、新自由主義化する南アフリカ

社会では、セキュリティの私有化と自己責任化が極度に進みつつある。銃、警備員、レンタル警備犬、監視カメラ、電気フェンス（南アフリカが「誇る」輸出製品 [Bond 2007]）、車両トラッキング・システム[12]、バーグラー・バー[13]、防弾ガラス、セキュリティ・アラーム、二重・三重の鍵、電子キー、住宅・車両保険といった多彩なセキュリティ商品で市民は自己防衛をはかっている。

　すでに 1980 年代から年率 20% の勢いで成長を続けてきた南アフリカのセキュリティ産業であるが、1990 年に 12 億ランド、1997 年に 60 億ランド、1999年に 90 億ランド、2004 年に 140 〜 200 億ランド、2007 年に 300 億ランド（42.5億米ドル）に達し、ポストアパルトヘイト南アフリカでもっとも高い成長率を誇る産業の 1 つとなっている [Minnaar 2007: 129]。なかでも民間警備員の増加は注目に値する。2007 年に警備員としてセキュリティ会社に登録した人数は 90万人にのぼり、そのうち実働数は 30 万人であった。同年の制服警察官数が約13 万人であったから、民間警備員は警察官の 2 倍以上に達した [Minnaar 2007: 130]。いわば警察機能の民間移譲がなされていると言えるだろう。

　民間警備会社を経営しているのは、アパルトヘイト時代の白人元兵士たちであり [Dawson 2006: 132]、現場の警備員は、周辺国からの経済難民であり、彼らは長時間、低賃金で雇用されている [Marais 2011: 230]。郊外の中間・富裕層の住宅街は「武装対応（armed response）」や「犬に注意」といった看板で溢れているが、これは警備対策をしていないと住宅保険に加入出来ないからでもある。こうして、民間警備会社は中間・富裕層の住宅街やゲーテッド・コミュニティを、アパルトヘイト軍さながらの重装備で警戒にあたっており、そこは疑わしき者がみなターゲットとなる自由発砲地帯と化している [Dawson 2006: 133]。

　このように「軍事化」した防犯対策のためのコストは莫大であり、ビジネスにも大きな負担になっているとの指摘も多い。世界経済フォーラムの『国際競争力報告 2011-2012 年』によると、南アフリカの国際競争力の総合順位は 50 位で、「監査報告水準」と「証券取引所の規制」は世界 1 位、「銀行の安定性」は2 位と、先進国を凌駕するほど競争力のある分野を持ちながらも、「犯罪と暴力に対するビジネスコスト」が 136 位、「組織犯罪」が 112 位、「警察の信頼性」が 95 位と治安関連の項目が下位に目立つ [WEF 2011]。

このように過剰な警備体制によって、ヨハネスブルグの精神生活は不安に満ちている。デイヴィス [2008: 190] は、William White がニューヨークに言及する際に使った「恐怖を証拠立てるのは恐怖そのものでしかない」という一文を引いて、社会が脅威を認識するのは、犯罪率の高さゆえにではなく、セキュリティという概念が流通した結果であると指摘する。同様に Dawson [2006: 132] は「南アフリカ社会は単に暴力に満ち溢れているのではなく、暴力への恐怖で溢れている」と指摘する。南アフリカではセキュリティが強化されればされるほど、社会的距離は拡がるばかりであり、私刑すら正当化される事態に陥っており [Marais 2011: 230]、自警行為による殺人が4.9%、自己防衛にともなう殺人が3.6%に上っている [Bruce 2010: 400]。

Mbembe & Nuttall [2008: 24] は「武装による自衛に基づく民主主義という方程式が、今日のヨハネスブルグの精神生活の主たる特徴となっている」と指摘し、その原因は「人種国家南アフリカが銃を持つ黒人の男への恐怖からつくられたという事実と、アパルトヘイトの政治闘争が暴力からの脱却よりも暴力を手に入れることを目標とした結果、民主化は市民の非武装化をともなわなかったという事実と関係している」と指摘する。

ゼロ・トレランス政策

ポストアパルトヘイト社会の抗議行動は、その特徴から三期に分けられる。第一期が1990年代半ばから後半にかけて、サービス・デリバリーの低迷に対して、労働組合などによる組織的な抗議行動が展開された時期であり、第二期が2000年代初頭に HIV/AIDS 関連の Treatment Action Campaign のような「新しい社会運動」が台頭した時期であり、第三期が2004年以降現在に至る、特定のイデオロギーに基づかない「ポップコーン抗議行動」とも呼ばれる、地域コミュニティにおける蜂起と戦闘的な全国規模の労働ストライキを特徴とする時期である [Moiitar & Bond 2011: 3-4]。社会学者の Alexander [2010] は第三期の抗議行動を「貧困層の反乱」と呼んでいる。サービス・デリバリーに対する不満や地方自治体の機能不全、自治体に首長らの汚職、雇用不安などが抗議行動に拍車をかけていて、慢性的な失業状態に苦しむ若者が抗議行動を先導しているのが特徴的である。昨今の抗議行動に使われる戦術は、「道路封鎖」、「タイヤを

燃やす行為」、「歌やダンス」、「投石」、「略奪」、「破壊」、「デモ行進」、「ストライキ」、「平和的抗議」など多彩であるが、抗議行動の理由ごとに、使われる戦術の違いが見られる。例えばサービス・デリバリーの不満や政治的説明責任を求める抗議行動では、「道路封鎖」と「タイヤを燃やす行為」がもっとも多く使われる手法である［Mottiar & Bond 2011: 15］。

　Alexander［2012］は 2004 年度から 2011 年度（2012 年 3 月 5 日時点）までの南アフリカ警察の群衆整理出動件数をまとめている。これによると、出動件数は毎年 7,000 ～ 12,000 件に上っており、このうち 1 割程度が暴動となっている【表 1】。群衆整理出動件数はスポーツ・イベントなども含まれるが、ほとんどが抗議行動であるという。このうち「平和的事案」とは抗議行動主催者との連携により警察は観察に徹した事案であり、「暴動的事案」とは周囲に危険が及ぶとの判断により、警察が実力行使に出た事案である。「平和的事案」の多くは労働ストライキ関連であり、「暴動的事案」の多くは、警察の許可を得ていないサービス・デリバリー関連の「違法抗議行動」であるという。暴動的事案では、2009 年度に 4,883 人、2010 年度に 4,680 人、2011 年度（2012 年 3 月 5 日時点）に2,967 人が逮捕された。Alexander［2012］はサービス・デリバリーの停滞に対する貧困層の怒りはとどまるところを知らず、政府が貧困層に適切なリソース分配をしないかぎり、「反乱」は収まらないであろうと結んでいる。

　暴動が頻発し治安が悪化するなかで、南アフリカ警察は威信をかけた戦いに

表1　南アフリカ警察の群衆整理事案出動件数

	平和的事案	暴動的事案	合計
2004 年度	7,382	622	8,004
2005 年度	9,809	954	10,763
2006 年度	8,703	743	9,446
2007 年度	6,431	705	7,136
2008 年度	6,125	718	6,843
2009 年度	7,897	1,008	8,905
2010 年度	11,681	973	12,654
2011 年度	9,942	1,091	11,033

出典：Alexander［2012］

挑んでいる。とくに 2010 年のサッカー・ワールドカップの際には、治安回復
が最重要課題となり、社会の「ならず者」たちを一掃してしまおうという警察
の振る舞いは、怨念すら感じさせるものであった。ここに至るまでの伏線は、
ニューヨークから世界中に広まった「ゼロ・トレランス政策」の文脈で説明出
来るだろう。「ゼロ・トレランス」とは「目障りな貧困」を警察が監視し、政治
家は「秩序の乱れ」の撲滅を有権者にアピールし、「もっとも安全な都市」を
目指して、社会の「ならず者」たちを監獄に入れてしまおうという政策である。
つまり、これは福祉国家から刑罰国家への転換を意味している［ヴァカン 2008］。
1990 年代初頭からニューヨーク市長のジュリアーニとニューヨーク市警本部長
のブラットンが始めた同政策は瞬く間に世界に追従者を生んだ。1996 年 8 月に
ブラットンはヨハネスブルグを訪れ、同市の警察署長フィヴァスと協議を行っ
たという。「ゼロ・トレランス」南アフリカ版は、本家本元の NY 市警も顔負
けの極めて厳格なものとなった。1999 年 2 月になるとケープタウンで大々的
に「ゼロ・トレランス」政策が開始され、検問や、観光商業地への多数の警備
員配置に加えて、貧困地区には完全武装した特殊部隊が突入し始めたのである
［ヴァカン 2008: 23-24］。

　この流れは南アフリカ警察の強大化を推し進めた。2002 年度に 13 万人ほど
だった警察官数は、2010 年度に 20 万人へと 44％増加し、予算は 2002 年度の
2,270 億ランドから 2010 年度の 5,260 億ランドへと 132％ も増加した［Burger et
al. 2010］。増加した予算で人員増強と警察官の訓練、移動式指令センター、移
動式高圧放水砲、ヘリコプター、爆弾処理器、衛星画像機器の購入をしている
［Burger & Omar 2009］。但し、「他のどこにも通らなかった者が、警察官になっ
ている」と揶揄されるほど警察官の質は悪い。2010 年の国会警察委員会でツェ
レ警察長官は、採用を急ぐあまり、警察官の水準が落ちていることを認めた
［Burger et al. 2010: 9］。

　警察権力の増強が図られるなかで懸念されているのが、警察官の過剰な実
力行使である。南アフリカ警察を監視している政府機関、独立警察調査本
部（Independent Police Investigative Directorate: IPID、旧 Independent Complaints
Directorate: ICD）は 1997 年より市民が警察官の何らかの行為によって死亡した
事案を集計してきた[14]。「警察行為」（多くが銃器使用）による死亡者（拘留中の死

亡者を除いたもの）は 2000 年代初頭に減少傾向にあったが、近年、増加傾向を見せている【グラフ 1】[15]。

　例えば 2008 年度の死亡者数は 612 人にのぼり、そのうち 32 人は全く無関係の市民であった。Bruce［2005］はさまざまな情報源から 1960 ～ 1996 年の警察による市民の「殺害」件数を見積もっている。これによると、1985 年がもっとも多く、763 人であった。グラフ 1 に記載されている 1996 年以前の年は、とくに死亡者数の多かった年を選んであり、記載されていない年はいずれも 1984 年の 287 人を下回っていたという。97 年以降の ICD の調査では、警察官の公務中の交通事故による市民の死亡なども含まれており、アパルトヘイト期のあからさまな「殺害」とは状況が異なるから単純比較は出来ないものの、近年の警察行為による市民の死亡者数がいかに多いかを物語っているといえよう。

　こうした歯止めの効かない警察の実力行使を支えているのが「射殺政策」とも呼ばれている政治家たちの言動である。2008 年 4 月に Shabangu 治安担当副大臣（当時）は一同に介した警察官を前に、「もし君たちやコミュニティが危険

グラフ 1　南アフリカ警察の「警察行為」による住民の死亡人数

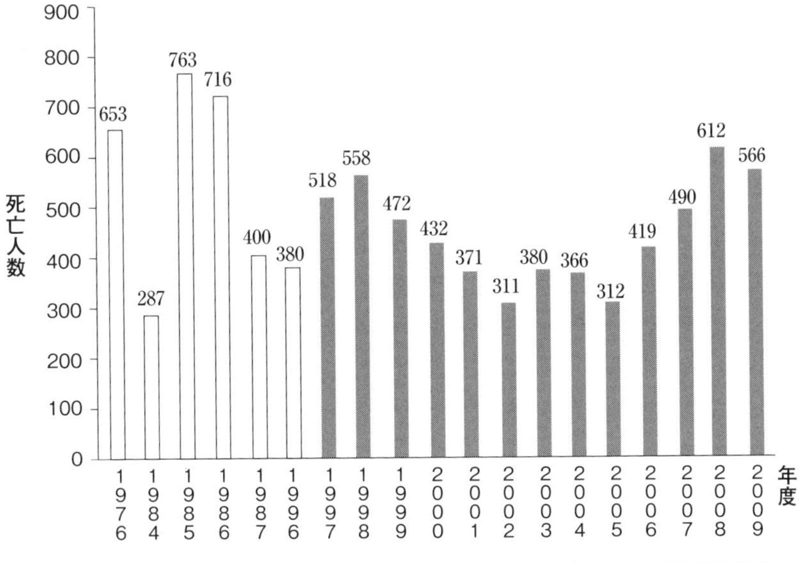

出典：IDC Annual Report 1999-2009 年度および Bruce［2005］を元に筆者作成

にさらされるならば、ろくでなしは殺してしまわなければならない。君たちに規則の心配はいらない。規則を考えるのは私の仕事だ。君たちの責務は市民を守ることだ。威嚇射撃など必要ない。一撃でとどめを刺してしまえ」と鼓舞したという。こうした発言をズマ大統領も支持してきた。政府内では警察官の拳銃使用を制限している刑事訴訟法第49条を、拳銃使用のしやすい方向へと修正しようという動きさえ出てきている［Alcock 2009, *Mail & Guardian*］。

　無関係の市民が巻き込まれる事件が起きるたびに、警察の拳銃使用方法は話題に上る。だが、ある調査によれば54%の市民が「射殺政策」に賛同を示しており、これは市民の犯罪への日常的な不安を投影している。さらに言えば、警察の射殺対象となった「犯罪者」の多くは「社会からはみ出した黒人の若い男」であり、多くの市民にとって同情に値しないのである［Bruce 2011: 9］。

　暴動に転化することも多い頻発する抗議行動に、いかに対処出来るかも民主国家南アフリカの直面する課題である。ICDによると警察の治安維持部隊による蛮行件数【グラフ2】が近年急増しているという。1992年に南アフリカ警察に設置された国内安定部隊（Internal Stability Division）が、民主化後の1994年

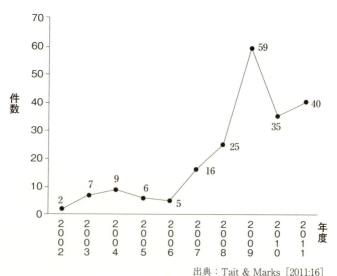

グラフ2　南アフリカ警察による年間蛮行件数

出典：Tait & Marks［2011:16］

に治安維持警察（Public Order Police: POP）に名称をかえて船出をした際には、「群集統制」を改めて、実力行使を最小限とする「群集整理」のスタイルを目指した。しかしながら、訓練は不十分で想定通りにはいかなかったようだ。さらに2006年にPOPが犯罪撲滅部隊（Crime Combating Unit: CCU）に名称をかえると、群集整理の哲学は消え失せて、強権的な群集統制へと戻ってしまった。準軍事的な戦術的対応部隊（Tactical Response Unit）も抗議行動の鎮圧に投入されるようになったが、彼らの多くは民主的な治安維持行為のスキルを欠いていると言われている。2011年にCCUはPOPに名称を戻して、再び群集整理の方向を目指そうとしているようだ。この際、南アフリカはフランスの手法を採用したいと考えているようである。だが、フランス型は準軍事的でコミュニティとの距離も遠いと批判されている。準軍事的な抗議行動の鎮圧は、問題を解決するよりも、問題を生じさせるとの指摘もある［Tait & Marks 2011］。

　社会の「ならず者」たちを排除していく流れのなかで、94年以降、囚人数は急増している。現在、南アフリカの囚人数は16万人弱で世界第9位、人口10万人あたりの囚人数も310人で世界第38位となっている【表2】[16]。刑務所の定員超過は常態となり、2005年の収容率は平均163％で、もっとも酷い刑務所では

表2　世界の囚人数ランキング（2012年）

囚人数順位	国名	囚人数	人口10万人あたりの囚人数	人口10万人あたりの囚人数順位
1	米国	2,266,832	730	1位
2	中国	1,640,000	121	123位
3	ロシア	717,400	502	8位
4	ブラジル	514,582	260	47位
5	インド	368,998	30	215位
6	イラン	250,000	333	29位
7	メキシコ	238,269	206	65位
8	タイ	234,678	337	27位
9	南アフリカ	157,375	310	38位
10	ウクライナ	151,122	334	28位

出典：World Prison Brief, ICPS ウェブサイト（2012年10月閲覧）を元に筆者作成

387% であった。近年の厳罰化の傾向によって、長期収監者数が増えている（例えば終身刑者数は1995年の443人から2005年に5,432人になった）。囚人たちは洗濯されていない毛布をかぶって床の上にひしめき合って眠り、少ないトイレとシャワーを奪い合い、1日2回だけ粗末な食事を出されるという生活を送っている。もはや健康、尊厳、教育、リハビリといった憲法上の権利を受けることは不可能である [Sloth-Nielsen 2007]。

危険人物を排除してしまえば、安全な社会になるという論理で、政治家は有権者に聞こえの良い刑罰強化を訴え、社会はそれに賛同を示すことが多い。だが収監数を上げても、犯罪数が減ることがないことはよく知られており、南アフリカでも統計上これが当てはまると指摘されている [Muntingh 2008]。監獄は刑罰的ないしは矯正的であるよりもむしろ、象徴的な役割を果たしているとフーコーは喝破した。「監獄とは社会の反転像であり、威嚇に転化した社会そのもののイメージ」[フーコー 2006b: 144] なのである。

ポストアパルトヘイト社会の不安は、理解出来ない他者への恐怖に基づいていて、この恐怖に怯える人びとは威嚇によって精神の安定を保とうとしている。理解出来ない他者とは、統治されようとしない他者である。映画『第9地区』[17] は、ポストアパルトヘイトの理解出来ない他者の存在によるパラノイア的な不安感を風刺したという意味で傑作であった。この物語は、ヨハネスブルグの上空に不時着した宇宙船に乗っていたエイリアンを難民として受け入れたが、エイリアンはしだいに、現地住民の恐怖の対象となり、暴力的に排除されていくというものであった。「アパルトヘイト時代には政権が恐怖心を利用したが、ポストアパルトヘイト時代は市民がそれを利用している」と Lemanski [2004: 110] が指摘するように、ポストアパルトヘイト時代の不安とは、その恐怖心を利用しているのが誰なのか、誰に利用されているのかが分からない不気味なものである。明確な原因が見えないことで、人びとは不安に苛まれることになる。

第2節　新自由主義時代の生権力論

世界の縮図とも言える南アフリカ社会は、バウマン [2010] が以下で描くようなグローバリゼーションの引き起こす矛盾を一手に引き受けているとさえ言

えるかもしれない。かつてアパルトヘイト政策によって政府が周到な隔離を実行してきた南アフリカでは近年、市民が自らを幽閉する要塞を築き始めており、その結果、ネオアパルトヘイトが生まれている。すなわち、ゲーテッド・コミュニティ、隣人への警戒、公共空間の厳重な監視と入場制限、武装警備員の配置、電子扉など、好ましからざる同じ都市の住民を排除する仕掛けが張り巡らされているのである。このような階層化された消費社会で、「アッパークラス」は「アンダークラス」を置き去りにする。つまり、可動性を有する「アッパークラス」は汚れて不潔な地域を捨て去り、上層同士の暮らす心地良い空間の中で、心地良い対話を生み出すことが出来るのである。このことは情報の移動に制約がなくなり、瞬時にコミュニケーションが出来る時代が到来したと同時に、知的エリートと民衆のあいだで、コミュニケーションが完全に崩壊している時代が到来したことも意味しているのである。

　アパドゥライ［2010］はグローバリゼーションの苦境を、しっかりとした中枢を持つ「脊椎型」組織と柔軟で脱領域的な「細胞型」組織のせめぎ合いのなかに見出している。つまり、彼が「脊椎型」と呼ぶ近代国民国家は、もはや国民の生命と財産を守ることが出来なくなってきており、国境を越えて飛び交うカネ・武器・情報・ヒト・イデオロギーを生み出している「細胞型」組織と絡み合い、緊張関係を生み出し、争い合うことになっているのである。これが、人びとの日常レベルに不確実性と耐え難い不安をもたらしているという。このプロセスでマイノリティが恐怖の対象となり、暴力的に排除されていく。一方で日常的な不安とグローバルな不安がメディアや政府のプロパガンダで増幅されたり、国家の不安感が民衆に伝染したり、国家がマイノリティに強権的に振舞ったりするとき、民衆の不安と怒りは頂点に達し、暴力となって噴出するのである。人間はたんに貧しいというだけで暴力に訴えたり、犯罪に手を染めたりするわけではない。「他に何が出来るのか！」というところまで追い詰められているのである。

　このように、現代南アフリカの社会的なものは危機に瀕しており、地理的不均等発展はますます拡がっている。社会不安が蔓延し、これに対して公権力は抑圧的な態度をとり、市民は武器を取り自分の身は自分で守ろうとするようになってきた。こうした状況は、南アフリカ特有の話ではなく、新自由主義的グ

ローバリゼーションが推し進められるなか、世界中で見られる。そこで、まず新自由主義とは何かを整理しておく必要があるだろう。

略奪による蓄積

　経済人類学の祖、カール・ポランニーは、労働・土地・貨幣の商品化を推し進める市場経済によって、社会に埋め込まれた経済が崩壊してしまい、その結果、人間の生が不安定化し、人びとが分断され、自由が制限され、民主主義を停滞させると警鐘を鳴らした。それから、すでに半世紀以上が経つが、彼の思想はますます重要性を帯びてきた。経済的自由主義（新自由主義）とマルクス主義の両者に対して批判を投げかけた自由社会主義者のポランニー［2003: 51-52; 2015: 52-53］の思想は色褪せるどころか、未公刊資料の発掘と読み直しが始まるなど、近年大きく注目されている［ポランニー 2012; ポランニー 2015; 若森 2011］。

　ポランニーは、経済的自由主義によって「経済領域」が拡張したことで、社会の「残り」の部分が、単なる付属品の地位へ追いやられた結果［ポランニー 2015: 40］、「名誉と誇り、市民としての責務と道徳的義務、さらには自尊心や互いの礼儀でさえ、生産には無縁のものとされ、『観念』の名のもとでなんとなく括られて」しまった。功利主義者が「物質的なもの」と「観念的なもの」、「経済的なもの」と「経済外のもの」、「合理的なもの」と「非合理的なもの」といった一対の用語を編み出した結果、「経済的」なものが属する側には合理性が備わっているかのように認識されるようになってしまったという［ポランニー 2015: 42］。つまり、ポランニー［2015: 45］は「経済的」人間が「本来的」人間であるがごとく、経済システムこそが「本来的」な社会なのだ、という誤った結論に至ったと主張し、「社会的なもの」[18]が失われていくことに異議を申し立てたのである。「社会的なもの」とは本来、異邦人を歓待し、異質の人間との間に良好な関係を生み出すことと、弱者の扶助の意味がこめられていた［今村 2000: 28-29］が、市民社会＝市場社会（society）（ゲゼルシャフト）が成立するなかで、歓待やもてなしによって敵対関係を緩和し、相互扶助の仕組みを生み出してきた「社会的なもの」が失われ［今村 2000: 30-31］、社会に埋め込まれた経済が危機を迎えたのである。

　ポランニーの思想がこれほどまで今日性を帯びてきたのは、1970年代後半か

ら現実化し、2000 年代に入り、もはや看過出来ないほど、われわれの生の統治に影響を及ぼすようになった世界の新自由主義化であろう。1960 年代に福祉国家体制、すなわちフォーディズム体制が行き詰まり、1979 ～ 1980 年に新自由主義（フレキシブルな蓄積体制であるポストフォーディズム体制）への転換が起きた［ハーヴェイ 2007: 9-10］。マルクスの読み直しを続けてきた経済地理学者のデヴィッド・ハーヴェイは、「略奪による蓄積」によって資本家階級の手に富と権力が戻り、ますます地理的不均等発展が拡大していると主張してきた［ハーヴェイ 2005, 2007］。

　ハーヴェイ［2007: 10］は新自由主義を「強力な私的所有権、自由市場、自由貿易を特徴とする制度的枠組みの範囲内で個々人の企業活動の自由とその能力とが無制約に発揮されることによって人類の富と福利がもっとも増大すると主張する政治的実践の理論」と定義し、「国家の役割は新自由主義の政治的実践に相応しい制度的枠組みを創出し維持することであり、通貨の品質と信頼性を守り、私的所有権を保護し、市場の適正な働きを、必要とあらば実力を用いてでも保障するために、軍事的、警察的、法的な仕組みや機能をつくり上げなければならず、さらに市場が存在しない場合には（例えば、土地、水、教育、医療、社会保障、環境汚染といった領域）、市場そのものを創出（必要とあらば国家の行為によってでも）さえする」［ハーヴェイ 2007: 10-11］ものだと主張する。

　ハーヴェイは新自由主義化の要因を 1973 年以降の資本主義の危機（過剰蓄積）に見出しており、新自由主義への転換はこの危機を乗り越えるための「略奪による蓄積」の結果であったと指摘する。つまり、新自由主義化の動きによって、これまで公共財だったもの（例えばイギリスにおける公営住宅、電信、運輸機関、水）が私有化されて、過剰に蓄積された資本が活躍する膨大な分野が開発された。とりわけ、ソ連の崩壊と中国の市場開放は、これまで手に入らなかった資産を資本蓄積の流れのなかに投げ入れることを可能にしたから、1973 年以来、過剰蓄積という困難に慢性的に見舞われてきた資本家は、すべてを私有化する新自由主義のプロジェクトによって救われたのである［ハーヴェイ 2005: 151］。この動きを後押ししてきたのが、新保守主義者（ネオコン）であったことをハーバーマス［1995: 44］はいち早く指摘していた。その後のネオコンの暗躍によって、イラク戦争をはじめ、民間軍事産業が主導して、市場の開拓を目指

34

した新しい安全保障の時代の幕開けにつながっていくことは広く知られている
[クライン 2011]。

　ただし、この転換を支えたのは新保守主義者だけではない。この権力ゲーム
の過程は複雑なものであった。ハーヴェイ [1999: 456-457] は、「新左翼が古い左
翼政治（特に伝統的な共産主義政党と「正統派」マルクス主義に代表されるもの）と、
法人資本と官僚主義的諸制度の抑圧的権力（国家、大学、組合など）の２つの足
かせから自らを解放するための闘争に心を奪われていたので、伝統的マルクス
主義よりもアナーキズムや自由意志論とより結びつくことになり、伝統的な労
働者階級の態度と諸制度に敵対するようになった」と指摘する。こうしたなか
で、「家族的価値観の回帰を唱える新保守主義、市場原理による福祉国家解体を
ねらう新自由主義、権威主義的ポピュリズムが合わさった文化右翼が力をつけ、
ポストモダンという新左翼のルールを熟知し、わがものにして、伝統的左翼と
新左翼（新しい社会運動、文化を通じた政治や抵抗の可能性を目指した文化左翼）の
両者に対して勝利したのである」[渋谷 2003: 10-11]。

　こうして新自由主義を支える企業家主義は、いまや商業活動のみならず、都
市統治、インフォーマル・セクターの生産の拡大、労働市場組織、研究・開発
といったさまざまな生活の領域をも特徴づけており、さらにそれは、アカデミ
ズムや文学の世界、そして芸術生活の足元にまで浸透してきたのである [ハー
ヴェイ 1999: 225-226]。

資本主義と生権力

　われわれの生に根本的な変革をもたらしてきた新自由主義の権力を理解する
うえで、フーコーの「生権力」と「統治性」の概念は重要な示唆を与えてくれ
る。2000 年代に入り、ようやく統治性を論じたフーコー [2007, 2008] の 1970
年代後半の講義録がすべて出版されたこともあり、統治性の概念の今日性に注
目して現代世界を読み解こうという試みが盛んになってきた。[19]

　フーコーによれば、生権力という概念は、近代に生まれた権力である。フー
コー [1986: 120] にとって、権力とは、一般にこの用語を聞いてまず思い浮かべ
るような上からの支配のことを意味してはいない。権力とは「力関係が効力を
発揮する戦略」であり、「揺れ動く台座」である。よって、権力は「至る所にあ

り、至るところから生じるもの」であり、「1つの制度でもなく、1つの構造でもない、ある種の人びとが持っているある種の力でもない」。権力とは「特定の社会において、錯綜した戦略的状況に与えられる名称なのである」。したがって、生権力とは人間の生を布置する力関係を示す戦略的な状況を意味することになる。

フーコー［1986: 172］によれば、生権力の誕生以前、つまり17世紀までの長い間は、君主（王）は「死なせるか、それとも生きるままにしておくかの権利」、すなわち、身体刑に代表されるような、最終的には生命を掌握してそれを抹殺するという生殺与奪権に基づく「主権権力」を有していたという。だが、17世紀以降、この権力メカニズムに変化が生じた。生かすための権力の登場である。つまり、生命を経営・管理する権力、社会構成員の生命を保証し、保持し、発展させるための権利のような、「生きさせるか死のなかへ廃棄する」という権力が現れたのである［フーコー 1986: 173-174］。これが生権力であり、17世紀以来、2つの形態で発展してきた。この2つは相容れないものではなく、むしろ、中間をなす関係の束によって結ばれた発展の2つの極を構成している。1つの極が、個々の人間の身体に関わる規律を目的とした「規律権力」、もう1つの極が人間の集団を対象に、人口の調整を目的とした「管理権力」である。

規律権力は17世紀以降発展した「身体の調教、身体の適性の増大、身体の力の強奪、身体の有用性と従順さとの並行的増強、効果的で経済的な管理システムへの身体の埋め込み」を保証した権力である。規律権力は学校、学寮、兵営、工房といったさまざまな規律制度によって急速に発展をとげた。身体の隷属化をともなうような、人間の身体に直接的に働きかける規律訓練の権力であるから、人間の身体の「解剖政治学」と呼ぶことが出来る［フーコー 1986: 176］。規律権力で有名な議論がパノプティコンである。一望監視の監獄に入れられた囚人は、看守が実際に監視していなくても、監視されていると思いこみ、規律化された従順な人間となるのである［フーコー 1977］。

フーコーはしだいに、近代社会には規律権力よりも費用がかからず効果的な権力があることを見出し始める。1人ひとりを監視し規律するのではなく、人びとの自由な活動を妨げず、むしろそれを奨励し、個別ではなく集団の次元でリスクを管理する権力であり、それに基づく自由主義的統治の誕生である［重

田 2011: 197-198]。これが「管理権力」であり、18世紀半ばから形成された人口の「生政治学」と呼ぶことも出来る。規律権力が個人への働きかけであったのに対し、管理権力はある集団全体に対する働きかけとなる。よって、種としての身体に重点を置いており、繁殖や誕生、死亡率、健康の水準、寿命、長寿、それらを変化させるすべての条件に対処するための介入と調整の政治的・経済的実践および考察となる。公衆衛生や住居、移住などの問題に対し、人口統計学や収入と住民の関係を算定するような住民の管理のための無数の技術が爆発的に出現したのである [フーコー 1986: 176]。

こうして生権力は19世紀における権力の巨大なテクノロジーを形成することになった。これは、資本主義の発達に不可欠だったからだとフーコーは言う。資本主義は「生産機関へと身体を管理された形で組み込む」（規律権力）という代償と、「人口現象を経済的プロセスにはめ込む」（管理権力）という代償を払うことによってのみ保証された。生権力の行使によって、①人間の蓄積を資本の蓄積に合わせる、②人間集団の増大を生産力の拡大と組み合わせる、③利潤を差別的に配分する、という操作が可能となったのである [フーコー 1986: 178]。

フーコー [1986] は『知への意志』で生権力に言及した後、1978年から始まったコレージュ・ド・フランスの講義 [フーコー 2007, 2008] や米国での講義 [フーコー 2006a] などで、「統治性」という用語を用いて、統治的合理性を論じ始めた [Gordon 1991: 1]。フーコーは18世紀における生権力の出現を人間社会の歴史における最重要の変異の1つと見なしていたから、上記のコレージュ・ド・フランスの講義は、この「生に対する権力」の生成をあとづけたものといえよう [スネラール 2007: 453]。フーコー [2007: 144-148（1978/2/8）] は統治性という概念を使用して新たな議論を展開する理由を、「国家と人口の問題に着手するためだ」といい、規律権力の議論では、「軍・病院・学校・監獄などの個々の制度の外に出て権力のテクノロジーという包括的な視点を打ち立てよう」としてきたが、「これを今度は国家を対象に探求してみたいからだ」という。つまり、「近代国家を一般的な権力テクノロジーのなかに置き直し、その権力テクノロジーこそが近代国家の変異・発展・機能を確保したとすることは出来るのか？精神医学にとっての隔離技術、刑罰システムにとっての規律的技術、医学制度にとっての生政治のように、国家にとっての統治性といったものを語ることが

出来るのか？」を明らかにしたいと述べている。

　フーコー［2007］は統治性の起源として司牧的権力と呼ばれる、古代オリエ
ントに起源を持ち、ヘブライ人の手によって発達し、キリスト教会によって確
立された権力にまで遡る。牧夫が羊の群れをより良い草原に誘導し、群れ全体
のために牧夫が犠牲になったり、群れ全体が1頭のために犠牲となったりする
ような、群れと全体を等価とするようなキリスト教司牧制は、西洋の民衆の統
治の核心部分として日常生活の隅々にまで行き渡る過剰な介入をともなう救済
のメカニズムとなり、これによってローマ教皇を頂点とする教会制による普遍
世界（「ローマ帝国」）が形成されたとフーコーは主張[20]。

　宗教改革の時代を経て、「ローマ帝国」が終焉し［フーコー 2007: 361
(1978/3/22)］、ウェストファリア体制（1648年）によって生まれた重商主義時代
になると「内政国家」が誕生した。内政国家は道路や広場、建物、市場や通商、
健康や食糧問題、乞食や浮浪者対策を実施し、人びとの交流を促し、市場での
交換を促進する市場都市であり、人間たちの生に対して国家が介入した［フー
コー 2007: 420 (1978/4/5)］。

　ところが、生権力が生まれた18世紀になると、経済学者（重農主義者）は「内
政国家」を批判し、自由主義的統治性を発明した。これによって国家は内政国
家と正反対の役割を求められるようになった。すなわち、国家は「常に統治し
すぎている」ことを疑わなければならなくなり、「社会（市民社会）」に対して自
己の存在を正当化するためにいかなる目的を追求すべきかを問いかけるような
存在となった［フーコー 2008: 393 (講義要旨)］。その結果、「市民社会」が自由
主義的統治性に基づく国家に必要な相関物として出現した［フーコー 2007: 432
(1978/4/5)］。

　自由主義的統治性は、自由を生み出すために介入が必要であるという矛盾を
かかえていた［フーコー 2008: 82-83 (1979/1/24)］。よって、自由製造のコストと
して「安全（セキュリティ）」によって個人や社会のリスクを管理することが重
要となった［フーコー 2008: 78-81 (1979/1/24)］。こうして、自由主義的統治性は、
経済、人口管理、法権利と司法装置、自由の尊重、警察装置、外交装置、軍事
装置を配備した近代国家を生み出したのである［フーコー 2007: 437 (1978/4/5)］。

　自由を生産するために過度な介入を必要とする自由主義的統治性に対して、

新自由主義者は不満を持っていた［フーコー 2008: 84-85（1979/1/24）］。ハイエク
を中心とするシカゴ学派の新自由主義者は、ニューディール政策をはじめとす
る民主主義国家による経済秩序への介入を否定し、法律の下で経済ゲームを促
進する（公権力は法の形でしか経済秩序に介入しない）「法治国家」（行政の脱官吏
化・司法化）の確立を主張した［フーコー 2008: 211-216（1979/2/21）］。

　フーコー［2008: 145-149（1979/2/7）］によれば、自由主義と新自由主義の袂
を完全に分かつポイントは、市場の原理が「交換」から「競争」に移ったこと
にあるという。つまり、18世紀の自由主義の市場モデルにおける国家の役割
は、等価性のある商品を取引する者同士の自由を尊重させることに過ぎなかっ
たが、新自由主義者にとって、市場の本質は交換ではなく競争となったのであ
る。よって市場の本質である競争の原理を維持するための介入が新自由主義政
策であった。競争メカニズムを完全に作用させるために、個人を一種の恒久的
企業、多様性を持つ企業とし、社会はもっとも細かい粒に至るまで企業モデル
に従って形式化し直された［フーコー 2008: 296-297（1979/3/21）］。

　フーコーは「人的資本の理論」が新自由主義的統治性を後押ししたと指摘す
る。これにより、労働は労働する者自身によって実践され、活用され、計算さ
れる経済的行いとして研究されることとなり、労働者は経済主体であり、能動
的な主体となった［フーコー 2008: 274-275（1979/3/14）］。労働者は能力と一体化
されたので、1つの「機械」、所得の流れを生じさせるポジティブな「機械」で
あると考えられた。労働は機械と流れからなる総体であるという考え方は、マ
ルクス主義が主張するような、1つの企業に投資される資本に対して市場価格
で売られるべきものとしての労働力という考え方とは対局であり、労働者自身
が、自分自身にとっての一種の企業となったのである［フーコー 2008: 276-277
（1979/3/14）］。こうしたなか、経済成長政策は人的資本への投資レベルと形態に
働きかけるものとなり、あらゆる先進国の経済政策、社会政策、文化政策、教
育政策がこの方向に向かった。そればかりか、第三世界経済の始動の遅れは、
経済メカニズムの停滞ではなく、むしろ人的資本への投資の不十分さのせいで
あるとみなされるようになった［フーコー 2008: 286（1979/3/14）］。

　人的資本の理論によって生み出された人間こそが、「ホモ・エコノミクス」で
あった。ホモ・エコノミクスは企業家であり、自分自身の企業家（自分自身に対

する自分自身の資本、自分自身にとっての自分自身の生産者、自分自身にとっての自分の所得の源泉）であった［フーコー 2008: 278（1979/3/14）］。ホモ・エコノミクスは「1 人ひとりが自分自身の利害関心に従って、それを最大限に推し進めれば、他の人びとの利害関心も、それゆえに増大するだろう」と考えた［フーコー 2008: 339-340（1979/3/28）］。「人びとは自分たちの利害関心しか気にかける必要はない。公共の利益を気にかけ始めるときこそ、物事はうまく運ばなくなるのだ」と、つまり、盲目性があらゆる経済主体にとって必要であるとされたのである［フーコー 2008: 344（1979/3/28）］。よって、政治権力は 1 人ひとりを自由放任する必要があり、統治に対し、個々人の利害関心を妨害することを禁じたのである［フーコー 2008: 345（1979/3/28）］。

　ホモ・エコノミクスを支えるものが「市民社会」である。市民社会は「統治のテクノロジーの相関物」であるとフーコーはいう。つまり、市民社会は、「統治のテクノロジーに対して、経済の諸法則にも法権利の諸原則にも背くことのないような自己制限、統治の一般性の要請にも統治の遍在の必要性にも背くことのないような自己制限を可能」とするから、この「遍在する統治、何もそこから逃れさることのないような統治、法規範に従う統治、経済の種別性を尊重する統治が、市民社会を運営し、国民を運営し、社会を運営し、社会的なものを運営することになる」のである［フーコー 2008: 364-365（1979/4/4）］。市民社会とは「経済的人間によって構成されるそうした理念的な諸点がその内部に置き直されることによって適切に運営されることになるような具体的な総体」であるから、「ホモ・エコノミクスと市民社会は同じ総体の一部」であり、「自由主義的統治テクノロジーの一部をなす」のである［フーコー 2008: 365（1979/4/4）］。ゆえに、とフーコーは続ける。19 世紀以来、哲学的・政治的言説のなかで、市民社会は統治、国家、国家機構、制度などに対抗し、反逆し、それらから逃れるような現実として参照されてきたが、市民社会は近代的統治のテクノロジーの一部をなすものであるから、国家ないし政治制度に対立するための原理として役立つようなものではないのである［フーコー 2008: 365（1979/4/4）］。市民社会は、かつてロックが示したような、「法的かつ政治的な絆によって互いに結び付けられた諸々の個人からなる総体」としての「政治社会」から、18 世紀後半以降、大きく変化を遂げてしまったのである［フーコー 2008:

366 (1979/4/4)]。「市民社会は人類のためのものではなく、共同体のためのもの
となり、そこで生まれる経済的な絆は、利己主義的利害関心を発揮することで、
絆を解体し分離を生み出すことになる」。つまり、「経済的状態に向かえば向か
うほど、経済的絆によって人間はますます孤立してしまう」とフーコーは主張
したのである［フーコー 2008: 372-373（1979/4/4)]。

　ここまで見てきたように、フーコーの統治性をめぐる講義では、規律権力よ
りも生政治学（管理権力）の側面、つまり、人口の調整（出生率や死亡率）、衛生
管理（伝染病の罹患率）、自由主義を巡る経済的諸議論（食糧生産と流通に関わる
人口問題）と結びつきながら、個別的な身体の規律化ではなく、生命全般の「統
治」が主題としてひきたてられたので、その後、さまざまな論者による 20 世紀
以降の話題へと直接つながっていくことになった［檜垣 2006; 檜垣 2011: 5]。

　これを受けて、近年の統治性研究は、生命工学の技術的進歩（遺伝子組み換え、
ヒトゲノムマッピング、クローン技術）や身体管理技術（ビッグデータ、監視カメ
ラ、バイオメトリクス）の進歩など、資本主義の生命への侵食（「生資本」［ラジャ
ン 2011]）や生権力をとりまく世界の前提条件が大きく変貌を遂げた現実世界を
踏まえたものとなってきた［檜垣 2011; 美馬 2015]。生権力は不安や違和感と同
時に希望や救済を感じさせる相反性をもっており、このどっち付かずの状況を
飼い慣らしながら、これに応えることが時代的課題であるといえるかもしれな
い［檜垣 2011: 12]。変貌を続ける現代世界では、国家による国民の統治以上に、
日常に入り込んだ細かな技術や知識の集合体が、われわれの意識や行為を規定
する要因として働いており、これは科学技術の変化が人文社会科学の古典的な
概念そのものの問い直しを迫る状況でもあるから、こうした状況を踏まえたポ
スト・フーコー研究に大きな期待が寄せられている［山崎 2011: 238-239]。

注

8 ベーシック・インカムとは通常、国家が全国民に一定額の給付金を供与する制度である。18
　世紀末のイングランドの思想家トマス・ペインとトマス・スペンスによる、慈善ではなく
　権利としての福祉という立場にたち、自然権として人は生きる権利を持つという前提から
　生まれた。当時、「囲い込み」によって多くの貧民が共有地へのアクセス権を失い、市場経
　済の荒波に投げ出された時代であった［山森 2009: 151-163]。福祉国家が終焉し、人びとが

市場経済の荒波に投げ出されている近年、世界でベーシック・インカムへの関心が高まるのは当然の帰結であろう。

9 *tenderpreneur*（tender+entrepreneur）とは近年、南アで頻繁に使用されるようになった用語で、現地新聞は「政府の入札制度を通じて金持ちになった政治的つながりのある人物」と表している（"How Malema made his millions," *The Star*, February 21, 2010）。

10 重大犯罪の内訳をみると次の通り。①接触犯罪：30.8%（殺人15,940件、傷害198,602件、強盗・強奪101,463件［うちカージャック10,627件］）、②接触関連犯罪：6.4%（所有物・財産の損傷125,327件）、③所有物・財産関連犯罪：25.8%（住居侵入窃盗247,630件、住居以外の建造物侵入窃盗69,082件、自動車泥棒64,504件）。

11 「カージャック」、「住宅強盗」、「商業施設・オフィス強盗」の3つをまとめて「トリオ犯罪」と呼ばれ、これらに「銀行強盗」、「現金輸送車強盗」、「トラックジャック」を加えて「ハイ・プロファイル・シックス（High Profile Six）」と呼ばれている［Bruce 2010］。

12 もし車両が、Alexandra Township のような "No go zones" に侵入すると、GPS による自動探知によって緊急事態と判断しレスキューチームが出動するという［Bond 2007: 119］。

13 バーグラー・バー（burglar bars）は、住宅やオフィスの窓やドア部分に取り付けられる金属製の格子であり、固定式と可動式がある。これによって、侵入者が窓やドアを破壊しても、内部への侵入を妨げることが出来る。巨大な鉄球が当たっても壊れないバーグラー・バーの堅牢さを強調したテレビ CM が流されている。

14 Independent Complaint Directorate（ICD）、現 Independent Police Investigative Directorate（IPID）刊行の Annual Report（http://www.ipid.gov.za/documents/annual_reports.asp）を参照。

15 グラフ1のグラフ棒の色が1996年以前と1997年以降で異なる理由は、1996年以前は Bruce［2005］が独自に複数の資料から見積もった数であり、1997年以降は ICD（現 IPID）による統計に基づくことによる。

16 World Prison Brief, International Centre for Prison Studies (ICPS) website（http://www.prisonstudies.org/info/worldbrief/）(2012年10月12日閲覧)

17 原題 *District 9*。Neal Blomkamp 監督、2009年（米・南ア他）製作。

18 「社会的なもの」とは通常、ハンナ・アーレントとフーコー派のジャック・ドンズロによって名付けられた社会統制の制度がたがいに関連付けられる、稠密に結びついた複合装置を指しており［フレイザー 2013: 166］、福祉国家（社会国家）を機能させたものである。アーレント

やフーコーは国家による「社会的なもの」の全体統治に批判的であった。本書でもアーレント
やフーコーの議論を念頭に置きながら同用語を使用することになるが、社会国家を無批判に評
価するかは措いておくとしても、社会国家が崩壊し、人びとが市場経済へと投げ出されるな
か、「社会的なもの」の価値を再認識する必要があると考えている。その際には、新自由主義
と「社会的なもの」との共鳴に十分注意を払う必要が有るだろう［市野川 2013］。

19 とはいえ、すでに 1990 年代から部分的に出版された講義録などに基づきながら「統治性研究
グループ」とでも呼ぶべき、人類学、社会学、地理学といった本書に直接関係する分野を専攻
する研究者たちによっても、研究が蓄積されてきた［cf. 米谷 1996, Burchell et al. 1991; Dean
1999; Rose 1996, 1999; Crampton & Elden 2007］。

20 ちなみに、牧畜文化の考古学資料と人類学的資料に基づきながら、古代オリエントの牧畜文
化とキリスト教統治の関係性を解き明かした谷［1997, 2010］の研究は刺激的である。

第2章　例外空間と構造的不正義

第1節　新自由主義が生み出す例外空間

　21世紀の新しい都市形態であるかのように、前世紀後半より世界各地に「要塞都市」[デイヴィス 2008] が生まれている。サンパウロを舞台とした Caldeira [2000] の民族誌は、暴力と恐怖が、現代都市の社会的変化と相まって、新たな形の空間分離と社会的差別を生み出してきた姿を描き出している。世界中の都市で、とくに上流階級が、暴力と犯罪の恐怖を盾に、新しい排除のテクノロジーと伝統的居住地区からの退場を正当化し、住居、仕事場、レジャー、消費のための「要塞」を築きあげてきた [Caldeira 2000: 4]。

　グローバルな生活世界の荒廃 [篠原 2011a] やスラム化 [デイヴィス 2010] といった危機が目前に迫るなか、「隔離された豪奢な街とスラムの二極化」、すなわち「離脱して自己完結した世界と、放置され放擲された世界への分裂」による新たなる壁が出現してくるのである [篠原 2011b: 126]。この「恐怖の建築」は社会経済上の不平等がはなはだしい大きな都市社会——南アフリカ、ブラジル、ベネズエラ、米国——で極端な規模に到達するとともに [デイヴィス 2010: 175]、とりわけ東欧諸国、南米諸国、南アフリカといった民主化、脱人種化の移行期にあたる国に顕著に見られるようになっている [Caldeira 2000: 4]。ハーヴェイ [2010: 71] は、「過去30年間の新自由主義への転換により、富裕なエリート層に階級権力が戻った帰結が、都市の空間形態に刻みこまれた結果」であり、「空間の諸形態はますます、要塞化された断片やゲーテッド・コミュニティ、恒常的な監視下にある私有化された公共空間から成り立つようになってきた」という。

　要塞都市の景観を生み出している代表例がゲーテッド・コミュニティである

[Low 2003]。ゲーテッド・コミュニティは、1980年代に米国で出現した居住形態であり、通常の公共空間が私有化され、出入りが制限された住宅街のことである。非居住者による侵入を防ぐため、壁やフェンスで囲われ、入り口が管理されているのが特徴的である。ゲーテッド・コミュニティの特異性はゲートや壁がなければ、その地区のすべての市民に開放され、共有されるべき資源たる街路、歩道、公園、ビーチ、川、小径、運動場に対して一般の人が出入りすることを、壁とフェンスで妨げていることである [ブレークリー＆スナイダー 2004: 3]。「一般市民にとって空間とは政治的概念、あるいは司法の概念以上の存在であり、それは社会、文化および共有された政治的形態の表明である」[ブレークリー＆スナイダー 2004: 1] 点は重要である。

　ゲーテッド・コミュニティは、①セキュリティのプライベート化と、②特定の社会グループを選別するという特徴を持っているから [Caldeira 2000: 2-3]、ゲート内に住むものは「惑星をおおう悲劇からの自発的な撤退を試みているにすぎない。自分たちの城塞と TV セットの背後に身を潜め、彼らの生涯をかけて、地球上のありとあらゆる贅沢品をやっきになって消費しようとしている」[Davis & Monk 2007: xvi] と批判される。ジジェクに言わせれば、「今日の悪の典型例は、環境を汚染し、社会的紐帯を崩壊させる暴力的世界に住まう一般の消費者ではない。そうした世界的な破壊と汚染の条件の産出に積極的に関与しながら同時にそうした自分の活動から逃れる方法を金で買う者たち、ゲーテッド・コミュニティに住み、有機栽培食品を食べ、休日を野生生物保護区域で過ごす者たちである」[ジジェク 2010b: 42-43]。ジジェクは上述のようなネオアパルトヘイトの出現を、フクヤマ的なリベラル民主主義的資本主義が最善の社会原則だと考える今日の支配的風潮を阻む、グローバル資本主義が内にはらむ敵対性の1つと見ている [ジジェク 2010a: 631-635][21]。

　ジジェク [2010b: 129] は、9.11以後、イスラエルとウェストバンクの間、欧州連合の周囲、合衆国とメキシコとの国境など、あらゆるところに壁が築かれていることが示すように、人びとを隔離すること、それが経済的グローバリゼーションの現実であると指摘する。またジョン・アーリは、「近年、経済生活のみならず、社会生活、政治生活に至るまでオフショアリング（海外移転）されているが、その手法を見れば、グローバリゼーションとは、ボーダーレス化で

はなく新しい境界を生み出すということだと言えるだろう」[Urry 2014] と指摘する。グローバル資本主義による資本の移動は、面的に染みわたるものではなく、点から点へと移動するという特徴を持っている。資本は国境を越えるが、点から点へと飛ぶから、周囲はなんら恩恵を受けない。つまり、有用な人間と資本を壁の中に呼びこんでいるにすぎない。

　Ferguson [2006: 38] は、「資本はニューヨークからアンゴラの油田地帯へ、ロンドンからガーナの金鉱山へ流れるのではなく、その間に横たわるほとんどの空間は飛び越されるだけであり、……アフリカに資本が投下される場所とは、空間的に分離され、社会的に実質のない鉱物採鉱の飛び地だけである」と指摘し、沖合油田のような飛び地の仕組みを「アンゴラ・モデル」と呼んでいる。飛び地でアンゴラ人の雇用はほとんどなく、アンゴラ社会とのつながりもほぼない。設備や材料、食料、水、従業員に至るまで「輸入」してきたものであり、従業員は外界と遮断されたコンパウンドで生活している [Ferguson 2006: 198-199]。つまり、アンゴラの石油産業は主権国家による国家資源開発ではなく、民間軍事会社（警備会社）の手による搾取的な資源開発であり、名目上の主権者であるエリート小集団が、分前と引き換えに、石油産業の合法性と国際的な正当性を保証しているのである [Ferguson 2006: 204]。IMF など外部オブザーバーは、アンゴラの「腐敗政府」の「非効率」を嘆くが、「これのどこが非効率なのか」と Ferguson [2006: 200] はいう。まるで、鉱山・プランテーション型植民地の再来とでも呼べる方法によって、近年のアフリカの経済成長は導かれているのである [小倉 2009: 206]。

　このような国家主権の及ばない飛び地は、新自由主義時代の「例外空間」とでも呼べるものである。例外空間は、もはや珍しいものではなくなりつつあり、われわれの生活空間に浸透してきている。ゲーテッド・コミュニティや都市改良地区のような「プライベート都市」だけでなく、中国国内や中国からアフリカ諸国へと移植されている経済特区や輸出加工区、エリート科学者・グローバル医療資本・野心的政府のコラボレーションによるサイエンス・パーク [マッシー 2014]、アフリカ各地でも生まれつつあるスマート都市、日本の経済特区構想やカジノ・リゾート構想に至るまで、例外空間化への動きが見られる。資本の瞬時の移動を可能とする金融の電子化により、企業や富裕層は容易に海外

のタックス・ヘイブンへと資金を移動させて租税回避したり、IT 産業がインドへ発注したり、途上国へコールセンターを設置したりするなど、各地域の社会経済状況とは別世界の例外空間が生み出されている。また、都市の一画にとどまらず、都市全体を一から新規着工する本格的なプライベート都市も生まれている。例えばインドの Lavasa City は完全なる民間企業によって統治されていて、都市レベルでは民主的な選挙プロセスはなく、市民権とは何かという問題を投げかけている [Taraporevala 2013, *Open Democracy*]。ヨハネスブルグの Modderfontein では、化学工場跡の 1,600ha に及ぶ土地を、中国企業の Zendai が「アフリカのニューヨーク」を目指して新規にプライベート都市を建設する計画が持ち上がっている[22]。こうした開発は、不動産価格の上昇だけを頼みに、政府、デベロッパー、購入者が揃って債務を負い、さらに債務は金融商品として販売されるので、この「賭け事」は複雑さを極めていくのである [Urry 2014: 79]。

例外空間は上記のようなグローバル資本主義の資本投下（空間的回避）による「略奪による蓄積」のための空間であるだけでなく、新自由主義的な統治性を推進する役割を持つ点はさらに重要である。オング [2013: 22] によれば、新自由主義のテクノロジーは主体化と従属化の両側面を合わせ持つ。新自由主義の教義の中心的要素は「私的自己が自ら思索し、経営し、実現する方法を通した主体化による私的化」にある [Ong & Zhang 2008: 3]。したがって、市民自らが選択し、効率、競争を最適化することが出来るように、自己を活性化しながら自己を統治させるように導く専門家システムのもとで、健康増進への執着、技術の獲得、ベンチャー企業の開拓、自己工学化、資本蓄積といった主体化のテクノロジーを生み出す。一方で、市場の動向と連動した空間実践によって生産性の最適化を図るために、都市空間の要塞化、移動の制限、ある種の人びとを巨大なハブに引き寄せる従属化のテクノロジーを駆動させるのである [オング 2013: 22]。

国境を越えるヒトと資本の動きが複雑化するなか、国家的領土に根ざした市民権と、国民国家の外の国籍のない状況という二項対立を前提とする従来の市民権の概念は揺らいでいる。今や誰を「市民」として包摂し、誰を排除するのかは、個人的能力や市場でのスキルに基づくものとなっている。すなわち、新

自由主義は市場の論理が政治に侵入してくることを意味しており、国民国家に基礎づけられた法的地位としての市民権の概念を不安定化し、行政的戦略や市民権をめぐる実践を変容させていく［オング 2013: 22］。結果として、「人的資源や専門技能を持っている容易に移動可能な個人は高く価値付けられ、さまざまな場所で市民権を主張することが出来る」のに対し、「取引可能な能力や可能性を持っていないと判断された市民はその価値が剥奪される」のである［オング 2013: 23］。このような新自由主義の規範に属する住民とそれらの外側に位置する人びととの関係は、倫理的ジレンマを引き起こし、社会的平等や運命共同体という基本的価値観を脅かす恐れがある［オング 2013: 19-20］。

　排除と包摂の複雑なメカニズムを持つ新自由主義的統治性は、上記のような複雑な空間編成を生み出す。資本主義の存続のために「略奪による蓄積」を続けながら、競争力ある啓蒙された市民の手による自己統治のテクノロジーによって、例外空間は主権国家の領域内に存在しながら、独自の統治を可能とすることで、資本蓄積の極大化を目指し続けるのである。

第2節　要塞都市ヨハネスブルグ

　ヒト・カネ・モノを世界から集積するヨハネスブルグは、大量の技能労働者と非熟練労働者を惹きつける金融センターとしての機能をもつ「グローバル都市」［サッセン 2008］の特徴を備えており、「南のグローバル都市」と呼ぶことが出来るであろう。事実、ヨハネスブルグ市は「世界水準のアフリカ都市（World Class African City）」というキャッチフレーズの下で、グローバル都市競争に身を投じてきた。とはいえ、アパルトヘイトの負の遺産を引き継ぎ、世界でも最大級の格差社会を抱える南アフリカにおいて、むやみに市場主義を追求することは憚られ、人種別の空間分離の解消を目指すこと（都市空間のトランスフォーメーション）、そして「貧困層支持（pro-poor）」の態度を示す政治的必要性がある。したがって、ヨハネスブルグ市の政策文書は世界水準の都市を目指す野心的で新自由主義的な成長戦略を遂行する理想と、再分配を重視し社会開発を徹底する理想とが混在して矛盾をきたしており［Robinson 2003b; Cornelissen 2009］、いずれの立場も現実を直視しない理想主義に陥りがちである。グロー

バル都市を目指すヨハネスブルグは、実際のところ、より成果の見えやすい巨大プロジェクトを遂行する傾向がある。大企業と中間・富裕層がその恩恵を受けやすく、貧困層への対応は後回しになるか対処療法的にならざるを得ない。2010年のサッカー・ワールドカップの開催によるインフラ整備や観光産業の推進などは、競争力のあるグローバル都市づくりの一環として生まれた事業と言えよう。ヨハネスブルグは歴史上かつてないほどに、値段を付けられ、評価にさらされ、市場化され、取引される製品となり［Mbembe 2008: 54］、不均等な不動産投機の波が都市空間を再編している［Bond 2007: 116］。

とりわけ、都市空間の要塞化が顕著である。都市空間の要塞化の背景には、ポストアパルトヘイト社会を覆う不安がある。ポストアパルトヘイト社会で人びとは慢性的な暴力と社会保障の不確実性によって身体や財産を傷つけられる不安にさらされている。「とらえどころのないアフロポリス」で、人びとは欲望を剥き出しにした競争にさらされていて、不安を抱えながら「液状化する近代」［バウマン 2001］を生きている。近代都市は誕生当初から恐怖と不安をもたらす空間であり［ジンメル 1976］、都市の建築空間はこうした恐怖や不安を表象してきたが［ヴィドラー 2006］、ポストアパルトヘイトの不安は「要塞」という形となって現れている。

Sandton（サントン）

北部郊外に生まれた新都心、Sandton は、かつて白人富裕層が週末にレクリエーションを楽しむ田園地帯だった。1970年代に入ると、郊外化の流れのなかで白人向け住宅街の建設が始まり、ショッピングモールも開業（1973年）し、企業の移転も始まった。アパルトヘイト撤廃後は、ヨハネスブルグ証券取引所（2000年にインナーシティより移転）、国際会議場、多国籍企業の支社、南アフリカ企業本社、ホテル、ショッピングモールが集積するアフリカ大陸の経済拠点となった。2010年のサッカー・ワールドカップ開催に向けて、ホテルやショッピングモールの建設ラッシュが起きた。ワールドカップ直前にはヨハネスブルグ国際空港（O.R. Tambo 国際空港）と Sandton を結ぶ高速鉄道 Gautrain（ハウトレイン）[23] が開通し、その後、ヨハネスブルグ中央駅と首都プレトリアとを結ぶ路線も開通した。Sandton は「アフリカのマンハッタン」と称されることもあ

第 2 章 例外空間と構造的不正義　49

Sandton 地区のオフィス、ホテル、住宅、ショッピングモール複合体。
筆者撮影（2014 年）

る。近年、高級住宅や高級マンションの不動産需要が増加し、不動産価格は高騰し、建設ラッシュが起きている［Bischof 2013, *Wall Street Journal*］。Sandton のオフィスビル建設は現在も進行中で、中国資本が参入している Sandton 国際金融センターをはじめ、10 を超える高層ビル建設構想がある。[24]

　Sandton は都市改良地区と呼ばれる手法で管理されている。都市改良地区とは米国のダウンタウンの再生に活用された「ビジネス改良地区（Business Improvement District）」の南アフリカ版である。後章で詳述するので簡単な説明にとどめるが、都市改良地区とは、従来、都市政府が担ってきたか、担うことを期待されてきた公共サービスを、地権者と行政の代表者からなる非営利企業が代行し、治安維持と環境維持、ブランディングや観光客誘致などに務める民間都市統治である。Sandton は Sandton Central Management District（SCMD）と呼ばれる管理会社によって統治されている。同社はウェブサイトで、「……アフリカの拠点となり、……コスモポリタン的中心となり、金融、ファッション、グローバルなアイデア、グローバルな人びとの結節点となり、……南アフリカの中心、南半球の中心となることを目指している」と表明している。[25]

ゲーテッド・コミュニティ

　Sandton の周囲の人工林のなかには、豪華な住宅街が広がっているが、これらの多くはゲーテッド・コミュニティと呼ばれる例外空間の一種である。

　南アフリカ初のゲーテッド・コミュニティが誕生したのは、アパルトヘイト末期、非常事態宣言下の 1986 年のことであった。金鉱業の Anglo American 社の不動産部門がヨハネスブルグ北部郊外に壁で囲まれ、24 時間武装警備員をおいた 420 戸からなる住宅地 Fourways Gardens を造成した［Bremner 2010: 169・181］。ゲーテッド・コミュニティは 1990 年代初頭よりヨハネスブルグのあるハウテン州を中心に、「犯罪への恐怖」を理由に発達した［Landman & Schönteich 2002: 71］。現在、ヨハネスブルグ全体にゲーテッド・コミュニティが拡がっており、ポストアパルトヘイトのヨハネスブルグの空間編成を一言で言うならば、ゲーテッド・コミュニティ化である。[26]ゲーテッド・コミュニティは、住宅にとどまらず、オフィス、ショッピングモール、カジノなどの商用・娯楽施設にまで及んでいる。こうした空間は、ゲーテッド・コミュニティ（gated community）、

郊外飛び地（suburban enclave）、都市要塞（urban fortress）、セキュリティ・パーク（security park）、閉鎖近隣（enclosed neighbourhood）、道路閉鎖（road closure）などと呼ばれている［Landman and Schönteich 2002: 73］。南アフリカで要塞化が進む背景には、①犯罪への恐怖、②セグリゲーションの歴史、③非効率的な行政サービス（とくに富裕層を中心に頼りにならない政府から逃れようという機運が高まっている）、などが挙げられるだろう。

　南アフリカのゲーテッド・コミュニティは「閉鎖近隣」と「セキュリティ村（security village）」の２種類に分類可能である［Landman 2000: 2］。以下で、先行研究［Landman 2000, 2004a, 2004b］の整理と分析に従いながら、私の経験を踏まえつつ整理したい。[27]

　閉鎖近隣は、通常、既存の住宅街の出入口部分にあたる公道上にゲートを設置し、部外者の通行を制限する住宅街である。出入口のゲート付近に警備員を置いているケースが多く、住宅街を囲うようにフェンスが設置されている所もある。閉鎖近隣内の道路は公道のままであることが多く、地元自治体が閉鎖近隣内の公共サービスに責任を持っている［Landman 2000: 3］。閉鎖近隣内の住宅件数は10戸から1,000戸まで、地区によってさまざまである［Landman 2004a: 3］。閉鎖近隣数は確認されているだけでも、ヨハネスブルグで300ヵ所、プレトリアで36ヵ所、ケープタウンで25ヵ所にのぼる［Landman 2004a: 28］。

　公道を閉鎖するので、公的機関からの許可が必要となる。通常、閉鎖近隣の住民らが組織する住宅所有者組合（homeowners association）が地元自治体から、閉鎖許可を得る。南アフリカ政府としての指針は定められておらず、各自治体が閉鎖許可を与えるか与えないかを関連の条例や法律に基づいて、手探り[28]で決定しているのが現状である。ゆえに、許可を受けずに、閉鎖を強行している違法閉鎖近隣も多い。ヨハネスブルグには188ヵ所の違法閉鎖近隣があり、265ヵ所が許可保留中となっている［Landman 2004b: 11］。

　カーナビに従ってヨハネスブルグの郊外の住宅街を運転していると、カーナビ上では道路が続いているにも関わらず、突然、正面にフェンスが現れて行き止まりとなることがよくある。ローレン・ビュークスの小説『ZOO CITY』の一節は、違法閉鎖近隣を生み出している心性をうまく描写している。

ヨハネスブルグの交通は、まるで民主主義のプロセスみたい。動きそう
　だ、行けそうだと思うたび渋滞にぶつかり、郊外へ出る抜け道は常にあ
　るのだが、行ってみると、そこは違法に封鎖されている。ゲーテッド・コ
　ミュニティは私設要塞ばりに警備強化されている。こんなふうに世間を締
　め出さないと、汚染されたわが身をミドルクラスだと勘違いした偏執狂が
　しょっちゅう入り込んでくるのだ。[ビュークス 2013: 123]

　閉鎖近隣の運営にあたっては、地区内の公共サービスに責任を持つのは誰か
という問題が生じる。①公共空間であることを維持して、道路、公園、歩道の
維持管理は地元自治体が引き続き責任を持つ、あるいは②私有空間化によって、
住宅所有者組合が公共サービスを引き継ぐ、という２通りの対応がある。公共
空間を維持した場合は、誰もがアクセス可能でなければならないが、私有空間
化した場合は部外者のアクセスを制限出来るようになる [Landman 2004a: 4-5]。
　セキュリティ村は、①エステート型、②タウンハウス型、③商業・娯楽施設
型、④職・住・遊複合型の４つに細分類可能である。
　①エステート型は、セキュリティ村の代表例で、民間デベロッパーが郊外の
広大な土地を一括開発した住宅地である。通常、周囲は壁やフェンスで覆わ
れ、出入口にはセキュリティ管理棟を置き、警備員を配置していることが多
い。内部の道路は私道であり、デベロッパーは敷地内のほぼすべてのインフラ
整備と維持管理を担当する。地元自治体は電気と水道を供給するのみである場
合が多いので、地元自治体にとって歓迎すべき様式といえよう [Landman 2000:
3; Landman 2004a: 5]。実際に、Dainfern Estate から発生する固定資産税はヨハ
ネスブルグ市の税収に大きく貢献している [Landman 2004b: 35]。エステート型
セキュリティ村の多くは、デベロッパーが郊外の広大な土地（10 ～ 50 ha、ヨハ
ネスブルグ郊外の Dainfern は 350 ha、ケープタウンの Heritage Park は 200 ha）を
新規造成して開発した 500 ～ 1,000 戸規模の高級住宅地であり、豪華な田園ラ
イフスタイルを謳歌する特権を与えられる。ゴルフ場、スポーツ施設、レスト
ラン、私立学校、ハイキングコース、有機農園などを持つエステート型セキュ
リティ村も存在する。エステート型セキュリティ村はヨハネスブルグに 20 ヵ所、
プレトリアに 18 ヵ所、ケープタウンに 24 ヵ所あるのに対して、Emfleni（ヨ

ハネスブルグ南方の郊外）に 40 ヵ所、Madibeng（ヨハネスブルグ西方の郊外）に 31 ヵ所が確認されているように、都心部よりも郊外に多く見られる ［Landman 2004a: 28］。エステート型セキュリティ村は郊外の住宅建設の標準となりつつある。

　セキュリティ村の人種構成はさまざまで、例えば、Forestdale というセキュリティ村では白人 85.6%、非白人 14.4%（黒人 5.5%）であるのに対し、Santa Cruz というセキュリティ村では白人 19.2%、非白人 80.2%（黒人 67.9%）である ［Jügens et al. 2003: 65］。

　②**タウンハウス型**は、エステート型ほど大規模ではないが、デベロッパーが一括して 10 ～ 50 戸程度の住宅を開発したものである。エステート型のように郊外の広大な土地を造成するというよりは、住宅街のなかに作られることが多い。エステート型は各戸が思い思いの家を建てることが多いが、タウンハウス型は通常デベロッパーが一括して、統一したデザインの建物を建てる事が多い。コロニアル建築風やトスカーナ風のデザインがよく見られる。

　③**娯楽・商業施設型**は、巨大ショッピングモールやカジノ、オフィスパークのことである。郊外の住民はエステート型ゲーテッド・コミュニティに住み、オフィスパークに仕事に出かけ、週末はカジノで楽しみ、ショッピングモールで買い物をして過ごす。これらの点と点との移動は自家用車である。カジノは賭け事の場というよりは、家族や友人同士で 1 日楽しめる総合娯楽施設である。警備員と監視カメラによって安全で清潔な空間が確保されている。場内はレストラン、ホテル、劇場、映画館、ボーリング場などを備えている。カジノに併設されたホテルに泊まれば、一切外に出ることなく滞在を終えることが出来る。天井部には空が投影され、まるでイタリアの小さな町を思わせるかのような石畳の街路とショップが立ち並び、擬似的な街歩きを楽しめる。レストランはイタリアンからスシまで豊富な選択肢がある。「南アフリカのカジノは何から何まで作り物だ。セキュリティガードはイタリア警察のユニフォームを身にまとっている。広場と噴水、玉石を敷き詰めた街路を歩きながら、上を見あげればトスカーナの空が広がる。ここにはイタリアの富裕エリアの街角から、漁村まですべてが用意されているのだ」［Mbembe 2008: 57］。アパルトヘイト時代、カジノは非合法だったので、「バンツースタン（ホームランド）」やスワジランド、レ

ソトのカジノへと白人は「国境」を越えて遊びに出かけていた。それがポストアパルトヘイト時代には、郊外に生まれた堅牢なセキュリティで守られた「異国」に向かうようになったのである。

　④職・住・遊複合型は、1つの空間で全生活を完結することも可能なゲーテッド・コミュニティであり、ヨハネスブルグの北部郊外にある Melrose Arch はその代表例である。Melrose Arch の出入口は遮断機と警備棟を持っているが、私が訪問した限りではこのゲートが閉じていたことはなく、特別な入場管理はしていない。駐車場の出入口は通常のショッピングモール同様で駐車券を受け取り、時間あたりの駐車料金を支払う自動ゲート式である。Melrose Arch は現在も拡張工事を実施しており、「買い物、滞在、仕事、コミュニティ」の一体化を目指している。ホームページは「Melrose Arch の住民は新しい世界観を満喫することでしょう。しゃれたポストモダンデザインの洗練された機能性を備えた住環境のご提供によって、ここではパリの趣、ミラノの香り、ニューヨークとロンドンの質感を経験出来るでしょう」と謳い、そのライフスタイルを成り

Melrose Arch 内では擬似ストリート・ショッピングを楽しめる。
筆者撮影（2013 年）

立たせるために、最先端の24時間監視カメラを設置していること、有人パトロール、緊急サービスとの連携によってセキュリティは万全であることを強調する[29]。最新鋭の技術を駆使した1,000台の監視カメラが、敷地内のストリート、交差点、歩道を常時記録している［Mbembe 2008: 57］。通常のショッピングモールやカジノが屋内に屋外的空間を創造しようとするのに対して、Melrose Archは実際に屋外のストリートを再現している。石畳が敷かれた町並みに路面店が立ち並ぶ。入居している店は南アフリカの多くのショッピングモールで見られるチェーン店が中心だが、欧米の高級ブランド店も入っている。

　擬似ストリートを再現したこの空間は、しかしながら、誰もが「自由」に振る舞える権利を持つ公共空間ではない。そこは監視カメラと警備員を配置したコミュニティ管理者の管理下にある。私はある時、この「美しいストリート」を写真におさめていた。観光客と同じように、コンパクトカメラで簡単なスナップを撮っていただけであったが、私の「悪意」を感じ取ったのか、数枚撮ったところで警備員が飛んできた。「恐れいりますが、マネジメントより写真撮影の許可はとっていらっしゃいますか？　許可無く撮影は出来ないのですが……」と、非常に丁寧な口調で撮影を止めさせられた。

　ここまで見てきたように、郊外の豊かなライフスタイルを追求するために生まれたゲーテッド・コミュニティであるが、近年、旧黒人居住区（タウンシップ）のSoweto地区にもセキュリティ村の開発が始まっている。なかでも2006年に始まったOrland eKhaya Projectは火力発電所跡地を利用した巨大プロジェクトである。当初は娯楽施設の建設を予定していたが、これはキャンセルとなり住宅なども含めた複合施設を建設することになった。32,000 ㎡のショッピングモール、ダム周辺を再開発するOrland eKhaya Waterfront、エンターテイメント拠点となるOrland Tower、100戸のタウンハウスからなるOrland Village、旧ホステル（男性移民労働者を収容していた）を家族用に転換するOrland社会住宅プロジェクト、ミニバス乗り場、マーケット、植物園や野鳥保護区といった自然空間を整備するという。ヨハネスブルグ市の住宅公団、Johannesburg Property Companyが主導し官民一体となってプロジェクトは進められている。タウンシップのプロジェクトとしては国内最大規模の300haに及び、10億ランドの投資が期待されており、2010年の時点で3億2,200万ラン[30]

ドが投資されてきた。[31]

第3節 新自由主義時代のコミュニティ統治

ヨハネスブルグのゲーテッド・コミュニティ運営で、重要な役目を果たしているのが住宅所有者組合（Homeowners Association: HOA）である。米国のゲーテッド・コミュニティ研究では、住宅所有者組合は「プライベート政府」と認識され、住宅所有者組合の権力に対して警鐘がならされてきた［マッケンジー 2003］。南アフリカでも住民組合は強い権限を持ち、相互監視によって招かれざる客と居るべきでない住民を排除しようとする圧力を働かせていると認識されている。

例えば、閉鎖近隣では HOA が地元自治体に閉鎖申請を実施する母体であり、HOA なしに閉鎖近隣は成立しない。またセキュリティ村の HOA は定期的に会合を実施し、①HOA が新規入居者の審査、②入場制限規則の作成（例えば部外者の入場可能時刻の設定、親戚・友人・知人・ドメスティックワーカー・庭師・作業員等それぞれの入場方法の決定、入場証の発行）、③ルールに従わない住民への警告、④敷地内の景観整備など、さまざまなルールづくりに携わっている。このような住宅所有者組合による監視体制は、往々にして非リベラルで非民主的なものである［Hook and Vrdoljak 2002］。

ゲーテッド・コミュニティによるプライベート政府の台頭によって、アパルトヘイトの歴史が再生産され始めているという危機感が生まれている。われわれの土地と彼らの土地を峻別するような境界線によるネオアパルトヘイトが生まれており、これはかつてのような人種に基づくものというよりも階級に基づくものになってきている。すなわち、階級に基づいた人種主義の出現と言い換えられるかもしれない。酒井［2001: 295］は、「奴隷廃止、公民権運動、アパルトヘイト撤廃など、現代的プロセスは脱人種化と同一視されてきたが、見かけの脱人種化の下での人種主義の深化のプロセスが、人種主義の形態と戦略を変更させながら排除という機能を果たしているのではないかと考えられる」と指摘している。

Lemanski［2004: 11］はネオアパルトヘイトの要因を、犯罪への恐れではなく、

他者への恐れであると指摘し、アパルトヘイト時代とポストアパルトヘイト時代の統治の方法の基盤は何も変化していないと主張する。つまり両時代ともに「恐怖心を利用した排除の正当化」、「空間的メカニズムを利用した社会問題への免罪」、「社会的・象徴的排除主義」という共通項を持っているのである。アパルトヘイト時代と現在が違うのは、かつては国家がこのメカニズムによって統治したのに対し、現在は市民自らの手でこのメカニズムによって統治をしている点である。

　恐怖に基づく自己統治のメカニズムを持っているゲーテッド・コミュニティは決して安息の地とはなり得ないという指摘も多い。ゲーテッド・コミュニティ化によって犯罪が減少したことを示す包括的データはなく [Landman 2004a: 29]、むしろ富の集積地としてゲーテッド・コミュニティに犯罪者を誘き寄せてさえいるからだ [Hook & Vrdoljak 2002]。他にも、「壁を作ることで外側の恐怖と内側の不安を醸成してしまっている」[Bremner 2004: 464]、「犯罪の恐怖をめぐる語りにおいて、白人は黒人新政権の無能のせいにし、黒人はアフリカ諸国からの移民のせいにしている」[Lemanski 2004: 110]、「精神分析的には犯罪への恐れではなく、特権意識を反映していて、歴史的構築物を築くことにその目的がある」[Hook & Vrdoljak 2002] といった指摘がある。

大監禁時代の復活

　ポール・ヴィリリオ [2007] は『パニック都市』のなかで、ゲーテッド・コミュニティがグローバルな規模で生産されていることに危機感を抱いている。『パニック都市』の訳者の竹内孝宏は同書のあとがきで、「ヴィリリオが『ネオ監視社会』とでもいうべき、フーコー的な17世紀の『大監禁』の復活として、ゲーテッド・コミュニティやプライベート都市に注目し、そうした『都市化』を『都市の病理学的退行』と診断している」と指摘する。すなわち、「復活した『大監禁』における最大の特徴は、犯罪者や狂人を公権力が囲い込むのではなく一般市民がみずからを幽閉する——それは同時に他者を排除することでもある——ところにある」のである [ヴィリリオ 2007: 183]。

　確かに、アパルトヘイト政策は黒人を黒人居住区に押し込めていたが、ポストアパルトヘイト時代になると「大監禁」時代が一転して、こんどは白人たち

が黒人への恐怖とともに「要塞」のなかに閉じこもり始め、それに続いて有色人種の富裕層も自らの身体を例外空間のなかに幽閉し始めていると言えるかもしれない。

このような新たな装置による「大監禁の復活」によって、例外空間に相応しくない人間は排除されていく。この装置によって排除される人たちは、「アンダークラス」［ウィルソン 1999］や「過剰人類」［デイヴィス 2010］、「（マルクスのいうところの）停滞的過剰人口」などと呼ばれる極めて不規則に雇用されていて動員するのがとくに困難な人口部分（浮浪者、犯罪者、売春婦、ルンペンプロレタリアート）であり［ハーヴェイ 2011: 414-416］、ポストフォーディズムのゲットーに住む廃棄可能な人間たちであり［酒井 2004: 27］、売り物にすらならない、搾取されることにすら値しない人間たちであって［篠原 2011a: 188］、借金をさせるには貧しすぎ、監禁するには人数が多すぎる貧民［ドゥルーズ 2007: 364］であろう。

つまり、渋谷［2003: 184-185］がロベール・カステル［Castel 1991: 294］を引いてまとめるように、世界は「二重速度社会」となっており、①経済的合理性のもっとも過酷な要請に従う超–競争的セクターと、②この回路に参加することの出来ない者たちのための避難所（あるいはゴミ捨て場）を提供するマージナルな活動が共存し、全人口を対象とし、特定の人口——ハイリスク集団——を選別し、排除するという予防テクノロジーを働かせる「ポスト規律社会（清潔で平和なユートピア）」が成立するのである。

「監禁」など到底不可能なほど溢れかえるアンダークラスは、「ネオ監視社会」や「ポスト規律社会」と呼ばれる時代において、いかなる装置によって管理されるのであろうか。ドゥルーズ［2007］は「管理社会」という用語を用いて、監獄、病院、工場、学校、家族といった監禁の装置を生み出してきた「規律社会」が「管理社会」にとってかわられようとしていると指摘する。管理社会では「社会はもはや監禁によって機能するのではなく、恒常的な管理と、瞬時に成り立つコミュニケーションが幅を利かす」［ドゥルーズ 2007: 350］。それはコンピューター技術の駆使であり、監視カメラ網であり、データであり、マーケティングである。「監禁環境そのものともいえる病院の危機においては、部門の細分化や、デイケアや在宅介護などが、はじめのうちは新しい自由をもたら

したとはいえ、結局はもっとも冷酷な監禁にも比肩しうる管理のメカニズムに関与してしまった」［ドゥルーズ 2007: 358］。管理社会になると企業が工場にとってかわる。「企業は工場よりも深いところで個々人の給与を強制的に変動させ、滑稽きわまりない対抗や競合や討議を駆使する恒常的な準不安定状態をつくるのだ。……工場は個人を組織体にまとめあげ、それが、群れにのみこまれた個々の成員を監視する雇用者にとっても、また抵抗者の群れを動員する労働組合にとっても、ともに有利にはたらいたのだった。ところが企業のほうは抑制のきかない敵対関係を導入することに余念がなく、敵対関係こそ健全な競争心だと主張するのである」［ドゥルーズ 2007: 359-360］。管理社会はテクノロジーの進歩によって、資本主義の変化を生み出す。現在の資本主義は生産を目指す資本主義ではなく、販売や市場を目指す資本主義であり、「資本主義が売ろうとしているのはサービスであり、買おうとしているのは株式」なのである［ドゥルーズ 2007: 363］。

　管理社会では「正常者」と「異常者」は事前に隔離されるわけではないし、「異常者」は物理的な壁のなかに追いやられるわけではない。市場にとって有用である限りにおいて、あらゆる人間は社会に包摂される可能性を持っている。起業家精神を持ち、競争力に溢れる人間は歓迎すべきだが、このシステムに適合しない人間は自ずと排除されて他者となる。ジョック・ヤング［2008: 19-20］は他者化には次の2種類があると指摘する。①保守的な他者化：逸脱者はエイリアンであり、「われわれ」の価値とは正反対のものだとされて排除される。②リベラルな他者化：圧倒的に「貧困層」からなる「かれら」は、われわれに比して異質であるというよりも、物質的あるいは道徳的に不利な立場にあるから苦しんでいるのであって、われわれにあるものが不足しているので援助によって改善されるという論理で包摂される。

過剰包摂型社会の相対的剥奪感

　管理社会では、「持つ者」は自ら要塞に閉じこもり、「持たざる者（他者、アンダークラス）」を自ずと排除しているが、この他者の排除は上述の「リベラルな他者化」に基づく他者の包摂をともなうものへと変質してきている。このような後期近代の装置を巧みに表している概念が、ジョック・ヤング［2008］の

「過剰包摂型社会」である。ヤングは「排除型社会」が「過剰包摂型社会」へと「進化」していると主張する。

> （過剰包摂型社会では）包摂と排除の両方が一斉に起きていて大規模な文化的包摂と系統的かつ構造的な排除が同時に起きている。これは強力な遠心力と求心力を有する社会であり、吸収と排斥を同時に行う社会である。マスメディア、大衆教育、消費市場、労働市場、福祉国家、政治システム、刑法システムは包摂的な市民権を強力に支持するだけでなく、逆に排除の場ともなる。消費市場は楽しい消費の市民権を喧伝するが、ショッピングモールで散財出来る資力は（場合によってはそこに立ち入ることも）著しく制限されている。[ヤング 2008: 69]

つまり、後期近代の世界は境界を必死に設定するくせに分離を忌み嫌うという特徴を持っている。その境界は労働力の移動や、どこまでも浸透するマスメディアによって日々乗り越えられているから、マジョリティの価値観がマイノリティの生活の規範を構成し、その結果、マイノリティの不満を燃え上がらせる過剰包摂を生ぜしめているのである [ヤング 2008: 117-118]。

ヤングはアパルトヘイト時代を「排除型社会」、ポストアパルトヘイト時代を「過剰包摂型社会」と説明している。つまり、アパルトヘイト時代の「排除型社会では、空間的、社会的排除は露骨で、人種主義的な区別に基づく多文化主義的アパルトヘイトが展開していた。規制を敷かれたマスメディアは（概して）警察の蛮行を報じることを拒み、分離政策を称揚した。その社会は、文化的にも構造的にも排除主義的だった」[ヤング 2008: 72]。ところが、ポストアパルトヘイト時代の過剰包摂型社会では、マスメディアを通じて、グローバル文化の消費や憧れといった形を通した「文化的包摂」が行き渡っている。要塞は要塞の外側の人びととなしには成り立たず、要塞の外側の人びとにとっても生活空間の一部となっているのである。過剰包摂型社会において、人びとが「相対的剥奪感」を募らせている。「不満と犯罪は単なる排除から生じるのではなく、逆に、構造的排除にあわせて文化的包摂が広く行われることで生じる」[ヤング 2008: 270] から、ポストアパルトヘイトのヨハネスブルグに蔓延する犯罪は「消費文

化の席捲から生じているのではないか」［Mbembe & Nuttall 2008: 24］という分析は的を射たものであると言えよう。

コミュニティの希求

　不確実性が増す現代社会で、パラノイア的にまでリスクへの対応策が問われ続けるなか、人びとが藁をも掴む思いですがるものがコミュニティである。したがって、われわれはコミュニティの時代に生きていると言っても過言ではない。「リキッド・モダニティ」［バウマン 2008］と呼ばれる不確実な時代において、人びとは無我夢中でコミュニティを探し求めている。ポスト成長時代に入り、市場や国家に対する不信感や不安が高まっており、個人化の負荷に耐え切れなくなってきた時代状況を反映し、自分たちが当事者として関与し制御出来る関係、持続的な関係、相互承認を与える関係としてコミュニティに期待をよせるようになってきた［伊豫谷・齋藤・吉原 2013］。グローバリゼーション、新自由主義、コミュニケーションと情報の技術の発達は、包摂をもたらすよりもむしろ、分断、社会的排除、危険性、搾取の増加をもたらしており、場所と関係する帰属が危機に陥るなかで、コミュニティが帰属意識を提供している［デランティ 2006: 269］。

　例えば、英国が福祉国家の危機を迎えた際、「社会的なもの」は脱領域化し断片化した。そこには、無数の価値と権利の希求により、1つのまとまりある社会よりも、アイデンティティのコミュニティ（近隣、職場、宗教、ライフスタイル、価値観、信条）に帰属意識は強まって、個人的選択は、彼らのコミュニティとの結びつきから生まれるようになった［Rose 1999: 135-136］。

　帰属意識の根幹であるコミュニティは安心感を提供する。だが同時に、集団への一体化を求めた同調圧力を保持している［伊豫谷・齋藤・吉原 2013: 33］。同調圧力は時として、この集団にそぐわない人に対して排除的態度を生み出すこともある。セネット［1991: 431］は「コミュニティが着手する行動は感情面での管理の活動だけであり、コミュニティを浄化して、他の者たちとは感じ方が違うために真に属していない者を除くのである。コミュニティは外部から取り入れ、吸収し、みずからを大きくすることはしない。そんなことをすれば不純になるからである」と指摘する。

空間の統合が加速化するなか、資本を惹きつけるためには逆に個々の空間の特性が重視されるようになってきた。空間の収縮は「全地球のさまざまなコミュニティを相互に競争させる」ことになり、均質化しつつ、同時に断片化される世界で、「場所のアイデンティティとその場所に独特な質」を生み出すことが重要となっている［ハーヴェイ 1999: 347］。どのコミュニティが資本を惹きつけることが出来、どこがその恩恵から排除されるのか。グローバリゼーションは、画一化を生むというよりも、個々に分離したコミュニティの存在感を際立たせるのである。

　とりわけ、ポストフォーディズム時代の統治性において、コミュニティは「政府の一部門」となっていて、「自己管理の実践と個人的倫理と集団的忠誠、アイデンティティ構築を支援する新手のプログラムと技術」を駆使した「コミュニティを通した統治」を生み出す［Rose 1999: 176］。つまり、コミュニティは「遠隔統治（government at a distance）」［Rose 1999: 49］に利用される。事実、20世紀末以降コミュニティは社会的マネジメントを推進するためのキーワードとなっている。「コミュニティ開発」、「コミュニティ意識」、「コミュニティ参加」、「コミュニティ・エンパワーメント」などは本来、1970年代以降の新たな社会運動の展開に端を発したものだが、それらは各国政府の開発経済、政治改革、公衆衛生などの行政に広く取り入れられ統治機能を果たすようになった［田辺繁治 2008: 156］。 したがって、コミュニティとは、人口を管理し統治する生権力・生政治であり、農村、都市、地域、工場、組合、学校、病院、刑務所などを問わず、さまざまなレベルの権力関係と人びとの社会的実践が交錯した所に形成されている場、あるいは「状況」である［田辺繁治 2008: 7］。

　先進リベラリズム（advanced liberalism）の時代に入り、政府が公的役割をますます減少させるなか、コミュニティは政府の下請けどころではなく、政府の仕事を積極的に肩代わりしているから、もはやコミュニティの存在なしでは社会が回らない。このような「コミュニティを通した統治」はコミュニティの道徳的価値と個人の道徳的価値の間の関係構築に関係する。自律的な個人が、自分たちの生活の結末に責任をもつ実践をすることが要求されるようになる。コミュニティは市場と国家の要請に応える自己統治の機能を果たしながら、「倫理的生活の活発な構築のための実践、技術、再帰的型、自己管理の必要性」に貢

献していくことになる［Rose 1999: 190-191］。

　ここまで見たようなコミュニティの定義や現状認識は、さまざまな学問領域のさまざまなアプローチから見出されてきたものである。デランティ［2006: 6-7］は、コミュニティ研究には以下の4つのアプローチがあるという。

①コミュニティ研究に特有のアプローチでコミュニタリアンの思想にも影響を与えているアプローチ。コミュニティと不利益を被っている都市部の地域社会を結びつけるものである。コミュニティの再生、コミュニティの保健プロジェクトなどに見られるように、政府の積極的な対応と市民のボランタリズムを要求する。コミュニティは相当程度空間化されており、メインストリーム社会の支援を必要とする。

②文化人類学と文化社会学に特徴的なもので、コミュニティは帰属に向けた探求であり、アイデンティティという文化的な問題に重点を置く。

③ポストモダン政治とラディカル・デモクラシーにヒントを得たもので、政治意識と集合行為という観点からコミュニティを捉える。不正行為に反対する集合的な「われわれ」に力点が置かれる。

④コミュニティがコスモポリタン化され、新たな近接性や距離関係のなかで構成されるグローバル・コミュニケーションやトランスナショナルな運動、インターネットなど、ごく最近登場したものである。

　上記の4つのアプローチからも明らかなように、後期近代のコミュニティは領土や地域とのつながりが弱まっている。「今日のコミュニティ概念は、特定の空間との結びつきが徐々に弱くなってきている。コミュニティはそこに関わる人びとが（おそらく永遠に）出会わなくても成り立つようになっているし、虚構や芸術といった準拠点を持つようになっている」［ヤング 2008: 366-368］。

　文化人類学では、かねてからコミュニティ（共同体）に関心を寄せてきた。かつては古来より脈々と続き、外界との接触を最小限として独自の文化を保持する「伝統的コミュニティ」のような存在の価値を描くことを重視してきたが、このようなコミュニティの存在が否定されるようになってから久しい。松田［2004: 264］はコミュニティを、①自然で固定的なものではなく、歴史的条件のもとで生成され時代とともに更新される動的なもの、②明確な境界と帰属アイデンティティを成員に要請するリアルな存在、③かなりの程度の変異と流動

性を継続的につくり出しているものだという。すなわち、コミュニティは流動的でありながらも、リアルな存在であることが求められている。

伊豫谷・齋藤・吉原 [2013: 87] は、①コミュニティと呼ばれてきたものは本来的なものとして存在するものではなく、②歴史的な基盤と時代状況によって、そのあり方は大きく変化し、③いまコミュニティと言われているものの復権が世界的な規模で声高に叫ばれ、それが新しいナショナリズムと共鳴していると指摘している。

現代社会とそこに生きる人びとがコミュニティの必要性に駆られている。だが、不変的なコミュニティの存在はもはやない（かつてもなかったかもしれない）。この事実から生じる矛盾はますます人を不安に陥れる。つまり、不安に直面する人びとは出来る限り固定的で伝統的なコミュニティ（アイデンティティ）のリアリティを希求する。だが現実にはそのようなコミュニティは存在しないからである。

セネット [1991: 417-418] は、コミュニティとは社会からの感情的引きこもりであり、都市のなかの領域的バリケードであるので、コミュニティとは公共領域がうまく機能しない場合に人びとが求める代償的な社会性にすぎないという。個人は複数のコミュニティと結びついているので、社会統合の基礎にはなりえないのである [デランティ 2006: 267]。コミュニティの出現とその強化は、社会全体で共有されるコミュニケーションの空間としての公共空間や社会的なものを失っていく過程と軌を一にするのである。

とはいえ、コミュニティへの回帰が避けられないならば、いかにコミュニティに開放性を持たせるかが鍵となる。コミュニティへのこだわりとコミュニティの価値はそこにのみ見出されるといえるかもしれない。竹沢 [2010] は水俣病患者の支援運動体（コミュニティ）が、彼らの活動を記録し発表し続けた創作者たちのかたちづくる公共空間に結びつくことで開放性を生み出したと指摘している。田辺繁治 [2008] は、タイのエイズ自助グループが新たな開放性あるコミュニティを生み出していると指摘する。ただし、排除性を予期させる窮屈さがあるにも関わらず、「コミュニティ」という用語の使用にこだわり続ける必要はないのではないかという木村 [2013: 29-30] の指摘は妥当であろう。不安な時代のコミュニティの存在（これが現実には存在しないという意味でも、この理

念と実践がもたらす影響の点でも）に対して、本書の立場は一貫して、肯定的には捉えない。

　現代社会において、コミュニティは生権力の行使に利用され、競争原理を駆動させるための基本単位となり、ポストモダンのアイデンティティ政治の基盤となっており、誤解を恐れずに言うならば、連帯よりも分断を引き起こしているというのが実状であろう。コミュニティへの回帰が進むなか、都市の統治の手法も変わってきている。「政府なき統治」が都市の統治にも広がってきており、かつてのような中央集権的な都市統治ではなく、コミュニティの手による都市統治が奨励されるようになってきた。世界中の都市で「ネオリベラルな都市統治」が生まれているが、これらはモデル化して分析出来るようなものではなく、都市によってさまざまな現実があるから、個々の都市の状況を描くことが重要であろう［関 2011］。

第4節　地理的不均等発展と公共空間

　2008 年に地元紙 *Sunday Times* が、ポストアパルトヘイトの南アフリカでますます広がる貧富の差に警鐘を鳴らす記事を掲載した。同記事には、Alexandra タウンシップから Sandton の人工林のなかにそびえ立つビル群を臨む写真が付されていた［Boyle 2008, *Sunday Times*］。南のグローバル都市の中枢といえる Sandton と対照的な姿を見せるのがマッチ箱のような家が立ち並ぶ Alexandra である。両者を隔てる境界線は M1 高速道路であり、Sandton は Alexandra から毎朝、警備員、清掃員、メイド、庭師といった Sandton の富を下から支える労働力を吸収し、夕方になるとそれを吐き出していて、この運動が毎日繰り返されるのである。Sandton と Alexandra という隣り合う 2 つの街は、ヨハネスブルグの地理的不均等発展［ハーヴェイ 2005; Smith 2010］の実体を残酷なまでに見せつけている。

　ポストアパルトヘイトの地理的不均等発展を引き起こす一端を担うのがプライベート都市である。プライベート都市は、領域外で生じる政治・社会問題に対する責任から逃れようとしてきた。だが、その手法はやや複雑である。プライベート都市は公共空間を私有化することで、擬似公共空間を生み出して、あ

たかも公共領域で公共の福祉に積極的に貢献しているかのような振る舞いを見せるのである。

　民主化後、すべての人が等しく公共空間にアクセス出来る権利を持つようになったはずである。しかしながら、現実は、富める者だけが擬似公共空間を含む公共空間を排他的に利用出来、貧しき者は維持管理がなされていない低質な公共空間に追いやられる傾向がある。したがって、アパルトヘイト状況をさらに悪化させた「あらゆる人が共有出来る公共空間はもはや存在しなくなるという最悪のシナリオ」を導き出す可能性すらある [Landman 2006: 11]。

　こうした特権的かつ排他的な態度は、南アフリカ社会が直面している現実からの逃避行動とも言える。自分の近所にゴミ処理場や原発といった迷惑施設が来なければそれで良いというような NIMBY（Not in my back yard）な態度と呼ばれるものにつながっている。Ballard [2005: 27] は "semigration" という用語を使って、コントロールが出来ないほど混交し、しだいに第三世界化、「アフリカ化」する世界から逃避するために人びとがゲーテッド・コミュニティに移住していると指摘する。出来ることならばニュージーランドやオーストラリアに移住したいが、それが出来ない人びとが、とりあえず郊外の要塞に退避することで安心感を得るのである。だが、このような態度は新生国家南アフリカの政治的アジェンダからの引きこもりであり、市民の義務の拒絶とも考えられ、要塞の中の人が守られれば守られるほど、要塞の外側は脆弱化してしまうのである [Hook & Vrdoljak 2002; Beal 2002]。

　外側の世界を拒絶しながらゲーテッド・コミュニティはユートピアを実現しようとする。Hook & Vrdoljak [2002] は、ゲーテッド・コミュニティは新しい社会的・倫理的・政治的飛び地による新しい世界の創造を目指しており、エステート型ゲーテッド・コミュニティの名称でよく見られる "〜 forest、〜 river、〜 valley、〜 estate" は、現実逃避のライフスタイルを約束しているものだという。つまり、新しいユートピアづくりには、「田園環境」のような自然に開かれたイメージが活用されるのである [Landman 2004b: 23]。

　このような公共空間の私有化とプライベート政府によるユートピアづくりは、不法占拠民の公共空間の占拠と共通した心性に基づいているという興味深い指摘もある。これによると、南アフリカ国家は国民の生命の安全を確保出来ない

ので、誰もが、「家族が安心して暮らせる住処（私有空間）」を探し求めなければならない状況にある。中間・富裕層にとってそれは公共空間の私有化によるゲーテッド・コミュニティの創造であり、貧困層にとってそれは公共空間の不法占拠なのであるが、前者は合法とされるのに対し、後者は違法とされてしまうのである［Lemanski & Oldfield 2009］。

アパルトヘイト時代には黒人人口のほとんどが「社会的なもの」を受け取ることは出来ず、言論の自由もなく、政治的に抑圧されていたから、当然のことながら、誰もが集える公共空間と呼べるものも存在していなかった。したがって、ポストアパルトヘイト社会でもっとも必要とされるものが、「社会的なもの」の不均等分配を是正し、公共空間を生み出すことにあるはずである。だが、ポストアパルトヘイト社会で弱者は治安（public security）と社会保障（social security）という2つのセキュリティに不安を抱えている。警察は高圧的かつ暴力的な治安維持をはかっており、これによって公共空間が抑圧され、これを創出する道は閉ざされている。他方で社会保障（social security）はいっこうに改善される気配はなく、不十分でも公共財として共有していたものが、民間企業に売り渡されるなど、アパルトヘイト国家が管理していた「社会的なもの」の私有化が進んでいるのである。これを世界的潮流から分析すれば、「新自由主義の実践によって、①もはや非効率的な要因でしかない既存の国家機構の解体と②60年代を通じて成熟してきた民主主義的な公共空間の解体という、公的なものの二重の解体」［篠原 2007: 29］が生じていると言えよう。

「公共空間」や「公共圏」の議論で、多くの論者がまず参照するのが、ハンナ・アーレントの『人間の条件』［アレント 1994］とユルゲン・ハーバーマスの『公共性の構造転換』［ハーバーマス 1994］である。アーレントは古代ギリシャを範とし（回帰を主張するわけではない）、自由民男性からなる政治的共同体（ポリス）こそが公共的なものとされ、公共領域を私的領域としての家族（生産と消費、再生産の場）ばかりか「社会的なもの」とも対比させた。一方、ハーバーマスは近代のブルジョア的な市民社会に公共領域を見たので、そこは自由で対等な市民が言論の力によって世論を形成していく場であった［田崎 2000: 8］。

齋藤［2000: x-xi］は「公共圏（publics）」を「特定の人びとの間での言説空間」ないしは「特定の場所をもった空間」と定義し、「公共的空間（public space／

public sphere)」を「不特定多数の人びとによって織りなされる言説の空間」ないしは「特定の場所を越えた空間」と定義し、「公共空間」と「公共圏」を区別している。

　篠原［2007: 17-18］は、「公共空間とは、単に公園や広場が物理的に存在しているだけでは存立せず、集合的主体の相互行為に充たされぬ限りそこは空虚でしかない」と指摘し、「行いと言葉からなる〈間（in-between）〉」、「人が直接互いに向かって行為し、語り合う〈間〉」の重要性を説いたアーレントを引きつつ、「公共空間の存立条件は何よりもまず、行為と言葉の相互作用からなる〈間〉である」という。これが「現われの空間」とアーレントが呼ぶものであり、「私が他者に対し現れ他者が私に対し現れる空間」である［齋藤 2000: 39］。アーレントは公共空間を「人びとが自らが誰であるかをリアルでしかも交換不可能な仕方で示すことの出来る唯一の場所」と定義し、「人びとは行為し語ることのうちで、自らが誰であるかを示し、他に比類のないその人のアイデンティティを能動的に顕わにし、人間の世界に現れる」というのである［齋藤 2000: 41］。

　ハーバーマスにとって、公共圏とは「市民社会＝市場社会」と同様であり、政治権力の外部に位置しているコミュニケーションを通じた市民的公共性（例えば市民フォーラム、市民運動、非営利団体、ボランティア）を指しているから、抗争の契機をはらむ異質な公共圏からなる多義的な公共空間としては捉えられない［齋藤 2000: 29-31］。よってハーバーマスの公共圏は、フーコーの定義するような近代的国家の相関物としての市民社会と同様であり、国家と付かず離れず手をとりあって市場経済を支える役割を果たしてきた市民社会は、経済的絆を追求する私的空間であるので、結果的に社会的分離を引き起こしてしまい、公共空間の役割は担えないのである。

　本書では上記に準じて、不特定の場所で不特定多数の人びとによって行為と言葉の相互作用が育まれる〈間〉を持ち、複数性と予期不可能性を備えている政治空間を「公共空間」と捉えたい。本書ではこのような定義に当てはまるものを、たとえ原典が「公共圏」という用語で論じていても「公共空間」と読み替えた。他方で、「公共圏」を使用する際は、ハーバーマス的な「特定の人びとの間での言説空間」を意味している。ただし、本書では文脈によって、実際には「公共空間」としての存立要件を満たしていない「ただそこにあるだけの公

園や広場やストリート」のような空間に対しても「公共空間」を使用したケースもある。したがって、「公共空間」とは実現を目指す理想的な空間を指すための分析概念であるものの、現実にはヨハネスブルグに未だ存在していないものであり、存在しているのは「公共空間」の存立要件を満たしていない「擬似公共空間」にすぎない。

第5節　構造的不正義に抗する空間的正義

　現代南アフリカの地理的不均等発展を考える上で、アイリス・マリオン・ヤングの「構造的不正義」[ヤング 2014; Young 2000] の概念は重要な視座を与えてくれるものである。ヤングは米国都市に住むシングルマザーのサンディの物語から、この概念を説明する。

　　サンディは住んでいた都心部のアパートの再開発にともなって、引っ越しを余儀なくされる。古い割には家賃が高いと思っていたのでサンディにとってもチャンスと感じられた。郊外のショッピングモールまでの通勤に、バスを乗継ぎ3時間かかっていたので、サンディは職場近くの賃貸物件を探すことにした。だが、職場近くの物件のほとんどが一戸建てであり、アパートはあったとしても家賃が高く、彼女の予算に見合う郊外のアパートは職場と反対側の町にあることが分かった。職場までのバス通勤は厳しいので、家賃に充てるつもりだったお金の一部を車の購入費に充てることにした。住宅補助制度は2年待機だといわれた。2カ月に渡る家探しの結果、職場まで自家用車で45分の小さなアパートをみつけた。2人の子どもを育てるには不十分な環境だがこれで手を打つことにした。だが、最後に大きな障壁が立ちはだかる。保証金として家賃の3ヵ月分を前払いしなければならないと言われたのである。サンディは貯金のすべてを車の分割払いの頭金に使ってしまっていたので、このアパートを借りることが出来ず、ホームレス状態になるかもしれない事態に直面している。[ヤング 2014: 62-63]

まるでヨハネスブルグの物語であるかのような、どこにでもありふれたサンディの物語は、「特別な道徳的不正、つまり、個々の行為や個別の政策に原因を特定出来る不正とは異なる構造的不正義を示している」[ヤング 2014: 64]。つまり、構造的不正義とは、この物語のような、ほとんどの人が直感的に何かが間違っていると認識するが、「何が間違っているのか、そして誰にその責任があるのか」が分からない不正であり、「個々の相互行為から生じるとされるもの」と「国家やその他の権力をもった諸制度の特定の行為や政策に起因するもの」からは峻別されるものであるとヤング[2014: 64-65]は言う。

　サンディの状況は彼女自身の選択や行為から引き起こされたものではなく、彼女がホームレス状態に陥りやすい立場、社会構造上の立場にいるからで、つまり違う立場の人ならばこの事態には陥らなかったはずだと想定出来るから、この状況はどこか道徳的に間違っているという直感を引き起こすのである[ヤング 2014: 65-66]。重要な点は、サンディが関わる個人はみな誠実で彼女に敬意をはらい、合法的に容認された規則に従って行動しており、都市計画法や個人投資政策などにしてもこの不正の主要因として選びだせるようなものでもなく、サンディのような立場にある人びとに降りかかっていると思われるような不正は、個々の過ちや、とくに不正な政策によって起きるとは言えない点である[ヤング 2014: 67-68]。ホームレス状態に陥りやすいという一般的な環境を生み出す原因は、多様で、大規模で、そして比較的長期に渡るもので、公的な政策や民間の政策双方の多く、また、規範的規則や広く受け入れられている実践に従って行動する、何千もの人びとの行為から生み出されているのである[ヤング 2014: 68-69]。サンディにとって手頃な価格の住居が存在しないという構造的不正義がそこにある。

　サンディの窮状は社会的立場によるものであるが、この社会的立場は「自らの環境に対するコントロール能力に違いがあり、自分たちに開かれた選択肢の幅にも違いがある」結果として生み出されている。法律を遵守し、自制的に自分自身の利益を追求するプロセスによって、一方では大きな利益を得る人びとがいるが、他方では人びとの選択肢が不当に制約され剥奪の恐怖に脅かされてしまうのである。したがって、「構造的不正義は、多くの個人や諸制度が、一般的な規則と規範の範囲内で、自らの個別の目的や関心を追求しようと行為した

結果生じるのである」［ヤング 2014: 74-75］。

　ヤングは構造的不正義に帰結する社会構造上のプロセスについて、いくつかのポイントを整理しているが、例えば「客観的制約」とは以下のようなものである。「米国の大都市地域の物理的要素の多くは 20 世紀半ばの社会政策、投資の決定、文化的選考、人種的なヘゲモニーの組み合わせが構造化して出来た産物」であり、望むと望まざると、こうした過去の行為や決定の物質化された効果は、多くの人びとの住居の選択に制約を課しており、「人種的に隔離された都心部と都市周辺の郊外は、そうした隔離を形成してきた意識や排他的政策がいくらか衰退したあとでも生き残り再生産されてさえいる」［ヤング 2014: 78］。

　「社会構造は客観的で、所与で、かつ制約的であるように見える」ので、例えばサンディは、手頃な価格の住宅を手に入れようとすると、至るところで彼女を妨害する社会の諸規則に阻まれるのである。例えば、大家が建物を売却しようとしても、サンディには何の補償もしなくてよい所有法、不動産管理人が自らの利益を守るために決めた規則、公式とも非公式とも言えないような、家族、近隣、学校の区域、職業、身体のタイプ、服装に至るまでのあらゆる決まり事が結託することによって［ヤング 2014: 79］。これはヨハネスブルグでも見られる状況である。ポストアパルトヘイト社会において、いかに自由が獲得されたからといっても、アパルトヘイト時代から続いてきた都市空間の客観的制約を乗り越えることは至難の業である。

　都市空間の歴史や文化的背景を通して生まれる「客観的制約」が明らかにするように、「社会構造とは社会の一部ではなく」、「社会全体を特定のやり方で見ること、人びとの間の関係や、お互いの関係性のなかで人びとが占める立場のパターンに関する見方であり、その見方によって可視化されていくもの」であるから、「構造に関する規範的判断を、個々の相互作用に関する規範的判断から区別することが重要だ」とヤング［2014: 99］はいう。

　例えば、サンディがアパート探しの際に、電話では、「部屋が空いている」といった大家が、部屋を見に来たサンディがシングルマザーだと知ると、「すでに借り手が決まっている」というような場合である。大家は米国の法に従えば差別の違法でありうるし、違法でなくても道徳的に間違っている。だが、これを不正義とするべきではなく、「正義と不正義の概念をより構造的な不正義のため

にとっておくべき」であるとヤングはいう。なぜなら、上記の例のようなケースの背後には構造的な不正——適切な家族は男性が家長を務めるべきであるというような偏見や、専門職でない女性たちを低賃金労働に押し込める労働市場プロセスなど——が横たわっているからだ［ヤング 2014: 100-101］。

　ヤングはここまで見てきたような「構造的不正義」に対して、われわれは「政治的責任」があるという。ハンナ・アーレントの『イェルサレムのアイヒマン』を読み解きながら、ヤングは、まずアーレントにしたがって「罪」と「責任」を区別し、そこから「政治的責任」とは何かを導き出す。アーレントによれば、「罪」とは「その犯罪あるいは悪をなした、つまり直接的に自らの行為によって罪や悪に手を貸した個人に帰すべき」ものであり、「責任」は「そのような悪を犯していないが、にも関わらず、それに関係した人びとに降りかかる」ものとされている。ヤング［2014: 135-136］は、この場合、責任と罪は両方とも過去遡及的な概念と捉えられていると指摘して、アーレントの主張を全面的には採用しない。そのうえで、ヤング［2014: 136］は政治的責任とは未来志向的なはずだと主張して、政治的責任を果たすことの意義を次のようにまとめている。

　　わたしたちが、わが家に住んでいるだけでなく、歴史の舞台に生きている限り、わたしたち自身の、消極的であれ積極的であれ支持している社会の諸制度によって、時にわたしたちの名の下に遂行された行為や出来事と関係性をもっていることに対する責務を避ける事が出来ない。政治的責任という義務は、社会の諸制度を注視し、それがあまりに危険なものとならないよう努力を怠っていないかを監視し、そうした注視や監視が行われ、そして市民たちが苦しむことを避けようとするなかで、公的に語り、互いに助けあうことが出来るための、公的に組織された空間を維持することにある。わたしたちは、いかなる犯罪にも加担しておらず、罪を咎められるべきではないにせよ、以上のことが出来ない限り、政治的責任を果たしていない。［ヤング 2014: 130］

　これを踏まえて、ヤング［2014: 137-138］は、手頃な価格の住宅を手にする事が出来ない状況によって、多くの人びとが劣悪なシェルターに追いやられたり、

ホームレスになる危険にさらされたりする日常の不正義に対して、われわれは政治的な行為者として無関心でいてはならないというのである。

　ヤングは哲学的かつ実践的なアイデアを通して、構造的不正義に対する政治的責任をいかに果たしていくことが出来るのかを検討していく。その基盤となるのが「社会的つながりモデル」と呼ばれるものである。このモデルの特徴は有責の人びとを選定し、他の人びとを責任から放免するという「帰責モデル」とは異なり、「分有されるべき責任」という考えに基づいている点にある。ヤングは帰責モデルは構造的不正義に対しては不適当であるという。なぜなら、構造は通常は許容されている規則や実践に従って行為する多くの人びとによって生産され、再生産されているから、帰責モデルを使うと人びとは自己防衛的になり、責任の押し付け合いを始めがちになるからだ［ヤング 2014: 149］。では、分有されるべき責任はなぜ構造的不正義への責任を果たす上で適当なのか。ヤングは次のような根拠を指摘する。

　　　私の責任の根拠は、私が不正な結果を生む構造上のプロセスに参加しているという事実にある。こうしたプロセスは継続的であり、そのプロセスがもっと公正になるためには、変革される必要がある。したがって、私は他の人びととともに不正義を軽減し撲滅するために、不正義を生んでいるプロセスを変革していく責任を分有している。［ヤング 2014: 163］

　ヤング［2014: 165-166］は、未来志向の分有されるべき責任が果たされるには、集団的行為に他の人びとも参加することによってのみ可能であり、1 人で諸制度やプロセスを変革することは出来ないので、社会構造のなかで多様な立場にいる大勢の行為者たちが、ともにプロセスに介入し、異なる結果を生むために行動する必要があるといい、ゆえに私的な道徳や司法とは異なる〈政治的〉責任と呼ぶのだという。「政治とはもっとも公正な形でわれわれの関係性を組織化し、われわれの行為を公正性に沿わせるための、他者との公的な、コミュニケーション的参画」を意味しているから、「ホームレスという構造的不正義に対する責任は、この福祉への脅威がただの不運ではなく不正義の問題であり、われわれもそれを引き起こすプロセスに参加しているのだということを、他の人

びとに対して説得する必要がある」のだ［ヤング 2014: 166］。こうして、ヤング
はデリダの政治的友愛の議論を踏まえて、「連帯」の必要性を説くのである。

　　私の理解では、連帯とは、ばらばらで同質ではないにも関わらず、お互
　いのためにともに立ち上がろうと決めた人びとの関係性のことである。さ
　らに、語られぬ母という自然の起源に訴え、すでに頼りになるべきものと
　して存在しているような兄弟愛とは異なり、連帯はいつも構築され、再構
　築されなければならない。連帯は固いが、壊れやすくもある。連帯はつ
　ねに更新されねばならないため、未来に向かっているのだ。［ヤング 2014:
　178］

　ヤングの議論は魅力的であり、南アフリカで生じているさまざまな構造的不
正義の解消や都市の地理的不均等発展の是正に向けた運動にも応用可能なも
のばかりであると見受けられる。さらにエドワード・ソジャの「空間的正義」
［Soja 2010］や、デヴィッド・ハーヴェイ［2010］の「都市への権利」の議論な
ど、近年の地理学における都市空間の正義論とも関連して深めていくことも出
来る。
　1960 年代に資本主義下の都市生活で、不利益を被っている人びとに向けて、
不公平に利用されている都市空間を、いかに社会的に管理していくかを呼びか
けたアンリ・ルフェーブルの「都市への権利」は［Soja 2010: 83］、引き続き空間
再編への根源的な努力として有効である［Soja 2010: 96］。ハーヴェイは「都市へ
の権利」を今こそ追求すべきであると以下のように述べる。

　　どのような都市をわれわれは望むのかという問題は、われわれがどのよ
　うな社会的紐帯や自然との関係、生活様式、科学技術そして美的価値観
　を望むのかという問題と切り離すことは出来ない。……都市への権利とは、
　都市を変革することによって、われわれ自身を変革するための権利なので
　ある。……私が論じたいのは、われわれの都市とわれわれ自身をつくり上
　げたり、つくり変えたりする自由は、われわれの諸人権のなかでも、もっ
　とも重要でありながら、もっとも顧みられなかった人権の 1 つであるとい

うことである。［ハーヴェイ 2010: 61］

　同様に Soja［2010: 6］は、「空間的正義」という概念を、民主的政治と社会運動が、より進歩的かつ参加型の草の根の正義を目指す運動として、一体となって連携し、地域的同盟を生み出し維持するための新しいアイデアを提供するものと定義して、「都市への権利」と手を携えていくことを主張するのである［Soja 2010: 95］。われわれが目指すべきところは、都市化のプロセスによって生み出される余剰の生産と活用の、より強力な民主的管理を追求するために［ハーヴェイ 2010: 77］、さらなる哲学的かつ実践的な議論を深めていくことであろう。こうした意味でハーヴェイの「都市のコモンズ」をめぐる議論は興味深いものである。ハーヴェイは「市場原理か国家介入か（私的所有による解決か、権威主義的国家介入による解決か）という両極端で捉えられがちとなるコモンズの問題を、オストロム（Elinor Ostrom）の言うような、公と私の豊かな融合によって解決すべきである」という。ハーヴェイは「国家は公共の目的のために公共財をもっと供給し、他方、あらゆる人びとの手による自己組織は、非商品化され、再生産的かつ環境に配慮したコモンズの質を高めながら、これらの公共財を活用していく」という絵を描き、「公共財と都市のコモンズの生産・保護・利用の問題が、民主的な社会運動にとっての中心課題となるであろう。昨今、その兆しは世界中で見られる」［Harvey 2012: 87-88］と述べている。

　上記のような空間的正義を求める運動はいかにして可能なのか？　グローバリゼーションが進展するなか、ナンシー・フレイザー［2013: 117］は、もはやウェストファリア的な枠組みを前提に公共空間をめぐる議論を展開することは出来ないと主張する。地球温暖化、移民、女性の権利、通商、失業、「テロとの戦い」のいずれも世論の動員が領域国家の境界で止まることはめったにないばかりか、多くの場合、対話者が政治的市民を構成しているとは限らないからである。論じられる問題はそもそも国境横断的であるから、ウェストファリア的国家によって解決されることもほとんどないのである。

　ポストアパルトヘイトの南アフリカ社会が直面している諸問題はまさに上記のようなグローバリゼーションと強い関係性を持つものである。治安の悪化、貧困、経済格差の拡大、公共財の私有化といった世界各地で生じている事象が、

南アフリカではより極端な形で表出していると言えるかもしれない。確かにポストアパルトヘイトの南アフリカ国家が、十分に社会問題に対峙出来ていない側面はあるとしても、社会問題に対する責任の所在は脱領域化していて、領域国家だけでは解決出来ない問題に溢れているのである。このような構造的な問題に目を配ることなく、ポストアパルトヘイト国家を単に批判しても物事は進まない。

　そこでわれわれが目指すべきものは、グローバル時代に相応しい公共空間を創出することではないだろうか。新自由主義が推し進められるなか、「社会的なもの」が私有空間にとりこまれ、グローバリゼーションの荒波のなかで、政治的成員資格を持たない弱者、国家に包摂されていながらも周縁化されていた弱者が、領域国家の保護からますます排除されている。アーレントは公共空間が「社会的なもの」の膨張によって飲み込まれてしまうとして社会国家によって全体化する規律権力に否定的であったが、政治を生命から切り離してしまうこの考え方は、アーレントの公共性が社会的正義への問いを欠落させていることを示しているのである［齋藤 2000: 61］。われわれは、社会国家に亀裂が入り、国民的連帯に大きな歪が生まれている時代を生きているが、社会国家が持っていた強制的連帯というメリットは保持されるべきものなのである［齋藤 2000: 87］。溶解するウェストファリア体制と社会国家を前に、われわれは「構造的不正義」の概念を思い起こすこととなる。公共空間は構造的不正義に対する異議申立ての空間として必要とされるものであり、「社会的なもの」の不公平な分配に対して声をあげるための空間となるべきであろう。

　本書は、公共空間をいかにしてつくることが出来るのかを論じるものではないが、ポストアパルトヘイト社会で公共空間を生み出そうと活動している人びとの姿を目にすることになるだろう。同時に、彼らがこの過程で難題に直面していることを見ることになるだろう。

　本書の問題意識は、根源的な民主主義の実現を目指す闘技民主主義［ムフ 2008; ラクラウ ＆ ムフ 2012］の議論や「統治される人びとの政治社会」を通した民衆の手による民主主義の実現［チャタジー 2015］といった議論にもつながるものである。だが残念ながら、本書はヨハネスブルグの構造的不正義の実状を描き出すところまでとなる。まずは、構造的不正義の実態を正確に把握すること

が必要であろう。そこから正義への責任の道は始まることになる。

注

21 ジジェク［2010a: 631-635］は、現代のグローバル資本主義のはらむ無限の再生産を妨げる
　　に足る強力な敵対性として以下の4つを上げている。①エコロジー、急激な生態系の大変
　　動ないし危機、②「知的財産」を私的財産とみなすのは不適当であること、③新たな科学
　　的－技術的発展（とくに遺伝子工学における）がはらみもつ社会的－倫理的な意味、④新
　　たな形のアパルトヘイト、新たな壁とスラム。

22 http://www.heartland.co.za/index.php（2015年11月10日閲覧）

23 時速160km運転により、Sandtonと空港間を15分で結ぶ。道路渋滞を勘案すると40分か
　　ら1時間を要する車での移動から格段の移動時間短縮が実現された。車両はボンバルディ
　　ア製でイギリスの工場で製作されたパーツを、南アフリカの車両製造会社が組み立ててい
　　る。

24 Galetti's blog, 24 April 2012.（http://blog.galetti.co.za/2012/04/top-five-planned-
　　buildings/）（2013年12月31日閲覧）

25 http://www.sandtoncentral.co.za（2015年3月15日閲覧）

26 Gauteng City-Region ObservatoryのGISから、インナーシティを除き、ヨハネスブルグ
　　一体にゲーテッド・コミュニティが拡がっていることが分かる。http://gcro1.wits.ac.za/
　　gcrogis1/のSpatial Structureの項目からGated Communitiesを選択すると地図上に明示さ
　　れる。

27 私は2008年3月～2011年2月までプレトリアのゲーテッド・コミュニティ（閉鎖近隣）
　　に居住した。

28 Rationalisation of Local Government Act, No. 10 of 1998, Gauteng Province.

29 Melrose Archのウェブサイト
　　（http://www.melrosearch.co.za/home.htm）（2013年12月29日閲覧）

30 ランドは南ア通貨Randを表す。ランドは変動の激しい通貨であり、本書の調査の大半が
　　実施された2014年は1ランド＝10円が目安である。日本円あるいは米ドルを併記してあ
　　る場合は、当該年の交換レートを適用した。

31 "Preliminary Urban Design Layout- Orland Ekhaya May 2007," Albonico Sack Mzumara
　　Architects and Urban Designers; Madumo, Lesego "Orlando Ekhaya takes shape,"

(November 29, 2010), Official Website of the City of Johannesburg.
（http://www.joburg.org.za/index.php?option=com_content&view=article&id=5930&catid=88
&Itemid=266）（2012 年 1 月 27 日閲覧）

第3章　アパルトヘイトとフォーディズム

第1節　フォーディズムの統治性

　ナンシー・フレイザー［2013: 159-178］はフーコーの統治性を読み解く際に、1914 年から始まったフォーディズムが、1989 年にポストフォーディズム的グローバリゼーションに転換したことに注目する。フレイザーはフォーディズム体制を 1914 年から 1989 年までと考えているが、既述のとおりフォーディズム的モダニティからフレキシブルなポストモダニティ（フレキシブルな資本蓄積体制）［ハーヴェイ 1999: 437］への転換、つまり新自由主義への転換が起きた時期は、通常 1970 年代後半とされていることを鑑みれば、1989 年ではなく 1970 年代後半をポストフォーディズム体制の始まりと考えるべきかもしれない。ともあれ、ポストフォーディズム的グローバリゼーションが確固たる状態となったのは冷戦終了以降であるからフレイザーの区分でも問題ないだろう。南アフリカの文脈ならば、アパルトヘイト撤廃後あるいは民主化後（1994 年）をポストフォーディズム的グローバリゼーションの時代と考え、1970 年代後半に新自由主義路線に転換し、アパルトヘイトが撤廃され、民主化に至る期間を、この準備期と考えると整理しやすい。

　ヘンリー・フォードが日給 5 ドル、1 日 8 時間労働制を導入した 1914 年［ハーヴェイ 1999: 172］から 1970 年代後半（ないしは 1989 年）まで続いたフォーディズム体制とは、言い換えれば、総力戦体制と福祉国家体制のことであるから、第二次大戦前後の社会は連続していたと考えられるのである［山之内 2015］。こうした歴史的背景を踏まえつつ、フォーディズム体制（福祉国家体制）が終了し、ポストフォーディズム体制（新自由主義体制）が始まった今、いかなる新たな統治性が生まれていて、これがいかなる世界を生み出そうとしているのかに

大きな注目が集まっているのである。

　フレイザー［2013: 162］はフォーディズムは単に経済学の問題ではなく、それを促進する社会的、文化的、政治的な外部の装置に埋め込まれていた（フォーディズム型の社会規制としての規律権力）という。フォーディズムは第二次大戦後に完全に発達し、第一世界では労働を国家の主要なプレイヤーとして組み込んだ福祉国家と国民国家による国民経済の舵取りを可能にした国際金融システムをつくりあげた。だが、この体制は植民地（ポスト植民地）の労働や資源から獲得した利益に依存していた（第三世界の国家的な野心や制度形式を助長すると同時に、それらを実現させる経済的・政治的な能力を発達させるのを妨げてきた）ことを考えれば、大量生産と大量消費を国家的なフレームのなかに埋め込んだ国際的な布置連関であったと言えるだろう［フレイザー 2013: 162-163］。

　フォーディズムは「工場や病院、刑務所や学校、国家の福祉機関や私的な世帯、市民社会の公式の団体、非公式な団体の相互行為」などからなる「独自の規制メカニズムで包囲されて」おり、「このような統治性の実践は、フォーディズム的蓄積のミクロ政治的な対応物であり、独自の政治的合理性を具体化していた」［フレイザー 2013: 163］から、フレイザーはこれがフーコーの規律権力的な生権力の現れであるという。つまり、18世紀に生まれた規律権力は「フォーディズムの時代の到来によってはじめて一般化され、社会全体を象徴するようになった」のであり、その結果、フォーディズム的な社会規制（①全体化、②国家的フレームのなかでの社会的凝縮、③自己規制）が生まれたのである［フレイザー 2013: 164-165］。そこでは、①工場生産だけでなく労働者の家族やコミュニティの合理化も試みられ、社会生活のあらゆる側面の合理化を目的に全体化し、②それまでばらばらだった規律訓練が国民国家内部の新しい空間に収斂され、社会統制の制度が互いに関連付けられ、稠密に結びついた複合装置としての「社会的なもの」（労務管理、ソーシャルワーク、刑事裁判、公衆衛生、矯正、心理療法、夫婦間のカウンセリング、教育など）が相互に浸透し、合理化の実践を引き出し、共通の統治性のもとで独自の形式をつくりあげ、③これらは個人の自己規制を通じて作動したから、個人を主体化し、個人に自己責任をもたせ、自己監視の能力を増大させたのである［フレイザー 2013: 165-167］。

第2節　アパルトヘイトの移民労働システム

　第一世界をフォーディズム体制へと導くこととなった帝国主義的拡大と南アフリカの近代化は軌を一にしたものであった。1873 年の「大不況」が欧米諸国に深刻な作用を及ぼすと、世界体制は帝国主義段階に移行するが［柴田・木谷 1985: 63］、これはアフリカ人の労働、土地、鉱物、その他の資源を「文明化した」世界のために開発するためのアフリカ分割（ベルリン会議、1884 ～ 1885 年）を引き起こすなど［北川 2004: 50］、列強 8 ヵ国が総大陸面積の半分以上を占める地域に住む 2 億 7 千万人（世界人口の 3 分の 1）を支配下におさめ［柴田・木谷 1985: 74］、歴史上はじめて帝国支配が世界的に広まる事態を招いた［木畑 2014: 19］。過剰蓄積を抱え、最初の資本主義の危機を迎えたヨーロッパは、危機の解消のために、帝国主義的拡大による世界の空間的包摂に向かうこととなり、とりわけ、新たなテクノロジーと文化による「時間 - 空間圧縮」によって、資本主義の危機は解消され、加速度的に世界に広がっていくことになったのである［ハーヴェイ 1999］。

　この時期、南アフリカでは、キンバリー（Kimberley）となる土地でダイヤモンド（1867 年）が、ヨハネスブルグとなる土地で金（1886 年）が発見され、「鉱物革命」を経て「産業革命[32]」の時代を迎えた。南アフリカは 1914 年までの 30 年足らずの間に、「素朴な農業経済国からもっとも洗練された技術が導入される世界最大の金鉱業国へ」と変貌を遂げた［van Onselen 2001: xvii］。南アフリカ鉱業の急成長は偶然によるものではなく、当時、ヨーロッパは海外に投資先を求めていたうえ、1870 年代に金本位制の採用にともなって、ロンドン国際市場が多くの金を必要としたゴールド・ラッシュの時代であったという背景がある［Beinart 2001］。ヨハネスブルグの金鉱開発の第一次ブーム（1889 年）に設立された投資関連企業の半数はロンドンに事務所を持ち、イギリス人投資家から多額の資本を集めていた［北川 2001: 114］。

　1870 年代から第一次大戦までの 40 年間はヨーロッパ人の海外移住ブームの時代であったが［柴田・木谷 1985: 101］、金の発見によって 1896 年までに、イギリス、オーストラリア、北米出身の 44,000 人の「アイトランダー（uitlander）」と呼ばれる英語話者の外国人白人男性（職人、技師、法律家、実業家、非熟練労

働者）がヨハネスブルグに押し寄せて、アフリカーナーの男性人口を凌駕しようとしていた［トンプソン 1995: 248-249］。こうして多層構造からなる南アフリカ白人社会も、「プアホワイト」と競合する黒人労働者や自給的な農業を営む人びとを含むアフリカ人社会も、鉱業を中心とする資本主義システムに組み込まれた［北川 2001: 103-104; デキーウィト 2010: 198］。さらに、周辺植民地（ポルトガル領など）のアフリカ人も低賃金労働者として徴用された。とりわけ、モザンビーク出身者は「最良の地下労働者」と名指しされて重宝されたので［網中 2014: 104］、ヨハネスブルグの金鉱業のアフリカ人労働者の47%はポルトガル領出身者（1903年）が占めることとなった［網中 2014: 101］。また、南アフリカ戦争後の一時期には中国人も動員された［前川 2006: 98］。このようにヨーロッパの余剰資本と余剰人口という過剰蓄積の投資先として、突如、南アフリカの近代化が達成された。「鉱山・プランテーション型」という投資型植民地と「白人農場地帯型」という人格従属型植民地が併存した南アフリカは［峯 1999: 50-58］、南部アフリカ全体に及ぶ広範囲の現地社会に大きな影響を与えた。白人の土地へとアフリカ人が出稼ぎにいくという構造は、南アフリカを中心とする商業・金融・交通網の発達を促し、アフリカでは他に例をみない南部アフリカ域内の緊密な相互依存関係を発展させていくこととなったのである［小倉 2009: 9-10］。

　アパルトヘイト経済のメカニズムは上述のような移民労働システムであった。アフリカーナー人口に特権的地位をあたえ、アフリカーナー労働者とアフリカーナー農民を支えた諸政策によって、1948年にアフリカーナーによるアパルトヘイト政権が樹立される以前から徐々に不平等の原型は構築されていったのである［Seekings & Nattrass 2006: 49］。「居留地（リザーブ）」（後のバンツースタン／ホームランド）と「パス法」は、移民労働システムを機能させる重要な役割を果たした。

　居留地は、植民地化の過程でアフリカ人を特定の土地に収容する動きから生じたものである。1910年頃まで、アフリカ人は土地を所有し、自給農業を行っていたが、1913年に原住民土地法（Native Land Act）が制定されると、居留地外の土地所有が禁じられ、国土の11.7%の居留地に収容されることとなった。その結果、居留地で十分な食料生産が出来なくなり、裕福なアフリカ人農民は一掃され、生活の質が低下した［トンプソン 1995: 289-291］。

第3章　アパルトヘイトとフォーディズム　*83*

　居留地での生存が厳しくなったアフリカ人は都市部への移住を試みたが、ア
パルトヘイト政府はパス法[33]により都市部への黒人の流入規制をかけるとともに、
雇用先の白人農場からの移動を禁ずるパス法や、白人による雇用目的以外で都
市に居住することを禁ずるパス法などを制定して、アフリカ人労働者を確保し
た［トンプソン 1995: 295］。つまり、アフリカ人は余剰労働者であったので居留
地に送還される恐れに常に直面していた［Giliomee & Schlemmer 1985: 2］。

　1948年にアフリカーナーの国民党が権力の座につくと、人口登録法（1950年）、
雑婚禁止法（1949年）、背徳法（1950年）を制定し、人種の間に法的な境界を設
けて、アパルトヘイトの観念を現実的かつ法的に適用していった。　トンプソン
［1995: 333］によると、アパルトヘイト体制の核心にあるのは以下の4つの観念
である。

　①南アフリカの住民は4つの人種集団、「白人」、「カラード」、「インド人」、
　　「アフリカ人」によって構成されており、それぞれが固有の文化を備えてい
　　る。

　②文明化された人種である白人は国家の絶対的な支配権を与えられている。

　③黒人の利益よりも白人の利益が優先されなければならない。すなわち国家
　　には、従属する諸人種に対して平等な施設を提供する義務はない。

　④白い人種集団は、アフリカーンス語系と英語系という構成要素からなる単
　　一の民族を構成しているが、アフリカ人は10の別個の民族もしくは潜在的
　　民族に属している。この原則に従えば、白い民族が南アフリカ最大の民族
　　となる。

　こうした観念を実現するために、すでに存在していたアフリカ人の居留地は
10ヵ所にグループ分けされ、アフリカ人のための「ホームランド」となり、主[34]
として伝統的首長によって構成される一群のバンツー政庁によって統治される
こととなった。ちょうど、1960年代からアフリカ諸国は独立を始めたため、白
人政権はホームランドを脱植民地化になぞらえ、ホームランドを「独立国」と
して喧伝したが、国際社会がホームランドを独立国として認めることはなかっ
た。

　「独立」とは名ばかりであった傀儡政府は、白人中央政府からの補助金に頼っ
ていた。しかも、フェルウールト政権は白人の資本家がホームランドに直接投

資を行うことを禁止していたため、ホームランドの状態は悪化し続け［トンプソン 1995: 336］、住民は栄養失調に陥り、ホームランド外からの送金に依存することとなった［Seekings & Nattrass 2006: 54］。そのため、都市に出稼ぎに出るアフリカ人は増加し続け、黒人は巨大なタウンシップ（都市の黒人居留区）に収容されていくことになった［トンプソン 1995: 341-342］。

製造業は大量で永続的な労働力供給を望みパス法の緩和を希望したが［Marais 2011: 16］、安い労働力なしには成り立たなかった大農園と鉱業は、移民労働システムの永続化を切に望んでいた［Legassik 1974: 277］。移民労働者の重要性は年を追うごとに高まり、1968 年に 3 万人程度だったトランスカイからの移民労働者は、1978 年には 42 万 5 千人にまで増加した［Seekings & Nattrass 2006: 98］。

このように、アパルトヘイト政府は、①居留地・ホームランドにアフリカ人を収容し「自治」と「独立」を強要することで、白人政権がアフリカ人人口に対する責任を放棄すると同時に、②パス法によってアフリカ人の移動管理を実行し、彼らをコンパウンドやホステルに収容するか、タウンシップに強制集住させることによって、白人にとって都合の良い労働力を生み出す仕組みを作り上げた。

つまり、アパルトヘイト下の不平等は、単なる人種差別的社会政策の産物ではなく、むしろ社会政策と資本主義的発展の相互作用の結果であると言えるだろう［Seekings & Nattrass 2006: 90］。ラディカル派（ネオ・マルクス派）歴史学者の Wolpe［1972: 433］は、「アパルトヘイトとは、第二次産業化時代の南アフリカにおいて、労働力の再生産条件（居留地の再分配型アフリカ経済）が急速に崩壊していくなか、安価で管理された労働力を保証するシステムを通じた、高い資本主義的搾取率を維持するための『南アフリカ特有のメカニズム』として理解されるのがもっとも適している」と主張している。したがって、アパルトヘイト政策は時代的要請に応える形で、南アフリカ経済の資本蓄積に「有益」な役割を果たしたと考えられるのである[35]。

第3節　アパルトヘイト都市と人種的フォーディズム

　アパルトヘイトが南アフリカ資本主義を成り立たせるために社会全体を統治するためのシステムであったと考えるならば、同時代の先進工業国の社会全体を統治するためのシステムであったフォーディズム体制と重ねあわせて見る必要があるだろう。先進工業国（第一世界）的側面と植民地（ポスト植民地・第三世界）的側面を自国内に併せ持つとともに、周辺植民地の移民労働者に深く依存した「白人の国」南アフリカのフォーディズムは、単なる経済制度ではなく南部アフリカを舞台とした国際関係の布置連関であったからである。

　Gelb［1987, 1990］はアパルトヘイト経済による資本蓄積の仕組みを「人種的フォーディズム（racial fordism）」と呼んでいる。人種的フォーディズムはアパルトヘイト政策と第二次大戦後の輸入代替工業化のコンビネーションによって成し遂げられた［Gelb 1987: 39］。これは金を中心に鉱物資源を輸出し、その収益を国内工業に投資し、職を創出し、安定した経済成長に基づく大量生産・大量消費社会をつくりだそうというものであった［Gelb 1987: 40; Gelb 1990: 26］。したがって、第二次大戦後の開発戦略は白人のための福祉国家づくりを意味したので、白人労働者は、職、賃金上昇、広範囲の社会保障制度、信用・ローンへの容易なアクセスが保証され、白人労組は低賃金の半熟練黒人労働者の雇用を阻止し、また莫大な資金が白人のための教育、保健、文化、レクリエーション、スポーツへと投資された結果、白人労働者は大量消費社会を謳歌出来た［Marais 2011: 26］。一方で、大多数の黒人は生産、再分配、消費の輪から排除され、職場や教育制度の差別により、熟練労働へのアクセスは制限された。加えて、半熟練都市労働者の出現も抑えこまれ、インフォーマル経済ですら規制がかけられたので、黒人消費者は白人市場で消費せざるを得なかった。また、黒人労働者はたとえ賃金が上がったとしても、社会保障の欠如から自己責任を強いられ、ホームランドの経済状況も悪化していたので、ホームランドに残していた拡大家族のために仕送りしなければならなかった［Maris 2011: 27］。

　つまり、人種的フォーディズム体制によって、白人労働者は先進工業国の労働者と同等にまで生活水準が向上するが、黒人労働者は1970年代以降若干の賃金上昇は見られたものの困窮し、人種間の格差は拡がった［Gelb 1990: 26］。こ

の体制は、第二次大戦後からの安定した経済成長がとまり、好不況を繰り返す不安定な経済状況となった1974年まで続き[Gelb 1990: 26]、1970年代後半以降、南アフリカは新自由主義路線に転換した[Marais 2011: 44]。

つまり、先進工業国の一員としての役割を果たしてきた南アフリカは、人種的フォーディズムに立脚した人種的福祉国家であったといえよう。人種的フォーディズムの特徴は全体的な合理化をめざした欧米諸国のフォーディズムの統治性とは異なり、黒人と白人とでは行使された規律権力に大きな差異があったという特徴がある。つまり、黒人は鉱山会社や工場、政府などが準備したコンパウンドや労働者ホステルに収容されるか、都市部ではタウンシップ、農村部ではホームランドに集住させられたが、いずれも黒人を統治するための規律権力の行使の空間としての機能を果たしたと考えてよいだろう。とりわけ、アパルトヘイト都市と呼ばれる南アフリカの都市空間は、人種的フォーディズムを機能させる中心地であった。

ヨハネスブルグの「産業革命」

アパルトヘイト都市の代表であるヨハネスブルグは、金の発見から10年足らずの1904年に地理的基盤が完成した[Beavon 2004: 79]。レルフ[2013:19-20]は「現代の景観に対する影響のほとんどは1880年代の技術変化と社会変化によるもので、それ以前には遡ることが出来ない」と指摘しているが、ヨハネスブルグの都市景観は「まっさらな」土地の上につくり上げられた20世紀のモダニズム空間そのものであった。すなわち、富の蓄積、繁栄、健康、安全といったユートピア的空間を堅実に実現するための都市計画によって規定され、厳密なゾーニングが実施される都市空間を目指した。アメリカの都市がお手本であり、1920年代から30年代のヨハネスブルグのそこかしこのビルにはニューヨークに由来する名前が付けられた[Chipkin 1993: 84]。

ヨハネスブルグの鉱業の発展とそれに続く工業化がアパルトヘイト都市の空間編成を推進した。第一次世界大戦後の好況と1924年のアフリカーナー連立政権成立後の保護主義的工業政策、1925年の関税法施行などによって、南アフリカの真の産業革命（製造業の誕生）が達成されるが、南アフリカの工業化は国家主義と人種差別に基づく国家資本主義体制が大きな役割を果したと考えられ

る［北川 2001: 75; Beavon 2004: 111］。1926 年に誕生したヨハネスブルグで最初の工業団地となった地区 Industria が、アフリカーナー労働者階級の住宅地の近くに作られたように［Beavon 2004: 111］、アフリカーナーの優遇と黒人の包摂（搾取）と排除に基づいた工業化であった。

　世界恐慌の影響はやや遅れて 1932 年に南アフリカに到達したが、その後の株価上昇と投資回帰によってヨハネスブルグには高さ 60m 以上の真の高層建築物が 4 棟生まれた他、1936 年の建築ラッシュによってスカイラインからなるアフリカのメトロポリス的景観が生まれた［Chipkin 1993: 93-95; Robinson 2003a: 759］。金の発見から 50 年を祝ってヨハネスブルグは 1936 ～ 1937 年に帝国博覧会を誘致したが、これは都市のモダニティを、つまり、ヨハネスブルグの成功と南アフリカの経済、とりわけ工業的発展を帝国に知らしめるものであった［Robinson 2003a: 761］。だが、その背後で、帝国博覧会に先立ち、黒人音楽（Marabi）の拠点で、飲み屋街でもあった Doornfontein や New Doornfontein などのスラム街は撤去され、住民は黒人居住区へと強制移動された［Chipkin 1993: 204-205］。

　上記の黒人の強制移動を可能としたのがスラム法の制定であった。白人富裕層の住宅地だった Doornfontein 地区では、第一次大戦後に白人富裕層が郊外（Parktown や Houghton）に新たな住宅地を求めて移動すると、黒人が移住し、スラム化していた［Beavon 2004: 81］。公衆衛生面を含めて、急速な工業化と都市化による諸問題が発生するなか、人種別の集住を目的に 1923 年に Urban Areas Act が制定された［Parnell 1998］。ただ同法の強制力は限定的で、実効性も乏しかったので、ヨハネスブルグ市内の人種的混住状況は続いた。だが、1934 年に制定された「スラム法（Slums Act）」は黒人の強制移動を可能とした。よって、人種隔離の実現に効力を発揮したのは、他の法律よりもスラム法によるところが大きかった［Mabin 1992: 408-409; Parnell 1988: 123］。スラムの取り潰しによって、ヨハネスブルグの当初からの工業地区であった City and Suburban 地区からしだいに東方向の Doornfontein 地区、Jeppestown 地区へと工業地区が拡大した［Beavon 2004: 111］。スラム法の施行によってヨハネスブルグ市が掲げた 3 つの目標、①工業の拡大、②公衆衛生の確立、③人種ごとの居住区分離は、徐々に達成されたのである［Parnell 1988: 123-124］。

　第二次大戦の「好機」を捉えた南アフリカ工業は、1939 年から 1945 年まで

の間に労働力が 53% 増加し、大戦後も引き続き成長を続けた［Beavon 2004: 147-150］。1948 年にアフリカーナー国民党政権が発足しアパルトヘイト体制が確立すると、1950 年には集団地域法（The Group Areas Act）を制定し、1950 年代から 1960 年代にかけてタウンシップ（黒人居住区）を精力的に建設し［Maylam 1995: 70］、人種ごとの居住区分離がさらに進んだ。この背景には第二次大戦後に増え続けた都市のアフリカ人に対する住宅不足があった［Parnell 1991: 69］。1946 年までに都市部に住む南アフリカのアフリカ人の絶対数は白人を上回るようになり、都市部に住むアフリカ人のうち鉱業で働く出稼ぎ労働者数は 21% に過ぎなくなり、膨大な数のアフリカ人が、貧窮化していく農村の居留地や機械化されていく白人農場から追い出され、急成長する製造業やサービス業での就業を期待して都市部に吸い寄せられて、大規模な移住が起きていたのである［トンプソン 1995: 314-315］。新たな産業に南アフリカ黒人が吸収されるなか、鉱業の労働力不足はモザンビークをはじめとする周辺植民地からの移民にさらに依存するようになった［網中 2014: 193］。1951 年にヨハネスブルグを含むヴィットヴァータースラント全体で鉱業は、全産業中の 34% の労働者を雇用し、この地域の利益の 63% を稼ぎ出していたが、1970 年代になると 9% の雇用にとどまり、かわりに第二次産業が 37% を雇用し 54% を稼ぎ出し、金融業、運輸業を含む商業が 37% を雇用し 32% を稼ぎ出す構造に変化した。つまり、ヨハネスブルグは 20 年間で成熟したメトロポリタンに変貌したのである［Beavon 2004: 151］。

アパルトヘイト都市の規律権力

　人種的空間分離を基盤とするアパルトヘイト都市は、黒人鉱山労働者を収容したコンパウンドに起源を持つと言われている。南アフリカの鉱業発祥の地、キンバリーでコンパウンドが創設されたきっかけは囚人労働にあったので［Mabin 1986: 13］、外界から完全に遮断される構造をもった。コンパウンドで労働者はベッドと食事が提供されるが、契約期間中は外出出来ず、屈辱的な身体検査をともなった［トンプソン 1995: 220］。コンパウンドの仕組みは「一望監視システム」の形態をとった労働者ホステルにも適用されるが、これは都市のタウンシップ形成にも影響を与えた［Robinson 1992: 296］。「キンバリー・モデル（Kimberley model）」と称され、ヨハネスブルグの都市空間の形成に影響を与えた

と指摘されている［Maylam 1990: 59］。

　アパルトヘイト都市、ヨハネスブルグの創造に影響を及ぼした、キンバリーの鉱山コンパウンドの仕組みは、「原住民政策」と近代的管理戦略（資本主義的開発）という両面が重要な推進力となったと考えられている［Robinson 1990: 149］。これは居留地の管理の目的がアフリカ人の伝統的統治を補強することと、アフリカ人の生活を制御不能に陥らせないように行政的調整をすることの両方にあったことを引き継いでいたからである［Robinson 1990: 148］。20世紀初頭の南アフリカでは、アフリカ人は「野蛮状態」に「見合った生活」を送るのが当然で、白人との共存は不可能という主張が現れて、「生まれながらに大地の一部であるアフリカ人は、都市では堕落し、すぐに野蛮状態に逆戻りするので、これを防ぐために可能な限りの人種隔離が必要だ」ということが真剣に議論されていた［前川 2006: 194］。一方で、第二次大戦以降、増え続ける都市の黒人人口に対してタウンシップを建設し、そこは社会サービスを提供する場所となり、国家はアフリカ人の健康と福祉に気を配り、道徳的で管理主義的な環境をつくり上げて、規制と組織化を強化し始めた［Robinson 1990: 150］。

　「自国あるいは他国の植民者・植民地支配体制のもとで従属異民族が過度の抑圧を受けているとされている状態を批判し、その救済を主張するとともに『公正な』植民地統治の実現と被支配民の福利の増進を求める立場」と定義出来る「人道主義」［大澤 2015a: 117］は、イギリス帝国主義の主要な政治文化であり、支配の正当性を内外に説得するための統治理念でもあったが［大澤 2015a: 129］、アパルトヘイト都市を成立させた背景にも、「人道主義」的な「救済」の意識が潜んでいたと考えてよいだろう[36]。政府の義務、都市計画、公衆衛生、都市行政のネットワークが人種的分離を生み出したと考えられるからである［Robinson 1992: 294］。ここに、われわれはアフリカ人の伝統的価値観と文化を尊重するという「分離発展」を促しながら、南アフリカ資本主義の最下層の賃金労働者として動員するために白人の責務として最低限度の福祉を供給し、アフリカ人を包摂するというアパルトヘイト政策の真髄を見て取ることが出来る。

　ただし、黒人は一枚岩の規律権力を受けていたわけではなく、黒人内での規律権力の行使に差異（斑）があったことに注目する必要がある。アパルトヘイト政府は黒人をいかに分断して脱政治化するかに力を注いでいた。黒人への住

宅供給は結局のところ予算不足によって中途半端にしか果たされなかったから、タウンシップに収容出来る人口は限られていた。多くの「無用」な黒人に対して、愚民化政策としてバンツー教育を普及させ、アフリカ人が自主的な「規範と秩序」を生み出して「部族生活」をするように促していた [Robinson 1992: 298]。タウンシップの統治のためにタウンシップ内の各地区には黒人ヘッドマンが置かれたが、これは黒人監督官を置いたコンパウンドやホステルと同様の間接統治であった [Robinson 1992: 298]。「自主的」な統治を促しながら同時に、タウンシップの出入りの管理、監視塔による見張り、巡回パトロールなどによる極度の抑圧的な統治も実施されていた。したがって、黒人に対する重層的な規律権力が行使されていたと言えるだろう。白人企業の賃金労働者として働いていた黒人や白人統治機構に取り込まれることになった黒人、白人（国外の反アパルトヘイト運動など）の論理を内面化し社会運動に身を投じる事の出来た黒人と、規律権力の対象とすらならずに（バンツー教育程度の規律権力を受けるにとどまり）「アフリカ伝統社会」（実際にそのようなものがあったかどうかはさておき）に生きることを強いられた黒人とでは、ポストアパルトヘイト社会を迎えた時点で、すでに大きな差異があったから、黒人社会全体の連帯を想像することも難しかったのである。

　アパルトヘイト都市の誕生は、これを目的とした法律よりも、公衆衛生を目的としたスラム法による黒人の強制移動から始まり、第二次大戦後の住宅不足解消を目指したタウンシップ建設の結果であった。したがって、冷酷な差別主義者といった特異な人間が、黒人に対する差別感情を剥き出しにして、この都市空間を生み出したというよりは、黒人を資本主義経済に包摂するために規律訓練を施し、公衆衛生と住宅整備の提供を目指して、粛々と政策を展開していった結末であることに注意が必要である。また、住居という私的空間で生じる白人と黒人の親密性（性的なもの）を出来る限り取り除いて、白人としての一体性を維持しなければならず、誰を白人として包摂すべきかを判断しなければならないという混血人口への植民地政府の悩みを解消するための装置が必要とされたことにも注目する必要があるだろう [ストーラー 2010: 187-188]。「雑婚禁止法」（1949年）、「背徳法」（1950年）、「人口登録法」（1950年）といった法律が後から生まれてきたように、人種主義や「人種」は前もって存在しているので

はなく、人種的分離を意図した装置と意図しなかった装置が合わさって確固たるものとなっていたのである。

　この重層性を帯びた人種的フォーディズムの統治性は、したがって大多数の黒人住民（賃金労働者や白人家庭で働く使用人）に支えられた白人社会の正常化と合理的全体化を目指したものであったと言えるだろう。その結果、黒人社会は重層的な規律権力の行使によって社会的に分断されてしまったのである。人種的フォーディズムの統治性は、1970年代半ばまでアパルトヘイト経済の成長に大きく貢献した。

第4節　新自由主義とアパルトヘイト撤廃

　アパルトヘイト経済の市場は、国内の白人消費市場と海外市場に限定されていたので、恒常的に過剰蓄積を抱える構造を持っていた［Bond 2000: 18］。1974年ごろから製造業が過剰蓄積を抱えて南アフリカ経済の低迷が始まり、加えて大量の海外からの資金流入を受けて余剰資本を抱えていた銀行や年金・保険会社など南アフリカの金融資本は、新たな投資先を必要としていた［Bond 2000: 20-21, 24-25; Goga 2003: 73］。そこで政府と金融資本は1980年代より大型公共投資［Steinberg, Van Zyl and Bond 1992: 269］と北部郊外への不動産投資［Goga 2003: 79］による「空間的回避（spatial fix）」（過剰蓄積の新たな空間への投資）［ハーヴェイ 1989・1990］によって、この危機を乗り切ろうとした。金融資本はインナーシティに拠点を置く主要企業に郊外移転を説得し回っていたので［Goga 2003: 80］、当初のインナーシティからの企業の転出は治安の悪化によるものではない。さらに1980年代には黒人経済へも空間的回避を実施した。これらにはタクシー産業の規制緩和などによる労働力の移動、都市政策の自由化、民間企業によるタウンシップの住宅開発、さらにはホームランドへの直接投資（工場誘致）などが含まれていた［Bond 2000: 22-23］。しかしながら、1989年から1993年の不況は国内市場の限界を示すものであったから、1992年に南アフリカ労働組合連合（Congress of South African Trade Unions: COSATU）は輸出志向工業化への転換に合意し、大企業もより迅速な政治的、経済的自由化を望んだので、民主化への動きにつながったのである［Bond 2000: 24］。

1980 年代に入ると、多くのインナーシティの企業が非白人のオフィス労働者を雇用するようになっていたから（1960 年に白人 7：黒人 1、1970 年代に白人 2：黒人 1、1993 年に白人 1：黒人 0.85）、黒人はタウンシップから長時間通勤するよりも職場近くに住居を求めたため、インナーシティの住宅地の一部は「グレーゾーン化」し［Beavon 1997: 181］、黒人経営幹部のなかには白人の住む郊外に住まいを構えるものも出てきていた［Parnell & Pirie 1991: 139］。企業は、硬直した労働市場、低コスト・低レベルの消費パターン、国際的な孤立、社会的・政治的不安定を生み出すアパルトヘイト体制に疲弊していたこともあり、Anglo American 社などによって設立された Urban Foundation は、脱人種的都市空間の創造を模索し始めるなど、過剰蓄積の解消の観点から都市空間の再編に乗り出そうとしていた［Steinberg, Van Zyl & Bond 1992: 273］。

1980 年代以降、とくに切実となった過剰蓄積の解消のためには、黒人を市場に取り込む必要があり、黒人管理職の雇用のためには都市空間の人種的分離は不合理であったので、アパルトヘイト政策は撤廃されたと考えて良いだろう。BEE（黒人経済力強化）政策をはじめとするアファーマティブ・アクション[37]は、黒人有力者に一定の資本を移譲しつつも、白人資本家の権益を堅持するために、白人資本家が策定したものである［Mbeki 2009: 66-67］。したがって、アパルトヘイト撤廃は、あくまでも企業が雇用したいと考える黒人をより効率的に包摂することが目的だった。誤解を恐れずに言えば、アパルトヘイト撤廃は規律権力を白人同様に与えたいと考えられる黒人と規律権力の対象にすらならない黒人との選別を明確にする必要に迫られた結果であったと言えるかもしれない。これは黒人中間層候補だけでなく、下層労働者の構造にもやや複雑な変化を引き起こした。1986 年以降、金価格が下落すると、鉱山労働者の外部委託と請負契約化によって労働組合に属さないより立場の弱く人件費の安いレソトやモザンビークからの移民労働者にますます依存する体制に変わるが、この背景にはアパルトヘイト撤廃によって交渉力を強める南アフリカ人労働者よりも、交渉力の弱い外国籍の労働者を確保するという企業の方針があった［網中 2013: 184-185］。このような状況を鑑みれば、アパルトヘイト撤廃による非人種的アパルトヘイトの誕生と、それにともなう格差拡大は当然の帰結であったと言えよう。

こうして新自由主義路線への政策転換を経て 1990 年代初頭に民主化を迎えた南アフリカは、人種主義的フォーディズム体制から、非人種的ポストフォーディズム体制へと移行した。新生ヨハネスブルグは、南アフリカ農村部と周辺諸国から常に大量の移民を引き寄せ続けながら、持つ者と持たざる者の格差をあからさまに見せつける「ネオアパルトヘイト都市」[Beavon 2004] となってしまった。ポストフォーディズムの南アフリカ経済は「強制的な」移民労働システムから「自発的な」移民労働システムに依存する新しいアパルトヘイト経済であると言えよう。これまでさまざまな研究者がアパルトヘイトと資本主義との関係性を論じてきたが、「〈人種的〉アパルトヘイトと資本主義は相性が良い」という見解と、「資本家は最終的には〈人種的〉アパルトヘイトは非効率で手に負えないと分かるであろう（資本主義と〈人種的〉アパルトヘイトは相性がよくない）」という見解に二分されていた [Johnson & Jacobs 2012: 239-242]。前者はフォーディズム的資本蓄積体制下であてはまり、後者はポストフォーディズム的資本蓄積体制下であてはまると考えれば、どちらの見解も正しいと言えるであろう。

第5節　ポストフォーディズムの統治性

フレイザー [2013: 169] は、フーコーのフォーディズム的規律権力の解釈の前提（①社会規制は国家的に組織され、その対象は国民経済を管理する国民国家の保護のもと国民社会で暮らす国民である、②社会規制は資本蓄積の体制の非市場化された対応物をつくり出し、「社会的なもの」の領域に凝縮され、その特徴的な制度は（国民的）社会福祉国家を構成する政府および非政府の機関である、③規制の論理は主体化し個人化することであり、個人を自己規制の行為主体として徴用することで、彼らを統制する手段として彼らの自律性を促進する）が、今日では疑わしいものになっているという。なぜなら、①ポストフォーディズム的グローバリゼーションの時代になると、社会関係の秩序化は脱国家化、国境横断化し、公衆衛生、治安、金融規制、労働基準、環境規制、対テロ対策など領域国家を超える問題となり、②資本の大規模な、制約されない国境横断的な流れがケインズ主義的プロジェクトを頓挫させており、フォーディズム的福祉国家はポストフォーディズム的

競争国家へと変容し、その結果生じる底辺への競争は無数の規制緩和のプロジェクトをあおり、社会福祉を市場に移すか、家族に（つまり女性に）投げ出すかして民間に委ねようとしており、③ケインズ主義的国家の衰えは、さらなる失業と下向きではない再分配を意味して不平等と社会不安を増大させるが、こうして生じた空白は、個人の自律性を促進する試みよりも、あからさまな抑圧によって埋められる傾向にあり、社会国家の「刑務所産業複合体」への変容に見るとおり、抑圧への回帰が生じているからである［フレイザー 2013: 169-171］。

　フレイザーは、だからといってフーコーは時代遅れとなったのではなく、むしろポストフォーディズム（新自由主義）時代に入り、新たな形態を帯びた統治性の重要性は増してきたという。新しい形式のグローバル化した統治性の分析は、①ポストフォーディズム的規制の国境横断的な性格を概念化すること、②分散し市場化された様式の統治性への増大する依存を理論化すること、③特徴的な介入の対象、主体化の様式、抑圧と自己規制の混合を含む、独自の政治的合理性を分析することなどが考えうる課題となる［フレイザー 2013: 172］。つまり、①「政府なき統治」という形で、国境横断的な規模で作動する新しい多層的な規制装置が生まれており、②フレキシブルに変動するネットワークを通じて「離れて統治する」ような、国民国家を中心としない、国家、超国家的組織、国境横断的企業、NGO、専門家の団体、個人を含む、ばらばらな実体の集まりの権力と意志を通じて作動し、③その結果、ヴィクトリア朝の個人化するノーマライゼーションの主体でも、フォーディズムの集合的福祉の主体でもない、積極的に責任を引き受ける行為主体として、誰もが自分自身に関する専門家となり、自らの人的資本を最大限活用する責任を負う新しいポストフォーディズム型の主体化［フレイザー 2013: 172-175］を分析出来るからである。

　佐藤［2009: 67］は、規律権力が社会の隅々に規律化の諸装置（学校、工場、病院、刑務所など）を配置し、個々人に規範を内面化させることで彼らを「内的に服従化」しようとしたのに対し、新自由主義的権力は、個々人の内面に働きかけるのではなく、むしろ個々人が置かれた「環境」あるいはそのゲームの規則に働きかけることによって、環境を均衡化、最適化しようとする「環境介入権力」であると指摘する。したがって、新自由主義的権力とは、環境に介入し、環境を設計することで、統治不可能な偶然的要素を統治可能なものへと変換す

る権力であり、人間の生をまるごと統治の対象とするような、生政治の1つのヴァリエーションである［佐藤 2009: 70］。

　春日［2007］は新自由主義に席捲されるポスト近代の特徴を「オーディット文化」と呼ばれる、「市場メカニズムと自己のテクノロジーとを同時一体に点検して向上させる装置」と見ている。「市場はそれによって相応しいプレイヤーを確保し、自己は自己でより安全で充実した生活を他者とともに生きるように整備しながら、市場へと立ち戻る。二つは補いあって効率的かつ倫理的に、私たちの現実を形成していく。予想と期待と反省とやり直しを日々どこかで繰り返す私たちは、運動が深化するにつれてますます両者の影響を直接・間接のかたちで受けている」［春日 2007: 3］。

　上記の指摘は、ハーヴェイが論じたような「略奪による蓄積」による新しい帝国主義の席捲と、フーコーが論じたような新自由主義的統治性を駆動させる自己統治のテクノロジーの両輪が合わさることで、資本主義の成長サイクルが実現されることを示している。前者はあらゆるものの市場化を促す権力であり、資本主義の危機を引き起こす過剰蓄積の解消に向けて、「自由」で「競争力」に溢れる市場を追求する。他方、後者は、新たに確立された市場のなかで、競争的で企業家的主体として活動し、自己を点検し、市場に相応しい人間となるためのテクノロジーを生み出すのである。

　このように、新自由主義の権力構造は、単に国家や巨大企業や巨大利権集団が、上から権力を行使し、統治しているというようなものではない。もし新自由主義の名の下で利益を最大限化させるために、国家が弱者やマイノリティを排除するような特定の政策をとったり、企業があからさまな違法行為によって莫大な収益を獲得したり、非倫理的な商業活動（非倫理的な労働者搾取・蓄財・租税回避など）を行っているならば、それらは糾弾されてしかるべきであろう。こうした場合、批判すべきターゲットは明白なように思われる。だが、現在世界で起きていることの多くは、必ずしも違法行為によるものではないし、不正のように見えたとしても国家や企業（資本家）を糾弾すればそれで終わりというようなものでもなさそうである。もはや上を見上げても君主は玉座に座っていないのだから、制度化された「王殺し」も「ビッグマン」の追放も機能しないのである。むしろミクロな権力関係のネットワーク（それらは必ずしもすべて

が悪意に基づくわけではなく、多くは善意に基づくものかもしれない）が、結果として富の不均等分配を引き起こし、多くの弱者の生が脅威にさらされていることに注目すべきだろう。われわれはこのような不正義を引き起こす権力構造に絡め取られているのである。

　フレイザーの議論は、福祉国家を達成した先進工業国のフォーディズムからポストフォーディズムへの移行にともなって生じる新たな統治性とはいかなるものかを論じたものであった。では、人種的福祉国家を達成したアパルトヘイト国家が非人種的ポストフォーディズム時代を迎えたとき、そこにはいかなる新たな統治性が生まれようとしていて、どのような働きをもたらしているのであろうか。

　人種的フォーディズムの統治性は、白人への福祉国家づくりのための規律権力、有用な黒人への最低限度の規律権力、無用な黒人への抑圧という重層性から成り立っていた。したがって、有用で競争力のある人間に責任ある自己規制を促し、規律権力の対象とすらならず、リスク対象とされた人間には容赦ない抑圧をもたらすという特徴を持つポストフォーディズムの統治性［フレイザー2013: 175］との類似性も見て取れるので、南アフリカ社会は一歩先に新しい統治性を駆動させていたと考えられるかもしれない。とはいえ、現在の統治性は経済的に競争力のない人材でも白人であれば規律訓練に参画出来、福祉を享受出来た体制とは異なるし、微妙なグラデーションをつけた規律権力によって黒人を管理した体制とも異なっていると言えるだろう。そもそも国家権力が絶大な力を握っていたアパルトヘイト時代と市民が中心となったグローバル化時代の統治性とはやはり別ものと考えるべきだろう。フレイザー［2013: 178］は「君主の死後ずっと社会規制を組織しつづけてきた国家的フレームが脱中心化されてから、権力はどのように作動しているのか」という問いが、ポストフォーディズム時代の新しい統治性を見る上で、もっとも相応しいと指摘する。

　そこで本書では、ポストフォーディズムの資本蓄積体制へと移行した新時代のヨハネスブルグにおいて、人びとはいかにホモ・エコノミクスとなり、新自由主義的統治性に基づいて、自己統治のテクノロジーを駆動させているかを見ることになる。競争力のある人間がこの波に乗れている一方で、多くの人びとが資産や社会関係資本をもたない人びとであり、いつまでも実行されない政府

第3章　アパルトヘイトとフォーディズム　97

の保護にしびれを切らして怒りとあきらめの境地に達している。こうした弱者は自己統治が出来ない主体として社会的に排除されがちとなる。

注

32 初期の段階では鉱業開発が重点的であり、工業はイギリス製品の流入に影響のない程度に抑えられていたから、「産業革命」は不十分なものにとどまっていた［北川 2001: 118］。

33 パスは、氏名や生年月日、出身地などの他、過去の移動、就労、納税実績を含む個人情報が記載された身分証明書。古くはケープの奴隷制に起源を持つ。鉱業の開始とともに鉱山労働者を管理するシステムとして体系的に再導入され、その後、アフリカ人の移動を制限する最重要な手段として全国化していった。パス法は第二次世界大戦期までは州ごとに施行されていたが、1948 年の国民党成立後に中央集権化され、1961 年には女性にも強制されるようになった。パスの強制はアフリカ人の憎悪の的になり、1960 年のシャープビルの虐殺事件も全国的な反パス運動が発火点となった。国民党の脱アパルトヘイト政策の一環として、すべてのパス法が 1986 年までに廃止された［トンプソン 1995: 480］。

34 法律としては 1971 年の「バンツー・ホームランド構成法」によって、ホームランドに独立を授ける権限がアパルトヘイト政府に与えられたが、すでに 1963 年に、ホームランドの 1 つトランスカイに「自治」を与え、1976 年に「独立」を認めた。ボプタツワナは 1977 年、ベンダは 1979 年、シスカイは 1981 年にそれぞれ「独立」した。

35 アパルトヘイト体制の全盛期だった 1960 年代末以降、反アパルトヘイト運動に参加した者もいたラディカル派（ネオ・マルクス派）と呼ばれる歴史学者は、アパルトヘイト体制の確立は、イギリス主導の工業化と人種主義（出稼ぎ労働力と隔離されたアフリカ人居留区が示すように）に依るものとし、アフリカーナーの選民思想や人種感によるものとしてきたリベラル派に対抗する視点を打ち出した。彼らは、階級、搾取、歴史理論を重視し、アパルトヘイトと資本主義の共犯関係を糾弾したのである［前川 2006: 173-174; 峯 1995: 430］。

36 大澤［2015b］は南アフリカ戦争の際に、イギリスでは原住民を「救済」するという「人道主義」に基づいて開戦の議論が展開されたことに注目している。この「人道主義」とは、あくまでもイギリス帝国主義の枠組を前提とした「救済」であった。さらに、この経験は南アの非白人がこの論理を内面化し、自ら主体となって「救済」を図っていくさまざまな活動が生まれていく契機として考えられるという。

37 BEE（Black Economic Empowerment）（黒人経済力強化）政策は、アパルトヘイト下に築き上げられた人種間の歪みを是正するために打ち立てられたいわゆるアファーマティブ・アクションで、スコア・カードによるポイント性で各事業体の貢献度が計られる。スコア・カードは7つの分野、「所有」（20点満点）、「経営権」（10点満点）、「雇用均等」（15点満点）、「技能開発」（15点満点）、「優先調達」（20点満点）、「企業開発」（15点満点）、「社会経済開発」（5点満点）の合計100点満点で点数が付けられる。スコア・カードの得点が高い企業ほど、鉱山ライセンスの取得・更新や政府調達等で優位となる。BEEは南アフリカ経済改革に直接的に貢献する政策であり、経営・所有・管理に携わる黒人（アフリカ人、カラード及びインド人）を増加させ、人種間の所得格差を是正することを目標としている。しかしながら、BEEはそもそも鉱業、化学、製造業、金融などを所有する白人企業家・一族からなる財閥による着想であることを看過してはならない。黒人政権樹立は白人企業にとって所有企業が国有化されてしまう脅威を意味していた。BEEの目的は黒人解放運動のリーダーたちに白人企業の資産を移転するように見せかけて、要するに白人企業にとっては取るに足らない額で彼らを買収してしまうことにあったとの指摘もある［Mbeki 2009: 66-67］。したがって、BEEに対しては一部の黒人エリート層だけが恩恵を受けているとの批判が多いが、成立の過程から当然の結末であると言えるかもしれない。

第4章　インナーシティの空間編成史

第1節　インナーシティの創造的破壊

　ヨハネスブルグのインナーシティは1980年代から始まった空間的回避による事業所や住宅の郊外化や、インナーシティの軽工業地区からの工場の郊外移転や、産業自体（とりわけ繊維産業）の衰退［Rogerson & Rogerson 1995］などにより地盤沈下が進んだ。1986年にパス法が撤廃され黒人のインナーシティの居住規制が解除され、1994年に民主化されると周辺諸国からの移民・難民が押し寄せたが、コンゴ民主共和国やジンバブエなど政情不安定な国の出身者も多かった。新たな住民は放棄された事業所ビル、工業ビル、マンションなどに、スクウォッティングを始めた。こうした空きビルのなかにはマフィアに乗っ取られ（ハイジャックビル）、不法に貸し出されるものも多く、多くの移民が劣悪な住居（スラムビル）に不当に高い家賃で住むことを余儀なくされた［Murray 2011］。郊外に資本投下が進むなかで、インナーシティは見捨てられ、公共投資も停止した。とはいえ、すべての企業が郊外へ流出したわけではなかった。とりわけ、郊外への空間的回避を進めた張本人の金融機関はインナーシティに残っていた。四大銀行のうち Ned Bank（Sandton に移転）以外の、Standard Bank、ABSA、FNB（First National Bank）は本社キャンパスをインナーシティに維持した。こうした銀行は1970年代後半から1990年代半ばにかけて、CBD からインナーシティの縁へとオフィスの大移動を済ませていたからである。

　インナーシティ荒廃の要因は、1980年代から1990年代にかけて生じた大企業の郊外移転に起因するものであると説明されることが多い。この説明に誤りはないものの、これはインナーシティ荒廃の要因の一面しか説明していないと私は考えている。インナーシティの荒廃の要因を探るためには、インナーシ

ティ内部で生じた空間編成の転換にも注目する必要がある。インナーシティで
は、郊外への空間的回避より少し以前の1960年代後半から1970年代を中心
に、そして一部では1990年代に入ってからも、大規模なオフィスビルの建設プ
ロジェクトが進んでいたからである。このインナーシティの空間編成の転換は、
インナーシティの現状を理解する上でも重要である。とりわけ、本書の主題で
あるプライベート都市による都市統治を論じるうえで見過ごすことの出来ない
事象である。本章以降で詳しく述べるインナーシティの都市改良地区の創造と
統治の方法を探る上で、1970年代以降のインナーシティの空間編成が、現在も
大きな影響を与えていると私は考えている。その影響は2点ある。1点目はこ
の時期に生まれた島のような民間企業による都市開発の方法と哲学が都市改良
地区化につながったと考えられることであり、2点目はこの時期に生まれた都
市空間の構造に規定されて、現在の人びとの生活が営まれているという点であ
る。

　1960年代後半以降のインナーシティの空間編成の歴史は3期に分類すると
理解しやすい。第1期（1970～1990年）は「第一次創造的破壊」の時代であり、
これは1960年代～1980年代後半の脱工業化にともないインナーシティの工業
地区の再開発によって、「スーパーブロック（super block）」と呼ばれる巨大な
オフィス街区が生まれた時期である。第2期（1990～2000年）はインナーシ
ティからオフィスが大量脱出し、同時に新たな住民が流入した時期である。こ
の状況は実際には2000年代前半まで続いた。第3期（2000年から現在）は「第
二次創造的破壊」の時代である。2000年代後半からインナーシティ回帰が見ら
れていて、これにともなう第二次創造的破壊では、都市改良地区化による民間
都市再生事業となった点が特徴的である。

第2節　インナーシティのスーパーブロック化
（1970～1990年）

　1970～1990年にかけて、インナーシティでは第一次創造的破壊が生じた
【図7】。1950年代中頃から1960年代にかけて、CBDのオフィス需要は急速に
高まっていた。こうしたなかで、高層ビル建設を可能とする規制緩和によって

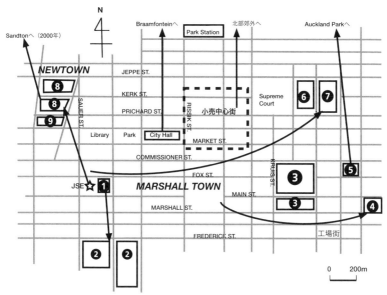

図7 ヨハネスブルグCBD再編とスーパーブロック化（1960年代後半〜1980年代）
出典：Beavon [2004: 168] の図5.7の一部を筆者改変

生まれたのがスーパーブロックであった。当時のCBDは1街区に6から8つのビルが立っていた。当初、スーパーブロックとは、こうした複数のビルを壊して1街区に1つのビルを建てるような開発を指す用語であった。だがしだいに、この用語は2〜3街区をまとめて、時には道路さえも犠牲にして、大規模な「スーパー不動産」を生み出す再開発を指すようになった [Beavon 2004: 167]。Beavon [2004: 170-178] は主要なスーパーブロック開発として、Carlton Centre Complex、United Tower（のちにABSA Tower）、ヨハネスブルグ証券取引所（JSE）、Sanlam Centre、Standard Bankの5ヵ所を挙げている。これらはいずれも手狭になったCBDのオフィスを拡張する必要に迫られた結果生まれたも

南アフリカの最高層ビル、Carlton Tower（中央）
筆者撮影（2013 年）

Carlton Tower の展望階よりインナーシティ西部を望む。
左下の広場はガンジー・スクウェア。　筆者撮影（2013 年）

のである。加えて、1961 年にコモンウェルスから脱退後、南アフリカ経済は驚くべき好況状態にあり [Beavon 2004: 170]、1960 年代に金融機関や上場企業は資金を潤沢に持っていたので、大規模で高質な都心開発プロジェクトは、新たなカネを生むための余剰資金の使い道として相応しかった。とりわけ、Carlton Centre 開発を主導した Anglo American 社は、鉱山業だけでなく、金融業や製造業への事業拡大によって獲得した莫大な資金を手にしていた。よって、ヨハネスブルグのインナーシティは健全な投資先と目されたのである [Chipkin 2008: 145]。金融資本が過剰蓄積を解消する過程で、1965 年から 1977 年にかけて 60 以上の高層ビルがインナーシティに生まれたと言えよう [Chipkin 2008: 162]。

　スーパーブロック開発は、1960 年代後半から 1980 年代にかけてインナーシティで続いた。Beavon [2004: 169] は、「当時、スーパーブロックという概念に大いに期待を寄せ、この新しい開発がメトロポリスに相応しい近代的 CBD を生み出すという信念に満ちていたが、今となって見れば、そうとは言えなかった」という。それは、スーパーブロック化が以下の過程をたどったせいである [Beavon 2004: 178]。

①機能的な立地ではなく、安い土地を選択した結果、CBD から離れた土地に生まれた。

②先に投資された地区の周辺部の地価は高騰したので、同地区への投資を次の投資家は避けた。

③スーパーブロック開発は 15 年間も続いたので、初期段階で全容を予測出来なかった。

　結果として、スーパーブロック開発によって主要な金融機関がすべて別々の地区に拠点を持つことになり、インナーシティの一体感は失われてしまったのである。

　1972 年には、CBD にあった市役所も、ヨハネスブルグ中央駅より北側の Braamfontein 地区に移転し [Beavon 2004: 170]、Carlton Centre が開業した直後に、隣接していた South African Broadcasting Corporation（SABC）は、2,500 人の従業員とともに、6km 離れた郊外の Auckland Park に移転した [Beavon 2004: 173]。ちょうど小売業の郊外化による影響が出始めていた時期であったが、インナーシティの開発主体は、自分たちの開発や移転が与える CBD

の小売業へのインパクトを見逃していた［Beavon 2004: 179］。この結果は、スーパーブロック自体にも跳ね返ってくる。ヨハネスブルグの中心部の都市化はしだいに勢いを失っていき、Carlton Centre は Anglo American の不動産部門の資産を蝕んでいったのである［Chipkin 2008: 162］。

　ここまでをまとめると以下のようになる。1960 年代後半に過剰蓄積を抱えた金融資本が新たな都市開発を実施した。彼らの資本の投下先は、インナーシティ内の工場跡地に生まれた安い土地であった。民間企業による投機目的によって、新興開発地区周辺の地価が上がった。その結果、他の投資家はまた別の資本投下先を探した。結局、スーパーブロック開発によって、インナーシティ内には孤立した幾つもの拠点が生まれ、中心部のまとまりはなくなった。つまり、1980 年代から 1990 年代に起きた企業の郊外化以前に、インナーシティ内の大企業移転プロジェクト（スーパーブロック開発）がインナーシティを荒廃に向かわせる布石を打っていたのである。

　「都市のなかの都市」と当時から指摘されていた「島」のように孤立したスーパーブロック開発は［Chipkin 2008: 162］、ヨハネスブルグの都市開発の標準となっていく。郊外化が進んだ 1980 年代末から 1990 年代にかけても、インナーシティでの「島づくり」が終わったわけではなかった。1980 年代末は、将来的にオフィス・スペースをどこに持つべきかに関して安易に決断を下すことは出来ない状況にあったが、インナーシティに大規模な土地を所有していた企業は、アパルトヘイト撤廃後のインナーシティの将来を楽観視していたふしがある［Beavon 2004: 208］。例えば FNB（First National Bank）は 1989 年にヨハネスブルグ証券取引所（2000 年に Sandton に移転）近くの 5 ブロックに Bank City と名づけた地区を建設することを決定し、1995 年までに自社ビルも含め 200,000 ㎡のオフィス・スペースと 7,000㎡の小売り店舗スペース、巨大地下駐車場を建設したのである［Beavon 2004: 208］。

　ハーヴェイ［1989・1990］は資本主義の存続に不可避な過剰蓄積の解消のためには「空間的回避」か「創造的破壊」の 2 つの方法があると指摘する。ヨハネスブルグの都市空間の再編の場合、「空間的回避」は郊外化に用いられ、インナーシティ再生は、「創造的破壊」のプロセスであったといえよう。1960 年代後半から始まり、1970 年代に全盛期を迎えたスーパーブロック開発は、後述す

る現在起きている都市再生の動きの前段階であると考えられるので、「第一次創造的破壊」と名づけたい。第一次創造的破壊は、南アフリカを代表する巨大企業が、民間都市再開発によって過剰蓄積を吐き出すことを目的としていた。こうした民間再開発は都市全体を視野に入れた開発ではなかったし、公共空間への責任といったことも考えられてはいなかった。これは利益を最大化することを目的に存在している資本家・投資家が、当然の役割を果たした結果であると言えるかもしれない。だが、長期的な視野でヨハネスブルグという都市全体を見渡したとき、これは大きな代償を払うこととなった。

第3節　インナーシティの放棄（1990 ～ 2000 年）

　企業の郊外化がすでに進んでいた 1990 年代に入っても、郊外はまだあくまでも CBD におさまり切らなくなった企業のための補完的役割を担っているに過ぎないという印象を多くの人が持っていた。こうしたなか、1990 年にネルソン・マンデラが釈放されると、CBD や Braamfontein の不動産所有者は、このまま民主化へと向かい、そして再び外資が戻ってくることで、CBD が一大拠点になると期待していた［Beavon 2004: 243］。

　しかしながら、1991 年にアパルトヘイト政策が撤廃され、1994 年に民主化されて以降、インナーシティの様相は大きく変わってくる。すでに 1986 年にパス法が撤廃され、黒人の移動制限がなくなると、インナーシティに黒人が流入し始めた。とりわけ民主化後はアフリカ諸国からの大量の移民・難民が流入し始めたが、彼らは空いたオフィスや病院の病室に、そして、時には空いたオフィスブロック全体に住みつくことさえあった。1991 年から 1992 年の間だけで、33,000 人のアフリカ人がインナーシティに移住したと見積もられている［Beavon 2004: 244］。

　結果として、インナーシティの不動産所有者は荒廃するインナーシティに見切りをつけ始めた。なかには、治安の悪化によって自分の所有物件に近づくことすら出来なくなった者もいた。

　インナーシティが苦境にさらされていた 1996 年ごろから、世の中の流れに反してインナーシティで不動産開発を始めていた不動産会社経営者は次のように

当時を語る。「当時、ヨハネスブルグのインナーシティは荒廃を極めており、行政サービスの提供もなされなくなっていました。インナーシティに不動産を持っていた人たちの大量脱出（mass exodus）が起きていました。町はギャングによって支配され、AK47が溢れかえっていました。恐ろしくて誰もが足を踏み入れられない状況になり、賃料の徴収も出来なくなっていました。不動産価格は暴落し、多くの不動産所有者はオーストラリア、カナダ、イギリスへと移住していき、インナーシティの不動産は放棄されたのです」[B1]（各インフォーマントの詳細は巻末の一覧表に明記した）。

　現在もインナーシティの古い産業ビルでアート関係のロジスティクス会社を経営する人は、当時の状況を次のように語る。「当時、インナーシティにあった工場やオフィスは、MidrandやSandton方面へとどんどんと移転していきました。とても暗くて危険な時代でした。空きビルのスクウォッティングがあちらこちらで見られました。こうしたビルのオーナーたちは何とかしてテナントを必要としていました。なので、私はとても安く部屋を借りることが出来ました。　当時、私はここからも見える向かいのビルのワンフロアを借りていたんですけれど、なんと1,000㎡のフロアの賃料が月1,000ランド、つまり1㎡で、1ランドだったのですよ！」[A4]。

　インナーシティの治安悪化は深刻だった。インナーシティでは、1993年半ばから1994年半ばまでの1年間で14,039人が重大犯罪で逮捕され、1995年の上半期だけでCBDで185台、インナーシティの住宅地で217台の車両がハイジャックされ、移民がたくさん移り住んだHillbrowでは凶悪犯罪が頻発し、1997年前半だけでそれは1,800件を数えた[Beavon 2004: 246]。1999年から2001年の間にHillbrowでは59,000件の犯罪が発生したが、その内訳は、殺人640件、レイプ988件、暴行6,775件、自動車盗難3,523件などであり、安全な場所に住む金銭的余裕のない移民が危険にさらされていた[Murray 2008: 175]。1990年代後半になるとインナーシティの衰退と劣化は明らかとなった。1997年には地元紙、*City Press*は「廃墟となった都市」と題する特集記事を組んで荒廃するヨハネスブルグの行く末を案じた[Beavon 2004: 250]。

　インナーシティの浮き島であるスーパーブロックのなかにも、この荒廃状況に耐え切れなくなり、撤退するものも出てきた。ヨハネスブルグ市による中心

地区のマネジメントレベルは落ちる一方で、企業の郊外化が進んだ。

　Johannesburg Sun Hotel は、ホテル周辺で犯罪が増加し、利用客が危険にさらされると判断し、1993 年に閉鎖され、ワンランク下の Garden Court Hotel が引き継いだ。初の民主的国政選挙（1994 年）後の 1995 年の地方選挙を終えてからも、インナーシティの状況は改善せず、多くの CBD のテナントが郊外に脱出した。1995 年後半になると、Newtown の Diamond Building や Carlton Centre のオフィスタワーにも大きな空室が出ていた。IBM ビルは 18 ヵ月間空きが続いていた。1996 年の中ごろまでに、Carlton Centre を含む CBD の不動産価値は 37% 下落した。賃料収入はもはや望めない状況になり、南アフリカの一級の CBD の自信は粉砕された。1998 年に Carlton Hotel は閉鎖され、Garden CourtHotel もそれに続いた。1998 年 5 月の時点で、Carlton Centre のオフィスタワーの 54.3%、IBM ビルの 100%、Diamond Building の 72.7% が空室となった。1998 年には Goldfields of South Africa（南アフリカ最古の金鉱業会社）と DeBeers もインナーシティを去り、インナーシティに最後までとどまっていた外交団の米国領事館も Carlton Centre 近くから北部郊外へ転出した [Beavon 2004: 255-256]。

　1997 年に大手金融機関と保険会社はインナーシティの投資を中止すると発表した [CoJ 2011: 11]。さらに 2000 年のヨハネスブルグ証券取引所の Sandton への移転は郊外化を決定づける出来事であった。こうして北部郊外、とくに Sandton がアフリカ大陸の経済的拠点となる下地が整った。それでも、すべての大企業が郊外に撤退したわけではなかった。スーパーブロック開発を主導した、Standard Bank、ABSA、FNB、Anglo American はインナーシティに留まっていた。広大なインナーシティ開発を済ませたばかりの彼らは動くに動けない状況であったのかもしれない。こうした企業は何とかしてこれ以上の地価の下落と治安の悪化、つまりインナーシティの荒廃を食い止めなければならなかった。そこですがったのが「都市改良地区」という民間都市再開発による都市統治であった。

　Murray [2008: 42-43] は一連の郊外への「大量脱出」が、市場原理を追求した不動産資本主義に依存した都市運営の脆さを露呈したと主張する。インナーシティ内におけるスーパーブロック開発にともなう創造的破壊と 1980 年代からの緩やかな郊外化による空間的回避という不動産資本主義の追求は、巨大資本

旧ヨハネスブルグ証券取引所（JSE）ビル。2000 年に Sandton に移転すると空きビルとなった。　筆者撮影（2013 年）

に利益をもたらしてきた。だが、そこには都市全体の公共性が顧みられた形跡はなかった。それはアパルトヘイト経済の仕組みに基づいた究極の搾取型資本主義の産物であったとも言えよう。1990 年代から始まった急速な郊外への脱出とそれにともなうインナーシティの荒廃は、不動産価値に基づいた市場主義に都市の経営を委ねることがいかに危険であるかを白日のもとにさらした。アフリカ大陸の中心街は、瞬く間にかつての輝きを失ったのである（たとえそれが搾取と暴力の上に築き上げられた輝きであったとしても）。その責任を問われる者はおらず、資本家と投資家はまた別の空間で利潤を上げることに専念すれば良いだけであった。

　資本に見捨てられた街を公的に支えるすべはもはや残されてはいなかった。アパルトヘイト体制から新生南アフリカへの混乱のなかで、インナーシティへの公共投資はストップした。民間企業や不動産所有者が退散し、行政もインフラ整備と公共サービスから手を引いた文字通り「剥き出し」の都市に、アフリカ諸国と南アフリカの農村部から、何とかたどり着いた「剥き出し」の人びとは、希望に満ちていたはずの新生南アフリカから完全に裏切られることとなっ

た。

第4節　インナーシティのプライベート都市化
（2000年〜現在）

インナーシティ再生計画

2010年ごろから、インナーシティは脚光を浴び始めた。「世界水準のアフリカ都市」を目指すヨハネスブルグにとって、インナーシティの復興は不可欠であった。下落し続ける不動産価値を何とかして食い止めたい者、下落した不動産を買い取って改修し利益を上げることを企む者など、ヨハネスブルグ市主導の都市再生戦略に沿って、さまざまなステークホルダーが第二次創造的破壊に取り組んできた【表3】。

1997年にThabo Mbeki（当時、副大統領）が出した*Vision for Inner City of Johannesburg*は、ヨハネスブルグが「アフリカ大陸の黄金の心臓部（golden heartbeat of Africa）」として真のグローバル都市となるために、関係者が協力しあってインナーシティ再生に取り組む必要性を説いた。これを受けて、いくつかの戦略ペーパーが出され、1998年にヨハネスブルグ開発公団（Johannesburg Development Agency: JDA）の前身であるInner City Officeが開設された。だが当時は、インナーシティ回帰への鼓動はまだなかった。

2000年にAmos Masondoがヨハネスブルグ市長になると、インナーシティの復興に向けて市は本格的な取り組みを始めた。数ある政策ペーパーのなかでも、もっともインパクトのあったマスタープランが2002年に発表された*Joburg 2030*だった。これは、この先30年かけて「世界水準のアフリカ都市」を目指すことを高らかに宣言した［CoJ 2002］。*Joburg 2030*の目指す都市をインナーシティにおいて具現化するための戦略が2003年2月に出された*Inner City Regeneration Strategy*であり、この実施計画として2004年3月に出されたものが、*Inner City Regeneration Strategy Business Plan 2004-2007*［CoJ 2004］だった。これらは、官民連携によってインナーシティの不動産価格を上げることに重点を置いたものであった。2001年に設立されたヨハネスブルグ市傘下のヨハネスブルグ開発公団と民間企業が中心的な役割を果たして、イン

表3　インナーシティ再生をめぐる政策の変遷

	政策実施・政策文書等	政策の特徴
1997 年	Vision for Inner City of Johannesburg	ムベキ副大統領（当時）がインナーシティ再生の重要性を喚起。
1998 年	Inner City Office（ヨハネスブルグ開発公団、Johannesburg Development Agency: JDA の前身）の設立。	インナーシティ再生に向けた公的実施機関の誕生。
2002 年	*Joburg 2030*	ヨハネスブルグ市全体の都市戦略ペーパー。ワールド・クラス・アフリカ都市を目指す。
2003 年	「インナーシティ再生憲章（*Inner City Regeneration Charter*）」公表。	*Joburg 2030* を具現化するための戦略ペーパー。民間投資によって、インナーシティの不動産価格を上昇させることが目的。
2004 年	Urban Development Zone (UDZ) Tax Incentive 導入。	インナーシティ内での不動産開発に対する減税措置で、再開発活性化を促す。
2007 年	インナーシティ・サミット開催。	2010 年のサッカー W 杯に向けて、そして W 杯後のインナーシティ再生のために、さまざまな開発主体に共通認識を形成することを目的とした。
	「インナーシティ再生憲章（*Inner City Regeneration Charter*）」公表。	インナーシティ・サミットの議論に基づき制定。都市改良地区化の促進と都市空間の浄化により、目障りな路上商人や貧民を排除しながら、社会開発によって弱者を包摂し、経済に貢献できる主体を生み出すこと。

出典：筆者作成

ナーシティ再開発事業が進められた。

　2004 年に導入された The Urban Development Zone (UDZ) Tax Incentive は、インナーシティ再生のための投資を促すための税制優遇策だった。インナーシティ全域にわたる 18km²を Urban Development Zone に設定し、UDZ 内の不動産の所有者ないしは購入者が新規ビル開発あるいは既存のビルの改修を行っ

た場合に減税処置がなされるというものであった。例えば、投資家がUDZ内に800万ランドの不動産を購入し、1億ランドかけて改修すると、建物の稼働後、改修費の1億ランドの20%が5年間（年間2,000万ランド）、税額控除される（不動産購入額の800万ランドは控除対象外）。あるいは、投資家が500万ランドの空き地を購入し、1億ランドの新規商業ビルを建設したとすると、建物の稼働後、1年目に建設費の20%（2,000万ランド）が、その先16年間にわたり建設費の5%（500万ランド）が税額控除される（土地購入費用の500万ランドは控除対象外）、といった規則が定められた［CoJ 2006; SARS 2009］。つまり、UDZ Tax Incentiveは単なる投機や不動産購入に対するインセンティブではなく、インナーシティに付加価値を生み出す創造的破壊によって、都市再生を後押しすることを目的としたものであった。UDZ Tax Incentiveが始まった2004年以降、インナーシティにおける民間投資は増加しており、2011年までにこのインセンティブに関連する投資は総額90億ランドに上っている［CoJ Website 2012/2/6］。

　2005年前後から、インナーシティは復調を見せ始めたものの、十分に安定的な回帰が見られていたわけではなかった。そこで、Amos Masondoヨハネスブルグ市長（当時）は、2007年5月にInner City Summitを開催し、*Inner City Regeneration Charter*（以下、「インナーシティ再生憲章」）［CoJ 2007］を公布した。[38]これによって、ヨハネスブルグの未来に向けた明確なヴィジョンが確立された［Garner 2011: 28］。

　「インナーシティ再生憲章」はインナーシティ再生に向けた包括的な指針を示しており、①都市管理（経営）・安全・セキュリティ、②公共空間・アート・文化・遺産、③経済開発、④コミュニティ開発、⑤交通、⑥住宅開発の6つの重点分野を掲げている［CoJ 2007; CoJ 2011］。なかでも、あらゆるプログラムを実施する上で前提条件となる「都市管理（経営）・安全・セキュリティ」が重要であった。とくに都市改良地区化と不良ビル対策が重要課題とされた。インナーシティ再生憲章は「上手に管理され、清潔で、安全な都市を確立するための果敢な挑戦である」［CoJ 2011: 36］ことを表明した。

　この目的を達成するために、ゴミ管理と清掃のための法的執行、可視的路上警察行動、コミュニティ・パトロール、監視カメラの設置、「より良い住居プログラム（Better Buildings Programme）」の実施によって不良ビルを浄化し、不良

ビル内で見られる違法アルコール販売の取り締まりなどが実施された。ヨハネスブルグ市は現状を次のように報告している。

　　Greater Ellis Park と Jeppestown では違法ビジネス（中古品業者、クズ鉄業者、工房、自動車修理工、露店）が減少するとともに犯罪数も減少した。南アフリカ警察はこのプロセスで重要な役割を果たした。……City & Suburban, CBD, Park Station 地区は Gandhi Square や BRT（Bus Rapid Transit System）[39] の導入など数々の大規模プロジェクトが実施されてきた地区であるが、違法商売、違法タクシーランク、渋滞などが不良ビルの過密住居化と並んで、問題のまま残っている。多くの不良ビルが改修されてアパートに改築されているにも関わらず、供給を大幅に超える手頃な住居への需要がある。加えて、アルコール販売、修理工、中古品販売業者などを含む違法ビジネス、ホームレス、浮浪者が未だ解決されない問題を生み出している。[CoJ 2011: 39]

　このように、インフォーマル経済従事者やホームレス、浮浪者は、都市再生のプロセスで目障りな存在であり、彼らを取り除いてしまいたいという意思を露見させている。「インナーシティ再生憲章」を簡潔にまとめれば、競争力のあるグローバル都市づくりを目指すために、起業家精神を持った自律的な個人が市場主義を追求する環境を生み出して、さらなる経済成長を目指すことがもっとも大切であり、そのために、あらゆる障害物を都市空間から除去し管理する仕組みを確立し、この経済に貢献出来る人びとをさらに生み出すために、弱者や貧困層の底上げを目指すさまざまな社会開発プログラムを充実化して、市場に包摂する（これが出来ない人を自ずと排除する）必要性を説いたものであると言えるだろう。
　2009 年 6 月には「インナーシティ再生憲章」の実施計画である *Joburg Inner City Urban Design Implementation Plan*（*ICUDIP*）[CoJ 2009] が発表された。*ICUDIP* はヨハネスブルグのインナーシティを、「世界都市の中心」、「アフリカの貿易ハブ」、「政府の中枢」、「鉱業と金融業の拠点」、「重要な住宅拠点」、「オフィス拠点」、「学びの中心」、「ニッチマーケットの拠点」、「移動と交流のハ

ブ」、「包摂の場所」、「起業家的刷新とクリエイティビティの場所」として役割を担う場所と定義している［CoJ 2011: 20-21］。この計画に基づいてインナーシティの各地区の再生が具体的に進められている。また「インナーシティ再生憲章」と *ICUDIP* に則って、適切に効率的なインナーシティの再生を進めるために、企業、公的機関、NGO/NPO といった関係者からなる Charter Partnership Forum（CPF）が設置された。

　インナーシティ再開発を実行している代表的な主体は①公的機関（公社）、②非営利団体（非営利企業）、③営利企業の 3 者に分類出来る。

　①公的機関（公社）でもっとも重要な役割を果たしているのがヨハネスブルグ開発公団である。JDA は 2001 年に設立されて以降、2011 年までに総額 30 億ランドにのぼるインナーシティ再開発を実施してきた。例えば Braamfontein 地区改良に 2,000 万ランド、Hillbrow、Berea、Yeoville 地区改良に 1 億 6,200 万ランド、Hillbrow Health 地区開発に 900 万ランド、Jewel City 周辺地区改良に 1,100 万ランド、Greater Ellis Park 地区改良に 2 億ランド、Newtown 地区改良に 4,200 万ランド、Fashion District 開発に 3,100 万ランドを投資し、BRT の導入にも関わった。Johannesburg Property Company（JPC）は 2000 年に設立されたヨハネスブルグ市傘下の住宅開発公団であり、インナーシティだけでなく、ヨハネスブルグ市各地の不動産開発を実施してきた。この他、ハウテン州の開発公団である Gauteng Growth and Development Agency（Blue IQ と Gauteng Economic Development Agency が 2012 年に合併して誕生）も重要な開発実施機関としての役割を果たしてきた。

　②非営利団体（非営利企業）では Central Johannesburg Partnership（CJP）が重要である。1992 年に設立された CJP は「都市改良地区」の創設において重要なコンサルタント機関としての役割を果たしてきた。CJP に関しては後述する。1998 年に設立された Johannesburg Inner City Business Coalition（JICBC）は、インナーシティの不動産所有者、デベロッパー、企業を代表するロビーグループである。ヨハネスブルグ市と連携し情報やアイデアを共有しインナーシティ再生憲章の策定にも関わった。CJP との関係も深く、JICBC が CJP を財政的に支援して都市改良地区化を実現した。

The Property Owners and Managers Association（POMA）は、インナーシティで主として住宅開発を担う不動産開発業者のための団体である。

③営利企業では ABSA、FNB、Standard Bank、Ned Bank といった金融機関が融資の面で重要な役割を果たしてきたことは言うまでもない。加えて彼らはスーパーブロック開発によって、Ned Bank を除き、自社のオフィスをインナーシティに維持していたので、自社ビル周辺の地区再開発にも力を入れた。例えば ABSA 地区改良に 10 億ランド、Standard Bank 地区拡張、FNB 地区改良、Zurich Insuarance の新本店建設のような自社関連地区への投資の他、Old Mutual は 2006 ～ 2010 年までに 22 億ランドをインナーシティ一帯に投資した［CoJ 2011: 32］。

　実際に不動産開発を手がけているのが無数の不動産開発業者である。インナーシティでは大規模プロジェクト開発というよりも、パッチ状に住宅開発が進んでいる。こうした住宅はたいてい比較的低価格の労働者階級向けアパート（高層アパート）である。白人が郊外に脱出した結果生まれた維持管理の出来ていない古い高層アパートを改修したり、郊外脱出した企業のオフィスビルをアパートに改築したりして販売・賃貸している。なかでも City Properties 社、Affordable Housing Company（AFHCO）社、South Point 社、Itemba 社、Apex Hi 社、Trafalgar 社などが精力的に活動している不動産開発業者である。このような草の根の野心的な住宅開発業者に対して精力的に資金提供を行っているのが Trust for Urban Housing Foundation（TUHF）である。2011 年までの 8 年間で TUHF は 12 億ランドをインナーシティの不動産開発業者に融資し、17,000 のアパート建設に貢献した［Garner 2011: 102］。この他に低所得層向けの社会住宅の供給は Johannesburg Housing Company など数社が手がけている。本書後半で中心的に取り上げることになるアーティストやクリエーターたちの拠点として発展が著しい Maboneng 地区の開発は Propertuity 社が担っている。

米国の都市再生モデルの移植

　2000 年代に入りインナーシティ再生の熱が高まり投資も回帰してきた。世界水準都市を目指して、不動産企業家、不動産開発業者（デベロッパー）、建設業者、営利事業者、建築家、デザイナー、文化遺産関係法律家、ジャーナリスト、

市職員、善意ある改革者たちに至るまで多様な主体が活動している［Murray 2008: 194］。彼らは、インナーシティの不動産価値を高めるために、過去10年間さまざまな取り組みを試みてきた。もっとも現実的かつ優れた方法として選択された手法が、「都市改良地区（City Improvement Districts）」と呼ばれる都市空間の管理であった。したがって、近年のヨハネスブルグのインナーシティ再開発とは、都市改良地区化とほぼ同義と考えてよいだろう。

　都市改良地区とは、都市のある一定の区画を民間管理機構が維持管理する手法である。通常、企業（不動産開発・管理会社、サービス提供会社、警備会社）、行政機関（自治体、警察）、コミュニティ（テナント、住民、不動産所有者、社会事業団体、NGO/NPO）などから構成される管理機構が、地区内の地権者から都市改良地区税を徴収し、地区内のセキュリティ、衛生環境、公共空間の管理、マーケティング、ブランディング、コミュニティプログラムなどを取り仕切ることになる。従来ならば都市政府に期待されていた役割を、自己統治によって実現している。都市改良地区は物理的な障壁を持たないが、他者を監視するさまざまな技術を使用し、プライベート政府を持つ点で、ゲーテッド・コミュニティと同様の哲学と仕組みで運営されている。プライベート都市とは言うものの、管理機構は企業、地元自治体、コミュニティの三者間パートナーシップを前提とするので、たとえ地元自治体との連携は建前であったとしても、地元自治体の直接的な参画が当初から期待されていないゲーテッド・コミュニティとは異なっている。

　南アフリカの都市改良地区は米国都市のダウンタウン再開発に使われた「ビジネス改良地区（Business Improvement Districts）」［ズーキン 2013］をモデルとしている。政府の予算が枯渇し、地域への権限移譲がうたわれ、地域経済を官民連携の推進によって活性化しようという流れで始まった民間主導の都市再生事業がビジネス改良地区である［Peyroux 2006］。ビジネス主導のスキームによってダウンタウンを再活性化するプロジェクトであり、そこに住む人びとよりも、ビジネスを優先し、清潔で、安全で、フレンドリーな空間を創造し、公共空間を私有化するものであると言える［Murray 2011］。ニューヨークのUnion Squareはビジネス改良地区の代表例であり、1980年代からこの公共空間は、Union Squareの修復と、そこでの礼儀正しさを取り戻すことに常に関心を持っ

てきた地元のビジネス関係者と裕福なパトロンたちからなる民間組織によって管理されるようになった［Zukin 2010: 126］。ビジネス改良地区づくりには以下のような「ディズニーランド戦術」が使われる。すなわち「まず初めに都市政府の衛生部門が職務を放棄した地区を清掃する。つぎに空間の安全を確保するためにアクセス制限をかけ、規則によってその空間内における適切な振る舞いを規定する。民間警備員はこの戦術の執行を助ける。管理団体は公共空間の人の動きを管理して、どこにどのように座るのか、誰が座ることが出来るのかを制御する」［Zukin 1995: 65］。

　このような都市空間の浄化は消費文化によって促進され、ビジネス改良地区管理組合は他者を排除する権力をもち、都市の公共空間を私的に管理することが多い。なぜなら、ビジネス改良地区管理機構は公共空間内外の不動産価格の引き上げを目的に働いているからである。これは、ホームレスが公園のベンチに座っていたり、強盗が商店主を脅かしていたり、壁や街灯柱がグラフィティで覆われていたり、都市政府が路上清掃、ゴミ回収、警備といった基本サービスの提供に失敗した状態ならば期待出来ないことである［Zukin 2010: 126］。

　南アフリカの都市改良地区の先行研究でも、監視カメラと警備員の配置により、監視し続ける都市改良地区はゲーテッド・コミュニティと同様に誰がその空間にアクセス出来、誰が排除されるのか、誰がどんな権限で公共空間を管理しているのか、自己統治が及ぼす影響はいかなるものなのかといったさまざまな問題点を抱えていると指摘されている［Didier et al. 2013; Murray 2011; Peyroux 2006, 2008］。

ヨハネスブルグの都市改良地区化の過程

　ヨハネスブルグの都市改良地区づくりの動きは、Neil Fraser が中心となって1992 年に設立し、1998 年に非営利企業（Section 21 company）となった Central Johannesburg Partnership の存在が大きかった。Fraser は北ケープ州出身で、1985 年に建設会社のヨハネスブルグ支社長としてヨハネスブルグに転勤し、1988 年に南アフリカ建設産業同盟に出向、1991 年にコンサルタント会社を興して独立、そして 1992 年に CJP を設立した［CoJ Website 2002/10/23］。1992 年当時、Anglo American、BHP Billiton、鉱業会議所、ABSA、Standard Bank の

ようなインナーシティに不動産を持つ大企業は、不動産価格が下落し続けるインナーシティの状況を危惧していた。これらの企業から資金提供を受けた CJP は、インナーシティ再生に向けた具体的な方策を練り始めた［Murray 2011; N1］。Fraser は「ワシントン、ニューヨーク、ロサンゼルスはみな同じプロセスをたどりました。ニューヨークはその状態から抜け出すのに 20 年かかっています。われわれの場合は、長年に及んだアパルトヘイト都市計画によってさらに悪化しました」［CoJ Website 2002/10/23］と述べ、ヨハネスブルグの普遍性と特殊性を分析している。

　1992 年に Fraser が設立した CJP は、大企業、ヨハネスブルグ市、コミュニティ（恵まれない人びとの婉曲表現）［Beavon 2004: 244］の三者間からなる組織であったが、アパルトヘイト時代末期の都市政府は「コミュニティ」からは、当然のことながら不人気であった［CoJ Website 2002/10/23］。とはいえ、このような三者間パートナーシップの設立はヨハネスブルグで初めてのことであった［Didier et. al. 2013］。だが、（民主化後の）1995 年に、ニーズの変化にともなって三者提携主義は解消され、CJP は大企業の関心に傾注したインナーシティのビジネス業界を代表するための組織に変わった［CoJ Website 2002/10/23］。

　CJP は 1995 年にワシントンに拠点を置く International Downtown Association に加盟したが、CJP は同団体初の海外会員であった［CoJ Website 2002/10/23］。1995 年末に CJP はヨハネスブルグ市関係者やビジネス関係者のために、米国と英国に「ビジネス改良地区」を学ぶ視察ツアーを催行した［Peyroux 2008: 143］。この視察ツアーに出かけた人びとのなかには、Parks Tau 現ヨハネスブルグ市長も含まれていた［N1］。

　当初 CJP は米国と英国の両者を参考にヨハネスブルグの都市改良地区づくりを進める準備をしていたが、米国モデルの方がヨハネスブルグではうまく機能すると判断した。なぜなら、両者の不動産所有形態（無数の不動産所有者がいる）が類似しており、社会が抱える問題（治安など）も似通っていたからである［N1］。よって、ヨハネスブルグの目指すべき目標は、犯罪の減少とストリートの維持管理に成功し、マーケティングや経済開発につながったニューヨーク、ボルチモア、フィラデルフィア、ヒューストンのダウンタウンであった［Peyroux 2008: 143］。

CJP は 1994 年に Central City Improvement District と呼ばれる初の自発的都市改良地区を設立し、その後 1995 ～ 1999 年にかけてインナーシティに 5 つの自発的都市改良地区（South Western Improvement District、Retail Improvement District、Legislature/City Hall Improvement District、Gandhi Square Improvement District、Newtown Improvement District）を設立した [Peyroux 2008: 142]。1997 年に、CJP は都市改良地区モデルを Sandton、Rosebank、Randburg、Illovo といった北部郊外の街で展開するために、Partnership for Urban Renewal という組織を設立した [Murray 2011; CoJ Website 2013/1/17]。CJP はこの他にも、Inner City Housing Upgrading Trust（1993 年設立）、Homeless Talk with Two Church Groups（1994 年設立）、Johannesburg Trust for the Homeless（1995 年設立）、Inner City Business Coalition（1997 年設立）、Johannesburg Heritage Trust（2001 年設立）といった組織を設立し [CoJ Website 2002/10/23]、都市改良地区化に向けて盤石な体制を確立していった。

CJP は都市改良地区関連法案の制定に際して、同法の草案準備で中心的役割を果たした [Peyroux 2008]。こうして 1997 年にヨハネスブルグの属するハウテン州は都市改良地区法（City Improvement District Act No. 12 of 1997）を制定（1999 年施行）した。この法律は、地区の 51% の不動産所有者の賛同と管理機構の設置という条件をクリアした都市改良地区を「法定都市改良地区（Legislative City Improvement District）」として認定するものであった。これを受けて、1998 年から自主的な地区内の清掃などを始めていた Rosebank が、2000 年に第 1 号の法定都市改良地区となり、これに郊外の他の地区が続き、北部郊外では都市改良地区のスタイルが定着した。だが、インナーシティでは、なかなか形にはならなかった。「小規模な不動産所有者が大量にいたことに加えて、周辺国から大量に移民が流入していたので難航を極めた」[N1] からである。結果としてインナーシティの法定都市改良地区化は 2005 年まで待つこととなった。郊外から始まったヨハネスブルグの法定都市改良地区化が進むなか、2003 年にその後のインナーシティ回帰の礎とも言える象徴的プロジェクト、Nelson Mandela Bridge が、CJP とヨハネスブルグ開発公団（JDA）の事業として完成した。295 メートルの橋は、ヨハネスブルグ中央駅近くの操車場の 40 本以上の線路を跨いでおり、これによって北部郊外の M1 高速道路から、Braamfontein

第 4 章　インナーシティの空間編成史　*119*

表 4　UG 社の手がけたヨハネスブルグの都市改良地区と位置

都市改良地区名	地理的位置
Sandton Business Improvement District	郊外
Sandton City and Convention Centre Management District	郊外
Wierda Valley Improvement District	郊外
Rosebank Management District	郊外
Illovo Boulevard Management District	郊外
Central Improvement District	インナーシティ
South Western Improvement District	インナーシティ
Retail Improvement District	インナーシティ
Braamfontein Management District	インナーシティ
Wynberg Improvement District	郊外
Benrose Improvement District	郊外
Randburg Management District	郊外
Kramerville Improvement District	郊外
Lower Rosebank Management District	郊外
Riverside Park Precinct	郊外

出典：UG 社ウェブサイトに基づき筆者作成

と Newtown という後に都市改良地区となる地区同士が結ばれた。

2003 年に CJP と Kagiso Property Holdings は、Kagiso Urban Management（以下、KUM 社）という営利企業を設立した。KUM 社は Partnership for Urban Renewal を引き継いで、郊外の都市改良地区の計画、コンサルティング、開発、管理を引き受けるようになった。CJP は KUM 社と契約を結ぶ形で、非営利企業として引き続きインナーシティの都市改良地区に関わり続けたが、経営陣は KUM 社から送り込まれるようになった［CoJ Website 2013/1/17］。

2010 年に KUM 社は Urban Genesis 社（以下、UG 社）に名称を変更した。現在、営利企業の UG 社がヨハネスブルグの郊外では唯一の都市改良地区の開発管理主体であり、近年はインナーシティでも大きく事業展開しており【表4】、同社がヨハネスブルグの都市改良地区のデザインと管理をほぼ独占している状

態にある。

法定都市改良地区の理念と仕組み

ヨハネスブルグにある多くの都市改良地区は、都市改良地区法に基づいた法定化を目指している。これによって、行政から「お墨付き」を得られたこととなり、持続的な開発が可能となる。ここで、都市改良地区法と法定都市改良地区の理念と仕組みをまとめておきたい。

1997年に出された都市改良地区法案は次のように問題提起する。

　　　持続的な都市とその中心街は南アフリカの発展にとって重要である。ハウテン州政府はハウテン州の発展のためにそのことが重要であると認識してきた。さまざまな歴史的及び現在の事情により、多くの都市と町の中心部が荒廃している。このことは、われわれ全市民が懸念しており、国・州・地方自治体はこの問題に取り組んできた。とりわけ、都市と町の中心街の不動産所有者と住民にとって、これは大きな問題である。本法律はゆえに、不動産所有者が持続的な開発の過程に参加することを奨励するメカニズムを確立する。本法律は各地域が直面する個々の必要性と挑戦を踏まえたものであり、さまざまな必要性に合わせて取り組むことを可能にする。
　　　[Gauteng City Improvement Districts Bill 1997: 6]

上記の目的を達成するために、同法は都市改良地区が行政サービスに加えて、都市改良地区独自のサービスを提供することを可能とするメカニズムである。この独自の追加サービスとは以下のとおりである [Gauteng City Improvement Districts Bill 1997: 6]。

①地区内の人間と資産の安全向上サービス。
②サービス提供に携わる人材へのトレーニングプロジェクト。
③公衆衛生サービスの向上、造園、植栽、公園建設を含む美化プロジェクト。
④標識と街灯の改善。
⑤地区のプロモーション活動と観光サービス。

⑥バスの待合所、物売りのスタンド、駐車施設の建設のような設備投資。

⑦路上生活者やホームレスの支援サービス。

⑧市政府のプロジェクト及び設備を市政府の合意の下で管理。

上記のサービスの財源は地区内の不動産所有者に対して新たに導入される都市改良地区税（levy）の税収を充てることとなるとされている。

> 都市改良地区が提供するサービスは都市改良地区内の不動産所有者から徴収した資金に基づく。市議会によって賛成され、不動産所有者・テナント・地方政府の代表者からなる都市改良地区の管理団体による運営計画に則って、都市改良地区による追加サービスが提供され、管理費が徴収される。［Gauteng City Improvement Districts Bill 1997: 6］

現在、ヨハネスブルグの都市改良地区の多くを開発・管理している UG 社の「都市改良地区ガイド」［Urban Genesis CID Guide］や、関係者の聞き取りから都市改良地区化の手順をまとめておきたい。

まず都市改良地区の境界線を確定し、予定地区内の全不動産所有権者と大規模テナントに対して、法定都市改良地区化の申請内容が示されなければならない［Urban Genesis CID Guide］。元 CJP メンバー［N1］は「都市改良地区法では、都市改良地区の適切な大きさ（どの程度だと大きすぎるとか、小さすぎるといったこと）は定めておらず、境界選定の上で一番大事なことは、その地区に物語（ストーリー）があることだ」と指摘する。加えて自然境界、あるいは高速道路といった人工的境界も影響するという。

法定都市改良地区化の申請要件とプロセスは次のとおりである。計画地区の不動産所有者の 25% の合意があれば市に法定都市改良地区化を申請出来る。申請前にすべての関係者が相談を受けなければならないので、都市改良地区の設立プロセスは非常に長いものとなると CJP の幹部は指摘する［CoJ Website 2013/1/17］。なぜなら、例え 25% の不動産所有者の賛同を得て申請出来たとしても、計画地区の不動産価値の 51% 以上かつ計画地区の 51% 以上の土地を所有している不動産所有者の合意が無い限り、最終承認はなされないからである。

一旦、法定化の承認が降りれば、地区の全不動産所有者が毎月「都市改良地区税（levy）」の支払いを義務付けられる。徴税額は土地価格、市場価格、ないしは所有物件の面積あたりで定められた額で決定されるのが通常である。この税は、当該地区が現実的に必要性とするサービスを提供するために使われる。都市改良地区は、地区の不動産所有者と地元自治体の代表者からなる理事会を置く非営利団体（Section 21 company）によって管理運営され、同管理機構が市にかわって、都市改良地区税の徴税権を行使することが出来る［Urban Genesis CID Guide］。例えば、KUM 社は民間企業であるが、Sandton では同社が直接、都市改良地区税の徴収を市から移譲されており「市役所の代理人」の役割を果たしている［Peyroux 2008: 148］。

法定都市改良地区として承認されると、管理機構は市に提出した予算案に従って、当初は 3 年間にわたる都市改良地区の運営が認められる。この 3 年間で不動産所有者は改良地区化の成果やインパクトを精査し、その効果を見直すことが出来る。毎年あるいは隔年で実施されるサーベイによって、理事会と全ステークホルダーはこのイニシアティブの進捗度を確認出来る［Urban Genesis CID Guide］。

UG 社は「生活、労働、娯楽、投資のための例外的な場所開発に必要とされるサービス」を提供する「ヨハネスブルグのリーダー」であると自認している。UG 社は世界の都市の公共空間の経験、すなわち、不快な空間から例外的な経験を生む空間へと様変わりした経験を参考にしてサービスを提供するという。以下の限りではないと留保しつつ、UG 社は同社の提供サービスを明記している［Urban Genesis Website］。

①都市改良地区の設立、都市管理イニシアティブ、その他の場所経営戦略。
②地区のより良い管理を目指し、都市政府とともに協働するコミュニティの支援。
③セキュリティ、公共空間、清掃、インフォーマル商業、環境改善、ビジネスの引き寄せと引き止め、イベント、社会プログラムを含む場所経営。
④開発調査、市場調査、現状把握等の調査。
⑤例外的な場所感を生み出すためのコミュニケーションやイベント等の場所

マーケティング。

⑥都市の衰退を食い止めるためにデザインされたプログラムの実施。

⑦民間警備環境に焦点をあてた特別アンバサダー・プログラムや、包括的な場所経営プログラムといった人材のトレーニング。

⑧都市監視ツール、不動産データベース、地図製品を含む情報システム開発。

UG 社の「都市改良地区ガイド」は、上記の場所経営サービスの理念の具体的実践を以下の 6 つに整理している［Urban Genesis CID Guide］。

①清掃と維持：地方自治体によって提供されるもの以上の清掃とメンテナンスの提供。頻繁な路上清掃、毎日のゴミ回収、舗道の除草、地区内の違法ポスターとパンフレットの除去、建物や公共施設に描かれたグラフィティの除去など。

②セキュリティ：国および警察によるサービスを補完する犯罪防止サービスの提供。地区の利用者と訪問者の場所案内を支援する訓練を積んだ「公共安全大使」を含む犯罪予防人員の提供。

③マーケティングとプロモーション：場所づくり、共同プロモーション戦略、市場調査、メディア対策を通した地区のイメージ全般の改善。特別なイベントの実施による魅力の増大。定期的なニュースレターによるテナントに対する地区情報の提供。地区の詳細な情報を提示したウェブサイトの製作。

④駐車場と輸送手段：都市政府との連携による駐車スペースの増加。地区の警察署とミニバスタクシー協会と密接な連携による地区のミニバス問題の効果的な解決。

⑤社会的サービス：ホームレス、ストリートチルドレン、貧窮者の問題に取り組んでいる社会サービス組織（Rosebank Homeless Association や Car Guard Programmes）との提携。

⑥設備改良：舗装の修繕、街灯の提供、クズカゴの追加、車道と歩道の提供と維持、場所づくりへの介入。

UG 社は「このような管理にどのような利点があるのだろうか」と自ら問い

かけてから、その利点を以下のように列挙している［Urban Genesis Web］。

①地区に否定的な影響を与えているものに対して包括的アプローチがとれる。
②安全で清潔な環境整備の結果、投資家の自信を高められる。
③犯罪と汚れや無秩序な環境のせいで、従業員や顧客が訪問を躊躇する地区の印象を解消してビジネスを成長に向かわせる。
④新しく積極的なアイデンティティをその場所に生み出して投資と開発を持続させる。
⑤場所経営を遂行する非営利企業を設置する。同管理機構が責任をもって年間活動と予算を管理し、理事会によって監査を受ける。これによって、利用税を支払っているコミュニティの一員に直接的な説明責任を果たせる。
⑥効果につき定期的に調査を実施する。
⑦地区に影響を与える大規模開発や介入を監視する。
⑧地元自治体との親密な関係を構築することで、地区をさらに良くするための新たなイニシアティブを請願出来る。

　このように、UG 社は「場所管理・経営（place management）」の仕組みを生み出すことによって、より競争力のある例外的な都市空間を創造することを目指している。民間都市管理であるが、公的機関としっかりとした連携をとろうとしている点、社会的包摂を目指してホームレスなどの脆弱者にも配慮することを売りにしている点は注目に値する。インナーシティの都市改良地区整備に力を注いできた CJP の Anne Steffny は「社会的、経済的に正しいバランス」が必要で「犯罪や汚れのような病に対処するために不動産所有者と地域自治体が密接に取り組む関係を構築することではじめて都市改良地区は成功する」と主張する［CoJ Website 2013/1/17］。

ヨハネスブルグの都市改良地区の種類
　2014 年現在、ヨハネスブルグには 29 ヵ所の都市改良地区がある［Johannesburg CID Forum Website］。各都市改良地区は独自の地区の歴史的背景を持ち、抱える問題も異なっているが、これらを分類して整理すると大まかな

イメージを掴むことが出来る。

　先行研究［Didier et al. 2013; Peyroux 2008: 145］の分類を参照すると、まず大分類は「法定都市改良地区（Legislated City Improvement District）」に認定されているか、いないかに二分類出来る。法定化されていない都市改良地区は「自発的都市改良地区（Voluntary City Improvement District）」や「インフォーマル都市改良地区（Informal City Improvement District）」と呼ばれているが、本書では「自発的都市改良地区」を採用したい。先行研究はサッカー・ワールドカップの際に会場となった Ellis Park スタジアム周辺の改良地区、Fashion District のような服飾関係の商店が集まる再開発地区、Gandhi Square のような公共広場や広場周辺地区を「特別プロジェクト（Special Project）」に分類し、都市改良地区を自称していなくても、その一種と認識している。

　Johannesburg CID Forum はヨハネスブルグの全都市改良地区を 4 分類している［Johannesburg CID Forum Website］。これによると、「法定都市改良地区」が 15 ヵ所、「自発的都市改良地区」が 9 ヵ所、「特別プロジェクト」が 2 ヵ所、「法定都市改良地区化申請中の自発的都市改良地区」が 3 ヵ所ある【図8】。これは 2014 年の現状を反映しているので、先行研究［Peyroux 2008: 145］で「特別プロジェクト」に分類されていた Fashion District は法定化された現状を反映し、法定都市改良地区に分類されている。ヨハネスブルグの都市改良地区はインナーシティに集中するか、北部郊外に分散している。

　Johannesburg CID Forum の分類では、各都市改良地区にどのような機能的特徴があるのかは分からない。従来、都市改良地区と言えば、特別プロジェクトを除けば、オフィス、商店地区を拠点に周囲の住宅も含むような複合的な地区開発のことを指していたが、近年、「住宅都市改良地区（Residential City Improvement District）」と呼ばれる住宅地に特化した都市改良地区が生まれている。これはインナーシティの高層アパート街をある一定区画で区切って、その中にある高層アパートが連携して地区を共同管理するものである。このように都市改良地区はさまざまな機能的背景を持っており、これらはいくつかに分類可能である。私は機能上の特徴から、以下の 7 分類が適当ではないかと考えている【表5】。

　①「グローバル都市改良地区」は、Sandton である。世界中からヒト・カネ・

モノを呼び込むとともに、吐き出す例外空間であり、グローバル・サウスのグローバル都市とされるヨハネスブルグとは、このグローバル都市改良地区、Sandton のことを指している。

② 「郊外都市改良地区」とは、中間・富裕層の豊かな郊外生活を享受するための拠点である。ショッピングモール、オフィス、高級住宅街から成り立つ。

③ 「公共都市改良地区」とは、公的機関の建物の周辺地区を指す。ヨハネスブルグ市役所周辺の Civic Precinct や、憲法裁判所周辺の Constitution Court 地区、Wits 大学周辺の Wits Precinct などがこれにあたる。都市改良地区という制度を知らなければ、単に公的機関の周辺環境が改修されていると感じるだけかもしれない。

④ 「工業都市改良地区」とは、旧工業地区が改修されて住宅などにかわっていく途上にある New Doornfontein のような地区や、工業団地としての機能を果たしている地区を含む。

⑤ 「商業都市改良地区」とは、商店が集まる地区であり、Fashion District のように衣料品販売店に特化した地区などもある。

⑥ 「住宅都市改良地区」とは、住宅街（主として高層アパート街）を対象にした都市改良地区であり、荒廃したインナーシティの住宅街を復興させて維持管理する方法として注目されている。「住宅都市改良地区」はヨハネスブルグ市の公式ウェブサイトなどでも言及される呼称で、都市問題に関心のある人ならばすでに広く知られているものである。

⑦ 「クリエイティブ都市改良地区」は、本書が中心的に取り上げる Maboneng 地区を含む。アートやクリエイティブ産業の拠点をつくり、クリエーターや観光客を呼び込むことで、荒廃した地区を復活させることを目的としている。欧米都市でもクリエイティブ産業を通したインナーシティの文化主導都市再生はよく聞かれる。ヨハネスブルグでは文化主導都市再生に都市改良地区の仕組みを使っている。数あるインナーシティ再生事業のなかでも、もっとも話題に上るのが、クリエイティブ都市改良地区である。Maboneng の他に Braamfontein と Newtown がクリエイティブ都市改良地区に分類される。

第4章 インナーシティの空間編成史　　127

【法定都市改良地区】
❶ Benrose Improvement District
❷ Braamfontein Improvement District
❸ Central Improvement District
❹ Fashion Improvement District
❺ Illvo Boulevard Management District
❻ Kramerville Management District
❼ Legae La Rona
❽ Main Marshall Improvement District
❾ New Doornfontein
❿ Randburg Management District
⓫ Retail Improvement District
⓬ Rosebank Management District & Lower Rosebank Management District
⓭ Sandton Central Management District
⓮ South Western Improvement District
⓯ Wynberg Management District

【自発的都市改良地区等】
⓰ Berea North
⓱ Berea South
⓲ Civic Precinct
⓳ Constitution Court
⓴ Ekhaya Neighbourhood
㉑ New Centre
㉒ Newtown
㉓ Sloane Precinct
㉔ Wits Precinct

【特別プロジェクト】
㉕ Main Street Mall
㉖ Parktown

【法定化準備中の自発的都市改良地区】
㉗ Ellis Park Precinct
㉘ End Park
㉙ Maboneng CID

図8　ヨハネスブルグの都市改良地区の分布図（2014年）
出典：Johannesburg CID Forum の分類に基づき筆者作成

表 5　都市改良地区の機能上の分類

分類名	代表的な地区名
①グローバル都市改良地区	Sandton
②郊外都市改良地区	Rosebank, Randburg, Illovo
③公共都市改良地区	Civic Precinct, Constitution Court, Wits Precinct
④工業都市改良地区	New Doornfontein, Wynberg, New Centre, Benrose, Ellis Park
⑤商業都市改良地区	Retail, Fashion, Main Street Mall
⑥住宅都市改良地区	Legae La Rona, Ekhaya Neibourhood, Berea
⑦クリエイティブ都市改良地区	Maboneng, Braamfontein, Newtown

出典：筆者作成

インナーシティの都市改良地区

　インナーシティの都市改良地区は、1980 年代以降にまっさらな土地の上に急速に発展した郊外都市とは異なり、100 年を超える歴史的街区と 1970 年代以降のスーパーブロック化にともなう街区上につくられている。よって、インナーシティの都市改良地区は、公的機関の周囲、オフィスの周囲、商業施設の周囲、軽工業地区、文化主導開発地区、住宅（高層アパート群）地区など多岐にわたるが、現在、インナーシティの大半が都市改良地区化されている【図 9】。いずれも衰退するインナーシティをいかに復活させるかという野心家たちの挑戦であるとともに、その主眼は「犯罪と汚れ（crime and grime）」を取り除くことである。

　ヨハネスブルグ中央駅の北側に位置する Hillbrow や Berea は、1980 年代までは白人中間層が好んで住むマンションが立ち並ぶ住宅街と、映画館や劇場、レストラン、バーなどからなるコスモポリタンな文化の薫る繁華街として有名であった。だが、現在はその様相は様変わりした。現在も住宅街と繁華街から成り立つこの地区は、「ハイエナを連れて歩きたい」と人びとに言わしめるほど、治安の悪さで悪名高い。大量の移民が、すし詰め状態でマンションに不法滞在し、路上商人からドラッグ売人に至るまで路上は混沌し、売春宿が立ち並び売春婦で溢れているといったような、あらゆる「悪」の温床であると語られるが、

第4章 インナーシティの空間編成史　*129*

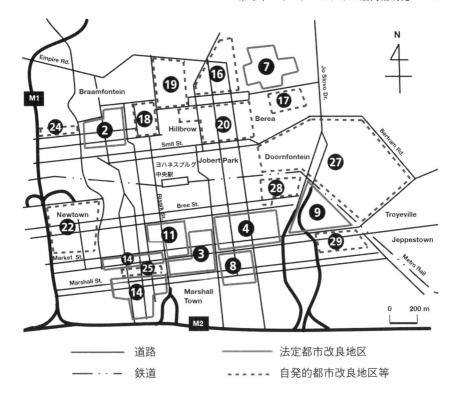

【法定都市改良地区】
- ❷ Braamfontein Improvement District
- ❸ Central Improvement District
- ❹ Fashion Improvement District
- ❼ Legae La Rona
- ❽ Main Marshall Improvement District
- ❾ New Doornfontein
- ⓫ Retail Improvement District
- ⓮ South Western Improvement District

【自発的都市改良地区等】
- ⓰ Berea North
- ⓱ Berea South
- ⓲ Civic Precinct
- ⓳ Constitution Court
- ⓴ Ekhaya Neighbourhood
- ㉒ Newtown
- ㉔ Wits Precinct
- ㉕ Main Street Mall
- ㉗ Ellis Park Precinct
- ㉘ End Park
- ㉙ Maboneng CID

図9　ヨハネスブルグ・インナーシティの都市改良地区の分布図
出典：Johannesburg CID Forum 制作地図に基づき筆者作成

それは決して誇張でも嘘でもない。Hillbrow をはじめインナーシティに生きる人びとは、日常的に暴力に苛まれ、公権力の過剰行使に常に怯えているという現実がある。だが同時に、楽しいことも辛いこともある日常の「普通の生」が続いている空間であり、好むと好まざると多くの移民にとってここは家（home）であるということを見過ごしてはならない [Kihato 2013]。

　ポストアパルトヘイト政府はこうした弱者の現実に真摯に向き合おうとはせずに、インナーシティでの公的役割を放棄し続けてきたが、常にこのような状況を改善するよう迫られていた。グローバル都市を標榜するヨハネスブルグにとってこの空間は、「恥ずかしい空間」であった。また貧しい移民の集住地となった Hillbrow や Berea、不法移民によるスクウォッティング状況を解消し、不動産価格の下落を食い止める必要性があった。老朽化し、荒廃した建物を再生して、再び賃料を見込めるテナントを引きつける必要があった。そこで、政府と不動産所有者が選択した方法が、都市改良地区化による高層アパート群の管理であった。住宅都市改良地区と呼ばれる複数の不動産所有者からなる管理組合というプライベート政府を樹立することで、犯罪と汚れを撲滅するという挑戦が始まったのである。ここは、上質な暮らしを営む富裕層のためのゲーテッド・コミュニティではない。インナーシティの都市改良地区は、労働者階級もまた新たな統治性による社会規制を受け入れる主体となっていることを示している。

住宅都市改良地区

　Berea の住宅都市改良地区である Legae La Rona（「私たちの場所」の意。以下、LLR 改良地区と表記）を見てみよう。LLR 改良地区は 2004 年に Ithemba Property Trust の Brian Miller が主導したヨハネスブルグ初の住宅都市改良地区プロジェクトである。LLR 改良地区には Berea の 7 ブロックに所在する 29 の建物（おもに 6 〜 13 階建ての高層アパート）が参加している。49 の不動産所有権者がいるが、Ithemba Property Trust、Johannesburg Housing Company、Zahavi Estate の 3 社が大規模不動産所有権者であり、力を持っている。管理機構の定期会合に参加し意思決定をしているのは、大規模不動産会社、ヨハネスブルグ市、CJP、サービス提供企業、警備会社であり、住民の参加は認められ

ていない。こうしたなか、住民や小規模不動産所有者らから不満が生じている。また地区周辺で生活するインフォーマル商人やホームレスに対する排除的な態度も見られると報告されている［Dube 2009］。

Dube［2009］は、この地区に不動産を所有する大規模不動産会社が都市改良地区法を利用して、行政が提供出来ない（しない）公的サービスを肩代わりしているということを盾にして、自社の利益を追求しており、行政は自らサービスを提供する気はないので、むしろこの仕組みを歓迎していると批判する。

LLR改良地区には、フーコー的な監視と自己統治が醸成されているとの指摘もある［Murray 2011］。LLR改良地区では、街角に監視櫓が立ち、街灯が導入され、16人の武装警備員が配置され、監視カメラが至るところに設置されている。マンションに入室出来るのは、バイオメトリクス認証によって管理された住民と訪問者のみであり、建物内でのパーティの開催やアルコールの消費は禁じられている。この管理体制が新たな社会規制を住民に課しているというのである。

Hillbrow の Ekhaya Neighbourhood 住宅都市改良地区（以下、EN改良地区）を見てみると、不動産企業と不動産所有者の利潤追求、及びグローバル都市としてのヨハネスブルグ市の規範づくりと住民自治に向けた介入の様相がさらによく見える。

ヨハネスブルグで社会住宅を供給している公社、Housing Development Agency は「近隣の再生 Ekhaya からの有益な教訓」と題するパンフレットを作成して、EN改良地区の「成功経験」を他の地区でも活かしていくことを勧めている［Housing Development Agency 2012］。

EN改良地区は2004年に、Johannesburg Housing Company（非営利社会住宅供給公団）と Trafalgar Properties（営利不動産開発企業）が共同して開始したプロジェクトである。EN改良地区はコミュニティの構築を何よりも重視している。「このプロジェクトの重要な成功は地区の物質的な質を再生し、安全性を向上し、住民の健康を促進し、地区に官民の投資を呼び込み、社会的包摂と積極的なコミュニティ参加を促し、全住民にとってここに住むことをメリットとして感じられる場所をつくりだすことを目標としている」［Housing Development Agency 2012: 3］。

治安が悪いとされる繁華街・高層アパート街の Hillbrow 地区の西端。　筆者撮影（2013 年）

　上記の目標達成に、住民は自らを犠牲にし貢献しなければならない。住民は月額 27.50 ランドの都市改良地区税を支払い、これによって「自己管理をしていることを感じることが出来る」という。この税は地区の安全と清掃のために使われる。また、公共空間の清掃、スポーツ・イベント、子どもイベント、健康促進プロジェクトといったコミュニティ活動も実行される。EN 改良地区はこれまでの利益追求型のトップダウン型開発への批判を十分に理解しており、ここは「従来の都市改良地区とは異なっており、ボトムアップ型アプローチである」[Housing Development Agency 2012: 13] と主張する。
　Didier et al. [2013] は上述のような EN 改良地区による都市再生の手法を、南アフリカ版の「第三の道」であると指摘する。つまり、従来のトップダウン利益追求型の都市改良地区の管理手法に、地域住民の手による社会開発の要素を明確に組み合わせたものであるからだ。EN 改良地区は 2009 年に社会・環境開発にインパクトをもたらした開発プロジェクトであるとして、South African Property Owners Association と Johannesburg Development Agency から賞を授与された。同年にはヨハネスブルグ市の補助金を獲得して、現在、EN 改良地区は法定都市改良地区化に向けて準備を進めている [Didier et al. 2013: 132]。

こうして官民連携による新自由主義的な都市統治は、さらに加速化されていくのである。

商業都市改良地区

次にインナーシティの中心街にある Retail Improvement District（以下、RID）を見てみよう。1997 年に再開発が始まったが、長らく停滞していた RID は、インナーシティ回帰の機運が高まった 2005 年になってようやく法定都市改良地区化された。Woolworth（スーパー）、Edgars（百貨店）、Truworth（衣料チェーン）、Markhams（衣料チェーン）、Foschini（衣料チェーン）といった小売り大手の路面店が並ぶショッピング街であると同時に、近年、周辺ビルが改装され、人も住み始めた。

RID では周辺住民と路上商人に配慮した街づくりを進めている。RID のボードメンバーを務め、RID 周辺のビル再生事業を実施している不動産開発会社の CEO［B1］は、かつて地区内には 3,000 ～ 5,000 の空室があったという。RID は 2 年間、ヨハネスブルグ市から 250 万ランドを供与されて、地区内の 2 ブロックの改修事業を委託され、インフラ整備、ブランディング、マーケティングに取り組んできた。B1 は「本来、これは市がすべきことである」と指摘する。この取り組みの結果、地区住民数は増加した。新たな住民や街を行き交う人びとを商売相手に、大手小売店が両側に立ち並ぶレンガ舗装された歩行者天国部分には、路上商人が露店を広げていて、小分けの野菜から古着、雑貨まで手に入るようになった。

2014 年初頭から始まった UG 社による RIDGrow と呼ばれるプロジェクトでは、さまざまな文化イベント、チャリティーイベントを実施している。RID は Facebook 上にページを開設し、イベント情報などを随時提供している。スポーツ・イベント、DJ を呼んだダンスイベント、コンサート、移動式遊戯施設の提供、バーベキュー、古着とホットチョコレートの交換イベントなどを実施している。インナーシティのショッピング街は夕方に店が閉店すると人気がなくなってしまうので、とくに RIDGrow の目的は「夜間に人が集まる空間を生み出して、Kerk Street を夜間の商業ハブ」に変えることにあるようだ［Urban Genesis 2014: 3］。

RID改良地区の露店（中央）。洋服屋、カバン屋、クツ屋、髪結、持ち帰り食品販売店などが並ぶ。道路の両側はスーパーや衣料品販売のチェーン店が並ぶ。　筆者撮影（2013年）

　2014年5月に発行されたRIDGrowの報告書［Urban Genesis 2014］は、2014年2月～2014年4月までの最初の3ヵ月を振り返り、「3月のイベントの集客は150人に過ぎなかったが、4月のイベントでは600人に増加した」ことを伝えている。最初の3ヵ月で手応えを感じている点として、「RIDを魅力的な目的地とするためにさまざまなステークホルダーの潜在性を感じ取れたこと」、「地区のスーパーから支援を得られたこと」、「これまでの地区の印象を改善出来たこと」、「地区の若者に対して起業家精神を醸成出来る可能性があること」などを挙げている。他方で、これまでの教訓として「一度イベントに参加した子どもたちが再訪しなかったこと」、「家族連れを対象としたスポンサーシップを受けたが、この層への浸透は不十分であったこと」、「周辺地区を含むより広いコミュニティの参加を求めていきたいが、まだこの都市改良地区の住民の手にとどまっていること」などを挙げている。「他の都市改良地区の成功体験から学ぶべきだ」という意見も見られる。
　ここで念頭にある成功地区の代表がMabonengとBraamfonteinである。これらの都市改良地区については後章で詳述することになるが、文化主導都市再生の結果生まれたクリエイティブ都市改良地区であり、ある程度おカネを持っ

ている若者と観光客を惹きつけて話題となっている地区である。地元住民が主体の RID とはかなり状況が異なっている。その点は RIDGrow 自身も認識していて、対象マーケットは異なるが、彼らの成功に学ぶことが大事であると考えているようだ [Urban Gensis 2014: 7]。「RID と Maboneng は全く異なる客をターゲットにしている。Maboneng はヤッピーや IT 関係者やクリエーターなど、君（著者）のような若者たちをターゲットにしているだろう。日曜日のマーケットも 60 ランドもするオーガニックフードを提供している。でも、RIDはフィッシュ・アンド・チップスとパップと安い中国製の衣料品と手作り工芸品などを売れば良い」[B1]。RIDGrow のイベントスタッフの 1 人も、排他的でアップマーケットな Maboneng を複製するのではなく、自分たちはこのスタイルを維持することが大事であると考えている。「われわれは草の根レベルであることを維持したいのです」[Davie 2014, *Saturday Star*]。RIDGrow は、「1 つのグループが優勢とならず、多様な需要に従って融和的なコミュニティを生み出し、企業家たちにこの地区を魅力的であると感じてもらう必要がある」と考えている [Urban Genesis 2014: 7]。

　RIDGrow の活動は、これまでのインナーシティの印象を変えていると地元紙 *Saturday Star* は伝えている [Davie 2014, *Saturday Star*]。同記事の記者は「1 ヵ月前のとある夕暮れ時、これまで考えたこともなかった場所、つまりここインナーシティで、子どもたちの笑い声を聞いたのです」という書き出しで、RIDGrow のイベントを紹介している。同記事は「ヨハネスブルグはスーツとブリーフケースの街であり、夕方 5 時以降は人気がなくなる街であったが、ここ10 年間の不動産再開発によって多くの人びとがインナーシティに住み始め、週6 日間、食品、洋服、クツ、宝石、手作り工芸品を売る出店が並び、青空美容院で思い思いのヘアスタイルを頼むことが出来るようになった」と大きく変化したインナーシティの姿を描写する。そして、RIDGrow のバーベキューイベントを取り上げて、「イベントの組織者は、限られた人ではなく、誰にでも開かれた空間を作りたいと言っている」と伝えるとともに、「Braamfontein も成功まで 10 年かかったので、息の長い目で見ることが必要である」と指摘して、インナーシティのさらなる発展に期待を寄せている。

注

38 Inner City Summit は、ビジネス、市民社会、コミュニティ、国営企業、政府といった
さまざまなステークホルダー 1000 人あまりが参加し、「インナーシティ再生憲章」の草案
への貢献を求められた。「インナーシティ再生憲章」は 2006 年 11 月から 2007 年 6 月にか
けて、さまざまなステークホルダーとの対話によってこれが完成したことを冒頭で表明
している [CoJ 2007]。だが、Inner City Resource Centre や SANTRA（South African
National Traders Retail Alliance）のようなインナーシティの弱者や路上商人らと働いてい
る組織は、この憲章草案は弱者や路上商人への配慮がなされていないと指摘するなど批判
も多かった [Tissington 2009: 33]。

39 サッカー・ワールドカップに向けて、ヨハネスブルグ市内には、バス専用レーンを整備し、
市内高速バス輸送システムが導入された。

第5章　ヨハネスブルグの
クリエイティブ産業

第1節　ポストフォーディズム時代の都市間競争

　新自由主義は、個人だけでなく、都市も企業のように振る舞うことを求められ、競争の渦に投げ込まれる。脱工業化と金融化、ネットワーク化が進む脱組織資本主義時代の新しい世界地図では、ニューヨーク、ロンドン、パリ、東京といったグローバル都市［サッセン 2008］に、ますますヒト・モノ・カネ・情報が集積されていく。他方で、主権国家の役割が相対的に減少するなか、情報通信技術の発達によって、世界の中核的都市は領域国家の政治的、経済的、社会的背景とは無関係に、都市同士のネットワークで瞬時に結びつき、富を生み出すことが出来るようになってきた。

　1980 年代には香港やブリュッセルなどと同様に準世界都市だったヨハネスブルグであるが、大企業の本社機能がロンドンへ転出するなどして、かつてよりグローバル経済における重要性を減らすなか、再びグローバル都市への仲間入りを目指しており、2005 年には Metropolitan Johannesburg Council の Goldhan 長官がロサンゼルスの「グローバル都市会議」に参加したことで「ヨハネスブルグ・グローバル都市構想」は公式化し、ハウテン州の Shilowa 州知事が東京、アムステルダム、ロンドンを歴訪してグローバル都市戦略への歩みを進めてきた［吉田 2013: 221-223］。

　近年、発展途上国であっても、グローバル都市的な例外空間が存在するようになってきた。世界を飛び回るビジネスマンや観光客といったグローバル・エリートを惹きつける空間こそがグローバル都市である。こうしたグローバル・エリートはコスモポリタン的であるというよりは、島国根性的なものであるとバウマン［2008: 78-79］は以下のように指摘する。

グローバル・エリートは東京、ニューヨーク、ロンドン、ロサンゼルスなど世界の主要な都市の中枢部を絶えず行き来することで成立する世界のなかで暮らし、働いている。かれらは海外で1年の3分の1もの期間を過ごしている。海外では大半が他の「グローバライザー（グローバル化の推進者）」と交流したり交際したりしがちである。……どこへ行こうと、彼らが使うホテル、ヘルスクラブ、レストラン、オフィス、空港などは、その都度まったく同じである。言うなれば、彼らは社会文化的な防御区域のなかに住んでいる。この防御区域は、国民文化の間に生じる目障りな差異から隔絶しているのである。……確かに彼らはコスモポリタンであるが、その流儀は非常に限定的で、島国的なものである。

　グローバライザーたちを歓迎する都市空間づくりを進めることを要求されるポストモダン都市は、従来の都市管理主義（その都市の住民の生活を保護し管理する役割と再分配重視）ではなく、都市企業家主義（グローバル・スタンダードを目指し、競争力があり利潤を上げることが出来る領域に投資を集中させること）を選択することとなった［ハーヴェイ 1997］。ただし、バウマンのいう島国的なコスモポリタンたちを満足させるためには、お馴染みのグローバル・スタンダードを単に提供するだけでは、都市の魅力を提供するには不十分であるかもしれない。そこで新たに要求される魅力的なグローバル都市の条件とは、標準化と差異化という相反する要素を同時に兼ね備えていることになる。つまり、ビジネス慣習やライフスタイルにおいてグローバル・スタンダードを提供することは絶対条件であると同時に、他の都市とは異なる経験を積むことが出来る独自性を提供出来なければならないのである。均質化しつつ、同時に断片化される世界で、場所のアイデンティティとその場所に独特な質を生み出すことが求められる［ハーヴェイ 1999: 347］。世界を股にかける人びとの重層的な欲求を満足させるために、文化とアイデンティティを通した都市づくりによる競争が始まっている。

　個性を重んじつつも均質的な世界を欲する感覚は、大量生産・大量消費社会が終焉したことと関係しているだろう。フォーディズム体制による福祉国家

を支えてきた安定的産業が中心であった時代は終わり、脱工業化が進む世界で、人びとは常にイノベーションによる差異化を要求され、手元に出来る限り在庫を抱えずに（電子化し）、必要な時にモノとサービスを提供出来る体制を求められる。この作業をするための仕組みは統一化（標準化）されていなければならないが、コンテンツは他から差異化されていなければならないのである。人びとは他者との競争を激化し、わずかな差異を競い合い、消耗戦にかり出される。組織的労働者による分業体制から、クリエイティビティに富んだ自律的な専門職へとその重点は変わる。すなわち、組織資本主義の終焉 [Lash & Urry 1987] により、新たに重点を置かれる産業は情報通信業、娯楽・観光業、ファッション産業といったサービス業である。なかでも、新たな産業システムを担う21世紀の新産業の柱としてクリエイティブ産業に注目が集まっている。国連貿易開発会議は文化遺産、舞台芸術、視覚芸術、出版メディア、デザイン、新メディアなどからなるクリエイティブ産業を世界の成長戦略の柱に掲げてきた。この新産業を担う人材が「クリエイティブ・クラス」である[40]。

　近年、有能な人材を惹きつけて、イノベーションを引き起こし、資本を吸い寄せる都市を創造するためには、クリエイティブ・クラスが伸び伸びと活躍出来るクリエイティブ都市の創造が鍵を握っているという主張が台頭してきた [フロリダ 2008, 2010]。Monocle のようなグローバルなライフスタイル雑誌の都市ランキング、「もっとも住みやすい都市指標（The Most Liveable Cities Index）」で評価されるような、高い生活の質を持つ都市こそが魅力的な都市とされる。ランキング上位にはミュンヘン、コペンハーゲン、チューリッヒ、東京、ヘルシンキ、ストックホルム、パリ、ウィーン、メルボルン、マドリッド、ベルリン、シドニー、ホノルル、福岡、ジュネーブ、バンクーバー、バルセロナ、オスロ、モントリオール、オークランドなどヨーロッパを中心とした中核都市が並ぶ。いかに快適で穏やかな暮らしが出来るかが重要であり、必ずしも都市の規模を追ったものではない。Monocle では、国際航空路線数、犯罪発生率、気候と気温、公共交通の充実度、医療サービス、文化（ギャラリー、美術館、映画館、書店の数）、緊急サービス（救急車の応対時間）、緑地面積、寛容度（性的マイノリティへの寛容度、文化的混交度、移民の受容度）、ビジネス開始の容易さ、チェーンストア数（スターバックスの数）などに基づいてランキングを作ってい

る。このような均質的だが独自性をあわせ持つ高度に健康的で文化的な生活を営むことが出来る都市が21世紀の都市のお手本とされるのである[41]。

　ポストフォーディズム時代の南アフリカにとってクリエイティブ産業の振興は、単なる夢物語ではなく、現実的な選択肢と考えられている。金融業を基盤とする第三次産業を中核に置く経済構造を持つ南アフリカにとって、文化資源にいかに付加価値をつけられるかが経済成長の重要な鍵を握っているからである。実際にヨハネスブルグやケープタウンでは、クリエイティブ・クラスの活躍が目立ち始めてきた。

　ヨハネスブルグ市のウェブサイトは、ヨハネスブルグがサブ・サハラ諸国に向けて番組を配信する国際放送局の拠点であり、ハリウッド映画の撮影も手がける映画産業、国際的な賞を受賞することも多い広告業をはじめ、IT産業なども含めた視覚映像産業の拠点となっていることを誇っている[42]。カンヌ国際広告祭（現、カンヌ国際創造祭）の「カンヌ・レポート2009」では、ヨハネスブルグは世界第10位のクリエイティブ都市にランクインした。この結果はアムステルダム、サンフランシスコ、ベルリン、トロントを凌駕するものであった。IT産業や映画・映像産業といった最先端のクリエイティブ産業に加えて、もっとも古典的なクリエイティブ産業ともいえるアート産業の成長も著しい。2008年開始のJoburg Art Fair、2013年開始のTurbine Art Fairのように、毎年、アートフェアが開催されるようになった他、2014年からはJohannesburg Art Weekのような町をあげての芸術祭も始まった。ギャラリーは毎月のように新しい展覧会を企画しており、南アフリカ黒人やサブ・サハラ諸国出身のアフリカ人アーティストも育ってきた。Goethe Institute、French Institute（アンスティチュ・フランセ）、Pro Helvetia（スイス文化機関）のような海外の文化芸術機構も地元のアーティストたちを支援しており、次々と企画を組んで、ヨハネスブルグのアートシーンを牽引している。地元紙は「未来のベスト10芸術都市」と題する記事を掲載し、『未来の芸術都市 21世紀のアバンギャルド』[Byrd and Shier 2013]という本で、ヨハネスブルグは堂々の第1位にランキング（2位イスタンブール、3位ベイルート、4位ラゴス、5位シンガポール）されたことを伝えている。

わが黄金の都市は予期せぬほど美しく、硬派に、しかし驚くほど魂のこもった存在として描かれている。これは幻想のメトロポリスと呼ばれるものを形作ってきた芸術家や文化企業家の創造的感応を裏付けるものだ。過去の都市分離主義者は、掘っ立て小屋を囲む孤立地帯を構築することで、統合失調症的触覚をヨハネスブルグに与えた。しかしながら、南アフリカの経済エンジンでは今、アートフェアの興隆と、官民連携の文化機関と美術館の開花を目撃している。創造的作品の多くが、未来への成長の道と、この国の辛い過去を反映したものだ。[Mabandu 2014, *City Press*]

　クリエイティブ産業を支援して経済を活性化させようという動きは、2000年代中盤から政策ペーパーにも頻出するようになってきた。例えば、ヨハネスブルグ市の都市政策ペーパー、*Joburg 2030* には、9つの重点課題の1つとしてクリエイティブ産業が掲げられている [Rogerson 2006: 158]。アート・文化産業、IT産業、映画・映像産業、文化遺産産業などを含むクリエイティブ産業の支援によってワールドクラス都市を目指しているヨハネスブルグでは、とりわけ、クリエイティブ産業と観光業の連携を図る動きが生まれてきた [Rogerson 2006: 161]。サッカー・ワールドカップの誘致や、観光施設の充実化、インフラ整備などは、この流れの一環として生まれてきた事業であると言えよう。クリエイティブ産業は世界の注目を集め、観光客と技能を持つ人びとを惹きつける上で大きな道具となるのである。南アフリカではヨハネスブルグだけでなく、ケープタウンも「クリエイティブ都市」を旗印にクリエイティブ産業の活性化を謳い、両都市間を競争に駆り立てている。

第2節　ヨハネスブルグの新進黒人アーティスト

アーティストとギャラリスト

　Sandton や Rosebank のような北部郊外の都市改良地区は、富裕層たちをターゲットとしたアート市場であり、多くのギャラリーが店を構えている。[43] とくに Rosebank の Jan Smuts Avenue 沿いがギャラリー通りとして有名である。毎週のようにどこかしらのギャラリーがオープニング・レセプションを開いており、

Rosebankにあるギャラリーのオープニング・イベント。Rosebankでは各ギャラリーのオープニングが同日程に重なることもあり、アーティストたちはギャラリーをハシゴすることもある。　筆者撮影（2014年）

　ワインを片手に芸術談義に花が咲く。アーティストたちは、日中、インナーシティのスタジオや工場街に借りたアトリエにこもってひたすら絵を描き、夜になると北部郊外のギャラリー・オープニングに参加する。アーティストにとって、異様なまでのきらびやかさを放つSandtonは居心地の悪い場所である。彼らはたいてい、Sandtonの高級ホテルやショッピングモール内で迷子になって、「だからSandtonは嫌なんだ」とこぼす。
　ヨハネスブルグのアート・コミュニティの規模は小さいので、何度かギャラリーのオープニング・レセプションに参加していれば、アーティストは、同業者、コレクター、ギャラリストと関係を構築出来る。その上、オープニングではたいてい好きなだけ酒が飲めて、食べ物もふんだんに用意されているので、友人アーティストとギャラリーの一角で人目も憚らず酒盛りをする楽しみもある。
　南アフリカのアート産業は、白人のギャラリー経営者やギャラリストがアーティストを発掘し、アーティストを育て、白人の顧客に向けて作品を販売するというのが一般的な図式である。民主化後、とりわけ若手黒人アーティストの才能が注目されていて、ギャラリーは新しい才能を探し求めている。ヨハネスブルグやケープタウンでは、南アフリカ出身の黒人アーティストだけでなく、

アフリカ諸国出身のアーティストの活躍が目立ち始めている。私が知り合った
アーティストだけでも、ナイジェリア、コンゴ民主共和国、モザンビーク、ジ
ンバブエなど出身地は多岐にわたった。以下で2人の若者がいかにしてアー
ティストになったのかを簡単に見てみよう。

　ケープタウン出身の30歳代の黒人男性アーティスト［A1］は、ケープ
タウンの Woodstock にあった Community Arts Project でアートを学んだ。
Community Arts Project は1980年代後半にアパルトヘイト政府によって潰さ
れた反アパルトヘイト運動の拠点で、アーティスト育成だけではなく、ANC の
ビラや T シャツも作っていた。その後、彼は Cityvasity というアート・スクー
ルでアニメーションを学んだ。父親からは「アニメーションなんかで飯が食え
るか」と反対されたが、今は応援してくれているという。「結局、アニメーター
にならなかったけれど、絵かきになれた」。彼は絵かきになるまで苦労を重ね、
建設現場や新聞配達などさまざまなアルバイトをした。彼の才能がギャラリ
ストに見出されたのは偶然であった。「新聞配達をしていたときに、Somerset
West のとあるギャラリーが通り道にあり、そのギャラリーに立ち寄っては絵を
見ていたんだ。すると、ギャラリーの人から話しかけられた。俺は自分がアー
ティストだということを告げて、そこに展示されている作品を講評して回った
んだ。『これはまだまだ、内面からほとばしるものがない』とか言ってね。そ
うしたら、ギャラリストが何かあなたの作品はあるかって聞くんだよ。その時、
俺は何も手持ちの作品がなかったんだ。そこで新聞配達の給料の200ランドを
手にすると、100ランドで電気料金の支払いを済ませ、食料を買い込み、残り
の100ランドで画材道具を買ってさっそく絵を描いた。ソファひとつ分ぐらい
の大きさの紙に、チャコールで親が子どもを宙にかかげている絵を描いたんだ。
ギャラリーはその絵を600ランドで買ってくれて、もっと作品を見せてほしい
と言われたんだ。子どもたちが遊んでいる様子をテーマにいろいろと描いた」。
彼はその後、ケープタウンの有名ギャラリーに5年間所属し、2009年に同ギャ
ラリーを辞めた。「あまりにストレスが多くてね。アーティストの仕事は9時5
時ではないだろう。でも、やたらプレッシャーをかけられてすっかり疲れてし
まったんだ。辞めてからは、ケープタウンの Castle of Good Hope で自分の作品
を売って食いつないだ」。2013年に彼はヨハネスブルグの Newtown にあるアー

トスタジオのアーティスト・イン・レジデンス[44]に選ばれてヨハネスブルグに移住し、その後、独立して現在に至る。

　コンゴ民主共和国出身の30歳になる男性アーティスト［A3］は、A1と同じNewtownのアートスタジオのアーティスト・イン・レジデンスに選ばれたのがきっかけで、ヨハネスブルグに来た。以前もヨハネスブルグを訪れたことはあったが、長期滞在は今回が初めてである。20歳の頃からアーティストとしてコンゴで活動を始め、セネガルやドイツにアーティスト・イン・レジデンスで滞在したこともある。これから数年間は南アフリカに滞在し、将来はカナダに移住したいと考えている。「コンゴにパートナーと娘を残しているので、近いうちに呼び寄せたい。パートナーや子どもの将来を考えると安全な地で暮らしたい」という。彼はヨハネスブルグに来てまだ数ヵ月であるが、すでに複数のギャラリーから引き合いが来ており、外交団から夕食会に呼ばれることもある。現在、スタジオとして場所の提供を受けているNewtownのアートスタジオとRosebankにあるギャラリーの2ヵ所で彼の作品は販売されている。ヨハネスブルグに来てすぐにNewtownのアートスタジオで開催された展覧会に、Rosebankにあるギャラリーのギャラリストがたまたま見に来ていて、「うちに絵を置かないか」と誘われたのがきっかけである。手始めに3枚の絵を提供するとあっという間に売れた。ギャラリストは感激して、引き続き絵の提供を依頼した。「特定のギャラリーと独占契約を結ぶつもりはないし、ヨハネスブルグでこれ以上販路を増やすこともない」と彼は言う。ケープタウンやスペインのギャラリーも彼の絵を取り扱っている。「1つの町でたくさんの販売先を作ると、大量生産の商品に成り下がってしまうだろう。それに値段がギャラリーによって違ってしまったりする。これは信用という面で大きなリスクなんだ。僕の絵の値段はNewtownのアートスタジオでも、Rosebankのギャラリーでも、僕から直接買っても同じさ」。

　この2人のライフヒストリーから分かることは、才能が必須であることは言うまでもないが、アーティストが活躍の機会を得られたきっかけは偶然性に満ちているということである。ギャラリストとアーティストはそれぞれの思惑で動いており、両者の関係は必ずしも正式な契約書に基づいているわけではない。したがって、両者の互酬性がうまく機能している場合、関係は滞りなく深まる。

しかしながら、ギャラリストはたいてい白人であり、アーティストは黒人であるという人種間の緊張関係を無視出来ない現実がある。加えて、ギャラリストが利益追求をあからさまにし、「否定的互酬性」[サーリンズ 1984: 235]に達した時、両者の関係は著しく壊れる。アーティストの置かれた不安定な立場が顕になるからだ。ここで、その一例を紹介したい。

　ある日、私は「自分の作品をギャラリーから取り戻したい」という黒人男性アーティストとSandtonのギャラリーに出かけた。彼によると、3ヵ月前にあるギャラリーに4点を預けたが、その後音沙汰がなく、何度か電話を入れて作品を引き取りたい旨伝えたが、はぐらかされてきたという。彼は知り合いの芸術評論家に相談したところ、作品を取り返すべきだと助言を受けた。そこで今朝、ギャラリーに電話して再度、白人女性ギャラリストに自分の絵を引き取りたい旨を伝えると、ギャラリストは彼の態度が無礼だといって、電話を途中で切ったという。彼はギャラリストの態度は容認出来るものではなく、同ギャラリーとは金輪際仕事はしたくないとギャラリーに向かう車のなかで怒りを露にした。ギャラリーに着くと、アシスタントの黒人女性がいて、件のギャラリストはいなかった。彼は怒りに任せるようにまくしたてて、「作品を返してくれ」と言う。アシスタント女性は、「どうか怒らないで、冷静に話しましょう」というが、彼は聞く耳をもたない。アシスタント女性は、おおよその経緯を聞いていたようだ。「ここのギャラリストは常にプレッシャーがかかった状態で仕事をしているので、そこのところをご理解ください。彼女（ギャラリスト）は南アフリカのアート業界でも有力な方なんです。ぜひ、冷静になって、機会を改めておふたりでお話をするべきです」とアシスタントはいう。だが、彼は「他のギャラリーからこんな扱いを受けたことは一度もない。彼女（ギャラリスト）個人に対して文句を言っているのではなくて、このギャラリーのアーティストの扱い方に我慢ならないんだ。絵が手元になければ他の顧客に見せることも出来ない。3ヵ月もおカネが手に入らないなかで、どうやって子どもにミルクを買ってあげることが出来ると思うんだ」とまくし立てる。言いたいことを言ってだいぶ落ち着いてきたのか、結局、作品はクーリエで送り返してもらうことにして、ギャラリーを後にした。彼の絵はその後、クーリエで送り返されたと言う。

上述のように、ギャラリストとアーティストの人間関係は重要で、ギャラリスト自身も関係をいかに構築すべきかを模索している。2014 年の Turbine Art Fair で、「ギャラリーの拡大とアート産業の成長」と題するトークイベントが開催された。これは、南アフリカのアート産業におけるギャラリストの役割に関し、ギャラリストの経験から語るものだった。

芸術学部出身で写真を学んだという講演者のギャラリストは、ジャーナリストを経験しアートから距離を置いていたが、ケープタウンに拠点を移し写真家活動を再開したところ、偶然にもギャラリストになっていたという。現在、ケープタウンの Woodstock にギャラリーを持っていて、ロンドンのテートモダン近くにもギャラリーを開設する予定である。アーティスト・イン・レジデンスも実施していて、動きの早い「アーバン・アーティスト」のために 2 ～ 3 週間程度の短い滞在プログラムを提供している。「ギャラリストとしてアーティストに求めるのは、魅力、驚き、独創性だ」という講演者は、時代の変化を受けて今、ギャラリストの役割が改めて問い直されていると感じている。

　インターネットが発達し、アーティストたちも自分で情報を発信するようになってきました。顧客は Google で検索すれば、簡単にアーティストの物語を見つけ出せるばかりか、直接アーティストと連絡をとることも可能になりました。こうした時代にギャラリストの役割とは何でしょうか。たとえマーケティングや経営に長けているアーティストであっても、多くの時間をこれに費やせば、アートを生み出す時間がなくなってしまいます。アーティストが直接販売をする場合、以前に売った価格と、後で売った価格が異なった場合、信用を失いかねません。ギャラリーはそのリスクを肩代わり出来ます。

上記のように講演者は述べて、新しいコミュニケーションの時代にあっても依然としてギャラリーの存在は重要だという。

　私のギャラリーでは国際的に標準となっている契約書を使用してアーティストと契約を結んでいます。契約書にはコミッションや支払い方法、

支払い期限などが書かれています。でも、どれくらいの作品をいつまでに制作するかといった達成目標や、財務関連の諸問題、アーティストに対する期待などはそこには書かれていません。なのでギャラリーとアーティストがいかに信頼関係を築けるかが鍵となります。

　ネット時代のなかで、アート産業も大きな変化にさらされています。ギャラリーに足を運ぶ人はごくわずかに過ぎません。でもネットを通して情報にアクセスする人はその何倍にも上ります。アーティストの物語もアーティストがFacebookなどに直接アップした情報を参照して、容易に獲得出来るようになりました。もはや、コレクターは会食会などを通してフォーマルにアーティストの情報をとる必要はなく、非公式な方法で情報を獲得出来るようになったのです。

　講演者は、南アフリカのアート市場のさらなる拡大に期待を寄せていた。そこで重視されているのが国際的な規範の順守と同時に柔軟な人間関係の活用という両義的なコミュニケーションを適度な幅を持って活用するということであろう。つまり、従来型の公式チャンネルだけでなく、非公式なコミュニケーションツールを通した非公式なアーティストと顧客関係の構築によって、アート産業がさらに発展していくと認識されているのである。

海外文化機関とアーティスト・プラットフォーム

　ギャラリー以外にも南アフリカのアート業界を牽引している組織がある。海外文化機関と地元のアーティスト・プラットフォームである。

　南アフリカでは、Goethe Institute（ドイツ）、French Institute（フランス）、Pro Helvetia（スイス）といった海外文化機関が、南アフリカやアフリカ諸国のアーティストを多方面から支援している。アートイベントのスポンサーとして、いずれかの機関が名を連ねていることが多い。Goethe Institute は Rosebank 近くの郊外だけでなく、インナーシティの Maboneng にもスペースを持っていて、定期的にイベントを開催している。このような海外文化機関の特徴は、現地のアートとアーティストを支援する点を重視している点である。したがって各国の文化機関は単なる自国の宣伝機関ではない。現地アーティストの活動を支援

しながら、さりげなく自国（ドイツ、フランス、スイス）のアーティストを参加させる。こうしてアートを通して「民主主義」や「市民社会」といった価値観を浸透させる。この Goethe Institute と French Institute の影響力はアートだけにとどまらず、学術会議やシンポジウム、大学でのイベントなどに資金提供をして、学術分野でも大きな影響力を持っている。両機関とも都市問題を論じた人文社会科学系の学術イベントをアートイベントと上手く融合していた。

　海外文化機関と連携を取りつつも、独自の活動を展開しているのが、アーティスト・プラットフォームである。彼らの活動はヨーロッパ的価値観や仕組みと協調し、財政支援を受けつつも、彼ら自身の独自性を追い求めなければならないという葛藤のうえに成り立っている。

　1991 年に開設された Bag Factory は、実験的なアート企画を展開する施設と認識されてきた。ここのスタジオでは常駐と短期滞在のアーティストが隣同士に並ぶ部屋で切磋琢磨しあっている。このスタイルはロンドンのアートスタジオ、Gaswork へも輸出された。ここのモデルを参考にしたいアート関係者がアフリカ諸国から見学に訪れる。Bag Factory は Triangle Network と呼ばれる世界的なアーティスト・ネットワークの南アフリカの拠点でもある。アーティスト・イン・レジデンスのプログラムを持ち、常に海外出身の若手アーティストが滞在している。

　Bag Factory は Newtown の西隣の Fordsburg というインド人住民の多い工場街にある。Bag Factory という名称が、かつてここが袋工場だったことを物語っている。Newtown には Market Theatre という劇場があるが、その名が示すとおり、元青果市場であり、Bag Factory で穀物や食品を入れる袋を製造していた。このスタジオには David Koloane や Pat Mautloa のような、アパルトヘイト時代から活動をしてきた「レジェンド」と呼ばれ若手アーティストたちから慕われている人たちも活動拠点としている。アーティスト・イン・レジデンスで滞在中だったイギリス人アーティストは「レジェンド」から直接の話を聞くことが出来てとても勉強になると語った。Bag Factory では定期的に展覧会を開いていて、とりわけこれから世に出て行く若手アーティストに発表の機会を提供している。さらにスタジオの一般公開日を設けて、アーティストとアートファン、コレクター、ギャラリストらとの交流の機会を生み出している。

この機会によって、アーティストたちがどのような思いを込めて作品を作っているのかを知ることが出来、展覧会に並べられた作品からだけではうかがい知れないアーティストの人柄に触れることが出来る。

　Visual Arts Network of South Africa（VANSA）は、ヨハネスブルグに拠点を置くアーティスト支援団体で、インナーシティの Ellis Park 工場地区のビルに入っている。工場ビルを改修した広々としたスペースを、オフィス、ギャラリー、会議スペースに分けて使っている。会議スペースとギャラリースペースの間の本棚には、アートや都市関係の本がたくさん並んでいる。VANSAは Newtown の Bus Factory に当初は入居していたが、家賃が高くなり、クリエイティブ都市改良地区、Maboneng のアパートの 1 室に引っ越した。だが、Maboneng 批判が生じたり、VANSA と Maboneng の方向性の違いも感じたりし始めたので、最終的にベルギー人がオーナーの現在の産業ビルに引っ越した。VANSA の上階は、ベルギー人が運営するライブハウスが入っている。「Maboneng はそのブランディング、効率性、周縁性、家賃の高さ、周辺コミュニティとの関係などで、いろいろと居心地の悪さを感じていました。今、この場所で自分たちのアイデンティティを維持出来ると感じています」と VANSAスタッフ［A15］は言う。

　VANSA は 2003 年に設立されたアーティスト支援機関である。アーティストのための新たな空間をつくるというのが VANSA の始まりであった。「私たちはここを視覚芸術の開発機関（development agency）であると認識しています」［A15］。VANSA はアーティスト支援活動を次の 6 つの柱から展開している。①Inform: アーティスト・イン・レジデンスの情報、助成金情報、ニュースレターの発行、アートに関する情報発信、②Develop: 資金を獲得するためのプロポーザルの書き方、予算管理の方法、コピーライト関連、契約書や請求書といった各種用紙のウェブ公開を通したアーティストの自立支援、③Connect：アーティスト同士の交流機会の創出、④Create：100 人以上のアーティストやキュレーターなどに対して 220 万ランドを拠出し支援、⑤Research：アート、文化、都市に関係するコンサルタント業務、⑥Position：アート産業に影響をあたえる重要な問題に関する議論・ディベート・行動の空間を提供、National Lotteryなどから財政支援獲得、である。

VANSA が 2010 年に実施した "Two Thousand and Ten Reasons to Live in a Small Town" は、南アフリカの小さな田舎町で 17 人の同時代アーティストが公共アートを作るプロジェクトだった。現在、南アフリカでは公共アートが流行していて、資金を得やすい状況になっているが、大都市に偏っている。例えば、ヨハネスブルグのインナーシティの再開発と協同して、Johannesburg Development Agency が主導する公共アート・プロジェクトがその種のものである。「こうしたプロジェクトは非常に狭い枠組みに縛られて、批判精神も乏しくなりがちです。そこでこうした状況に対抗するために小さい町を舞台に公共アート・プロジェクトを実施したのです」[A15]。

現在実施中のプロジェクトは "Revolution Room" というもので、ヨハネスブルグ郊外の Cosmos City の地図作りにアーティストが取り組んでいる。Cosmos City では異なる社会的・経済的背景を持った住宅が別々にフェンスに囲まれていて、両者はグリーンベルトで隔てられている。格差が大きいため、地区内の学校には、一方のコミュニティの子どもたちしか通わないという状況すら生じているという。この状況は、まさにアパルトヘイトそのものであり、アーティストは批判を込めて地図アートを作っているという。

アーティストの仕事場

ヨハネスブルグのアーティストの仕事場はいくつかの選択肢がある。多くのアーティストが自宅、個人スタジオ、アートスタジオ（ギャラリーやアーティスト・プラットフォームに付属）のいずれかで仕事をしている。アーティストの制作現場は高い天井や広いスペースが必要であり、同時代美術の表現方法が多様化するなか、場合によっては音を出すので、自宅で仕事をする人はあまりいない。若手アーティストはそれほど広くはないアパートを賃貸する程度の経済力しかないので、自宅で仕事をすることは難しい。アーティストとして一応食べていける私の知人アーティストのなかで、自宅を仕事場にしていたケースは、アーティスト・イン・レジデンスの契約が切れてから、自分で賃貸するスタジオや、新たにギャラリー付属のスタジオスペースを使えるようになるまでのつなぎの期間のみであった。自宅で作業をすることもあったインスタレーション作家もいたが、自宅はあくまで補完的で、パソコンで音の編集作業が出来るの

で、スタジオから自宅に仕事を持ち帰るような例にとどまった。ただし、産業ビルのワンフロアを借りて、自宅兼スタジオとして使っている例はあった。ある写真家は旧工場街の空きビルのワンフロアを自宅兼スタジオとして使っていた。2つのスペースに明確な区切りはなかったが、玄関に近い方にソファやダイニングテーブルを置き、奥をスタジオスペースとして使っていた。一部はカーテンで仕切られていた。だが、自宅と仕事場が一緒なので「仕事が際限なく続いている感じになってあまり良くない」と、その写真家は感じていた。

　金銭的に余裕のないアーティストにとって、広い空間を探すと工場街や倉庫街に行き当たる。これはヨハネスブルグのアーティストに限ったことではない。ヨハネスブルグでは、脱工業化で空きビルや空き倉庫が増えていて家賃も安いインナーシティの軽工業地区が、アーティストのスタジオとして相応しい空間となる。加えて、インナーシティではアートに焦点をあてた都市再開発が始動したので、アーティスト同士の交流も生まれやすいのである。

　インナーシティのアパートに住む若手黒人画家［A1］は、アーティスト・イン・レジデンスの契約が終わって以降、小さなリビングルームとベッドルームの2間の家賃2,600ランドの賃貸アパートで仕事をしていた。ベッドの脇に何枚もの絵を保管していて、リビングルームやベッドルームの端にキャンバスを並べて作業していた。しばらくすると、彼は自宅アパートから3kmほど離れたインナーシティの工場街のスタジオで仕事をするようになった。彼のスタジオは、現役の軽工業地区内にあり、スタジオの入るビルの1階には、白人女性のレセプショニストがいて、企業も入居していた。もともとはアルミサッシ製造工場だったという。現在、2階がアートスタジオとして使われていて、数人のアーティストが入居している。アーティストだけではなく、新興企業のスタートアップの場所として、若い黒人起業家も入居している。

　現在、A1は8帖ほどの部屋を月1,200ランドで借りている。窓からは日光が差し込み、オフィス時代から使われていたと思われる木製の括り付けのキャビネットがあるが、なかには何も入っていない。部屋の中央部分に年季の入った鉄製のテーブルが置かれていて、その上に、絵の具や画材道具が並んでいる。彼は同時並行で5枚の作品を制作していた。

　別の部屋では黒人男性アーティスト［A14］が仕事をしていた。A14は画家

工場街の旧産業ビルの２階の一室を借りて創作活動をするアーティスト。別室では別のアーティストが部屋を借りている。　筆者撮影（2014 年）

であると同時にミュージシャンとしても活躍するアーティストで、ニューヨークで活動していたこともある。ジャズ・ミュージシャンでもある彼は Melville のライブハウスなどで演奏する。このスタジオには 3 ヵ月前に引っ越してきた。以前いたスタジオが売りに出されることになり、出ていかなくてはならなくなったからだ。家賃月 2,800 ランドだという A14 の部屋は、オフィス時代には重役の部屋だったことを推測させる広い部屋で、A1 の部屋の 4 〜 5 倍はありそうだ。部屋にはテレビ、ソファ、デスク、本棚が置かれ、キッチンも付いている。本棚には写真集やアート関係の本がぎっしりと詰まっている。インナーシティの東部の住宅街 Kensington の自宅からここに通っているが、忙しい時は泊まりこむこともある。このスタジオは前いたスタジオよりも周囲は安全で、夜までいても安心なので、とても快適だという。

August House

　A14 が以前いたスタジオとは、August House と呼ばれる「アーティスト・コミューン」のことである。インナーシティの Doornfontein 地区の産業ビルがアーティストのための空間として改修され、多くのアーティストたちがそこを活動拠点としていた。工業化の進展で栄華をきわめ、脱工業化の流れのなかで衰退し、今ではすっかりスラム街となった Doornfontein の工場街の一角に南

アフリカのトップアーティストたちが集住したのである。このプロジェクトは、白人女性のアート・ロジスティクス会社経営者［A4］が立ち上げた。ここで A4 の活動と August House の誕生と終幕までをまとめておきたい。

　A4 は大学を卒業してすぐに Johannesburg Biennale に携わり、アート企画会社に就職して、アート業界での実績を積んだ後、独立してアート・ロジスティクス会社を興した。東ケープ州の Grahamstown で毎年開催される南半球最大とも言われる National Arts Festival[46] にも関わってきた。2006 年に A4 はビジネス・パートナーの女性とともに、インナーシティの産業ビルである August House を買い取って「アーティスト・コミューン」を設立した。

　A4 とビジネス・パートナーは August House を購入する前に、August House からすぐ近くのビルのワンフロアを借りてオフィス兼自宅として使っ

かつて多くのアーティストがスタジオを持ち、アートイベントも頻繁に開催されていた August House。建物の売却計画によって、ほとんどのアーティストは既に転居していた。
筆者撮影（2014 年）

ていた。床面積は700㎡もあったので、キッチンからオフィスまでローラースケートで移動出来た。2人がそこに住んで2年ほど経った時、「何で私たちは賃貸しているのかしら。いっそのこと買っちゃいましょうよ」という話になった。A4は「アーティスト気質」だったので、ビルを購入しようなどという発想は全くなかったが、ビジネス・パートナーは「ビジネス気質」だったので、パートナーに押されるがままに物件探しを進め、August House にたどり着いた。当時 August House には4人の所有権者がおり、そのうちの2人が彼女たちに100万ランドで所有権を売却し、彼女たちは August House の所有権の50%を取得した。荒廃したインナーシティのビルに対して、どの銀行も融資してはくれなかったが、ビジネス・パートナーの自己資金と同ビルの他の所有権者たちからの融資によって購入出来た。こうして August House のビルの2階分（3Fに4部屋と4Fに5部屋）をアーティストたちのスタジオ兼アパートに改修した。改修工事は 26'10 South 社というヨハネスブルグの建築設計事務所に依頼した。かつては 2,000 人ぐらいが働いていた工場なのでトイレはたくさん付いていたが、シャワーはなかったので、トイレを取り外してシャワーに割り当てる工事をした。

　ヨハネスブルグで活動するトップアーティストたちは、そこを可能性を秘めた空間であると感じたようだ。August House が完成すると次々とアーティストたちが移り住み、常にアートイベントが開かれる空間となった。August House の最初の住民だったという黒人女性は、「入居した時、なんて広いのかしら、どうしよう、とまず思ったわ。私たちが最初のテナントで、後から次々とアーティスト達が移り住んできたの。隣の部屋がアーティスト・イン・レジデンスの部屋で、世界中から来るいろいろな人と友だちになれて楽しかったわ。August House では展覧会も開催されていたのよ」[SE3] と当時を回想した。

　「August House はヨハネスブルグでもっとも価値のある不動産となった。金銭面ではなく、心の面で。建物の価値と名声は、その住民によって判定されるものだ。もし、南アフリカの視覚芸術シーンを破壊したければ、August House に爆弾を落とせばいい」[Zvomya & Jason 2013, *Mail & Guardian*] と、2013年の新聞記事は古い産業ビルが、今や南アフリカのトップアーティストたちが住む空間に変貌したことを、驚きとともに伝えている。

この荒廃するインナーシティに生まれた新たな空間は、アーティストたちのクリエイティビティにも影響を与えたようだ。ミュージシャンの Ramoba は「もし郊外に住んでいたら、同じ音楽は作れなかった。……作曲がはかどらない時、外階段に座って、この街を眺めた。こうすると精神的なブロックから解き放たれた」と語り、画家の Makamo は「私はこのコミュニティに属している。私の作品は私が居る場所の物語だ。つまり、近所のスラムビルであり、空きビンで遊ぶ子どもたちだ」と述べた［Zvomya & Jason 2013, *Mail & Guardian*]。August House にはアーティストだけでなく、ギャラリーやアート関連企業も入居した。後に Maboneng 地区に移動した Seippel Gallery、数々のアートイベントを企画した Centre for Historical Reenactments、Joburg Art Fair を仕掛けた Art Logic 社も入居していた［Zvomya & Jason 2013, *Mail & Guardian*]。

August House は、クリエイティブ都市改良地区の Maboneng とは対照的な空間として受け止められた。Maboneng にあるアパートの1つ Main Street Life から August House へ引っ越したアーティストの Makwakwa は「Maboneng では誰もが他人より抜きん出たヒップスターであるかのように振る舞おうとしていた。でも、August House にいる人は誰もがきちんと仕事をしているアーティストで、私の作品も尊敬を受けているように感じる」と述べている［Zvomya & Jason 2013, *Mail & Guardian*]。

商業主義的な色彩を帯びたアート拠点とは一線を画し、その存在価値を高めてきた August House であったが、インナーシティの不動産に対して、デベロッパーたちの関心が高まるなか売却話が出てきた。August House を運営してきた A4 は 2014 年 8 月にこう述べた。「実は August House を売却しようと思っています。やはり周辺環境（スラムビルが目の前にある）や治安の問題が気にかかるのです。インナーシティの都市再開発を手がけている 3、4 社が、ここに関心を示しています。2013 年 10 月に売却しようと決心しました。3ヵ月ぐらいで売却手続きが終わると見込んでいたのですが、実はまだ売れていません」。この時、すでに多くのアーティストは August House から退去しており、残りは 1 組となっていた。ヨハネスブルグのインナーシティに生まれたアーティスト・コミューンは、資本の力を前にこうして幕を閉じた。

第3節　Joburg Art Fair

2008年から始まったJoburg Art Fair[47]は、南アフリカを中心にアフリカ諸国やヨーロッパのギャラリーが一同に会する年1回のアフリカ同時代美術の祭典であり、ヨハネスブルグに拠点を置くアーティストにとって最高の晴れ舞台である。会場はサミットも開かれたことのあるSandtonの国際会議場である。オープニング・レセプションではドレスコードの緩い南アフリカでも、正装した紳士淑女たちの姿も見られる。彼らは有望なアーティストを見つけ出し、アーティストはギャラリストや新たな顧客と知り合う機会となる。

ヨハネスブルグでは民主化（1994年）から間もない1995年と1997年の2回、Johannesburg Biennaleが開催された。祭典としての形は整えたかに見えたJohannesburg Biennaleであったが、貧困に苦しむ現実社会と美術の祭典との距離はあまりに大きく、さまざまな批判を浴びた。集客力も低く財政難に陥ったという表向きの理由とともに、背後に潜んでいたと考えられる政治的争いも重なって二度と再開されることはなかった［川口 2011: 299］。この失敗は南アフリカのアート業界に傷として残った［Labuscagne 2010: 17］。それから10年後、南アフリカで、アフリカ大陸の富の象徴とも言えるSandtonの巨大国際会議場を会場に、単なる芸術祭ではなく、商品としてのアートを前面に打ち出した祭典が開かれるようになった。これをどのように解釈すべきであろうか。

Joburg Art Fairの運営に実際に携わり、同祭典を主題に博士論文を書いたLabuscagne［2010］はアート関係者にインタビューを始めてすぐに、「Joburg Art FairとJohannesburg Biennaleとの関係性を強く感じるようになった」という。なぜなら、多くのアート関係者が、Joburg Art Fairが、Johannesburg Biennaleに取って代わられたものと認識しており、両イベントの性格が異なるにも関わらず、アート業界は両者を常に対話させたからである［Labuscagne 2010: 16］。両イベントの対話は、祭典の内容というよりも時代背景から生じるものである。あるギャラリストはLabuscagneに対して「（Johannesburg Biennale開催）当時はまだ新しい国が出来たばかりで、変革が起きれば何かと衝突していた。だがJohannesburg Biennaleに関しては双方の有力者が素晴らしいので始めようということになった。それは、この国に注意を惹く必要があっ

たからだ。そして、10年経って、この国をめぐって否定的なことで溢れている今、Joburg Art Fair が開催されることは時宜を得たことだ。この国を再配置するために。この国にはまだ提供出来るものはたくさんある。否定的なことから目をそらさなくてはならない」と語ったと言う [Labuscagne 2010: 16]。同様に、Joburg Art Fair のディレクター、Ross Douglas は「Johannesburg Biennale を真似る意図はなかった」と述べつつ、Joburg Art Fair が民間資金によって実現された理由を、「政府がアートに対する予算を減らしていくなかでの対応」であるとともに、「両者の相違点は象徴的である」と言う。なぜなら、Johannesburg Biennale はアートと文化を世界に示したいという国家の意思の現れであったのに対し、Joburg Art Fair は国家に頼らずに、自分たちの能力によって、自分たちのブランドづくりに貢献出来るという民間の意思の現れだからである [Labuscagne 2010: 20]。

　両人の語りは、民主化後の南アフリカの政治経済情勢を端的に示している。すなわち、民主化直後に世界の表舞台に復帰することを求められた南アフリカは、国家をあげてアートと文化によって新生南アフリカをアピールする必要があった。しかしながら、その後は、利益にならず、効果も見えにくいアートに予算を回すよりも、より効果が見えやすく「うまみ（利権）」の多い大型インフラなどに予算配分の重点が置かれるようになる。[48] 政治汚職なども目に余るようになった民主化後の国家への批判とあきらめが広がっていき、自分のことは自分でやるという新自由主義的な意識がますます醸成され、国家もその方向性を推進してきた。こうしたなかで、民間資金によるアートの祭典が誕生したのは自然の流れであったと言えよう。

　Joburg Art Fair は、Artlogic 社というイベント企画会社が運営してきた。2004年に設立された同社は、William Kentledge の映像作品制作などを手がけた経験もある会社である。2008年3月13～16日に開催された第一回目の Joburg Art Fair 2008 のカタログで、Artlogic 社は開催までの経緯とこのイベントへのヴィジョンを次のように示す。

　　大きな賭けに出て16ヵ月前に生まれた企画が非常に素早く現実のものとなった。23のギャラリーに招待状を送付したところ、22のギャラリー

から参加の意思表明を受けた。簡単なパワーポイントのプレゼンをしただ
けにも関わらず、FNB はスポンサーを引き受けてくれた。アフリカにおけ
るアートフェア開催は、われわれの期待以上に地元と海外プレスの関心を
引きつけた。第 1 回のアートフェアに向けて、われわれはアフリカ同時代
美術をアフリカ大陸と海外からの新しい買い手に紹介することに集中した。
Joburg Art Fair は買い手、売り手、アフリカ同時代美術に関心のある人が
毎年会うための場所となるであろう。われわれはワールドクラスのアフリ
カ都市というヨハネスブルグ市のヴィジョンを信じている。南アフリカの
企業は Joburg Art Fair のようなワールドクラスの文化イベントを支える
ことによってこのヴィジョンを達成する手伝いが出来る。[Joburg Art Fair
2008: 11a]

　メインスポンサーは大手銀行の First National Bank（FNB）である。第一回
Joburg Art Fair の開催に際し、FNB の CEO、Michael Jordan は「銀行はあま
たのスポンサー依頼を受けるので、取捨選択をしなければならない」と前置き
してから、アートフェアに対する期待を次のように述べている。

　　Artlogic 社からアプローチを受けた際に、アートの発展のための商業的
　プラットフォームを創造するという試みに連帯する価値を見出した。……
　世界のアート・カレンダーはアートフェアで埋まっているが、アフリカ同
　時代美術に焦点をあてたものはない。アフリカ全体を見渡してもただの 1
　つもアートフェアはない。……本年の成功によって、Joburg Art Fair は国
　内そして国外からの買い手とコレクターをヨハネスブルグに惹きつける毎
　年恒例の行事となり、アフリカ同時代美術の名声を高め、売上を後押しし、
　ワールドクラスのアフリカ都市としてヨハネスブルグの地位向上に貢献す
　ることとなる。[Joburg Art Fair 2008: 9a]

　第一回目の Joburg Art Fair は 7 ヵ国 22 のギャラリーが参加し、合計 33 人
のアーティストの作品を販売した。これに加えて「アフリカ・リミックス」展[49]
のキュレーターも務めた Simon Njami がアフリカ諸国出身者を中心に 29 人の

新進同時代アーティストを集めて、特別展 "As you like it" を開催した［Joburg Art Fair 2008］。当時の地元紙に掲載された「Joburg Art Fair が論争を引き起こす」と題する記事は、第一回 Joburg Art Fair の様子を以下のように報じている。

　会場にはアフリカ大陸の戦争、病気と貧困、銃の彫刻、暗く血なまぐさいエッチング、無防備なセックスの危険性に関するインスタレーションといったアフリカが直面している同時代的課題、南アフリカの抵抗運動を題材としたポスターなどの他、親子の彫刻のような普遍的テーマを扱ったもの、ポップな作品、反体制的な作品などが並んだ。William Kentledge、David Goldblatt、Gerard Sekoto といった南アフリカのトップアーティストから、Owusu-Ankomah（ガーナ）、Romuald Hazoume（ベナン）、Otobong Nkanga（ナイジェリア）といったアフリカ諸国のアーティストの作品までが一堂に会した。［Jacobson 2008, *Mail & Guardian*］

　記事は新しいアートの祭典が「アフリカ人であることと、アーティストであることの意味」と「アートとビジネスの間の緊張関係」をめぐる議論を引き起こしていると指摘する。

　まず、「アフリカ人であることと、アーティストであることの意味」をめぐる議論に関し、記事はアフリカ人であることを意識しながら、自身をいかにグローバルな文脈で位置づけ直しているかを次のように伝える。

　カメルーン出身でパリ在住のキュレーター Simon Njami はレセプションで「われわれがアフリカン・アートと呼ぶものであれば何であっても、アフリカ人アーティストの存在があると思います。アフリカ人であることは、特別な視点から世界を見ることを意味します。そのことはわれわれが世界を見ていないとか、われわれの近所だけしか見ていないということを意味しません」と述べた。カメルーン出身でパリとブリュッセルに拠点を置く写真家 Bili Bidjocka は「私は疑いなくアフリカ人です。でも私は現代アーティストでもあります。このことに何の困難もありません」と述べた。特

別ゲストとして招待されていたケープタウン出身でベルリンやニューヨークで活躍してきた Robin Rhode も「私は自分自身を世界のアーティストだと考えています。……アートは地理ではありません。アートは世界のものになるのです」と語った。[Jacobson 2008, *Mail & Guardian*]

「アートとビジネスの間の緊張関係」に関して、記事は次のように伝えている。

　近年、欧米諸国でアフリカン・アートが脚光を浴びており、William Kentledge（南アフリカ）、El Anatsui（ガーナ）、Chris Ofili（英国）、Yinka Shonibare（ナイジェリア）、Magdalene Odundo（ケニア）の「ビッグ・ファイブ」がとくに人気である。南アフリカのアート市場では経済成長の恩恵を受けた富裕層がアートにおカネを使うようになり、国内に新しいアートギャラリーが次々にオープンしている状況にある。だが、南アフリカのアート購買層の規模はまだ小さく、ほぼ白人だけである。こうしたなか、新進黒人アーティストの支援も、ままならない状況にある。シャンパンを飲み、自己満足に浸るアートディーラーを描写した記事を書いた *Art South Africa* の編集者 Sean O'Toole は「アートとカネの間の持ちつ持たれつの関係に大きな不安を抱えている」と指摘している。[Jacobson 2008, *Mail & Guardian*]

　さまざまな批判、期待、賞賛の声が飛び交うなか、第一回 Joburg Art Fair は成功をおさめたといえるであろう。6,500 人が訪問し、2,500 万〜 3,000 万ランドを売上げるという成功を受けて、FNB は自信を持って引き続き Joburg Art Fair を支援していくことを表明した [Joburg Art Fair 2009: 8]。2009 年の第二回 Joburg Art Fair では 25 のギャラリーと 11 の特別プロジェクトが参加した [Joburg Art Fair 2009: 10]。来場者数は 2008 年の 6,500 人から 2009 年には 10,000 人に増えた。Joburg Art Fair のディレクターは「アートに飢えていたのだろう」と見ている [Labuscagne 2010: 236]。リーマン・ショックの打撃から回復しつつあり、サッカー・ワールドカップを主催した 2010 年には、FNB の Michael Jordan は「グローバル経済は回復基調にあり、ふたたびアー

ト作品への投資が始まっている」とメッセージを送る［Joburg Art Fair 2010: 9］。Artlogic 社も「2010 年は南アフリカが世界からスポットライトを浴びた年だ」として開催 3 年目に意欲を見せた［Joburg Art Fair 2010: 15］。こうして、Joburg Art Fair は南アフリカ・アート業界のみならず、ヨハネスブルグのイベントカレンダーになくてはならない存在としての地位を確立し、ヨハネスブルグのイメージ向上に大きく貢献してきた。

第 4 節　アートフェアとグローバル都市

　2014 年に Joburg Art Fair は開始から 7 年目を迎えた。メインスポンサーの FNB も手応えを感じているようだ。FNB の市場部長 Bernice Samuels は「FNB Joburg Art Fair への出展希望は毎年期待以上のものとなっており、アフリカ大陸のアートシーンにおいて、これ以上の経験と展示はないものと信じています」［Joburg Art Fair 2014: 9］と述べている。

　地元のハウテン州は第二回から現在に至るまで共催してきた。2014 年のアートフェアのカタログに、ハウテン州スポーツ・芸術・文化・レクリエーション省高官が以下のような言葉を寄せている。まず「ハウテン州は、O.R. Tambo 国際空港のようなワールドクラスのインフラストラクチャを提供しているだけでなく、Gautrain や高速道路網のような最先端の陸上交通システムが、Sandton 国際会議場という世界でもっとも優れた会議場の 1 つに結ばれていて、国際的な参加者に対する利便性を図っている」とアピールする。そして「Bag Factory、Artists Proof Studio、Visual Arts Network of South Africa のような市民組織による芸術表現の促進が、われわれの民主主義を守ってきた。彼らの技能開発が、わが州の表現の自由を促進している」と指摘して市民社会の活躍を賞賛している。最後に「2014 年もハウテン州は引き続き FNB Joburg Art Fair と提携を続けて、クリエイティブ産業の前進に寄与する」ことを表明し、「一緒にクリエイティブ産業を前進させよう」と結ぶ［Joburg Art Fair 2014: 12-15］。このハウテン州のメッセージは、ポストアパルトヘイト社会における国家と市民との関係性を端的に示したものである。すなわち、国家の役割は①グローバルな水準のインフラを整備して国外からビジネスを惹きつける基盤をつくることと、

②市民組織の活動を支援して、自己責任で社会開発を担う主体を生み出すことである。

Artlogic 社は「アートフェアが成熟したアート経済で、もっとも上手く機能する手法である」と指摘した上で、これまで次の３つの幸運に支えられてきたという。①アート・コミュニティの結束が強まり、アート経済はより広い聴衆を惹きつけるプラットフォームや、毎年の会合の場を必要とするという共通認識が生まれてきた。②ギャラリー経営者から世界的名声のあるアーティストに至るまでエネルギーに溢れている。③アフリカ同時代美術への関心がグローバルに高まってきた。同社は「Joburg Art Fair の焦点の１つが、この機会を利用して、アフリカ各地から多くの人びとがヨハネスブルグを訪問し、アフリカ同時代美術だけでなく、より広いビジネスのネットワークを構築することである」と結んでいる〔Joburg Art Fair 2014: 11〕。

Joburg Art Fair をめぐる語りは、①ヨハネスブルグのプレゼンスの向上（ワールドクラス都市としての地位）、②経済（クリエイティブ産業、ビジネス全般、観光、雇用創出）の活性化、③アフリカ同時代美術の地位向上、④市民社会の形成促進、⑤パン・アフリカニズム、に分類出来るかもしれない。とりわけ、ビジネスを重視していることは間違いない。ビジネスの成功にはまず、会場となるヨハネスブルグがグローバルなステータスを獲得する必要があり、この魅力によって、クリエイティブ産業だけでなく、その他のビジネス・ネットワーク構築にもつながっていくと考えられている。つまり、アートフェアは「ワールドクラス都市」を目指すための道具の１つと認識されている。世界から人を呼びこむ上で、ワールドクラス都市の地位を確かなものにするインフラ整備が不可欠であると同時に、クリエイティブ産業の頑張りで都市のブランド化を促進出来るという相乗効果が期待されている。したがって、都市とクリエイティブ産業は持ちつ持たれつの関係となっている。腐敗する政治、停滞する行政、変わらぬ貧困と格差、悪化する都市の治安といった「悪評」に直面して自信を失いつつあった南アフリカ、とりわけヨハネスブルグの名声を、民間の手によって自信を取り戻すというポストアパルトヘイトのプロジェクトの１つが、アート業界では Joburg Art Fair の形で結実したと言えるのではないだろうか。

さて、Joburg Art Fair の「成功」により、アートフェアがビジネスになる

とともに、スポンサー企業にとってはイメージ向上につながることも分かってきた。2013年からはヨハネスブルグ中心部のNewtownにあるAnglo Gold Ashanti社のTurbine HallでTurbine Art Fairが始まった。Turbine Art FairのメインスポンサーはRand Merchant Bank（RMB）であり、新しいアートフェアに対して大きな期待が寄せられている［Turbine Art Fair 2014］。

　開始から7年目を迎え規模も大きくなり、大物アーティストの作品を中心に展示販売するJoburg Art Fairに対して、Turbine Art Fairはどちらかと言えば、これからの南アフリカ・アート界を背負う新進アーティストの紹介に力を入れていると言えるであろう。2014年は43のギャラリーとアートプラットフォームの参加があった。Joburg Art Fairの参加者との重複も見られたが、Assemblilageのような新進アーティストを支援しているNPO、プレトリア大学やWits大学のアート・スクールなどの参加もあった。Turbine Art Fairは新進アーティストの支援と新しいコレクターを意識している。Turbine Art FairはJoburg Art Fairに関してあまり言及していないが、当然Joburg Art Fairを意識しているであろう。新たなアートフェア開催へと駆り立てたものは、Joburg Art FairがSandtonというアフリカ大陸の富の集中する「要塞」のなかで開かれていて、ヨハネスブルグという都市全体から見れば極めて例外的な空間に集まる、例外的な人びとのためのイベントとなっていることを人びとが感じ取っているからかもしれない。Turbine Art Fairがそのオルタナティブとなれるかは不明である。

　いずれのアートフェアに並ぶ作品も、アフリカの苦しみと悲しみに溢れるとともに、政治的なメッセージを帯びた作品も多く並んでいる。これらはアパルトヘイト時代には想像すら出来なかったことであろう。新進黒人アーティストの発表の場が増えていることも評価すべきであろう。だが、こうした事実を踏まえても、きらびやかなアートフェア会場で、ワイングラスを傾けながら、南アフリカ社会の現実を、作品を通して初めて知るという構図に違和感を覚えずにはいられない。これはややナイーブ過ぎるであろうか。民主化後も変わらぬ貧困に苦しむ人びとの姿、政治的な声を聞き入れられない人びとの姿を、黒人アーティストたちが怒りを込めて描いている。それらの作品は、たいてい白人富裕層のコレクションに加わり、これらの作品を通して芸術談義が交わされて、

Newtown の発電所あとを改装した Turbine Hall で毎年開催されるようになった The Turbine Art Fair。ヨハネスブルグの新たなアートシーンを彩るイベントとなってきた。
筆者撮影（2014 年）

作品はアート市場を循環し、ゆくゆくは大きな資産に化けるかもしれない。富裕層がいなければ黒人アーティストの発展はありえない。アートとビジネスの関係をめぐるジレンマは語り尽くされた感があるとしても、ポストアパルトヘイト南アフリカでは改めてこの問題に直面せざるを得ない。

注

40 フロリダ［2008, 2010］によれば、クリエイティブ・クラスとは科学技術者、芸術家、デザイナー、建築家、作家といった創造の中核となる人びと（「スーパー・クリエイティブ・クラス」）と金融サービスや法律などに関連する知識集約的職業に従事する人びと（「クリエイティブ・クラス」）から成り立つ階級である。

41 *Monocle* 25 (3) July/August 2009, *Monocle* 35 (4) July/August 2010.

42 http://www.joburg.org.za/index.php?option=com_content&task=view&id=4675&Itemid=330（2014 年 10 月 31 日閲覧）

43 インナーシティ再開発にともなって、ギャラリーもインナーシティのクリエイティブ都市

改良地区に店舗を持ち始めたが、依然として中心は北部郊外である。

44 アーティスト・イン・レジデンスとは国内外からアーティストを一定期間招聘し、滞在中の制作やリサーチなどの活動を支援する事業。1960 年代の欧米において、アーティストが異なった文化や環境において創作活動を行い、自己研鑽や相互啓発の機会を持つという意味合いを持ちながら広がった［辛 2008: 295-296］。

45 "Expanding the Gallery and the Growing Industry," by Tamzin Lovell Miller at Turbine Art Fair, Turbine Hall, Johannesburg, 19 July 2014.

46 National Arts Festival は毎年 7 月に 1 週間～ 10 日ほど開催される芸術祭であり、南アでもっとも重要なアートイベントである。オペラからストリート劇に至るまで、ありとあらゆる芸術が一堂に会する。東ケープ州の小さな大学町に、南ア各地からアートファンが大量に訪れる。2014 年に 40 周年を迎えた。南アのアートシーンは毎年この芸術祭から始まり、ここで評価された作品が、その後ヨハネスブルグ、ケープタウン、ダーバンの大劇場で展開されていく。筆者は過去 7 回ほど National Arts Festival を訪れたことがある。

47 Joburg は Johannesburg の愛称の 1 つ。私は 2010 年（Joburg Art Fair 2010, 26-28 March 2010）と 2014 年（Joburg Art Fair 2014, 22-24 August 2014）の 2 回、Joburg Art Fair を観覧した。

48 Achille Mbembe はアーティストが集った会合で「南アフリカはアートに予算配分を十分にしていない。セネガルはまずアートに予算配分をする」と指摘した。(Symposium: New Imaginaries New Publics, Goethe-Institute, Johannesburg, 21 February 2013)

49「アフリカ・リミックス」展に関しては川口［2011: 310-320］に詳しい。

第6章 「光の都市」の誕生

第1節 ボヘミアンのノスタルジア

　アートと都市空間は切っても切り離せない関係性を持っている。アーティスト、活動家、民衆といった政治的主体がある特定の都市空間に集まることは、時の政権にとって脅威と感じられるだろう。すべてのアートに検閲をかける手間を省くためには、こうした人びとが集う町ごと潰してしまえば良いと支配層は考えるかもしれない。Marabi 音楽で盛り上がった Doornfontein のスラムは 1930 年代に取り潰され［Ballantine 2012: 89］、1955 ～ 1962 年にかけて同じく黒人文化のメッカで、異種混交の自由な気風に満ちていた Sophiatown も、スラム撤去の名目で取り潰された［Hart & Pirie 1984］。ケープタウンでは District Six が取り潰された。黒人の文化と芸術は常に白人政権から恐怖の対象となっていた。

　黒人文化の都市空間が潰されていくなか、インナーシティの Hillbrow や Yeoville が白人ボヘミアンたちの繁華街となり、ライブハウスや劇場、映画館、レストランやバーが立ち並ぶコスモポリタン的活気に満ちていたという。2つの街は今、アフリカ人移民の街に様変わりした。ボヘミアンの拠点的空間の雰囲気を今も残す場所は、Melville ぐらいになった。

　文化やアートのメッカとなった盛り場的空間は、人びとの記憶にいつまでも残るものである。1980 年代に大学を卒業してケープタウンからヨハネスブルグに移り住んだ白人男性は、当時を懐かしむように語る。

　　僕は 1980 年代にヨハネスブルグに移り住んだ。最初は中心街の友人の家にいて、その後、Yeoville に移った。どちらの家からも夜、Hillbrow ま

で飲みに行って、夜中の2時にだって歩いて帰ってきたものさ。今では信じられないけれどね。当時 Hillbrow は文化の中心だった。たくさんの欧米移民が住んでいたから、欧米各国の新聞が手に入ったんだ。Hillbrow には良い映画館もあった。Minisuni という名前の映画館だった。『エクソシスト』っていうグロテスクな映画が70年代に流行ったんだ。まず欧米で上映禁止になり、南アフリカでも上映禁止になった。でも Hillbrow の Minisuni だけはやっていたんだ。今もあの映画館は残っているのかなあ。あったとしてもポルノ映画館とかになっているんじゃないかな。[C1]

　Yeoville は Hillbrow と同じように、1980年代頃まではバーやレストラン、劇場などが溢れる繁華街であった。メインの通りは Rockey Street で、両側に商店が立ち並ぶ。2013年2月に、私は C1 と一緒に Yeoville を訪問した。C1 は Yeoville のすぐ近くのインナーシティに住んでいるにも関わらず、訪れるのは十数年ぶりだという。スーパーマーケット・チェーンの Shoprite の屋上が駐車場になっている。われわれはそこに車をとめて店内の内階段を降りて、スーパーの出口を出ようとすると、そこに立っていた警備員が「気をつけろよ」と注意してくれる。私はなるべく目立たないように小さなショルダーバッグを肩から下げていたが、警備員はそれを指さしている。自然とショルダーバッグのヒモを握る手に力が入る。Shoprite の横の壁は、インフォーマルな掲示板となっていて住民の情報交換スペースとしてよく知られている。掲示板には、フランス語か英語でルームシェア、求人、送金、スーツ売買、宗教、恋人探し、結婚相手探しに至るまで、ありとあらゆる情報が貼られ、加えて翻訳サービス、語学学校、宗教イベント、HIV 検査、中絶などさまざまな広告のビラで溢れている [Kurgan 2013: 35]。

　Rockey Street は人で溢れていて、道端ではトウモロコシを焼いている香ばしい匂いが立ち込めている。かつての白人ボヘミアンたちの街は今、コンゴ人をはじめアフリカ各地からの移民が住む街へと様変わりした。街の中央にあるマーケットは、コンゴから来た食材に溢れている。コンゴ人のアーティストいわく「Yeoville はコンゴそのもので、Yeoville のマーケットはキンシャサのマーケットがそのまま移動してきたようなものだ」[A3]。南アフリカ人は

あまり口にしない魚料理もここでは手に入る。トウモロコシの粉をお湯で練った主食は南アフリカでは *pap* と呼ばれ、コンゴでは *fufu* と呼ばれる。*Fufu* はキャッサバが使われることも多く、*pap* よりも肌理が細かく、舌触りがよい。トマトベースのスープで煮込んだ魚と一緒に食べるのが Yeoville のスタイルだ。

　かつて白人ボヘミアンたちが足繁く通ったバーは改装され、ラスタファリアンたちが集まるナイトクラブになった。毎週日曜日の晩は、レゲエナイトが開催されている。そこはヨハネスブルグの「白人地区」やケープタウンのダウンタウンの気取ったナイトクラブとは異なって、アフリカンな雰囲気を醸し出している。かつてのボヘミアンの街、Yeoville は変貌を遂げて、新たな住民が新たな文化を生み出す空間となっていた。

第 2 節　文化主導インナーシティ再生

　クリエイティブ・クラスは郊外の閉鎖的な住宅街ではなく、ボヘミアンやゲイ、外国人が集うリベラルでオープンな居住区を好む傾向がある［フロリダ 2008］。ニューヨークの Soho、Brooklyn、Wiliamsburg、ロンドンの東地区やロンドン南部の Brixton といった、元は低所得者居住区、軽工業地区や倉庫街だったエリアが、リベラルな居住区としてアーティストたちの集う街へと様変わりしていった。脱工業化によるインナーシティの衰退からの復興には「ニュー・エコノミー」［Hutton 2008］の創造が不可欠であった。「ニュー・エコノミー」を生み出すために、「芸術主導再生」ないしは「文化主導再生」と呼ばれるインナーシティ再生プロジェクトが北米の都市を中心に進んだ。すでに 1970 年代後半から 80 年代にかけて、脱工業化を迎えた米国の都市を中心に、文化政策と都市政策の連携により都市再生を実行する「芸術主導再生」が始まっていたが、この波は近年ゆるやかにヨーロッパの都市にも移ってきた［Garcia 2004］。「都市企業家主義」［ハーヴェイ 1997］の浸透によって、都市は収益をあげるために、文化やアートを活用しようとしており、劇場や美術館、映画館やギャラリー、文化地区やメディア地区のような大規模文化関連インフラの整備に投資する文化主導開発を遂行しているのである［Mould 2014］。

　民主化直後のヨハネスブルグで、クリエイティブ都市を目指した都市再

生の動向を整理した「要塞都市からクリエイティブ都市へ」と題する論文
[Dirsuweit 1999] では、ヨハネスブルグのクリエイティブ産業の発展を阻む特
徴を都市空間の構造に見出している。第一に、ヨハネスブルグ住民のクリエイ
ティブ産業の消費行動は、私的で家を中心としたものとなっている点が挙げら
れており、第二に夜遅くまで利用出来る公共交通の欠如によって、人びとの行
動が制約されている点が挙げられる。すなわち、郊外化と要塞化の都市づくり
が加速化し、治安への恐怖から家に引きこもりがちとなっている上に、公共交
通がないために自家用車を所持していなければ劇場等へのアクセスがままなら
ない状況に置かれているヨハネスブルグでは、自ずとクリエイティブ産業の規
模に制約がかかるのである [Dirsuweit 1999: 185]。つまり、クリエイティブ産業
の発展には都市構造の転換が必要であるという指摘である。北部郊外化の流れ
は、メディア産業等のクリエイティブ産業でも例外なく続き、インナーシティ
におけるクリエイティブ産業の衰退は目立った。

　かつてヨハネスブルグでボヘミアンが集まった Hillbrow や Yeoville は、移民
の流入と治安の悪化で変貌を遂げた。アフリカ移民が集まる Yeoville では新た
な文化が生まれているが、多くの中間・富裕層にとって近寄りがたい場所であ
る。黒人と白人が融和出来る新たな公共空間が必要とされるポストアパルトヘ
イト社会において、人種差別に対してよりセンシティブなクリエイティブ・ク
ラスは、居心地の良い空間を探し求めている。こうしたなか、2000 年代後半に
入り、ヨハネスブルグのインナーシティではアートと文化を活用した文化主導
型都市再生プロジェクトが始まった。一度は「荒廃」したインナーシティにク
リエイティブ産業の拠点をつくり、クリエイティブ・クラスの活躍の場を広げ
ることが、グローバル都市ヨハネスブルグの生き残りの道の選択肢の 1 つとさ
れたのである。とくに 2007 年に公布されたインナーシティ再生の指針である
「インナーシティ再生憲章」[CoJ 2007] にはクリエイティブ産業の支援と「アー
ト、文化、遺産による」再開発を明記しており、同憲章によってインナーシ
ティの文化主導都市再生が重要な柱として認識されることになった。

　Newtown、Braamfontein、Maboneng の 3 ヵ所は、文化主導都市再生プロ
ジェクトが実施された代表例である。いずれの地区も前章で見た「都市改良地
区」となったが、その最大の理由はインナーシティの都市空間の前提には安全

確保が必須だからであろう。私は上記の3地区を「クリエイティブ都市改良地区」と名付けたい。これらの地区は、近年「クール」な空間であると認識され始めてきた。そこに人びとは、ゲーテッド・コミュニティにはないストリートの「復活」を感じ取る。だが、監視カメラと警備員に囲まれたストリートが果たしてクリエイティビティを生み出せるのであろうか。南アフリカの都市は、欧米先進国のクリエイティブ都市を夢見ながら、理想主義的な都市政策を展開しつつ、現実的には都市の一画に例外空間を作って、擬似的にこれを達成せざるを得ないというジレンマに苛まれる。

Newtown

ヨハネスブルグで最初に生まれたクリエイティブ都市改良地区が Newtown である【図10】。Newtown はヨハネスブルグ草創期には Brikfields と呼ばれるレンガ製造の拠点であり、1904年まで移民が集まるスラム街だった。1904年4月にペストの流行を口実に、住民の強制排除が行われて、同年10月に再開発が始まった。これにより Newtown は、製粉工場、砂糖工場、食料販売企業、青果市場、屠殺場、発電所、バス修理工場、軽工業の工場などが集まる地区となった。[50] 1970年代になると発電所は転出し、1976年には1913年に建てられたインド人の果物市場が郊外に移転して、建物が売りに出されると、Mannie Manim と Barney Simon は、Market Theatre を開設した。Market Theatre はアパルトヘイト時代に演劇の拠点となり、文化による社会変革を目指す反アパルトヘイト闘争を展開する「苦難の劇場」として世界に知られることとなった。[51]

アパルトヘイト時代の Newtown は、数少ない人種的融和を目指した空間であった。当時を知る人は、Newtown の広場では週末ごとにフリーマーケットが開かれて、人種を問わず楽しめる文化空間であったという。黒人女性研究者は「Newtown は両親に連れられて劇を見に行くところであった」[R3] と語り、白人女性アート起業家は「両親と毎週のように Newtown のマーケットに行き、そこは活気に満ちていた」[A4] と懐かしむ。

だが、インナーシティの荒廃とともに Newtown も衰退した。Turbine Hall はインフォーマル住居となって、窓は割れ、壁は破れ安全とはいえない状況となった [Dirsuweit 1999: 205]。1998年ごろに Newtown 再生計画が持ち上がるが、

172

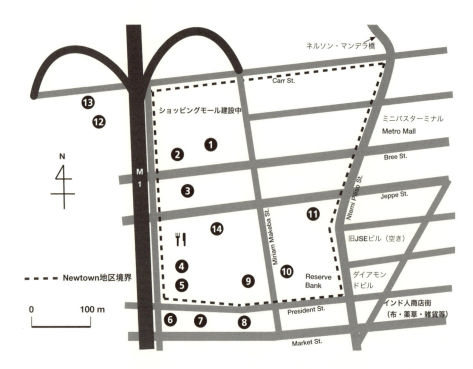

❶ Market Theatre（劇場）
❷ Museum Africa（博物館、展覧会会場）
❸ Mary Fitzgerald Square（広場、イベント・フェスティバル会場）
❹ Bassline（ライブハウス）
❺ Dance Factory（ダンス学校）
❻ Bus Factory（ヨハネスブルグ開発公団、アートスタジオ等入居）
❼ Market Photo Workshop（写真スタジオ）
❽ ヨハネスブルグ市芸術・文化・遺産局
❾ Sci-Bono Discovery Centre（科学博物館）
❿ SAB World of Beer（ビール博物館）
⓫ Turbine Hall（イベント会場、会議場）
⓬ City Varsity（美術学校）
⓭ Business and Art South Africa: BASA（クリエイティブ産業支援団体）
⓮ Workers' Museum（鉱山労働者博物館）

図 10　Newtown 改良地区の地図（2014 年 8 月）
出典：Newtown 改良地区管理会社制作地図および現地調査に基づき筆者作成

当時、貿易産業省はNewtownを経済特区化する構想を持っていた［Dirsuweit 1999: 205］。Newtown Business Initiative が立ち上がり、政府とビジネスの間の交渉スキームが生まれ、1999年に貿易産業省が委託して作成された「クリエイティブ戦略報告書」は、クリエイティブ都市の建設のために、官民連携で都市改良地区化することを強く主張した［Dirsuweit 1999: 206］。こうして2000年代に入るとヨハネスブルグ開発公社とハウテン州の半官半民企業、Blue IQ[52]が主導してNewtown再開発事業が始まった。2003年にネルソン・マンデラ橋が完成すると、Braamfontein地区との行き来が容易になり、さまざまな施設が生まれていく。地区の中心に生まれたMary Fitzgerald Squareは政治集会、渡辺貞夫も参加したジャズ・フェスティバル（Joy of Jazz）、インドの新年祭（Diwali）、サッカー・ワールドカップのパブリックビューイング会場、Mercedes Benz Fasion Week Joburgの会場などに使われてきた大広場である。広場に面してMuseum Africaがある。Museum Africaは1933年に建てられたヨハネスブルグ公共図書館の建物を利用しており、歴史的資料も保管されていて、ヨハネスブルグに関する常設展示は見応えがある。加えて、ここは特別展会場として

Newtownの中心にあるMary Fitzgerald Square。この日はJohannesburg Fashion Weekが開催されていた。　筆者撮影（2014年）

も使われる。2014年には "Rise and Fall of Apartheid: Photography and the Bureucracy of Everyday Life"[53] と題する展覧会が開かれ、800点にものぼるアパルトヘイト時代の貴重な写真や映像資料、ポスターなどを展示した。他にもSci-Bono Discovery Centre（科学博物館）、SAB World of Beer（ビール博物館）、Workers' Musuem（鉱山労働者博物館）、Turbine Hall（会議場、アートフェア開催会場）、Bassline（ライブハウス）、Dance Factory（ダンス学校）、Bus Factory（アートスタジオ、ヨハネスブルグ開発公団などが入居）、Market Photo Workshop（写真学校、ギャラリー、スタジオ）などが集まっている。

　Newtownは自発的都市改良地区であり、地区のセキュリティ、景観維持管理、ブランディングを実施している。2001 〜 2008年にかけて、公共投資1億8,870万ランド、民間投資27億ランドあまりが投下された [CoJ 2011: 30]。2011年7月からは、Atterbury Properties社が、1911年に建てられた2haの建物（The Potato Shed）の改修によるショッピングモール建設とCity Lodge Hotel建設という総額7億ランドのプロジェクトが始まっている [Garner 2011: 160]。

　安全で清潔な空間を整備するという点では、Newtownの再開発は成功したと言えるかもしれない。しかしながら、イベント日には人が集まるが、それ以外の日には人出はほとんどない。ストリートパフォーマーは人出も少なく利用許可も取りにくいNewtownを避けて、近くのバスターミナル前でパフォーマンスをする。Newtownはあまりに洗練されてしまい遊びの要素が失われてしまった。かつてのNewtownの文化的価値を知る人たちは、Newtownの良さがすっかりと失われたと感じている。「市は過剰開発をしてしまい、昔の魂は失われてしまった」[A4] とか、「Newtownは死んでいく」[R3] という言葉さえ聞こえてくる。私は2008年から2011年にかけて定期的にNewtownに通っていたが、2013年に再訪した際に、ずいぶんと静かな空間になってしまったと感じた。ショッピングモールとホテルの建設は、この人出の少なさを解消することが目的であろうか。「ショッピングモールまで建設され始め、Newtownの町づくりはどこかで間違ってしまった」[A4]。アーティストなどクリエイティブ・クラスが好むようなストリート性のある街とはかけ離れてきており、郊外のゲーテッド・コミュニティと同じような空間になる可能性がある。

　ところで、Newtown都市改良地区を一歩出ると、賑やかなインド人商店街

Newtown のダイアモンドビルと隣接するインド人経営の商店街（手前）。薬草や布などを販売する店舗が立ち並ぶ。商店街手前の路上中央部にある施設は、Bus Rapid Transit（BRT）のバス停で、バスはバス専用線を走る。　筆者撮影（2014 年）

がある。Gujarat 州出身の店主が多いという。Zulu 人など鉱山労働者が里帰りするときに、ここで買い物をする。アフリカ人の使う薬草や儀礼で使用する道具を足の踏み場もないほど並べた店、女性用衣装や布を販売する店などが連なる。1999 年に Newtown 再開発が始まる際に、貧しい住民を追い出したり、Newtown の生み出す新たなサービスにそぐわない人びとを排除したりしてしまうのではないかとの懸念が表明されていた［Dirsuweit 1999: 207］。Newtown の文化施設に訪れる人びとが、この商店街を訪れることはまずない。Newtown 改良地区とインド人商店街の間は、目に見えない高い壁がある。

Braamfontein

インナーシティの再開発エリアのなかでも、もっとも話題の地区の１つが Braamfontein である【図11】。2004 年に Braamfontein は法定都市改良地区となり、北部郊外の都市改良地区の開発管理をしている UG 社の下で、地権者からなる Braamfontein Management District という非営利管理会社が地区の維

持管理を担っている。Braamfontein は Wits 大学のお膝元で、ビール会社や保険会社の本社もあり、繁華街としての性質も持っていた場所であったが、インナーシティの荒廃とともに衰退した。Braamfontein Management District 管理会社は当時の様子を次のように書き、都市改良地区化が必至だったと主張する。

　　2002 年までに、Braamfontein の衰退は明らかであった。壊れた歩道、放置されたゴミなどで路上は問題を抱えていた。ホームレス、路上商人、渋滞、未登録のタクシー乗り場などで、制御不能に陥っていた。都市を衰退させる複雑で深刻な問題を抱えていたので、さまざまな介入が必要とされた。都市改良地区の設立は、この負の遺産から抜出すために、もっとも実行可能な介入であると判断され、2004 年に Brammfontein Improvement District が正式に認可された。[54]

　ここに本社を置くなど関係の深い民間企業（Liberty Group、Sappi、Nedbank）が中心となって、徐々に都市再生が始まった。2001 〜 2008 年にかけて、公共投資が 5,570 万ランド、民間投資が 40 億ランド投下された［CoJ 2011: 30］。とくに 2011 年以降、街は見違えるように「復興」を遂げてきた。

　2010 年末には、空きビルなどを改装してギャラリー、ショップ、カフェなどが集まる一角（70 Juta）が生まれた。2011 年になると、空きビルの駐車場部分を利用して毎週土曜日にオーガニック食品などを扱う Neighbourgoods Market も始まり、これまでインナーシティを訪問することを避けていた郊外住民が訪れるようになった。空きビルを改装した学生アパートもたくさん生まれており、学生が集う活気溢れる町になってきた。ホテルやレストランも次々にオープンしている。ナイトクラブ（Kitchener's）やジャズ・バー（The Orbit）なども開店し、ここはヨハネスブルグの新しいナイトライフの拠点となりつつある。French Institute of South Africa の本部もここにある。シェアオフィスや Tshimologong Precinct という IT ハブ（IBM との協同）も生まれた。Wits 大学附属の美術館、Wits Art Museum は定期的に興味深い展覧会を実施している。地区に新たなギャラリーのオープンも続いている。

　Braamfontein は都市改良地区なので、地区内には警備員が立ち、監視カメラ

第 6 章 「光の都市」の誕生　177

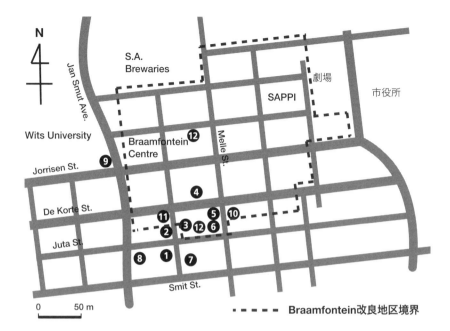

❶ 70 JUTA（ギャラリー、カフェ、インテリアショップ等入居）
❷ Kitchener's（バー、ナイトクラブ）
❸ Neighbourgoods Market（土曜マーケット）
❹ The Orbit（ジャズ・バー＆レストラン）
❺ South Point Central（学生向け不動産業者窓口）
❻ Doubleshot Coffee & Tea（カフェ）
❼ Impact Hub Johannesburg（シェアオフィス）
❽ 62 JUTA（ギャラリー、フランス文化機構等入居）
❾ Wits Art Museum（Wits 大学付属美術館）
❿ Lamunu（ホテル）
⓫ Bannister Hotel（ホテル）
⓬ The Alexander Theatre（劇場）

図 11　Braamfontein 改良地区の地図（2014 年 8 月）
出典：Braamfontein 改良地区制作地図に基づき筆者作成

Braamfontein 改良地区の Kitchener's の前で古着販売。数年前までの陰鬱とした街並は一変した。 筆者撮影 (2013年)

Braamfontein 改良地区の Lamunu (ホテル) 前。古いオフィスビルが次々に改装されている。 筆者撮影 (2013年)

で安全が確保されている。窮屈さや不自然さは感じないものの、路上商売禁止の看板が、この街の規律を伝えている。Braamfontein に本部を置く人権 NPO のスタッフは「ヨハネスブルグの都市再生のやり方が富裕層向けに偏っていて貧困層をないがしろにしている」と主張している。Braamfontein もその例外ではないものの、「ここは比較的包摂的な要素を持っているのではないか」という。「Braamfontein は古くからあった街を元に、そこから町づくりを出発させました。学生もたくさん住むようになってきて、いくつかの NGO も本拠地としています。アフリカ人の経営する美容室も街に溶け込んでいます」[N9]。

Braamfontein は、次節の Maboneng と比較して取り上げられる事が多く、両者はクリエイティブ都市改良地区としてのライバル関係にある。

第3節 「光の都市」の成長戦略

2009 年にスラムビルやハイジャックビルが立ち並ぶ荒廃したインナーシティの軽工業地区に、クリエーターやアーティストといったヤッピー（young urban professional）が集まる Maboneng と呼ばれる都市空間が誕生した。Maboneng は Jonathan Liebmann というユダヤ系の青年実業家が 2007 年に立ち上げた民間不動産開発企業、Propertuity 社（以下、PT 社）が開始した都市再生事業によって生まれた自発的都市改良地区である。Maboneng とは「光の場所」を意味する現地語（Sotho 語）であり、City and Suburban と Jeppestown の 2 つの行政上の地区にまたがっている。このあたりは、衣料品、繊維、印刷、機械等の工場が集まる軽工業地区として栄えた。まだ、操業を続けている工場もあるが、脱工業化と工場の郊外移転により、空きビルが生まれ、治安も悪化し、荒廃を極めていた。

2000 年代後半から PT 社は徐々に空きビルを買い取って、ギャラリー、カフェ、レストラン、劇場、ミニシアター、アパートなどに改築した。Property（不動産）と Perpetuity（永続）を掛けあわせた Propertuity という社名が示すとおり、社会変革に向けて企業活動を続けていくという強い使命感をうかがわせる。

2009 年の Arts on Main の誕生を皮切りに始まった都市再生事業は徐々に発

展を遂げ、2013年ごろから居住者数も増え、定期的にイベントが開催され、さまざまなクリエーターたちがプロジェクトを進める空間となってきた。ここは、ヨハネスブルグきってのクリエイティブ・クラスの集まる空間と言えよう。現在、PT社は40以上の建物を所有し、次々に改築・改装を進めている。この開発に関しては賛否両論が渦巻いているが、都市とクリエイティブ産業の関係者にとって、ここはヨハネスブルグでもっとも話題の空間である。

　私が初めてMabonengを訪れたのは2010年の冬のことであった。ある日の新聞の文化欄にMabonengという場所に新しくミニシアターがオープンし、そこで *TOKYO!* [55]というタイトルの映画が上映されるという記事を発見した。恐る恐る訪れたインナーシティの薄暗い街角に車を停めて、足早に映画館のなかに駆け込んだことを思い出す。当時、Bioscopeという名前の映画館の他には、カフェと雑貨・洋服販売スペースに小さな劇場を備えたMalvaというショップがあっただけだった。その店には郊外のショッピングモールでは決して目にすることのないデザインの洋服が並んでいた。私は時間を見つけては、この映画館や15人も座れば満席になってしまう小劇場に足を運び、黒人も白人も一緒に集まり、語り合うポストアパルトヘイトの生み出した新しい都市空間に可能性を感じた。

　映画館の入った建物、Main Street Lifeより一足早く生まれたのが、Mabonengプロジェクト発祥の地ともいえるArts on Mainであった。レンガ造りの工場ビルを改修したArts on Mainには、William Kentridgeの工房、本屋、ギャラリーの他、中庭にはレストランが入っていた。この2ヵ所が、開発当初のMabonengであった。ヨハネスブルグ国際ドキュメンタリー映画祭のような大きなイベント開催日以外には人出もあまりなかった。平日に他にほとんど客のいない中庭のカフェでゆっくり読書などをしていると、ふと自分がどこに居るのかを忘れてしまうような空間であった。当時、私は旧工業地区の再開発を世界的な文脈やヨハネスブルグの文脈で説明するための言葉を持っていなかったが、何か新しいことが静かに動き出していると感じた。その後、新聞や雑誌でMabonengが頻繁に取り上げられていくのを目にするようになった。

クリエイティブ・コミュニティづくり

Maboneng 開発を手がけている Liebmann は「時の人」として新聞、雑誌、ウェブサイトに頻繁に登場し、地元のビジネス雑誌 *Entreprenuer* の 2013 年 2 月号では表紙を飾った。「社会的インパクトと利潤を生み出すこと」[FIN24 2014/2/21] と表題の付いた Liebmann へのインタビュー記事は、2014 年に *Forbes Magazine* の選ぶアフリカでもっとも前途有望な 30 人の若手企業家の 1 人として、若干 29 歳の Liebmann が 17 位にランクインした事、PT 社は現在 37 の建物を所有し、28 人のスタッフを雇用する企業となり、Maboneng 地区は 50 を超える中小企業の拠点になったことを伝える。Liebmann は自身を「金銭的な利潤を生み出しながら、社会的インパクトを生み出すことに関心のある企業家である」と分析している [FIN24 2014/2/21]。

「インタビュー、Jonathan Liebmann、ヨハネスブルグのもっともエキサイティングな不動産所有者の 1 人」と題する記事は、時代の寵児である Liebmann の多忙さを読者に印象づけながら、カジュアルな出で立ちで、颯爽と登場する Google 時代のクリエイティブ企業家像を浮かび上がらせる。

> 私は 2 杯のカプチーノとスマートフォンに入れてあった数ページの風変わりなフィクションを読みながら、一緒にいたカメラマンは 3 本のタバコと 1 杯のカプチーノを口にしながら、遅れて来る Jonathan Liebmann を待っていた。
> 角のコーヒー屋で待ち合わせた Liebmann の秘書の女性は、スウェットシャツにジーンズ、スニーカーの姿で「彼はこちらに向かっているところです！」と言いながら現れた。……しばらくすると、Liebmann も淡い色のパーカーとチノパンにスニーカーというカジュアルな出で立ちで登場し、……Living Room という名前のヨガとスパを備えたルーフトップの健康レストランで、われわれのインタビューを受けることを申し出た。[Mabandu 2013, *City Press*]

企業家一家に育った Liebmann[56] は、クリーニング店経営、移動コーヒーショップ経営、ナイトクラブ経営など、彼の情熱の赴くままに挑戦を繰り返

してきた［Jodelle blog 2014/6/12］。モナシュ大学でビジネスと会計学を学んだ
Liebmann であるが、この成功物語は「彼自身がこれまで積んできた経験と起
業家精神に負うところが大きいだろう」と記者は推測する。

「私は 15 歳からビジネスをしてきました」と Liebmann は、髪の毛を掻き
あげながら強調した。……さまざまなビジネスをこの街で行ってきた彼に
とって、彼のもっとも大胆なビジネスを同じ街で実行に移したことは、自
然なことであった。［Mabandu 2013, *City Press*］

　Liebmann が不動産開発に初めて取り組んだのは弱冠 18 歳のときであった。
Liebmann はそのきっかけを次の様に語る。

　私は Milpark の 44 Stanley[57] の近くに小さい工場スペースを見つけて、そ
こを改築したんです。その時、2 つのことを思いつきました。1 つは、この
ような古い工場スペースは新しい生活と労働のための空間へと生まれ変わ
る潜在性を持っているということ。もう 1 つが、これを自分だけのアパー
トにとどめたくないなと。つまり、その時、自分は不動産デベロッパーに
成りたかったということに気づいたのです。［Pitman 2013: 44］

　単に利益を追求するだけではなく、社会に大きなインパクトを与えるという、
クールな企業活動の追求は、国家権力が最大限に介入したアパルトヘイト都市
の歴史を引き継ぐヨハネスブルグではより賞賛されるものとなる。ヨハネスブ
ルグのインナーシティ再開発は、もっとも挑戦的で、社会的で、そしてこれを
成功させたときには大きな利益も期待出来るポストアパルトヘイト社会を象徴
する新しい企業活動だと言えるかもしれない。
　「光の場所」を意味する Maboneng という呼称は、2009 年に Arts on Main の
屋上で開催された "REMOTE WORD" というプロジェクトに出展された作品
名 "Maboneng" に由来している。Maboneng という呼称を選んだ時に、このプ
ロジェクトが単なるビルの改修にとどまらずに、コミュニティをつくるという
ことを意識するきっかけとなったと、Liebmann は次のように語っている。

これを機にわれわれは近隣を開発することを考え始めました。Maboneng
という言葉は、われわれが見識ある（enlightened）都市居住者のコミュニ
ティを創造しなければならないというヴィジョンを物語っていたのです。
[Jodelle blog 2014/6/12]

　光とはさまざまなバックグランドと収入からなる人びとが、生活し、働
き、遊ぶ地区づくりを目指している当プロジェクトの本質です。[Wilhelm-
Solomon 2012, *Mail & Guardian*]。

　見識ある都市居住者のコミュニティを創造するために、これまで一般に流布
されてきたインナーシティの印象を変えることに、Maboneng は大きな力を注
いできた。Liebmann は「ヨハネスブルグ CBD に対する人びとの認識を変える
こと」、つまり、投資家に対しても、潜在的消費者（居住者や訪問者）に対して
も CBD が価値ある空間であるということを説得することが一番大変であったと
いう [FIN24 2014/2/21]。だが今、インナーシティに対する認識は大きく変わっ
てきている。1 つには「15 歳から 25 歳の若者は、35 歳以上の人たちと違って、
インナーシティにネガティブな記憶を持っていなかったからだ」と Liebmann
は分析する [Mabandu 2013, *City Press*]。確かに Liebmann が対象としているク
リエイティブ・クラスのヤッピーにとって、インナーシティへ戻ることにはそ
れほど大きな抵抗感はなさそうだ。
　Liebmann は「ヨハネスブルグには限られたライフスタイルのオプションし
かなかったので、自分の住んでいる都市に関与出来る場所を持っていないとい
う不満を抱えていました。自分と同じような不満を持っている人たちがいると
期待したのです」[Mabandu 2013, *City Press*] と述べている。彼は最初のプロ
ジェクトである Arts on Main のターゲットをクリエイティブ・クラスに絞り込
んだ。

　海外旅行をしたときや、44 Stanley の近くに住んでいたときに、私は
アーティストやクリエイティブな人びとが変革にとって最善の触媒である

ことが多いことを学びました。彼らは格好の一番乗りなのです。これは
Arts on Main に限ったことではありません。世界のいたるところで証明
されてきたことです。コミュニティの基盤となるアーティストやクリエイ
ティブな人びとを呼びこむことが重要だったのです。[Pitman 2013: 44]

　Arts on Main によってまずクリエイティブな若者が集まるハブを生み出
した Liebmann は、つぎに Main Street Life というマンションをつくった。
Maboneng はクリエイティブな若者が遊びに来る場所にとどまらず、彼らに住
む場所を提供する必要があった。Liebmann が、新たに生み出した５階分（地
上階はレストランと映画館、最上階はホテルとなっている）のマンションは、アー
ティスト、建築家、ファッションデザイナーのような若いクリエーターたちが
共に活動する空間で、彼はそこを「クリエイティブ・コミュニティ」と呼んで
いる [Magoulianiti-McGregor 2010: 53-54]。
　Leibmann はコミュニケーションに基づいたコミュニティづくりが、新たな
経済を生み出すと認識しており、「私は常に Maboneng はコミュニティである
と言っています。すなわち、人びとがここで交流し、彼らのエネルギーと情
熱をこの場所に投入し、そして Maboneng をつくりだすのです」[Jodelle blog
2014/6/12]、「人びととコミュニケーションを取ることは不動産開発よりもずっ
と大きな挑戦です。コミュニティベースの経済をつくりあげることなのです」
[Brodie 2011, *Mail & Guardian*] と述べている。

単独デベロッパーによる開発
　「単独デベロッパーによる都市再生」であるという点が Maboneng の最大の
特徴である。PT 社の仕事を請け負っている建築家は１社による開発という特徴
が、「Maboneng 開発をヨーロッパの都市再開発と決定的に異なるものにしてい
る」と指摘し、「単独デベロッパーによる開発は、他社が参入しにくいために持
続性という観点でリスクをはらむものだ」と言う [U2]。ある都市人類学者も南
アフリカでは欧米都市のように、アーティストが低所得層地区に住み始め、そ
れを追いかけるように複数の企業家が参画していくことで、しだいに大きな再
開発となるといったような状況は起こりえず、上からの資本投下によるお膳立

てが不可欠であると指摘する。だが、以下のような Liebmann の語りは、上からの資本投下によるものだという事実を包み隠そうとしているように感じられる。

　デベロッパーの立場から言えば、ヨハネスブルグの独特さは、完全に無秩序であるということです。なので、われわれは管理されていない環境で活動しています。世界中のほとんどの都市再開発は政府によって主導されています。……われわれは（インナーシティからの）大量脱出サイクルを食い止めて、このサイクルを逆向きにしなくてはなりません。われわれは気候と環境に配慮したデザインを心がけてきました。人びとが再び街歩きを楽しめるように、ストリートへの関与という新しい哲学を掲げてきました。［Blaine 2014, *Business Day*］

　下からの運動を追求するために、Liebmann は「Maboneng はここで暮らし、働き、ここを愛する人びとの事を指します。つまり、ここが持つエネルギーと個性は彼らの生み出しているものなのです。ある場所は決して、個人の物語ではないのです」［Pitman 2013: 44］と述べて、彼自身が Maboneng と同一視されることを拒絶する。

　確かに Maboneng 開発は国家や都市政府、巨大資本が主導した上からの都市再開発ではない。実態はともあれ、下からの開発という哲学と実践に基づいた都市再生はヨハネスブルグではより大きな賞賛を受ける。なぜなら、アパルトヘイト政権による支配の歴史を持つとともに、ポストアパルトヘイトの混沌、無秩序、そして行政機関の機能不全に直面している南アフリカにおいて、これが唯一の解決手段だと認識されるのはある意味もっともであるからだ。地元紙は Maboneng の都市再生物語を、世界で批判を浴びることの多い高圧的な都市浄化の物語と対比させている。

　Maboneng は Liebmann という 1 人の実業家の手に委ねられた都市改革の物語である。……ニューヨークを浄化した Rudy Giuliany 市長や、シドニーを浄化した Peter Ryan 警察長官による都市再生物語のような、行政に

よる戦略的な介入の物語とは対照的なものであり、大量の産業ビルを改修し、再生することに集中して、ビジネスと個人を呼び込んだ単独の民間投資である。[Mabandu 2013, *City Press*]

Liebmann は「政治主導の都市開発と民間企業主導のコミュニティ開発の良い点と悪い点はなんでしょうか」という記者からの質問に対して次のように答えている。

　官民連携の推進はヨハネスブルグの文脈では、より適切なことであると思います。民間資金の利点は意思決定過程に一定の自律性を保つことにあると思います。このことは、より早く開発を進めることが出来て、機会を逸しないということを意味することが多いでしょう。しかしながら、公的部門も、同じように重要です。開発物件周辺の都市空間と、そこの行政サービスは、開発物件と同じようにアップグレードされる必要があるからです。[Jodelle blog 2014/6/12]

Liebmann は、ヨハネスブルグの政治エリートとの関係を尋ねた記者に対して、多くを語らなかったが、「われわれはヨハネスブルグ市と良い関係を構築しています。私は市があちこちで水準以下の働きしかしていないと思っています。けれども、たくさんの進展も見られます」と答えている [Mabandu 2013, *City Press*]。

PT 社は Maboneng 地区の開発にあたって、本来は公的機関が担うべき公共空間の整備も自分たちで実施してきた。例えば街灯、植樹、歩道整備、セキュリティなどである。「こうしたインフラ整備のコストを正当化するためには、われわれはこの地区で一定以上の物件を所有する必要がありました」と Liebmann は言う [Pitman 2013: 45]。

ヨハネスブルグ市は Maboneng 開発に対して、財政面で補完的な役割を担うにとどまっているものの、民間開発に触発されて活発なインナーシティ再生事業を手がけている。ヨハネスブルグ開発公団（JDA）は、インナーシティの不動産開発業者との連携によって公共空間の改善に取り組んできた。JDA は Arts on Main に隣接する地区の美化に 2,400 万ランドを投資した。これは、排水溝、街灯、高速道路の高架橋の美化、歩道整備、15 台の監視カメラの設置などを含んでいる。同時に民間企業も公共空間整備に貢献を求められる。PT 社と同様にこの地区に多くの不動産を所有する Apex Hi 社も公共空間整備に 400 万ランドを費やしてきた。[58]

　JDA は過去 11 年間、インナーシティの民間開発に付随して公的資金を戦略的に投資してきた。不動産所有者、投資家、開発企業、住民は、JDA の開発アプローチに不可欠なエージェントである。近頃、JDA はより透明性ある方法で公的資金を民間パートナーへと割り振るための体系的な仕組みを整えた。これによって 3 社との共同出資が決定した。3 社とは Maboneng 開発を進める PT 社、Braamfontein 改良地区管理会社、ホテル開発を進める Lionshare Properties 社であり、いずれも開発地区内の道路改善事業に公的資金を投入するという。[59] このように、市は都市開発の主体として動くのではなく、民間事業に付随する形で案件形成をしている。したがって、公共投資がなされる空間は、すでに民間投資がなされた空間に偏りがちになると言えるだろう。

Maboneng 開発資金

　Maboneng 開発の実現のために資金を提供したのは、Liebmann と旧知の出資者であった。Liebmann は資金獲得の心得を次のように述べている。

　　ビジネスをする上での最大の関門は資金獲得であるという見解は真実だと思います。ですが、いくつかのことを覚えておく必要があるでしょう。第一に、運が良いから資金を得られるということはありません。宝クジではないのです。自分が融資に値する企業家であることを示すために、一生懸命に働く必要があります。私に融資してくれた人はビジネスマンではなく、企業家としての哲学を持っていました。彼は私の過去の事業にも融資してくれました。彼はヴィジョンを持ち、それを実現する能力のある企業家を探し求めていました。第二に、資金を獲得することが最終目標ではないということです。一度に十分な資金を獲得出来ることは決してありません。私も今、融資をしてくれる銀行を探しています。なので、他の企業家

と同じ船に乗っています。実施出来る能力に裏打ちされた適切なビジネスモデルを示すことが出来れば、いくらでも資金提供者は現れるのです。[Pitman 2013: 46]

　彼の言葉通り、Maboneng 開発プロジェクトに対して、次々と資金提供者が現れている。PT 社は南アフリカの4大銀行の1つ Nedbank Corporate & Property Finance との間で Maboneng 地区の新規不動産の獲得及び完成済み物件に対する1億ランド以上の融資契約を結んだ。さらに、2013 年 11 月には、インナーシティの投資を推進している TUHF (Pty) Ltd と Futuregrowth Asset Management が、Maboneng 地区のさらなる開発のために2億ランドのジョイント基金ファシリティの設立に合意した[60]。Nedbank の同地区担当幹部は Maboneng との提携に期待を込めて次のように述べる。「Nedbank は大変な成功をおさめてきた Maboneng と提携出来ることを誇りに思っております。わが社が Maboneng のプロジェクトに提供する資金は、南アフリカの都市環境再生へのわが社の貢献を表すものです。わが社は Maboneng が見事にこれを達成するものと信じています」[Propertuity 2013: 19]。

　民間主体の都市再生の成功物語は、地元の不動産業界でも注目されている。2013 年 4 月に PT 社は、大手不動産業者の Pam Golding Properties（以下、PGP 社）と戦略的パートナーシップを結ぶことを発表した。PGP 社の最高責任者、Andrew Golding はこのパートナーシップを歓迎して次のように述べた。「われわれはヨハネスブルグ開発の中心地となっているインナーシティにとても関心を持ってきました。われわれは数年間、適切な開発業者を探してきました。今般、有名な Maboneng 開発を手がけてきた PT 社と連携がとれることとなったことをとても喜ばしく思っております」[SA Commercial Property News 2013/4/30]。

　Golding はこの提携をヨハネスブルグ中心部における、もっとも持続的で野心的な民間開発イニシアティブであると認識しており、「このプロジェクトが見事な経済成長と社会的一体性を促進している」と考えている。現在はまださほど大きくない開発規模だが、「デベロッパーは現在のプロジェクトの境界線を超えてさらに発展していく機会を常にうかがっている」と指摘する。PT 社にとって

も、歴史ある大手不動産業者との提携はメリットが大きい。Liebmann もこの
提携に大きな期待を持って取り組んでいることを次のように表明する。

　　PGP 社は開発、マーケティング、価格設定、プロジェクト管理に関し
　アドバイスを提供する非常に貴重なパートナーとなるでしょう。PGP 社
　がここの住宅不動産のマーケティングに関わることは、Maboneng にとっ
　て、このプロジェクトをさらに信頼のおけるものとするでしょう。わが社
　と PGP 社の都市文化の再創造のヴィジョンは一致しており、提携締結は自
　然なことでした。ヴィジョンの一致が、PGP 社にアプローチすることを決
　めた理由の 1 つです。[SA Commercial Property News 2013/4/30]

　PGP 社自身も PT 社の能力、知識、経験をかっている。興味深いことに PGP
社で Maboneng を担当するチームは、北部郊外の Melrose Arch や Houghton
のプロジェクトを手がけてきたチームと同じだという。ただし、Maboneng が
北部郊外と全く異なる状況にあることも認識している。雑多な収入グループで
構成されている都心部のコミュニティにおいて、さまざまな要望に応える必要
がある。PGP 社はインナーシティで不動産販売を手がけてきた経験豊富な代理
人を雇用し、彼らの持つデータベースを活用して、販売機会を最大限化すると
いう [SA Commercial Property News 2013/4/30]。PGP 社は南アフリカに住む
ものなら誰もが知っている大手不動産業者なので、消費者からの信頼性は高い。
毎週日曜日に、Maboneng では住宅内覧会が開かれている。これは日曜マー
ケットを訪れる北部郊外からの中間・富裕層をターゲットにしている。内覧会
の案内板は、北部郊外の住民が慣れ親しんだ PGP 社のロゴマークが付いてお
り、Main Street Life のロビーのテーブルと、Fox Street のコーヒー屋のテー
ブルには、緑色の光沢紙を使った PGP 社の豪華な不動産広告紙が挟まれた地元
紙 *Sunday Times* が無料配布され、Maboneng における PGP 社の存在感を示し
ている。
　2014 年 4 月には、Arrowhead Properties（以下、AWA 社）が Maboneng の
8 つのビルを PT 社から 1 億 8,000 万ランドで購入することを発表した。8 つの
ビルで貸出可能面積は 58,000㎡となり、産業スペース、オフィス、小売店舗と

なるという。PT 社はさらに物件を AWA 社に販売したいと考えている。「PT社は開発に集中し、AWA 社は確実な利益を得られる不動産の獲得に集中出来るという点で、この関係は道理にかなっている」と地元不動産誌は見ている。AWA 社の COO、Mark Kaplan は「都市再生の努力によって不動産価格の改善をみたインナーシティにさらに関心を呼びこむことになる」と述べ、Liebmannは「この取引で獲得した資金を活用して、Maboneng を次の開発フェーズへ導きたい」と考えている [SA Commercial Property News 2014/4/9]。2013 年時点で、Maboneng には 3 億ランドが投資されてきた。2013 年 11 月に発表されたMaboneng の将来計画、Maboneng 2.0 は、この地区にさらに 5 億ランドを投資することを表明している [Propertuity 2013: 17]。

　PT 社で都市戦略を担当し、同社の CSR 部門でもある GOODCITY（仮称）のディレクター [U3] は事あるごとに「Maboneng 開発は無価値の空間に価値を付与した」という語りをする。PT 社は荒廃したインナーシティの軽工業地区に新たな不動産価値をもたらした救世主であるかのようだ。事実、PT 社の『Maboneng 不動産成長報告 2013』[Propertuity 2013] の CEO からのメッセージで Liebmann は「2010 年 7 月に 1㎡あたり 8,788 ランドで販売された MainStreet Life が 2013 年 6 月には 1㎡あたり 12,700 ランドへ値上がりし、これは年率 15% の伸び率を誇り、Main Street Life は南アフリカ国内の平均不動産利回りの 6.2% を上回る 10% の利回り」[Propertuity 2013: 1] を記録しているので、Maboneng への投資が理にかなっていて、将来性に溢れていると強調する。

　『Maboneng 不動産報告 2013』に書かれている将来構想によると、現在 PT 社の持つ建物の床面積は 150,000㎡であるが、中期的には 600,000㎡へ、長期的には 1,000,000㎡へと拡大し、現在の所有している 37 の建物を将来的には 50 にまで増やすこと、現在の住民数 500 人を将来的には 3,000 人まで増やすこと、現在の就労者数 500 人を 1,500 人まで増やすこと、街路樹数を現在の 100 本から350 本にまで増やすことが明記されている [Propertuity 2013: 8-9]。

　「私は将来、何か別の面白いことをしていると思います。でも私は今、Maboneng を大きくすることに集中しています」[Mabandu 2013, *City Press*] と述べた Liebmann は、無闇な拡大主義に陥らないと次のように強調する。

私は正気の沙汰とは思えないほどの拡大計画を言い出すようなたぐいのデベロッパーにはなりたくありません。これから先、数年間は Maboneng 以外のことをするつもりはありません。……私はこの土地の専門家にならなくてはなりません。……将来、このモデルを他の土地で試す機会はくるでしょう。でも今はその時ではありません。[Pitman 2013: 46]

　こう述べていた Liebmann であったが、彼の野心は Maboneng 開発にとどまり続けることを許さなかった。Liebmann は「この開発手法をアフリカに広めていく」[FIN24 2014/2/21] ことをすでに見据えていたが、2014 年になると実際にダーバンで Maboneng と同様の開発を始めた。とはいえ、Liebmann は Maboneng への情熱を失ったわけではない [Blaine 2014, *Business Day*]。

開発物件の概要

　クリエイティブ・コミュニティを目指して始まった Maboneng 開発は、過去 5 年間で大きな成長を遂げてきた。ここで現状をまとめておきたい。

　2009 年に Arts on Main（ギャラリー、レストラン、カフェ）がオープンし、2010 年に Main Street Life（マンション、ホテル、映画館、小劇場、レストラン）が続き、2011 年に Revolution House（マンション中心、地上階にショップ）、The Main Change（オフィス）、Fox Street Studios（オフィス、マンション、ショップ、ギャラリー）が、2012 年に Artisan Loft（マンション）、MOAD: Museum of African Design（イベントスペース）がオープンした。さらに 2014 年以降、バックパッカーズや工

Revolution House は PT 社開発物件のなかでも、もっとも販売価格の高い住宅物件で、複数のベッドルームを持つフラットが中心である。　筆者撮影（2014 年）

房スペース、学生専用アパートやMabonengの従業員向けの社会住宅などが加わった。2014年8月時点のMabonengの中心地区の現状は図のとおりである【図12; 表6】。地図上の点線で囲まれた内側は、Mabonengが現在目指している法定都市改良地区化の際の境界線である。点線外部にもPT社は物件を持っており、さらなる拡大を目指しているが、Mabonengの中心はFox Streetであり、点線の枠内がMaboneng地区と一般に認識されている部分である。したがって、

※上記丸数字は表6と本文中の丸数字と一致

図12　Maboneng改良地区のPT社開発物件（2014年8月）
出典：PT社制作地図に基づき筆者作成

第6章 「光の都市」の誕生　*193*

表6　Maboneng 改良地区の PT 社開発物件の現状（2014 年 8 月）

	建物の名称	2014 年 8 月の建物の状況（完成年）	用途（現状または予定）・おもなテナントの業種
❶	Arts on Main	完成（2009 年）	洋服屋、本屋、メキシコ料理屋、カフェ、レストラン、オフィス、ギャラリー、アーティストスタジオ、雑誌保存館、日曜マーケット会場
❷	Main Street Life	完成（2010 年）	フラット（2-6 階）、レストラン、ピザ屋、映画館、小劇場、ホテル（7 階）、洗濯屋、コンテナショップ（洋服屋、インターネットカフェ、宝飾店など）、Urban Genesis（警備員詰所）
❸	Fox Street Studio	完成（2011 年）	オフィス、エチオピア料理店、イスラエル料理店、ギャラリー、フラット（3-4 階）、Studio X Johannesburg
❹	The Main Change	完成（2011 年）	オフィス、シェアオフィス、アフリカ料理屋、スシバー、アディダスショールーム、雑貨屋、ルーフトップバー、ATM
❺	Revolution House	完成（2011 年）	フラット（1-5 階）、洋服屋、化粧品屋、コーヒーキオスク、アフリカ料理店、一部家具工場操業中
❻	Artisan Loft	完成（2012 年）	フラット（1-7 階）、レストラン、プールサイドカフェ
❼	MOAD（Museum of African Design）	完成（2012 年）	アートイベント会場、MOAD ギフトショップ
❽	Living MOAD	完成（2012 年）	フラット
❾	Maverick Corner	完成	スポーツ自転車屋、洋服屋、宝石屋、エチオピア料理店、ハンバーガー屋、サンドウィッチ屋、デザート屋、バー、ナイトクラブ、オフィス
❿	Curiocity Backpackers	完成（2014 年）	バックパッカーズ（安宿）、アフリカ料理屋、観光案内所、イベントスペース、バー
⓫	Remeds View	完成（2014 年）	学生向けフラット（1-3 階）、学生起業活動スペース、フィッシュ & チップス店
⓬	Urban Fox	一部分改修中	ジム、カレー屋、ミネラル水販売店、フラット（2-3 階）

	建物の名称	2014年8月の建物の状況（完成年）	用途（現状または予定）・おもなテナントの業種
⑬	Craftsmen's Ship	改修中	フラットおよび商店（家具工場兼販売所が撤退）
⑭	Off the Grid	改修中	フラットおよび駐車場
⑮	Rocket Factory	完成	フラット（1-3階）
⑯	Aerial Empire	完成	アートスタジオ、オフィス
⑰	Kit Group	完成	ユニフォーム製造工場操業中
⑱	Market Up	本社建物は完成	PT社本社社屋、工場スペース
⑲	Access City	未改修	工場等操業中、アフリカ食材店、自動車部品店などが入居。選挙期間中にはANCの選挙対策事務所が置かれた。
⑳	Hallmark Towers	未改修	工場スペース
㉑	For the Sake of the Universe	未改修	洗車場営業中、アートスタジオ（予定）
㉒	Situation East	改修中・工場退去中	写真スタジオ、GOODCITY（PT社傘下の社会開発団体）、フラット（予定）
㉓	Village	自動車整備工場退去	スーパーマーケット（2015年営業開始）
㉔	Trinity Sessions	完成	アートスタジオ
㉕	Sandhill Flats	完成（2013年）	社会住宅（従業員住宅）
㉖	58 Auret	未改修	フラット
㉗	Bus Boys and Poets Theatre	工場退去	ライブエンターテイメントスペース（予定）
㉘	Beacon Street Born Frees	未改修	自動車修理工場操業中
㉙	Drive Lines	未改修	自動車修理工場操業中
㉚	Cosmopolitan Hotel	改修中	ホテル、商業施設（予定）
㉛	Propstars	未改修	映画・イベント関連会社

※上記丸数字は図12の丸数字に一致。

出典：PT社資料および現地調査に基づき筆者作成

本書で Maboneng と言及する場合にはこの境界線の内側、とりわけ境界線内にある PT 社物件を指している。主要な PT 社物件の概要を以下で簡単にまとめておきたい（地図上の丸数字は下記の丸数字と一致）。

　Arts on Main（❶）：Arts on Main は Maboneng 発祥の地であり、Maboneng のランドマーク的な存在である。とはいえ、平日の人出はほとんどなく、マーケットの開かれる日曜日が来客の中心となる。古いレンガ造りの工場を改修した Arts on Main には、レストラン、カフェ、本屋、ギャラリー、アートスタジオ、イベントスペース、オフィスなどが入居している【表7】。イベントスペースは後述する日曜マーケットなどに使用される。北部郊外に本部を持つ Goethe Institute は Goethe on Main というイベントスペースをここに持っていて、定期的にイベントが開催される。Bailey's African History Archive には、アパルトヘイト時代に黒人の文化・アート・ライフスタイルを伝えた雑誌 *Drum Magazine* が保管されている。

　2011 年 1 月から Arts on Main では、毎週日曜日に Market on Main と呼ばれる日曜マーケットが開催されるようになった（10 ～ 15 時）。加えて毎月第一木曜日の夜にはナイトマーケットが開催されている（19 ～ 23 時）。ヨハネスブルグでは、毎週土曜日に Braamfontein でも Neighbourgoods Market（2011 年開始）が開かれている。「Market on Main は地域の食品とローカルデザインを提供する週一回のアップマーケットなマーケットである」と Market on Main のウェブサイトは伝える。いずれのマーケットも、これまでインナーシティを恐れて足を踏み入れることのなかった北部郊外に居住する中間・富裕層を惹きつけており、彼らに新たな経験を提供している。Maboneng でマーケットが開かれる日曜日は朝から路上駐車の車で溢れるが、ポルシェのような高級車から VW Chico のような大衆車に至るまでが並び、幅広い層を惹きつけていることが分かる。PT 社が委託している都市管理会社、UG 社の警備員は、次々に訪れる車を適切に路上駐車させる必要がある。マーケットの日は UG 社の警備員だけでなく、小遣い稼ぎの即席自動車見張り番（ウォッチマン）が登場する。彼らには通常、2 ～ 3 ランド（長時間駐車の時は 5 ランド）ほどを後払いするのが習慣となっている。

　日曜マーケットはさまざまな出店があるが、個人商店（Maboneng 内に常設店

Arts on Mainにはギャラリーや洋服屋などが入居しているが、マーケットが開催される日曜日以外は閑散としている。
筆者撮影（2013年）

工場を改装したArts on Mainはレンガをむき出しにした独特の味わいを醸し出していて、郊外のショッピングモールに飽きた人びとの心を捉える。
筆者撮影（2014年）

Arts on Mainのコーヒー屋。もともとの建物の形状を活かした内装になっている。自家焙煎のコーヒーが楽しめる。ここに来れば、知り合いに出会い情報交換ができる。Macbookで1人で仕事をするノマドワーカーから、PT社の不動産セールスマンの顧客応対まで幅広く使われている店である。
筆者撮影（2014年）

第 6 章 「光の都市」の誕生　*197*

表 7　Arts on Main のテナント (2014 年 8 月)

テナント名	業種
Canteen	レストラン
Mama Mexicana	レストラン
Origin Coffee	喫茶店
Smack Republic	クラフトビール販売
Subotzky Studio	アートスタジオ
Kim Lieberman	アートスタジオ
Goethe on Main	イベントスペース
David Krut Projects	ギャラリー・アートスタジオ
Studio 023	ギャラリー・アートスタジオ
Nirox Projects	ギャラリー・アートスタジオ
Artright	ギャラリー・アートスタジオ
Rubixcube	ギャラリー・アートスタジオ
I was shot in Joburg	ギャラリー・アートスタジオ
Living Artist Emporium	ギャラリー
Bailey's African History Archive	ギャラリー・『ドラムマガジン』保存庫
Houtlander	家具
Black Coffee Fashion	衣料品
Love Jozi	衣料品・雑貨品
DTLE	衣料品
Nickel Boutique	衣料品・雑貨品
The Inappropriate Gellery	ギャラリー・雑貨品
David Krut Bookstore	書店
Fine Group	マーケティング企業
CAF Southern Africa	NPO チャリティ基金

出典：筆者作成

舗を持つ店も多い）による出店のため、チェーン店では手に入れることの出来ない手作りハムや手作りジャムといったものを手に入れることも出来る。したがって、客は北部郊外の単調なショッピングモール生活から解放される。Arts on Main 内の 1 階部分のスペースには飲食店が出店し、2 階部分は服飾雑貨店が出店する。出店希望者はマーケット運営会社にインターネットを通じて申請する。2014 年 2 〜 8 月の期間に出店者の変化はそれほど大きくなく、毎回、お馴染みの店が同じ場所で出店していた。その場で食すことを想定した調理済商品にはハンバーガー、サンドイッチ、カレー、パエリア、シャワルマ、中華料理、エチオピア料理、ケーキ、ワッフル、フローズンヨーグルトなどがあり、飲み物は各種アルコール類、フレッシュジュース、コーヒーなどがある。持ち帰り食品には、オリーブ、ジャム、パン、ハム、ケーキ、コーヒー、チョコレート、ナッツ、ビルトン（干し肉）などがある。Maboneng のウェブサイトには、Market on Main では 100 以上の出店があり、「食とデザイン」の拠点であることを伝えている。マーケットは衣食を通して Maboneng の上質なライフスタイルを提案する絶好の機会となり、北部郊外に住む人びとにインナーシティの印象を一変させて、新たな住民を引き寄せることに貢献するのである。

　Urban Fox（**⓬**）：2014 年時点で元工場ビルの改修が続いていた。すでに 2013 年に 1 階の店舗部分は完成しており、カレー屋、ボクシングジム、ウォーターバーが入居している。2 階以上は住宅であり、一部は完成しており、2014 年にモデルルームをオープンして入居者を募っていた。数ベッドルームあり、各部屋も非常に広く、バスルームも数ヵ所設置されていた。ボクシングジムは Maboneng に暮らす住民の運動不足の解消と健康促進に貢献する。ウォーターバーは Arts on Main でマーケットが開かれる日曜日だけオープンするが、さまざまな香りのついた上質な水を販売している。

　Fox Street Studio（**❸**）：Martin's Printing Studios という 4 階建の印刷会社のビルを改修して生まれた。コロンビア大学スタジオ X-Johannesburg（2F）や Maboneng の都市デザインを手がけている Urban Works 社（3F）が入居している。ここは Maboneng の理念の実現にとどまらず、都市空間の未来に向けた哲学的であると同時に、具体的な提言を続けるための頭脳拠点であると言えるかもしれない。スタジオ X はイベント開催時以外では使われておらず、常駐の人

第 6 章 「光の都市」の誕生　　199

Arts on Main の日曜マーケット。ハンバーガー、シャワルマ、パエリアなどのテイクアウト料理が手に入る。Maboneng 隣接地区はもちろんのこと、北部郊外の中間層地区と比較しても割高感を感じさせる値段付けとなっている。　筆者撮影（2014 年）

Arts on Main の日曜マーケットで、北部郊外のショッピングモールの衣料品チェーン店では手にはいらない衣料品が入手できる。　筆者撮影（2014 年）

Urban Fox の地上階にはカレー屋（フローズンヨーグルトも販売）などが入居し、2階にはボクシングジムがある。さらに上階は住宅への改装工事が進められている。　筆者撮影（2014年）

員もいない。Urban Works 社は数人の建築家が Maboneng の理念の実現のための計画を担う他、ヨハネスブルグ各所の都市再開発プロジェクトに取り組んでいる。上階は、PT 社物件で、もっとも高級と言われるアップマーケットなマンションとなっている。1階部分はイスラエル料理店とエチオピア料理店の2店舗が入っている。

　The Main Change（❹）：6階建の産業ビルを改修した Maboneng の企業家が集まる拠点である。ここは Maboneng の起業家精神を醸成する空間である。PT 社のオフィスをはじめ PT 社の物件を管理し、インナーシティで不動産開発管理を広く手がける Mafadi 社のオフィスも入居している。シェアオフィスの OPEN には、さまざまな中小企業が入居している。屋上を利用したバー・ライブハウスの Living Room は休日中心の営業である。Living Room では植物も販売しており、上質で潤いのあるエコロジカルな生活スタイルを提供している。1階部分には西アフリカ料理店、スシバー、雑貨屋などが入居している。

　Main Street Life（❷）：Arts on Main に続いて生まれた Maboneng の拠点で、7階建の産業ビルを改修したものである。1階部分にはピザ屋、レストラ

シェアオフィスをはじめ多くの企業が入居する The Main Change。地上階にはスシバーも入る。筆者撮影（2014 年）

ン、映画館、小劇場が入る。2 階から 6 階がワンルームマンションで、最上階はホテルである。映画館は単館のミニシアターで、アート系映画を中心に上映する。座席数は 100 程度で、イスは中古自動車の革製シートを使っている。ここでしか上映しない作品も多く、ドキュメンタリー映画祭の会場としても毎年利用されている。平日の来客は非常に少ないが、映画祭期間中はヨハネスブルグ中から映画好きが集まる。小劇場はヨハネスブルグでは珍しいので、小劇団やパフォーミング・アーティストにとって貴重な舞台である。演劇だけでなく、歌手やコメディアンの公演もある。最上階にあるホテルは、アーティストが内装を施したアートホテルで、部屋ごとにヨハネスブルグの歴史にちなんだテーマで彩られている。ワンルームマンションは 33㎡ の部屋、196 室からなる。ここの住民は 20 代後半から 30 代後半ぐらいまでの単身者かカップルが大半で、デザイナー、アーティスト、IT 技術者、歌手、イベントコーディネーター、キュレーター、海外芸術機関職員などクリエイティブ産業に従事するものが多かった。黒人の若者が中心だが、白人も多く住んでおり、ゲイカップルもいた。Main Street Life は、社会的差別からは解放されたヨハネスブルグのなかで異質

Fox Street と Kruger Street の角にあるコーヒースタンド。チョコレート・クロワッサンが美味しい。コーヒースタンドが間借りしている建物は家具工場で現在も操業中である。写真左では TV クルーが撮影中である。映画撮影や CM 撮影なども含め、このような光景が Maboneng 中で頻繁に見られる。 筆者撮影（2014 年）

おもにワンルームマンションが入る Main Street Life（右奥）とオフィスなどが入る Fox Street Studio（右手前）。どちらも地上階部分には飲食店がある。写真のように日曜日は多くの人出がある。 筆者撮影（2014 年）

第6章 「光の都市」の誕生　203

Arts on Main の2階から Main Street Life 方面の眺望。手前は中庭でオープンカフェがある。操業中の工場も周囲には多い。ヨハネスブルグの住民にとってこれまでにない新しい体験を提供している。　筆者撮影（2013年）

Main Street Life の屋上から Arts on Main 方面の眺望。高速道路の高架橋手前の三角屋根の連なりが Arts on Main である。Arts on Main の手前の横長の屋根をもつ建物は電気機器関係の工場で操業中である。　筆者撮影（2014年）

Main Street Life の地上階の通路部分と小劇場入り口（左）。この日は小劇場で上演があり、待合客で溢れていた。天井部分からアート作品が下げられ、壁面にもアート作品が並んでいて、Maboneng のアートによるブランド化を象徴する空間である。　筆者撮影（2014年）

Main Street Life に Main Street 側の入り口から入ると、複数のコンテナが並んでいて洋服屋やインターネットカフェなどがそれぞれのコンテナに入居している。　筆者撮影（2014年）

の空間であった。後述するが、アパートの出入口はバイオメトリック認証の機械が取り付けられており、厳格な入場管理が実施されていた。

Curiocity Backpackers（❿）：2014年に開業したバックパッカーズ（安宿）で、欧米からの若い旅行者を惹きつけている。この建物はかつて印刷工場で、反アパルトヘイト闘争の際にはビラを印刷していたという。Maboneng を拠点に活動を展開している若者たちの常宿でもある。多くの部屋がドミトリーだが、一部に個室もある。トイレとシャワーは共用である。1階部分はバーになっていて、旅行者と Maboneng 住民が出会う空間である。私もアパートに入居するまでの2週間この宿に宿泊し、さまざまな活動をする若者と知り合いになることが出来た。ここでは定期的にライブ・ミュージックなどのイベントも開催されている。この宿の管理を任されている黒人青年は写真家でもある。彼はJeppestown に隣接する Troyeville 地区出身で、インナーシティに若者たちを惹きつける空間を生み出していると、雑誌などでも頻繁に取り上げられる有名人である。インナーシティ・ツアーを催行する彼はガイド役を務め、インナーシティ理解を促進しようと試みている。

Situation East（㉒）：建物の全面改修は未だ行われておらず、2工場が操業していたが、2014年8月に一部の工場が転出した。2013年末から5階部分にPT 社の CSR 部門である社会開発団体の GOODCITY が活動を始めた。2014年になると、5階に Maboneng のコミュニティラジオ局も入居した。4階はアーティストのスタジオ兼住居であったが、テナントは全面改修が始まるまでの期間の滞在と考えているようだった。今後、Maboneng の中心的な建物になると考えられる。

Sandhill（㉕）：PT 社の社会住宅で、家賃は PT 社の手がける他の物件の半額以下であり、PT 社物件の施設で働く黒人労働者のための従業員住宅ともなっている。1階部分には2014年からナイジェリア人がパン屋を開業した。地下部分はアフリカ人移民が経営する自動車修理工場となっている。

Village（㉓）：2014年8月ごろまでガーナ人などが経営する自動車修理工場だったが、退出した。2015年に Maboneng 住民の上質な生活を支えるためのスーパーマーケットが開業した。

Remeds View（⓫）：学生向けアパートであり、家賃は抑えてある。ヨハネ

スブルグの各大学と結ぶ専用バスも運行される予定である。クリエイティブ都市改良地区の Braamfontein は Wits 大学のお膝元なので、多くの学生向けアパートが生まれている。それに比べると、Maboneng は各大学からの距離は遠い。PT 社としては、新しい文化を生み出す学生を Maboneng に呼びこむことが重要と考えているのだろう。学生が週末だけ訪れる空間から、学生が暮らし、活動する空間へと転換を遂げることが、Maboneng の魅力をより持続的なものにすることは間違いない。2014 年 8 月の時点では、入居者は見かけなかった。Maboneng を拠点に活動する NGO のスタッフが特例的に入居を認められ、同団体の宿舎の機能を果たしていた。

　Maverick Corner（❾）：飲食店や服飾雑貨店が入居する。エチオピア料理の食堂はランチプレートが 30 ランドと、他のレストランと比べると手頃な価格である。ハンバーガーやサンドイッチ、フローズンヨーグルトといった持ち帰り食品を販売する小店舗が多い。2014 年 7 月には Lenin's Vodka Bar という名前のおしゃれなバーもオープンし、Maboneng の新たな人気スポットとなりそうな気配を感じさせる。ここには、Zen という名前のナイトクラブもあり、週末

Remeds View は学生向けアパートであり、複数でバスルームをシェアする作りになっている。PT 社はここからヨハネスブルグ市内の各大学にスクールバスサービスを提供すると言う。筆者の調査期間中はまだ学生の入居は始まっていなかった。　　筆者撮影（2014 年）

は真夜中まで大音響を響き渡らせる。Zen は週末ごとにイベントが開かれる人気のナイトクラブであるが、「本物のナイトクラブが Maboneng に欲しい」との意見も聞かれ、Braamfontein にある人気ナイトクラブの Kitchiner's などと比べると見劣りしてしまう。

　Museum of African Design（MOAD）（❼）：Wits 大学建築・計画学部の卒業制作の展覧会、アフリカン・ファッションショー、反アパルトヘイト闘争に従事した偉人の写真展など、定期的にアートイベントを誘致している。元工場なので天井が高く、大規模イベントの実施に相応しい。

　Craftsmen's Ship（⓭）：2014 年 8 月の時点では、家具の製造工場兼販売所がまだ営業していたが、すでに 2014 年 7 月の時点で、PT 社から将来的に住宅に生まれ変わることが発表され、販売価格帯も提示されて、販売活動が始まっていた。

洗練された空間デザイン

　クリエイティブな若者を呼び込み、新たなコミュニティをつくり、Maboneng

Maverick Corner には古いコンテナを活用した洋服屋や食べ物屋がある。Maboneng にはコンテナの再利用建築がよく見られるが、これらは社会的（環境的）貢献とともに、格好良い空間を創造するという Maboneng のイメージに合致するものである。　筆者撮影（2014 年）

アート・イベント会場として利用される Museum of African Design (MOAD) は常に何らかのイベントが開催されている。写真はアフリカン・ファッション・ショー開催時。
筆者撮影（2014 年）

のブランド化をはかり、クリエイティブ・コミュニティを生み出す上で欠かせないものがデザイン性に富んだ建築物である。PT 社はゼロから建物を造るわけではなく、既存の建物を改修しているので、工場街の遺産が引き継がれる。Liebmann は「わが社でもっとも重要なことは、デザインが得意だということです。これがわれわれの強みであり、われわれの才能だと思います。デザインこそが他社との差別化をはかるカギなのです。われわれはいかに空間をデザインするかを知っています。私はすぐれた建築家と一緒に仕事をしています。われわれはチームです」[Pitman 2013: 45] と述べている。

　PT 社が手がけた建物の内装と外装、室内に置かれたインテリア、建物に描かれた壁画、歩道に置かれたオブジェや案内板はデザイン性に富んだものである。古びた工場や産業ビル、スラムビル、車のディーラー、古い商店などに囲まれる PT 社の建物は、「光の都市」の呼称に恥じない光を放っている。建物のデザインを一手に引き受けてきたのが、Enrico Daffonchio というイタリア生まれの建築家である。Daffonchio と Liebmann のコラボレーションによって Maboneng が実現したと言ってよいだろう。「新しく古いヨハネスブルグ」と題

する新聞記事は、Liebmann と Daffonchio の出会いと Maboneng プロジェクト
の始まりをまとめている。

　「私はイタリアで大学を卒業して、ここに経験を積みに来ました。南ア
フリカはちょうど転換期でした。私はパナマに行くことがほぼ決まってい
ました」と Daffonchio は言う。だが、彼はパナマに行く代わりに 1990 年
代初頭にヨハネスブルグに移住して、建築家として経験を積んだ。そして
Liebmann と出会い、一緒に仕事を始めた。「会議のたびに、古き CBD と
その潜在性について語り合いました。ある日、われわれは車に飛び乗って
CBD の建物を見て回りました」と Daffonchio は言う。2 人は Arts on Main
へと変貌を遂げることになる建物を購入した。「近隣を意識した」ことが成
功につながったと Liebmann は言う。彼らは社会的一体性と新しいコミュ
ニティを創造するという大胆な計画にとりかかったのである。[Blaine 2014,
Business Day]

　Daffonchio の手によって、古い倉庫や産業ビルが改装・改築され、アーティ
ストやクリエーターたちが好むような、おしゃれな空間に生まれ変わっていっ
た。「われわれは、オリジナルな遺産に敬意を払いながら、それらを新たな利
用に向けて最適化しています」と Liebmann は言う［Jodelle blog 2014/6/12］
Arts on Main も、それに続いた Main Street Life も、元々の建造物の特性を
活かしている。Jack Lemkus Sport 社の工場として使われていた 7 階建ての
ビルが Main Street Life に生まれ変わった。原型を活かすことを決めた理由を
Daffonchio は次のように語っている。

　構造は頑丈で、容積はパワフルで、それらは感情的反応を引き起こしま
した。コンクリートの使用量も半端ないものでした。出来る限り原型を保
存し、再利用するという、持続的な建築は、グローバルな潮流となってい
ます。これによって、エネルギー、材料、資金、時間、用地を節約出来ます。
　産業ビルは標準的な住宅開発では再現不可能な容積のなかで生活する
機会を提供します。標準的な天井までの高さは 2.5m ですが、Main Street

Life は 4m 近くあります。床は単に強いだけでなく、個性が詰まっているのです。床には歴史が刻み込まれているのです。[Magoulianiti-McGregor 2010: 53]

　こうして空き工場の改装工事は始まった。インスピレーションの源はバウハウスとモダニズムであった。つまり、四角形と直線を基調とした「少なければ少ないほどよい」という哲学である。使用する色は黒、白、グレーに絞りこまれた。鉄製の窓枠の付いた窓も、床面も手を入れなかった。産業ビルの威圧感を軽減するために、中庭には木が植えられた。[Magoulianiti-McGregor 2010: 53]。
　Main Street Life の建物内には、鉄の素材感をそのまま活かした家具造りで有名な Dokter and Misses のテーブルやソファが置かれるとともに、著名アーティスト、Marcus Neustetter の作品が各階に展示されている。「Maboneng という場所は雑多性のなかから統一感を生み出していて、世界的に見ても、すぐれたデザイン感覚を持っていると思います」と Liebmann に誘われて海外から Maboneng を短期訪問した建築家 [U1] は、Daffonchio の建築と Maboneng という都市空間が世界的に見ても類を見ない水準にあると評価した。
　優れたアートと建築のコラボレーションは、アートを理解し経営術に長けた Liebmann と建築家 Daffonchio のコラボレーションによって成し遂げられた。Daffonchio は Jonathan Liebmann の才覚とこれまで2人が行ってきた優れたデザインを見つける旅について以下のように語っている。

　　Jonathan が特別なのは、彼が非常にデザインに興味を持っていることです。Jonathan は私がこれまで見てきたデベロッパーにはない高いデザイン性を求めています。ふつうはコストがすべてですから。われわれはリオデジャネイロやイスタンブールのような都市を見て回ることから始めました。いかに人びとがストリートを楽しんでいるかということを知るために。こうした旅の1つとして、2年前にヴェネチア・ビエンナーレが最終地となる旅をしたんです。われわれはアイデアを交換しあうことがいかにエキサイティングであるかを知り、他の建築家、技術者、デベロッパーから、われわれの仕事に対するフィードバックを得られることは素晴らしいことだ

と学びました。それから 7、8 ヵ月後に、われわれの元にビエンナーレから
招待状が届いたのです。[Blaine 2014, *Business Day*]

　Maboneng の成功物語は、2014 年のヴェネチア・建築ビエンナーレへの出展
につながった。「立入禁止地区からクリエイティブ・エネルギーの中核に進化
した Maboneng 地区が今週、イタリアのヴェネチア・ビエンナーレの中心舞台
に踊り出る」[Shangase 2014 *The New Age*] と地元紙は伝える。Liebmann と
Daffonchio はビエンナーレ委員会より展示依頼を別々に受け取った。だが彼ら
は一緒に展示することに決めた。過去 5 年間の Maboneng の発展に関する 2 本
のドキュメンタリー映画と、Daffonchio が手がけてきた 40 棟の建築物を紹介す
るものとなった。40 棟のうち 20 棟が Maboneng 地区の建築物であった [Blaine
2014, *Business Day*]。Daffonchio は「ビエンナーレは一般人や世界をリードする
建築家たちとの出会いの場であるとともに、南部アフリカ、とくに Maboneng
でわれわれが試してきたプロジェクトに関して意見交換が出来る素晴らしい機
会を提供してくれます」[Shangase 2014, *The New Age*] と出展の意義を述べる。
アフリカ大陸で生まれた、世界で他に類を見ないたった 1 つの開発業者による
都市再生の物語は、世界最大の建築の祭典の参加者の目にどのように映ったの
であろうか。

街のブランディング

　優れた企業家と建築家のコラボレーションが、インナーシティのイメージを
大きく変革していった。優れた建造物という箱には、優れた中身が求められ
る。その中身こそが Liebmann の言う「見識ある都市居住者 (enlightened urban
dweller)」[Jodelle blog 2014/6/12] であり、彼らが生み出すコミュニティと、そ
こで生まれる「出来事」[吉見 1987] である。その中身を生み出すきっかけとし
て重視されているものこそがアートである。Liebmann にとって、アートは身
近な存在であった。

　（記者）アートは Maboneng の至る所に溢れていますね。あなたのお父様が
アート企業を経営されているのを存じ上げているので、あなたがアートを

愛していることに何ら驚くことはありません。あなたは自分がアーティストでありたいと望みますか？

(Liebmann) 企業家であることもまたクリエイティブな仕事です。われわれは、絵の具を使ったり、絵筆を握ったりはしないかもしれませんが、結局のところ、われわれは同じ結果を追求しているんです。つまり、人びとの気持ちを突き動かすことです。私は父の経営する Nirox 財団の所有作品を見るなどして刺激を受けてきました。そしてアートに囲まれて育ったことが、Maboneng 開発のヴィジョンを構想し育むうえで大きく貢献したと思います。[Jodelle blog 2014/6/12]

　Maboneng にはいくつものギャラリーが店を構えているが、Maboneng のイメージ向上にもっとも貢献したのが、William Kentridge の工房（David Krut Projects）の誘致だった。1955 年生まれの Kentridge は、アパルトヘイトの被害者を弁護する法律家の両親の下で育ち、ヨハネスブルグの Wits 大学で政治学とアフリカ研究を学んだ後、ヨハネスブルグで美術を、パリで演劇とパントマイムを学んだ。2010 年に京都賞を受賞した Kentridge は、世界で活躍するもっとも有名な南アフリカ人アーティストの１人と言えるであろう。木炭で描いた何枚もの絵を連ねてアニメーション化した作風で有名な Kentridge は、アパルトヘイトを批判した数々の作品を生み出してきた。

　August House というアーティスト・コミューンの主宰者は、Kentridge が Maboneng に転入する前に August House を視察したという。「Kentridge は映像を撮るので高い天井が必要だったようです。なので、ここではなくて、Arts on Main に決めました。August House も天井までは 4m あるのですが……。彼が Arts on Main に工房を構えたことは Maboneng を成功に導く上で大きな役割を果たしたと思います。彼に吸い寄せられるように、次々とアーティストたちが移り住み始めたんです」[A4]。

　Kentridge は Arts on Main にスタジオを開いた経緯を以下のようにインタビューで述べている。

　　私はより広い、工場のようなスタジオを必要としていました。そして、

Jeppe に倉庫を見つけたのです。そこが、Arts on Main と呼ばれること
になる場所でした。でも私は Maboneng に投資するために、ここを買っ
たわけではないんです。私は不動産業者ではありません。私は、インナー
シティであれ、アウターシティであれ不動産投資をする気はありません。
［Dugmore 2014: 28］

このインタビューをした Dugmore［2014: 28］は、Kentridge が意図せずと
も、彼の入居によって Arts on Main の名声が高まったことは確かであろうと
指摘する。結果として、Kentridge はあらゆるアート分野から知名度の高い
アーティスト、すなわち、Goodman Gallery などの Rosebank の Jan Smuts
Avenue 沿いのギャラリー街にいたアーティストたちを Maboneng に引き寄せ
た。Liebmann も「Kentridge が Arts on Main の形成に重要な役割を果たした」
と考えている［Reddy 2011: 42］。

　Kentridge は「Maboneng は多様性に溢れています。小さな構想が１つに
なって、インナーシティのストリートを快適に歩くことの出来る場所へと変え
ています。悪いことが起こりそうな地区を、親しみのある地区へと変えてい
るのです」［Dugmore 2014: 30］、「何年もの間、訪れる事が難しかったインナー
シティに、気軽に来られるようになったことは素晴らしいことだと思います」
［Dugmore 2014: 26］と述べている。

　Kentridge の工房を取材したアート雑誌は、Kentridge と Maboneng、そして
インナーシティとの深まる関係を次のように伝えている。

　　最近の Kentridge の作品は混沌としたヨハネスブルグ中心街と深く結び
　ついている。「ここから２ブロック行けば廃品回収業者のゴミ捨て場の山が
　あります」と Kentridge は言った。「自動車の車体の一部をトロリーで運ぶ
　姿や、ヤギの皮のスカートを腰に巻いて、ネクタイとスーツに身を包んだ
　男性の姿を見かけるでしょう。ヨハネスブルグは悲惨で、同時に、風変わ
　りなところです。ここには、ニューヨークですら静かな庭園と感じさせる
　ような、不安が基層に流れているのです」。昨今のアートによる都市再生が、
　すぐにでも本物のジェントリフィケーションになりうるかもしれないという

懸念がささやかれるなか、Kentridge はヨハネスブルグに関しては心配は
いらないと言った。「われわれは Bilbao や Mitte になるほどのおカネはあ
りません」。[Murphy 2012]

　Maboneng が発展するに連れて、この開発が後章で取り上げるジェントリ
フィケーション（高質化・高級化）を引き起こしているという批判が頻繁になさ
れるようになってきた。Kentridge はその心配はいらないと言っているが、楽
観的過ぎるかもしれない。Kentridge はヨハネスブルグのインナーシティが持
つ一種異様な異種混交性を積極的に評価している。このヨハネスブルグの異種
混交性と、持つ者（資本家、富裕層、権力者）と持たざる者（プロレタリアート、
労働者、貧困層）とのコンフリクトを、彼はこれまでの作品のなかで強調してき
た。Maboneng は時間と空間を超越したヨハネスブルグを凝縮しているかのよ
うな世界が広がっている。われわれは Maboneng を歩くと現実がまるで非現実
のように見えてくる。そこは Kentridge のアニメーションのなかの世界のよう
に感じられる。彼の新たな作品に Maboneng の環境がいかに影響を与えていく
のであろうか。

注

50 City of Johannesburg website.（http://joburg.org.za/index.php?option=com_content&task
=view&id=315&Itemid=52）（2015 年 3 月 1 日閲覧）

51 Market Theatre website.（http://markettheatre.co.za/view/about-us/history）（2015 年 3
月 1 日閲覧）

52 2012 年 に Blue IQ と Gauteng Economic Development Agency が 合 併 し、Gauteng
Growth and Development Agency が誕生して、ハウテン州の地域開発を担うこととなっ
た。（http://joburg.org.za/index.php?option=com_content&task=view&id=122&Itemid=58）
（2015 年 3 月 1 日閲覧）

53 Okuwi Enwezor と Rory Bester がキュレーターを務めた。南ア文化芸術省、ヨハネスブ
ルグ市、Ford Foundation、Museum Africa、European Union、Goethe Institute、British
Council、EUN IC、French Institute of South Africa、オーストリア大使館、ドイツ大使館、
スイス大使館、Wits 大学が共催した。

第 6 章 「光の都市」の誕生　　*215*

54 Braamfontein Management District（http://www.braamfontein.org.za/content/about-us）
　（2015 年 3 月 1 日閲覧）

55 *Tokyo!*（2008 年、日・韓・仏・独合作）Michel Gondry、Leos Carax、Bong Joon-ho 監督。

56 Liebmann の父親の Benji は、Cradle of Humankind の近くに彫刻公園を持つ Nirox
　Foundation の創始者であり、彼の兄弟はそれぞれ金融業界と小売業界にいる［Mabandu
　2013, *City Press*］。Nirox Foundation のギャラリーは Maboneng の Arts on Main にある。

57 1930 年代の工場ビルを改装した建物に、おしゃれなレストラン、カフェ、家具屋、洋服
　屋、ギャラリーなどが入居する。2003 年に開業した 44 Stanley は、ヨハネスブルグにおい
　て、工場跡地の再生の先駆け的存在である。（http://www.44stanley.co.za/#extra-info）

58 "Main Street Life is born," City of Johannesburg Website（http://www.joburg.
　org.za/index.php?option=com_content&view=article&id=4853:main-street-life-
　born&catid=166:inner-city&Itemid=254）（2014 年 4 月 21 日閲覧）

59 "Inner city public space challenge," Johannesburg Development Agency website（http://
　www.jda.org.za/whatwedo/programmes/inner-city/inner-city-public-spaces-challenge）
　（2014 年 12 月 23 日閲覧）

60 Propertuity website.（http://propertuity.co.za/funding-partners/）（2014 年 12 月 23 日閲
　覧）

61 Neighbourgoods Market は 2006 年にケープタウンの工業地区再開発エリアの Woodstock
　で始まった。

62 marketonmain.co.za（2015 年 6 月 23 日閲覧）

63 京都賞は稲盛財団が授与する科学や文明の発展、また人類の精神的深化・高揚に著しく
　貢献した人物の功績を称える国際賞。毎年、先端技術部門、基礎科学部門、思想・芸術部
　門の各部門に 1 賞ずつ送られる。受賞者の国籍、人種、性別、年齢、信条などは問わない。
　賞金は 5,000 万円。（http://www.inamori-f.or.jp/ja_kp_out_out.html）

第7章　「闇の都市」に生きる移民

第1節　「黄金の都市」の希望と絶望

　「黄金の都市 (*igoli*)」を目指して、南アフリカの農村部やアフリカ諸国から、人びとはとどまることなくヨハネスブルグに吸い寄せられてきた。Maboneng の周辺で私が出会ったアフリカ人だけでも、国籍はケニア、ソマリア、タンザニア、マラウイ、モザンビーク、ジンバブエ、レソト、ガーナ、ナイジェリア、コンゴ民主共和国などさまざまだった。ヨハネスブルグをつくってきたのは移民であり、この都市をつくり続けているのは移民である。

　Caroline Wanjiku Kihato [2013] の『ヨハネスブルグの移民女性――宙ぶらりんの都市での生活――』は、アフリカ諸国から祖国を追われるようにヨハネスブルグに移り住んできた女性たちの姿を鮮やかに描き出した民族誌である。著者自身もケニアからの移民で、路上商人としてヨハネスブルグ生活を立ち上げ、現在は研究者となった Kihato は、同書の出版記念会で「移民女性は被害者であると一方的に描かれるステレオタイプを打ち破りたかった。同時に苦しい状況を克服したヒロインとして、持ち上げたくもなかった。彼女たちの直面する日常の複雑さを描きたかった」と述べた。[64]

　同書の表紙を飾るのは、Senzo Shabangu のリノリウム版画、"Take Me Away from the City III" である。キャリーバッグの上にヨハネスブルグのスカイラインが浮かんでいる。これはヨハネスブルグの思い出をつめて、故郷に里帰りすることを表現しているのであろうか。Kihato の出版記念会に同席した Shabangu はムプマランガ州出身でヨハネスブルグに移住した。「子どものころ、ムプマランガでは芸術作品を見たり、学んだりする機会はありませんでした」。だが、彼は絵を描くの好きでひたすら絵を描き続けていたという。Maboneng

の David Krut Projects ギャラリーに 2011 年から所属する Shabangu は都市生活と人間性をテーマに単刷り版画を生み出してきた。2012 年に Rosebank やケープタウンのギャラリーで個展を開き、2014 年にはニューヨークの Carnegie Hall で開催された Ubuntu 展にも出展した。[65] Shabangu は彼の才能を開花させた「黄金の都市」を次のように語る。

　私の父は、この「黄金の都市」に鉱山労働者としてやって来ました。でも、私たちの世代にとって、「黄金の都市」は父のころとは全く違うものとなっています。都市はまるで大学のようなところです。私はヨハネスブルグという都市からたくさんの事を学びました。Caroline から表紙絵の話が来た時はとても光栄に思いました。本を読んで、これは自分の話だと思ったのです。確かに、登場するのは国外から来た移民ですが、私も同じように移民なんです。ヨハネスブルグに住むわれわれは皆、移民だと思いませんか?[66]
　私はパイロットになることを夢見てヨハネスブルグにやって来ました。そして、どういうわけか絵かきになりました。今、自分の絵が世界を飛び回ることとなって、夢が実現したと思っています。

　Kihato の出版記念会にはもう 1 人、コンゴ民主共和国から移住してきた女性も言葉を述べた。現在、Yeoville の NGO でアフリカ諸国出身移民の手助けをしながら、地元大学の修士課程でも学んでいるという彼女は、祖国ではジャーナリストをしていた。命からがら、この地にたどり着いたときは、自分を証明出来る書類は手元に何もなく、行き倒れになりそうになったストーリーを語る。会場は今こうして明るい笑顔とともに力強い言葉を語る若い女性に起きた、そう遠くはない過去の悲惨な出来事に思いをはせる。新時代の「黄金の都市」は、移民たちに新たな人生をもたらした。
　ケープタウンのタウンシップ出身の画家は、希望と憧れを持って「黄金の都市」にたどり着いた。だが、そこは「黄金の都市」とはほど遠かった。ヨハネスブルグ中央駅に降り立ったとき、彼は大きな衝撃を受けたという。「ケープタウンに住んでいた時、ヨハネスブルグから戻ってきた親戚や友人はみな、きら

びやかな洋服と装飾品で身を包んでいた。ヨハネスブルグはまさに『黄金の都市』だと感じたものさ。富で溢れかえるヨハネスブルグの姿を思い描いて、ヨハネスブルグ中央駅に降り立ったとき、俺は本当に驚いたんだ。なんて汚い街だろうと思ったんだよ。路上でニワトリの足が売られ、道端はホームレスで溢れかえっていた」。彼はこの街で、これまで見たことのない混沌と不条理を目撃する。暴力、騙し、差別、排斥……。眼下に広がるヨハネスブルグのアパート群と、描き終えたばかりの1枚の絵を見せながらこう語った。「この窓からもハイジャックビルやスラムビルが見えるだろう。ひどい状況さ。あれはヨハネスブルグで一番酷い建物だ。窓は破れて、建物はボロボロさ。15人ぐらいが一部屋に押し込められて、ひしめき合って暮らしている。そして、しまいにはRed Ants[67]によって追い出されて、行き場のないまま路上で途方にくれるんだ。この絵はその情景を描いたものだ」。

　ヨハネスブルグで生き残るためには、狡猾さと研ぎ澄まされた感性、沸き上がる欲望、商売の才覚など、人間の全能力を試される。富と権力の獲得に向けた野心を剥き出しにして、熾烈な競争社会を生き抜かなければならない。

　　ヨハネスブルグでは、誰もが仕事、車、良い服、権力を求めてハッスル（hustle）しているんだ。ヨハネスブルグは移民の町さ。アフリカ中から、より良い仕事を求めてこの地にたどり着く。ここはアフリカ大陸の中心地で異種混交した空間だ。犯罪に溢れている。ここでは誰もが生きるために必死なんだ。生き残るためには、盗むか売るかをしなくてはならない。ストリートチルドレンは食べ物をねだったり、おカネをねだったりする。油断をすればいつでも盗みにかかってくる。これはいけないことかって？それはどうだろう。みんな生きていくことに必死なんだ。［A1］

　彼はヨハネスブルグに着いた時の衝撃と怒りをこめて、ヨハネスブルグの持つ負のエネルギーを淡くやわらかで暗い色調で描く。彼は作品のひとつを「ジョハッスルバーグ（*Johustleburg*）」と名づけた。

Jeppestown の混沌

　私が現地調査を終えて帰国してから半年後の 2015 年 4 月に、Jeppestown の街は略奪や焼き討ちといった暴動の渦に襲われた。Jeppe Hostel に住む南アフリカ人が、ナイジェリア人の自動車修理工場に火をつけ、外国人を襲っていると新聞は報じていた。すぐに知り合いのナイジェリア人に連絡をとると、彼は「大丈夫だ、心配ない」と言った。今回の暴動は Zulu の首長による外国人（アフリカ諸国出身者）に対するヘイトスピーチがきっかけとなったという説が有力視されているが、まずダーバンで大きな外国人排斥暴動が起き、それがヨハネスブルグに飛び火した。ヨハネスブルグにおける飛び火先の 1 つが Jeppestown であった。

　南アフリカでは 2008 年 5 月に大きな外国人排斥暴動が起き、60 人以上が殺害され、700 人近くが負傷し、10 万人以上が住処を追われた。その後も、外国人移民をめぐる緊張関係はくすぶり続けてきたが、今回再び、死者と負傷者を多数出し、自国民を緊急避難させるためにバスを手配する国も出るなど深刻な事態となった。

　Jeppestown は南アフリカ国内出身の移民とアフリカ諸国出身の移民が交錯する空間である。Jeppestown はアパルトヘイト時代から Zulu 人の労働者ホステルがあり、「Zulu の街」という側面を持ってきた。今、ホステルには仕事のない Zulu 人の若い男たちがその日暮らしを送っている。同時に、Jeppestown には、多くのアフリカ諸国の移民たちが押し寄せ、ここで商売を展開している。彼らは商売に長けていて、南アフリカ人のなかには「彼らに仕事を奪われている」と感じている者もいる。2 つの移民グループ間で日常的に衝突があるわけではないが、ふとしたきっかけで外国人移民はターゲットにされてしまう。私はホステル住民がこれほどの暴力的事件を引き起こさざるをえないほど怒りを抱えていると感じ取ることは出来なかったので、この事件は衝撃的であった。

　「光の都市と呼ばれるのは、周りに闇の都市があるからなんですね」と Maboneng を初めて訪れた建築家はつぶやいた。文化主導再生によって生まれたプライベート都市の周辺には、アフリカ人やインド人が経営する商店が立ち並び、アフリカ人商人が、雑貨、クツ、洋服を路上で売り、床屋や食堂が軒を連ねる【図 13; 図 14】。荒廃したビルでは移民が、スクラップヤードから持ち込

第7章 「闇の都市」に生きる移民　　221

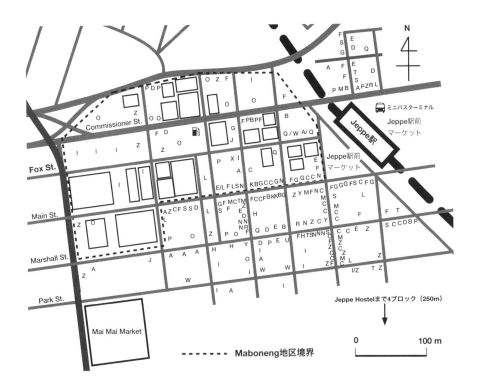

※地図上の四角形は PT 社開発物件

A：自動車修理工場、B：寝具・家具店、C：衣料品販売店、D：飲み屋・酒屋、E：食堂、F：食料品店・小型スーパー、G：日用雑貨店・携帯電話販売店、H：伝統医・薬草販売店、I：工場、J：洗車場、K：貸金業・銀行・ATM、L：住居、M：薬局・診療所、N：電化製品・工具・ガス・自転車等販売店、O：事務所、P：車部品・タイヤ販売店、Q：スクウォッター・スラムビル、R：教会、S：美容院・床屋、T：テイラー、U：宿屋、W：廃品回収業、X：アートスタジオ（PT 社開発物件以外）、Y：加工食品販売店、Z：その他

図13　Maboneng 隣接地区の経済活動分布図（2014年7月）
　　　出典：PT 社制作地図を利用し、現地調査に基づき筆者作成

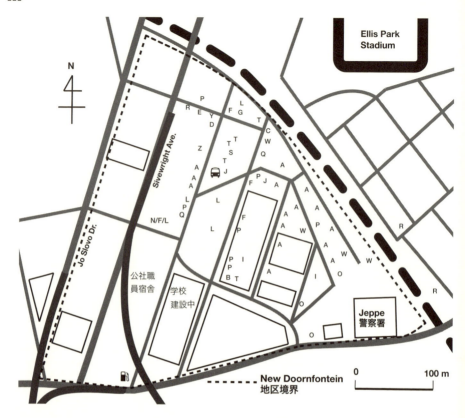

※地図上の四角形は PT 社開発物件

A：自動車修理工場、B：寝具・家具店、C：衣料品販売店、D：飲み屋・酒屋、E：食堂、F：食料品店・小型スーパー、G：日用雑貨店・携帯電話販売店、H：伝統医・薬草販売店、I：工場、J：洗車場、K：貸金業・銀行・ATM、L：住居、M：薬局・診療所、N：電化製品・工具・ガス・自転車等販売店、O：事務所、P：車部品・タイヤ販売店、Q：スクウォッター・スラムビル、R：教会、S：美容院・床屋、T：テイラー、U：宿屋、W：廃品回収所、X：アートスタジオ（PT 社開発物件以外）、Y：加工食品販売店、Z：その他

図 14　New Doornfontein 改良地区の経済活動分布図（2014 年 7 月）
出典：PT 社制作地図を利用し、現地調査に基づき筆者作成

Mabonengの裏手のMain Streetの商店街には、南アジア人やアフリカ人が経営する多様な店舗が立ち並ぶ。　筆者撮影（2014年）

まれたボロボロの車を、新車同然に修復している。

　Mabonengの目抜き通りであるFox Streetを少し歩いただけでも、焼け落ちたビルの屋上でペットボトルの回収作業をしている貧しい廃品回収業者に出会う。人びとは街中でペットボトルを集めてトロリーで運び、この街の廃品買い取り所に持ち込んでくる。エコフレンドリーなリサイクル社会はこのような日の当たらない移民の労働で成り立っている。Fox Streetでは、スーパーのトロリーに果物や野菜をいっぱいに載せて、行き交う人を相手に商売をしている移動商人たちにたくさん出会う。Mabonengからワンブロックも離れれば、手入れのされていないボロボロのビルにひしめき合うように貧困者が住む「スラムビル」に出くわす。誰が真の大家か分からない「ハイジャックビル」で住民は不当に高い家賃を大家と名乗る人びとから取り立てられており、家賃の支払いを拒めば、路上に家財道具もろとも放り出される。立ち退きを強いられて、子どもたちがマットレスで仕切りを作って風雨をしのいでいる。

　夜間のインナーシティはカージャックにあう危険性が高いので、高速道路を利用する方が良い。Mabonengから高速道路の入口までは2ブロック程度であるが、漆黒の闇を進む必要があり緊張感をともなう。ある晩、私はいつものようにMabonengを後にし、高速道路の入口に向かっていた。Mabonengからワンブロック離れた信号で信号待ちをしていると、前方から銃声が聞こえ、闇夜に飛び散る火花が見えた。すると、私の車のヘッドライトのなかに、わさわさ

Main Street Life の屋上から南側の眺望。右手前の車が並んでいるところはミニバスタクシー会社。　筆者撮影（2014年）

Main Street Life 屋上から北側の New Doornfontein 改良地区の眺望。PT 社は近年、他社が開発してきた New Doornfontein 改良地区にも進出し始めている。　筆者撮影（2014年）

と逃げ惑う人びとが現れた。私は直進しかかった車を左折させて難を逃れた。

　「何千もの都市の貧民がここで悲惨な生活をしており、多くが『闇のビル』として知られる非合法的に占拠した建物に住んでいる。『闇のビル』とは文字通り電気が通っていないということと、そこに住む住民の不運と絶望に帰するものである」[Wilhelm-Solomon 2012, *Mail & Guardian*]。Maboneng の周辺地区は「闇」に包まれているという形容は決して大げさではない。そこは、まるで資本主義の生み出す負の要素がすべて流れこんでくる排水口のようだ。

　ただし、インド人の経営する紳士服店は、100 年近く変わらずここで商売を続けてきたという誇りと威厳に満ちている。「闇の都市」の日中は、活気溢れる商店街であり、たくさんの買い物客が訪れる。ここにはヨハネスブルグの北部郊外には存在しないストリートが健在である。たとえ、このストリートが、Liebmann の描く Maboneng プロジェクトや、Maboneng に集う人びとのライフスタイルにはそぐわないものであるとしても。Maboneng を囲む Jeppestown の街は、ヤッピーたちが来るようになるずっと前から、異種混交の街であった。この闇の都市に住む人びとと個人的に知りあえば、彼らは決して悲壮感を漂わせていたり、常に怒りを煮えたぎらせていたり、悲しみに打ちひしがれていたりするわけではない。彼らは厳しい状況ながらも、楽しいことも辛いことも起こる人生を生きている。その事は大いに強調しておく必要がある。

　とはいえ、闇の都市に生きる住民たちを、彼らが主体的な生を選択し、われわれの予測もしない起業家精神に溢れた生計戦略を駆使しているといった類の、ポストモダン人類学のエージェンシー論的文脈に安易に落としこんでしまうのは、容易に揺らぐことのない構造的不正義を、いっそう強固なものとしてしまうだけだろう。都市のスラムのなかで、インフォーマル経済に従事しながら創造性に溢れるエージェンシーを発揮している人びとは、彼らを流動化し断片化する権力構造の結果として存在しているのであり、彼らが「悲惨な生存経済」に置かれていることは確かであるからだ。クラストル［1987: 240］が鋭く批判した西洋の偏見に満ちた「未開の生存経済」像、すなわち「未開社会の人間は生存経済に生きており、彼らの生活の大部分は食料の探索に費やされるか、さもなければ、彼らは生存経済などには生きておらず、長々しい余暇をもて余しハンモックに寝そべってパイプをくゆらしているかである」という偏見を、人類

学者は精緻な調査によって否定して、「未開民族の始原の溢れる社会」を明らかにした［サーリンズ 1984］。しかしながら、未開社会には存在しなかった「悲惨な生存経済」は、皮肉にも西洋文明の築き上げてきた 21 世紀の都市文明のなかに見出されるものとなってしまったのである。

　ヨハネスブルグの歴史が始まってから 100 年あまり、この都市に生きる多くの人びとが、アパルトヘイト経済に「有用」な労働力として包摂されてきた。新時代になり、アパルトヘイトから解放され「自由」を獲得したにも関わらず、彼らはますます窮地に追い込まれている。もはや労働力として搾取するにも値しない「過剰人類」［デイヴィス 2010］に分類され、「ゴミと化して廃棄される人間」［バウマン 2007］となって、「闇の都市」へと追いやられ「剥き出しの生」［アガンベン 2007］を生きているというような表現も決して大げさではない。

第 2 節　インナーシティのインフォーマル経済

　民主化後、ヨハネスブルグのインナーシティからは、続々と企業や工場といったフォーマル経済が撤退し、大量の移民・難民が到来して、彼らの脆弱だが躍動的な経済活動が始まった。1991 年に路上商人の活動が法的に認められ、1995 年に路上商人の監督権限が州政府に移管されると、各州政府が放任の姿勢をとったことによって制度的に活動が自由化され、1980 年代初期に 300 人以下と推計されたヨハネスブルグ市内の路上商人数は、1995 年には 4,000 人に増加し、1998 年には 1 万人を超えた［吉田 2000: 24］。ヨハネスブルグのインナーシティは南アフリカでもっとも活気あるインフォーマル経済の拠点となった。空きビルの一角、路上、駅前、バスターミナルは、八百屋、雑貨屋、洋服屋、食事小屋、床屋が立ち並ぶ。工場ビルの片隅でスクラップヤードから運ばれた車体を復元する修理工、ペットボトルや鉄クズを集めながら街を流離う廃品回収人、ドラッグ・ディーラーや売春婦といった「闇経済」に至るまで、インナーシティではさまざまな経済活動が展開されている。インナーシティは衰退した、あるいは荒廃したと論じられることが多いが、決してゴーストタウン化したわけではない。たくさんの人が集まり、活気溢れるインフォーマル経済の拠点となり、「カオス化」したのである。

発展途上国の経済を分析する際、注目されてきた概念が「インフォーマル経済[68]」である。インフォーマル経済は人類学者の Keith Hart [1973] が、1971 年のガーナの都市部での調査に基づいて提案して以降、脚光を浴びるようになった。国家に捕捉されない都市の貧困層の自給的経済活動を指したこの用語であるが、その後、定義付けをめぐり議論を呼んできた [Devey et al. 2006: 226]。インフォーマル経済は国家による管理を受けていないが、国家と無縁なものでも、常に国家に対決するものでもない [小川 1998: 63]。よって、インフォーマル経済の概念的規定は困難をともなうので、全般的な概念規定を試みることはあまり生産的な作業とはいえない [池野・武内 1998]。

統計作成を目的に、1993 年の第 15 回労働統計国際会議 (International Conference for Labour Statistics: ICLS) において、インフォーマル経済は、①課税や商法のような国の法令の点で企業が未登録である、②労働法の点で雇用者が未登録である、③雇用者数の点で小規模な企業である、のいずれかに当てはまるものと定義され、南アフリカ統計局 (Statistics South Africa) もこれに基づいて、Labour Force Survey (LFS) などの統計を出している [Devey et al 2006: 228]。したがって LFS は南アフリカのインフォーマル経済を企業として未登録なビジネス、ないしは付加価値税 (value-added tax: VAT) を支払っていないビジネスと定義している [Seekings & Nattrass 2006: 320]。

南アフリカでは、フォーマル経済従事者が約 6 割を占めるのに対し、インフォーマル経済従事者は約 2 割程度にすぎず [The Presidency 2009: 20]、インフォーマル経済は GDP の 7 〜 12% に貢献しているに過ぎないと言われている [Valodia 2006: 4]。アパルトヘイト下の南アフリカではインフォーマル経済の活動に制限がかかっており、都心部でのインフォーマル商業だけでなく、黒人の手によるフォーマル・ビジネスさえも違法と見なされていたが、ポストアパルトヘイト社会になっても依然としてこれを違法行為と見なす風潮のせいで、規模は小さいままである [ILO 2002: 40]。

ラテンアメリカ諸国では、フォーマル経済で職を失った労働者はインフォーマル経済に吸収される仕組みになっているが、南アフリカの場合、インフォーマル経済に雇用されるのではなく、すぐに失業に行き着いてしまうのである [Seekings & Nattrass 2006: 320-321]。運良くインフォーマル経済の職にありつけ

たとしても、インフォーマル経済従事者の収入は非常に少なく、2005年9月の調査によると、インフォーマル経済で働く69%の人の月収が1,000ランド以下であったという［Valodia 2006: 4］。

　南アフリカでは、インフォーマル経済は「セカンド・エコノミー（second economy）」と呼ばれる概念のなかに含まれる。Mbeki 大統領（当時）が再三スピーチに盛り込んだセカンド・エコノミーを簡潔に定義するならば、インフォーマル経済従事者と失業者、求職意欲喪失者の属する経済部分を示す概念である［Devey et al. 2006: 224-225］。先進国水準の経済部分であるファースト・エコノミーと対置されたセカンド・エコノミーは、政府が立ち向かわなければならないターゲットと目された。つまり、政府は「ファースト・エコノミーとセカンド・エコノミーが構造的に断絶している」という議論を打ち立てて二重経済を暗示した上で、「政府が経済政策においてこれまでファースト・エコノミーでは成功してきており、この成功の結果として、セカンド・エコノミーの貧困と失業問題にようやく取りかかれるのだ」という主張を可能にしたのである［Devey et al. 2006: 225］。

　南アフリカの二重経済状況を端的に示している用語ではあるが、「セカンド・エコノミーは周縁的な南アフリカ経済全体の付属物というよりむしろ、不可欠な構成要素であることに留意する必要がある」［Webster et al. 2008: ii］。ファースト・エコノミーとセカンド・エコノミーの上記のような関係と同様に、フォーマル経済とインフォーマル経済も分裂しているわけではなく、両者は複雑に相互依存している［Du Toit & Neves 2007］。とりわけ、世界で非正規雇用化が進むなか、インフォーマル経済の定義は揺らいでいる。Wits 大学社会学ワーク・ユニットが南アフリカ労働省の委託を受けてまとめた報告書は、「従来のような小規模で政府に未登録な事業に従事する開発途上国の都市貧困層だけでなく、フォーマル企業内の臨時・下請け従業員も、インフォーマル経済従事者として捉え直されなければならず、インフォーマル経済が単なる貧しい人びとの手による生存活動として見られるのは間違いである」［Webster et al. 2008: ii］と指摘する。

　つまり「自由市場」の名の下で、国家は規制を緩和し、新自由主義的な責務が称揚されるなか、国民経済と世界経済それ自身が脱フォーマル化してきてい

る［Hann & Hart 2011: 115］。われわれは皆、インフォーマル化しつつあるのだという現実に気づくとき、開発経済学者や援助関係者、ときには人類学者が抱いた「インフォーマル経済からのステップアップの物語」など潰えてしまいそうだ。ここでわれわれはマイク・デイヴィスの辛辣な「インフォーマリティ神話」に対する批判を思い起こす。デイヴィスは「インフォーマル経済の上方への流動性はたいてい希望的観測に触発された神話でしかない」と主張した。すなわち、Hernando de Soto［1989］による「まず国家（およびフォーマル部門の労働組合）を取り除き、小起業家にはマイクロ・クレジットを、スクワッターには土地所有権をそれぞれ与え、市場を成り行きにまかせるならば、貧困から資本への実体変化が生じるはずだ」といった類のユートピア的見解を断罪して、インフォーマル経済に向けられた根拠の無い賞賛に対して批判を加えたのである［デイヴィス 2010: 270-277］。

　インフォーマル経済（セカンド・エコノミー）の促進や支援といった働きかけは、インフォーマル経済がすでにフォーマル経済に組み込まれており、その呪縛から逃れることは出来ないということを見落としている（あるいは、意図的に見ないようにしている）。インフォーマル経済の包摂という、一見、温かさを感じさせる語りには、いかなる形の包摂となるのかまでは熟慮していない。包摂されているように見えながら、現実は排除された状態となってしまうかもしれない。世界の脱フォーマル化が進むなかで、われわれはインフォーマル経済の真実を突きつけられる。果たして、自律的なインフォーマル経済など存在しうるのであろうか。たとえ、創造性と起業家精神を発揮し、類まれなる生計戦略を駆使していたとしても、それはフォーマル経済に都合の良いように取り込まれてしまうのではないだろうか。「セカンド・エコノミーというラベルの付与は、二級市民の存在を明示化する」［Hart 2006: 27］だけかもしれないのである。

Jeppe 駅前マーケット

　過去 35 年間投資がされてこなかったと言われる Metro Rail の Jeppe 駅は、Maboneng の目と鼻の先にある。Metro Rail は労働者を郊外からヨハネスブルグ中央駅に運ぶ重要な通勤電車である。駅前は朝夕、人で溢れるので Jeppe 駅を利用する黒人を対象に駅前マーケットが存在する【図 15】。Jeppestown で働

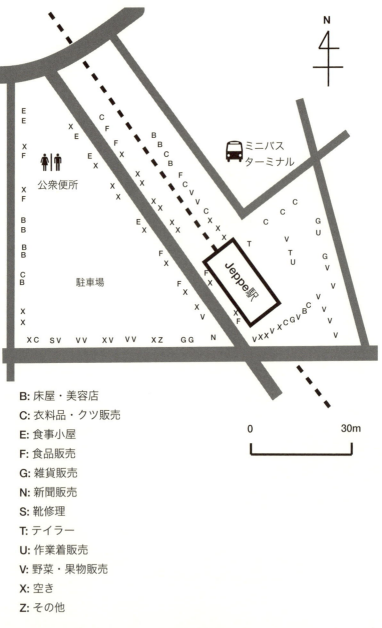

図 15　Jeppe 駅前マーケットの露店配置図（2014 年 3 月 31 日、4 月 1 日）
出典：筆者作成

Jeppe 駅前マーケットの食事小屋には、昼食どきになると行列ができる。
筆者撮影（2014 年）

く労働者たちを相手にした食事小屋が並んでおり、昼時になると、修理工が列をなす。駅前マーケットで商売をする商人は、ヨハネスブルグ市が設置した1区画、間口 2m、奥行き 2m ほどの小さなレンガ造りの小屋を月 100 ランドで借りている。Jeppe 駅前マーケットの露店は八百屋、床屋、美容室、仕立屋、作業着屋、服屋、クツ屋、タバコ屋、新聞屋、お菓子屋、食事小屋に分類出来る。同業者が隣同士に並んでいることが多い。労働者の街らしく、作業着を売っている店も見かける。仕立屋に頼んで、反射板を縫いこんだオリジナル作業着を作ってもらう人もいる。女性向け美容室は少なく、ほとんどが男性向けの床屋である。八百屋の店主は女性が多く、仕立屋や雑貨屋、クツ屋の店主は男性が多い。八百屋はジャガイモ、タマネギ、ニンジン、トマトを中心に取り扱っていて、それぞれ 5～8 個入りで 5 ランドである。ホウレンソウなど葉物野菜を扱っている店もある。果物はリンゴ、バナナ、オレンジ、西洋ナシが多い。野菜と果物は南部郊外のヨハネスブルグ中央市場から来たものである。

　コンゴ人の青年床屋［IE4］は、車のバッテリーを電源にし、電気カミソリや携帯電話を充電していた。バッテリーの充電は Jeppe 駅の倉庫の電源に一晩差

Jeppe 駅前マーケットの床屋。　筆者撮影（2014年）

Jeppe 駅前マーケットの野菜・果物露店。　筆者撮影（2014年）

し込んでおくという。冬のある日、床屋の軒先にフタ付きのプラスチック製バケツに電源ケーブルが伸びた「妙な」ものが何台も置かれていた。バケツの内側を見ると伝熱管が伸びている。チャイナタウンで入手した簡易湯沸かし器だという。これから寒い冬を迎える時期だった。床屋だけでなく、このようなサイドビジネスも手がけて生き延びなければならない。

　彼の隣ではタンザニア人［IE5］が床屋を開いていた。髪の毛とヒゲのシェイビングで12ランドである。単純なシェイビングなので、あまり技術は要しないように見える。ヒゲの形には各自こだわりがあって、客は電気カミソリを借りて自分で整形することが多い。所要時間は1人あたり10〜20分程度である。タンザニア人床屋には、アシスタントがいるときもある。客がいないとき、店主はアシスタントに自分の頭を刈らせて練習台になる。私の顔見知りの自動車修理工場のタンザニア人経営者もこの床屋を利用していた。あるとき、彼が頭と髭剃りにここを訪れた。30分くらいかけて丁寧に頭を剃ったあと、あごひげは自分で剃ると言って、鏡をみながら丁寧に整形した。去り際に、工場経営者はおカネを多めに置いていく。店主は丁重に見送りをした。

　Jeppe 駅前の路上商人のうち、とりわけモノを販売する商人は、黒人生産者・製造者の商品を販売しているわけではなく、中国製をはじめとする外国製品や白人が生産した野菜・果物を販売していた。ナイジェリア人商人は店先に積まれた中国製のクツとサンダルを指差しながら、次のように語った。

　　ナイジェリアでは何でも自分たちの手で作っている。きちんと製造業がある。クツだってちゃんと作っているんだ。でも南アフリカにはここで作ったものはあまりない。中国製のクツばかりだ。中国のクツは大雨のときに中に水が入ってきてしまうだろう。でもナイジェリアのクツはそんなことはない。ナイジェリア人はみなプロフェッショナルだ。［IE2］

　このナイジェリア人の八百屋は、トマトやジャガイモを細長いビニール袋に小分けして、それらを立て掛けた板に打ち付けた釘に引っ掛けて整然とぶら下げていた。これは他ではあまり見かけない美しい陳列だった。彼の隣では、リンポポ州出身の Venda 人青年［IE3］が野菜・果物を販売しており、彼も見よ

う見まねで商品陳列をしている。「この方法は俺が教えてあげたんだ。彼は何も知らない」[IE2] とナイジェリア人の八百屋は笑う。

　隣同士で冗談を言い合いながら、箱からせっせと野菜を取り出して、小さいビニール袋に詰めていく。月曜の午後のあまり人通りの少ない時間だが、20分ぐらいで6人ぐらいの来客がある。「うちのビジネスはいくらで買い取ってもらえるかな。買い取ってもらったら別のビジネスをやりたいんだ」[IE3] とVenda人青年は私にいう。彼は私に「写真を撮ってくれ」としきりに頼む。ジャガイモとトマトがぶらさがる軒先でポーズを決める。客の女性に一緒に入れなどと誘っているが、女性は嫌がって去っていく。ナイジェリア人八百屋にとって、このVenda人青年はまだまだ「子ども」だ。別の日の休日、ナイジェリア人八百屋は店に出ていたが、Venda人八百屋はいない。彼は次のように語り、インフォーマル経済が所詮、白人経済の手の中に転がされているだけであることを喝破する。

　　彼（Venda人青年）は休みのようだ。南アフリカ人は働かないよ。ここの人間は甘いよね。国はやれ子ども手当てだ、RDP住居だといって、いろいろと保護している。それは羨ましくもある。ナイジェリアは国家が崩壊していて自分で何とかするしかない。南アフリカは国が面倒を見てくれる。でもそのせいで、自分たちでは何もやろうとしない。仕事を誰も作ってくれないって、南アフリカ人はいつも不平不満を言っているけれど、仕事は自分たちで作らなきゃいけないもんだろう。この国家に依存する感覚は、南アフリカだけでなくSADC諸国全体に言えることかもしれない。でも、それも致し方ないのかもしれないね。この野菜だって、すべてCity Deepの中央卸売市場から仕入れてくるけれど、野菜はみな白人が作ったものだろう。すべてが白人の手にあるんだ。それを南アフリカ黒人は自分たちの手に取り戻せていない。それが一番の問題なんだ。[IE2]

複雑な感情

　Jeppe駅前で商売をする人びとは、この街の治安の悪さと自分の身の将来の不確実性に直面している。

バングラデシュ人が経営する商店に勤めて5年になるバングラデシュ人の店員［IE12］は、この辺りは危険な地域であるから気をつけるように私に注意を促した。Jeppe駅から200mほどの住宅街のなかで商店を開くソマリア人商店主［IE13］もヨハネスブルグの治安の悪さを指摘した。彼は2007年にヨハネスブルグに移住し、ヨハネスブルグ中心街で肉屋を開いたが治安が良くなかったので、2014年3月にJeppestownに移転して食品雑貨店を開いたという。「ソマリアは戦争で大変な国だった。大国の思惑で酷い目に遭った。けれど、南アフリカも大変だ。まず家賃が高い。そして治安が悪い。昨日だって君がここを通り過ぎた後、真っ昼間だというのに強盗に押し入られたよ。銃をもった輩だ。Jeppestownはとても危ない町だ。気をつけなよ」。

　Jeppe駅前の床屋を訪れた南アフリカ人の修理職人［IE6］は、ムプマランガ州から34年前にヨハネスブルグに移住して以来Jeppestownに住んでいる。一時期は治安が悪化し、「*Tsotsi*だらけだった」と彼は言う。だが、最近はJeppe駅前の治安状況は大きく改善されたと感じている。治安への不安を抱えながら、Jeppe駅前のようなところで零細商業を営む移民たちの多くは、戦争か経済的理由（困窮ないしは経済的機会の向上）のどちらか、あるいは両者が要因となって、この地にたどり着いた人たちである。彼らは、南アフリカという新しい故郷に対して複雑な感情を抱いている。

　コンゴ人の床屋［IE4］は、コンゴ東部のタンガニーカ湖畔出身である。南アフリカに来た当初はUNISA[70]で学び、1つのコースを終了した。2つ目のコースを始めたいと考えているが、経済的な理由で床屋を始めた。コンゴにいた高校生のころから休日は床屋をやっていたので、床屋歴は長いという。スワヒリ語とフランス語はコンゴで勉強したが、英語はここに来てから学んだ。「最初は全然出来なかったけれど、今ではほとんど困ることはない」と流暢な英語で話す。コンゴを出て5年たつが、一度も祖国に帰ったことはない。祖国にいる家族や友人とはたいていFacebookや電子メールでやりとりをし、たまに電話をするが、やはり会いに帰りたいと思う時がある。ちょうど、南アフリカは国政選挙が近づいていて、新聞はZuma大統領批判を書きたてていた。「コンゴの一番の問題は言論の自由がないことなんだ。ここでは、大統領の悪口をどれだけ言っても許されるだろう。でも、それはコンゴではありえないんだ。皆、言いたい

こと、本当のことを言うことが出来ないんだ」と彼は言う。彼は南アフリカが、いかに自由な国であって、それがどれだけ素晴らしいことであるのかを強調した。だが、大学に通うという当初の目的は続けられず、露店の床屋で細々とした生計を立てざるを得ない状況に追い込まれている。

南アフリカに来て24年のコンゴ人中年男性 [IE8] は南アフリカを安住の地とは感じられないという。彼は電気関連の修理業をして生計を立てている。仕事場を持っているわけではなく、人から仕事の依頼があると、現場に出向いて修理をする。1ヵ月も仕事がない日が続くこともある。子どもを学校に通わせなくてはならないから大変だ。多くの家族をコンゴの内戦で亡くしたという。南アフリカに来てから24年間、難民状態のままで、何度もビザの更新を繰り返してきた。未だに南アフリカの永住権を取得出来ていない。「コンゴには民主主義もなければ何もない。でも、南アフリカにも心やすまる所はないんだ」。

タンザニア人床屋 [IE5] は、経済的な機会を求めてこの地にたどり着いたと言えるだろう。彼は南アフリカ人と結婚して子どももいて、南アフリカ社会に根付いているが、露店の床屋という不安定な仕事で生計を立てている。2003年にタンザニアのダルエスサラームを出て、モザンビークを経由して南アフリカに来た。モザンビークにいた兄弟を頼りに、モザンビークに行き、8ヵ月かけて、ようやくたどり着いたのがヨハネスブルグだった。「タンザニア人はモザンビークでも、南アフリカでもビザは必要ない。タンザニア人はそれぞれの国に大きく貢献していると思われているんだ」と誇らしげに語る。タンザニアはとても良い所だが、南アフリカの方が稼げるのでチャンスだと感じている。だが、ここ数年の物価上昇には苦しめられている。Tanga出身で、学生時代にはKilimanjaloの麓の学校に通ったという彼は、さまざまな植物や動物に溢れた故郷の風景や、野生動物の美味を懐かしみながら話してくれる。最後に故郷に帰ったのは2009年のことだ。次に里帰りするのは2015年ごろになりそうだ。そのときは、妻と子どもを連れて行きたい。その時、初めて両親に紹介出来る。

ナイジェリア人の八百屋 [IE2] は、野心を抱いて、南アフリカの地を踏んだ。2010年にナイジェリアから南アフリカに移住し、ケープタウンやダーバンなども巡ったが、一番商売に適していると思ったヨハネスブルグに落ち着いた。ナイジェリアにいた時は、衣料品や薬の輸入販売ビジネスを手がけていたので、

南アフリカでも同様のビジネスを興そうと準備をした。だが、現実は厳しかった。書類手続きが上手くいかず、事業を開始出来なかった。「気づいたらこのとおり、路上の野菜売りだ」。彼は「この4年間を無駄に過ごした」と感じている。「ナイジェリアは何から何まで腐敗している」。それでも、「来年あたりにはナイジェリアに帰りたい」という。「日本に行きたいなあ。日本に行ったら人間になれる気がするんだ……」と彼は呟いた。

「闇の都市」の起業家精神

2014年2月にJeppe駅前にパン屋が開店した。店主は3年前にヨハネスブルグに移住したナイジェリア人男性 [IE7] である。彼は敬虔なキリスト教徒で、酒を飲んだり夜遊びに出かけたりせず、朝一番から働き始め、夜は早く床につく。「プロテスタンティズムの倫理」を地で行くかのような生活ぶりである。毎週日曜日は本部がナイジェリアにあるJeppestownの教会に通っていて、子ど

ナイジェリア人のパン屋店主。写真のトロリーを引っ張ってインナーシティ中心部の問屋まで原材料調達に出かける。　筆者撮影（2014年）

ナイジェリア人経営のパン屋。　筆者撮影（2014年）

もたちに説法をしていた。ナイジェリア大学経済学部を卒業した彼は、ラゴスで高層ビルに水やオイルを組み上げるポンプやコンプレッサーを販売する会社に就職した。彼はその会社の市場マネージャーを任されるようになったが、あるときから、社長が約束の給与を支払わなくなったので会社を辞めた。彼は自分がとても「ビジネスマインド」の人間であることを強調する。「ナイジェリア人は会社で働いているよりも、自分でビジネスをやっている人が多いんだ。ビジネスチャンスはいくらでもある。けれども、ここと違って電気は通っていないし、道路もよくない。これが経済成長を妨げている。実は南アフリカに長居する気はないんだ。長くてもあと2年ぐらいかな。ナイジェリアに戻って輸入ビジネスを始めたいんだ。例えば、韓国から商業用冷蔵庫を輸入して販売するようなビジネスだ」。

　営業時間は朝6時から夕方6時まである。金曜日は遅くまで客がいることが多いので、閉店時間を若干延長することもある。日曜日は定休日である。10数種類のパンを、ここで焼いて販売している。食パン（5.50ランド）や丸パン6個入り（6ランド）といった定番に加えて、この近辺で働く自動車修理工のような労働者がおやつ代わりに買っていく菓子パンも多く扱っている。一番の人気

は揚げパンの *vetkoek*（fat cake）（1ランド）である。その他、スコーン（2.50ラ
ンド）、red cake（菓子パン）（7ランド）、labasa（菓子パン）（7ランド）、cream
bun（菓子パン）（9ランド）、ピザ（15ランド）、クッキー（1ランド）、マフィン4
個入り（8ランド）、チョコレート・マフィン4個入り（12ランド）、kota（食パ
ンを繰り抜いてソーセージやフライドポテトなどの具材をつめたもの）（8ランド）な
どが並ぶ。誕生日ケーキやパーティへのケイタリングにも対応し、鶏肉のグリ
ルなども準備出来る。インスタントコーヒーと紅茶は1杯4ランドである。店
に入ると正面にガラスショーケースと鉄製棚が並び、袋に入った食パン類は
棚に置かれて、菓子パン類はショーケースのなかに並べられている。左手に
ジュースやソーダが入った冷蔵庫があり、冷蔵庫の上にスピーカーとテレビが
置かれている。右手に湯沸かしと電子レンジが置いてある。2脚のイスとテー
ブルが備えられているので、客はその場で飲食出来る。厨房に入ると、手前に
調理台、奥にオーブンと発酵器が並ぶ。右手には生地コネ機と揚げ物調理器が
置かれている。機器類はインナーシティの中古品店で購入した韓国製のものが
多い。安全対策のために、ショーケースの外側に鉄柵を設置した。薄汚れてい
た壁は水色とクリーム色に塗り替えられて真新しい店内になった。内装は教会
で出会うナイジェリア人業者に頼むことが多い。

　午前中はとくに忙しい。まず、ショーケースをパンで埋めなければならな
い。生地コネ機のボールに小麦粉、タマゴ、イースト、水を入れて、生地を作
る。パンによっては砂糖や着色料などを加える。パン作り最大の重労働ともい
える生地作りは、生地コネ機がしてくれるので楽である。同じパン生地から
丸パン、食パン、ピザ、*vetkoek* を同時に作ることが出来る。電子秤を脇に置
き、適当な大きさにカットして分量を確認しながら整形する。その後、発酵器
に30分から1時間ぐらい入れてから、オーブンで20〜30分かけて焼き上げる。
オーブンでパンを焼いている時間を使って *vetkoek* を揚げる。*vetkoek* は人気
商品なので常にショーケースに入れて置かなければならないが、手間もかかる
ので、つい品切れさせてしまう。出勤前の労働者たちが立ち寄るので客の対応
もしなくてはならない。厨房の後ろで黙ってパンだけを作っているわけにはい
かない。店の前を通り過ぎる人を明るく呼び込み、お客様には最大限の感謝の
意を表す。1人で店を切り盛りするのは大変なので、当初は知り合いのナイ

ジェリア人の奥さんやナイジェリア人の女子学生に客応対や基本作業を頼んでいたが、最終的にはジンバブエ人女性に落ち着いた。彼女は以前、肉屋で働いた経験があり、「とても頼りになるので満足している」と店主は言う。

　店を訪れるのは客だけではなく、職探しや行商人が次々に訪れる。仕事の手を休めずに、こうした来訪者にも店主は対応しなければならない。近所の自動車修理工場で働くガーナ人やナイジェリア人は、この店の常連客であり、彼らは他所の店で買ってきた食事を持ちこんで、この店の電子レンジで温めさせてもらっている。常連客は何かと言えば店に来て雑談をしている。店主は彼らに新作を食べさせたり、少々焼き損じたパンをあげたりして、サービスに余念がない。パン屋はオープンしてから2ヵ月も経つと、Jeppe 駅前を行き交う人びとの生活にしっかり溶け込んだ。

　パンの原料の小麦粉はダウンタウンのインド人経営の小麦粉問屋で購入している。50kg 入の小麦粉1袋は3日間ぐらいでなくなるので、その都度買いに行く。パン屋から小麦粉問屋までは 2km ぐらい離れているが、店主はトロリーを引っ張って歩いていく。小麦粉問屋はインド人の経営する布屋が多く立ち並ぶ Market Street のビルの2階にある。2階は巨大倉庫になっていて、大量の小麦粉袋が並ぶとともに、パン工場も兼ねている。ある日、ナイジェリア人店主は、小麦粉 50kg を1袋（300 ランド）とイースト4袋（1袋 30 ランド）を現金で購入した。50kg の小麦粉袋は、1階半ほどの高さにある搬出口から道路に直接下ろす。パン屋店主は、搬出口の下で小麦粉袋を待ち構える。インド人の小麦問屋は小麦粉袋を下ろしてくれるが、袋に小さな穴が開いていてポロポロと小麦粉がこぼれてくる。「いつも穴が開いたのをくれるよね」とパン屋店主は冗談交じりに文句をいう。「そんなこと無いよ。穴が空いている方を上にしなよ！」と問屋のインド人は言う。問屋の黒人アシスタントが袋をひっくり返すのを手伝ってくれる。パン屋店主はトロリーに縛り付けてあった擦り切れたビニール紐で 50kg の小麦粉袋をしっかりと結びつける。地面にこぼれた 1kg ほどの小麦粉を見ながらパン屋店主が「あ～あ、10kg は損した」と言うと、インド人問屋は「そんなわけないよ」と笑う。和やかに取引が終わって帰路につく。

　このパン屋は基本的に、自分の店で販売するパンを焼くだけで、別の店の注文に応えるほど手は回らない。だが、たまに知り合いの店に置かせてもらって、

販路拡大を試みている。ある時、パン屋から 2km ほど先のダウンタウンにあるナイジェリア人の「ママ」の経営する食品雑貨店に菓子パン 8 個を持ち込んだ。入り口が鉄格子に囲まれたナイジェリア人中年女性の経営する雑貨屋は、この地区の治安の悪さを物語っている。鉄格子の隙間から持ってきた菓子パン 8 個を手渡すと、ナイジェリア人ママは商品棚に並ぶパンを雑に押しやって、店主が持ってきた菓子パンを並べた。「どれくらい売れるかちょっと試してみてよ。そこにあるパンよりも良い材料を使っているよ。次回はいつ持ってくればいいですか?」とパン屋店主はママに聞く。ママは「電話するわよ!」と言って、しわくちゃな 20 ランド紙幣 1 枚と 10 ランド紙幣 2 枚の合計 40 ランドを鉄格子の隙間からパン屋店主に手渡す。彼女は 7 ランドで販売するので、売れれば 1 個につき 2 ランドの儲けとなる。

廃品回収人

「闇の都市」のなかで、もっとも過酷な労働者は、「インフォーマル・リサイクラー (informal recycler)」[Charlton 2014] とも呼ばれるリサイクル社会を陰から支える廃品回収人 (waste picker) であろう。Maboneng 周辺の工場跡や倉庫[71]

Maboneng 改良地区内の焼け落ちたビルの屋上の廃品回収所。ペットボトルの分別作業をしている。PT 社は支援を計画している。　筆者撮影 (2014 年)

Maboneng 界隈では頻繁に廃品回収人がトロリーを引っ張る姿を見かける。
筆者撮影（2014年）

　跡には、大量のペットボトル、空きビン、ダンボール、鉄クズが集められている場所がある。廃品回収人が持ち込むリサイクル廃品を集積する廃品買い取り所（buy-back centre）である。廃品買い取り所の前では、汚水が垂れ流されていて、常に何かを燃やしていて、悪臭を放っている。

　Maboneng のメインストリートにあたる Fox Street にも廃品買い取り所があった。火災にあって焼け落ち、1階部分だけとなったビルの屋上に、大量のペットボトルが集められる。レソト人が多いというこの廃品買い取り所の1階部分は、スラム住居になっていて54人が住んでいる。中に入ると昼間でも真っ暗で、ベニヤ板で衝立をつくってプライバシーを守っていて、なかにはモノを並べて「店」を開いている人もいる。屋上ではボロボロの衣服をまとった廃品回収人たちが仕分け作業をしている。PT 社は同社の CSR 部門である GOODCITY を通して、このビルの状況を改善すべく、地元の建築家や社会企業家と協力して介入しようとしている。リサーチがすでに始まっていて、建物の改修などを計画しているようだ。こうした動きに対して、Maboneng で活動するアーティストたちは「PT 社は良いことをやろうと、リサイクルプロジェク

トに関わろうとしているけれど、それは気休めでしかない」とか、「プロジェクト実施者たちは一度もあの建物に入らずにプロジェクトを進めている。彼らは自分たちの他の事業を正当化するための免罪符として使っている」などと手厳しい。

廃品回収人はペットボトルやダンボールをトロリーに載せて、Mabonengと周辺地区を縦横無尽に走り回っている。トロリーは廃品回収人にとって身体の一部と化している。ゆるやかで長い下り坂ならば自動車より速く下ることが出来る。まるで都市のハンターのように、北部郊外の白人住宅街まで足を伸ばして廃品を集めてくる。「闇の都市」はグローバル都市ヨハネスブルグが目指すエコフレンドリーなリサイクル社会を支えている。

発展途上国の貧しい人びとにとって、廃品回収業は参入障壁の少ない重要な職の機会であるが、彼らは廃棄物産業の最末端に組み込まれている。フォーマル雇用を生み出せない南アフリカでも、アパルトヘイト末期から廃品回収人の姿はありふれたものとなってきた。彼らは極度に搾取されているといった報告が出ており、ポストアパルトヘイトの廃棄物処理政策は、こうした人たちを包摂しながら、彼らの権利を守り、いかに貧困撲滅につなげていけるのかという問いに直面してきた [Rogerson 2001]。だが政府は、廃品回収人を廃棄物処理の公的システムに組み込む準備が出来ていないのが現状である [Schenck & Blaauw 2011: 413]。

南アフリカでは廃品回収人は職業として認知されていないので、就業者統計はない。よってフォーマル雇用からあぶれた半熟練・非熟練労働者の少なくとも 37,000 人が、廃品回収人であると推測出来る程度である [Viljoen et al. 2015: 2]。廃品回収人の包括的な実態調査は難しいので、南アフリカではこれまで、ほとんど調査されておらず、せいぜい事例研究にとどまっていた [Viljoen et al. 2015: 5]。とくに、廃品買い取り所よりも捕捉が難しい路上を歩きまわる廃品回収人の研究は、ほとんどなかった [Schenck & Blaauw 2011: 413]。そこで、Viljoen et al. [2015] は南アフリカの全州の 13 都市にある 69 の廃品買い取り所で 914 人の廃品回収人のデータを収集し、南アフリカの廃品回収人の全体像に迫った。この調査によって、廃品回収人の多くは教育水準が低く、他の仕事に就ける可能性は限られていて、不安定なインフォーマル経済のなかでも、さら

に希望の持てない劣悪な経済状況に追い込まれており、「不法占拠」したスラムビルや路上で生活していることが判明した。

　82％（751人）の廃品回収人は、各日の回収量に応じて収入を得ており、半数が1日50ランド以下、25％が1日51～85ランドしか稼いでおらず、平均1日67.26ランドしか収入がなかった［Viljoen et al. 2015: 9］。さらに収入は日によって大きく変動し不安定であることも分かった［Viljoen et al. 2015: 10］。収入が多い週でも平均658ランド、悪い週だと214ランド程度にしかならず、たいてい週505ランドほどしかなかった［Viljoen et al. 2015: 22］。

　廃品回収人の活動は、フォーマル経済に深く埋め込まれている。産業が発展していればいるほど、大量にゴミを生み出すので、廃品回収人の仕事が生まれる。そしてフォーマルなリサイクル産業が発達しているので、彼らが必要とされるのである［Schenck & Blaauw 2011: 414］。大量消費社会と21世紀型リサイクル社会の特徴を持ち、大量の失業者を抱える南アフリカでは自ずと廃品回収業が盛んになる。廃棄物処理産業も南アフリカ経済の典型である「2つの経済」に分かれている。ヨハネスブルグ市のフォーマルな廃棄物産業は市の委託を受けた Pikitup 社が担い、「ディーセント・ワーク」を提供している。一方、インフォーマル経済に属する廃棄物産業は、トロリーを引っ張る廃品回収人と廃品買い取り所で成り立っている。だが2つの経済が、地理的に分離しているのではない。2つの経済は非常に不平等な形で相互依存していて、インフォーマル経済を通して集められた廃品は最終的にフォーマル経済のリサイクル産業に組み込まれるのである。したがって、インフォーマル廃品回収人の需要は高まれど、それが決して「ディーセント・ワーク」となることはない［Webster 2010: 228-229］。

　"The South African Informal City" と題する展覧会の展示パネルは、ヨハネスブルグで廃品回収人をしている Paul（レソト出身）の生活を紹介している[72]。Paul は週に1,100ランドを稼ぐこともあるが、たいてい週800～900ランドである。1,100ランドを稼ぐには5日間で600kgの廃品を回収しなければならない。Paul がもっとも多く収入を獲得したある1週間のケースを見てみよう。Paul はペットボトル（Polyethylene Terephthalate: PET）を149kg集めて429ランド、プラスチック製洗剤容器などに使われる高密度ポリエチレン（High Density

Polyethylene: HDPE）を 80kg 集めて 59.20 ランド、ビン（Glass）を 36 本集め
て 36 ランド、オフィス用紙・印刷用紙（Heavy Letter-1: HL-1）を 140kg 集め
て 280 ランドを獲得した。合計すると、369 kg の廃品とビン 36 本を回収して
週 804.20 ランドの収入を得たことが分かる。ペットボトルは 1kg あたり 2.50 ラ
ンド、HDPE は 1kg あたり 0.80 ランド、ビンは 1kg あたり 2.00 ランド、HL-1
は 1kg あたり 2.00 ランドが買取り価格の相場である。Paul は妻と乳児とともに、
Doornfontein の電気も水もない倉庫の一角で暮らしている。最近は同業者間で
の競争が激化しており、人より先に回収するために、早起きしなければならなく
なってきた。以下のとおり、Paul は毎日、インナーシティの自宅から北部郊外
まで長距離の回収の旅をしていることが分かる。

［月曜日］行き先 Linden、歩行距離 24.6 km。朝 5 時に Doornfontein の家を出
　　発、もっとも熾烈な回収争いをして、14 時に帰宅。
［火曜日］行き先 Killarney、歩行距離 10.2 km。朝 5 時に家を出発、12 時に帰
　　宅。
［水曜日］行き先 Windsoer、歩行距離 34 km。朝 3 時に家を出発、14 時に帰
　　宅。
［木曜日］行き先 Northcliff、歩行距離 28.7 km。朝 3 時に家を出発、14 時に帰
　　宅。
［金曜日］行き先 Randburg、歩行距離 31.5 km。朝 4 時に家を出発、14 時に
　　帰宅。

　展示パネルは、Paul がこれでも廃品回収人のなかでは成功者であり、多くの
回収人がさらに厳しい生活を強いられていることを伝える文章で終わる。
　廃品回収人たちは、この仕事をしている理由を、36.4% が「他に選択肢がな
かったから」、14% が「他の仕事が見つからないから」、19.4% が「単に食べて
いくため」と答えている［Viljoen et al. 2015: 11］。彼らにインフォーマル経済の
起業家精神などを見出すことは難しく、貧困ライン以下の生存ラインぎりぎり
の日々を送っている。廃品回収人は「道路を清掃し、フォーマル・リサイクル
産業に貢献するグリーン・ジョブの担い手である。それにも関わらず、1 日に

たった40ランドしか稼ぐことが出来ない」のである［Webster 2010: 228］。

自動車修理工

　「闇の都市」の空き倉庫や工場は、おしゃれ・スポットに転換されるより
も、移民が経営する自動車修理工場へと転換される場合の方がずっと多い。自
動車修理工場は、Maboneng の南側の Joel Street 沿いに集まっているが、
Maboneng 周辺の至るところにあって、総数は100軒を下らないだろう。2000
年代以降、この街に大量の自動車修理工場が増加した。修理工はガーナ人、タ
ンザニア人、モザンビーク人、ナイジェリア人などが中心で、同じ国籍の人が
同じ修理工場に集まる傾向がある。あるタンザニア人の修理工は、「タンザニア
の生活は厳しかった。仕事もなかった。なので、友だちを頼ってここに来た」
という。2015年4月のゼノフォビア（xenophobia）による暴動では、ナイジェ
リア人の経営する修理工場が焼き討ちにあった。自動車修理工はときに移民排
斥のターゲットにされてしまうのである。

　Maboneng のおしゃれなレストランやカフェから100m も離れれば、ペンキ
が剥がれ落ちたり、側面が凹んでいたり、フロントガラスが割れていたり、ド
アがついていなかったりするたくさんの車が路上に並んでいる。ここはガーナ
人が経営する自動車修理工場である。修理工たちは、通りの両側にあるビルの
地下にある整備場と路上を行ったり来たりし、路上と整備場の車の入れ替え作
業を行ったりして忙しく動きまわっている。

　ある祝日に、修理工場の前までいくと、馴染みのガーナ人修理工［IE1］が、
ガレージの奥で昼食をとっていた。自動車修理工は祝祭日でも働いている。も
う15時半を過ぎていた。近くの食事小屋で手に入れてきたというガーナ料理は、
トマトと肉の煮込みと白米だった。彼が故郷のガーナのアクラを出発して、こ
のガレージにたどり着いたのは5ヵ月前のことである。ケープタウンまで飛行
機で移動し、その後、陸路でポートエリザベスを経由し、ヨハネスブルグにた
どり着いたという。この修理工場に来たのは、アクラ時代から知り合いがいた
からである。妻と子どもはアクラに残している。彼の住まいは修理工場のビル
の上階で、家賃は月600ランドで、電気は通っていないが水は出る。この建物
には20人ぐらいが住んでいるという。「今はボスの元で働いているけれど、ゆ

タンザニア人が経営する自動車修理工場。 筆者撮影（2014 年）

くゆくは自分の修理工場を持ちたいんだ」と彼は夢を語った。

　Jeppe 駅の北側の地区には、タンザニア人が経営する修理工場が数軒ある。ダルエスサラーム出身のタンザニア人［IE9］は、2012 年に Jeppe 駅近くの大通り沿いに修理工場を開いた。南アフリカに着いてまず人の修理工場で働いて貯金をし、ようやく念願の自分の店を開くことが出来た。彼の兄はダルエスサラームで、同じように自動車修理工場を経営しているので、ファミリー・ビジネスとしてはここが 2 店目である。客はタンザニア人だけではない。「腕には自信がある」という彼の店には、他の店では直せなかった車が持ち込まれる。

　別の自動車修理工場の工場主［IE10］もダルエスサラーム出身のタンザニア人である。この修理工場は 2013 年に開業した。建物のオーナーは、この辺り一帯の建物を所有している南アフリカ人である。ここで働く修理工の大半はタンザニア人で、客もタンザニア人が多い。「仕事をしにこの国に来たのだから休日はない」と土日も働いていた。土曜日の午後、工場主は近くの食堂から出前をとった *ugali*（トウモロコシの練粥）、肉、ソーセージとビールを従業員に振る舞ってねぎらう。腹をすかせた若い修理工が、続々と現れてあっという間に平らげた。

修理工は各自専門分野を持っており、分業体制が出来上がっている。車体の損傷ならばすぐさまパネルビーターと塗装工の仕事となる。だが、車の電子制御化が進むにつれて、内部トラブルの原因はすぐに判明しないことが多くなってきた。各自、専門の見地から車両の不具合の要因を探り当てていく。ある日、外見は状態の良い BMW8 シリーズを熱心に修理していた。「見た目は良いが問題だらけだ」と修理工は言う。まずは、手っ取り早いブレーキパッドの交換から始める。試験走行を何度も繰り返して、ブレーキの不具合は解決したようだ。だが、「電気系統がおかしいのではないか」とブレーキパッドを交換した修理工は言う。すると、電気系統を専門とする修理工が、ボンネットを開けて電気系統を調べ始めた。彼らは試験走行を繰り返しては、手を加えるという作業を繰り返した。

別の修理工場で働くタンザニア人修理工［IE11］は塗装を専門としていた。タンザニアにいた時も塗装工をしていたという。彼の工場は南アフリカ人の修理工が多く、タンザニア人は彼以外にいなかった。この修理工場は、各修理工がすべて独立した「事業主」と考えられていて、工場主がいないのが特徴である。専門を異にする修理工が、それぞれ部品代と手間賃を直接顧客に請求する。仕事の受注にむらがあるので、私がこの塗装工の所に遊びに行くと、熱心にサンドペーパーで車を磨いて忙しそうにしているときもあれば、手持ち無沙汰で工場の前でくつろいでいるときもあった。建物のオーナーは中国人で月 10,000 ランドの家賃を修理工全員で折半して銀行振込している。オーナーがここに来ることはほとんどないという。

Jeppestown の自動車修理工場では、エンジントラブル、ブレーキトラブル、車体の傷の修復といった仕事は、どちらかと言えば小さな仕事である。修理工場を巡ると、ほとんど骨組みだけになっている車体をいたるところで見かける。こうした鉄クズにしか見えない車体は、丹念な修復作業を経て、新車のように復活する。彼らが手がける「巨大ビジネス」は「完全修復業」とでも呼ぶべきものである。

あるタンザニア人経営の修理工場では、ボディが完全に歪んだフォルクスワーゲン・ポロの完全修復作業をしていた。車に詳しくなければポロだと気づかない状態だった。修復を依頼したのはヨハネスブルグ南部郊外で商店を経営

第7章 「闇の都市」に生きる移民　*249*

しているコンゴ人［IE14］だった。彼はコンゴ南部出身で南アフリカに来て16年になり、永住権を取得している。南アフリカに来た当初は溶接工として働いたが、その後、ヨハネスブルグ南部郊外のコンゴ人やブルンジ人、タンザニア人が多く住んでいる地区で商店を開いた。彼が修復を頼んでいるポロはプレトリアのサルベージ・オークションで入手したものである。彼はこれまでも何度か廃車寸前の車をオークションで入手して、この修理工場に修復を依頼したことがある。数ある修理工場の中から、タンザニア人の修理工場を選ぶ理由は言葉の問題が関係している。「この修理工場は言葉（スワヒリ語）が通じる。だからいろいろと交渉事もやりやすい。なので、ガーナ人とかモザンビーク人の修理工場には持っていかないよ」。完全修復ビジネスはリスクが大きいと彼は言う。修理工たちは、必要な部品をその都度要求してくるので、彼はその度に部品を買って渡さなければならない。部品がたくさん必要になれば、最終的には赤字になることもある。「良い車を手に入れるには目利きになる必要がある。エンジンがちゃんとしていれば、大抵の車は元の姿に戻るよ。3週間後に見に来てごらんよ。これがあんな状態だったのかと驚くような出来栄えになるはずだ」。私が1ヵ月後に工場に戻ると、「新車」のポロがそこにあった。

　IE14のように、起業家精神に溢れる人はMaboneng開発のことを耳にしている。「私はあのプロジェクトにとても興味をもっているんだ。若者がデベロッパーだよね。どうやってあれだけの成功を成し遂げたのか知りたいな。政府のサポートを得る方法とかね」と彼は言った。彼のような零細企業家は政府からの支援など到底受け取ることは出来ないし、金融機関から大きな融資を受けられることもない。

労働者の食堂

　労働者の街には、食堂が付きものである。「闇の都市」の自動車修理工場街には、アフリカ料理を出す小さな食堂が無数にある。ある自動車工場内では、タンザニア人女性2人が切り盛りしていた。ここの修理工や近所で働くタンザニア人を相手に、白米に煮豆、トマトスープの煮込みが付いた25ランドの定番のタンザニア料理を供する。トマトスープの中身は、牛肉か鶏肉か魚のフライのいずれかを選ぶことが出来る。コメは塩と油を入れて炊いてある。タンザニア

に滞在した経験がある私には懐かしい味だった。大きな皿に山盛りの白米が盛られているので、修理工たちは2〜3人で一皿をシェアしていた。何度か通ったこの食堂はある日なくなってしまったが、近所に新たにタンザニア食堂がオープンした。修理工場の片隅で車のオイルのニオイを嗅ぎながら食事をしていたときとは違って、こちらの食堂はゆっくり出来た。牛肉のトマトスープ煮込みにご飯と煮豆が付いた定番料理(30ランド)を供している。広くはない店内にプラスチック製のテーブルが3つほど入り、イスは10人分ぐらいあった。テレビからはタンザニアのソープオペラが流れていた。

　故郷の味を懐かしむのは修理工だけではない。私はナイジェリア人のパン屋店主と何度かナイジェリア料理を食べに出かけた。われわれが訪ねたナイジェリア食堂は、自動車修理工場の隣の小さな空間だった。壁は真っ白に塗り替えられたばかりで、真新しい水色のプラスチック製のテーブルが3つ置かれていた。修理工らしい2人組の客が、1つの皿をシェアしている。私はいつも通り egusi soup を頼んだ。通常は牛肉入りだが、この日は牛肉がなくなったので鶏肉になった。彼は「故郷のみんなに姿を見せたいんだ」と言って、私に写真を

自動車修理工場街のナイジェリア食堂の定食。写真は egusi soup という煮込み料理。　筆者撮影(2014年)

とって、Facebook に投稿してほしいと言う。後日、ナイジェリア料理を食べる
われわれの写真を Facebook にアップすると、彼はナイジェリアに住む友人た
ちからたくさんのコメントを受け取っていた。なかには「中国人に何を食べさ
せているんだよ（笑）」と彼をからかうコメントも書き込まれている。友人たち
は異国でナイジェリア料理を食べる彼の姿を見て安心したようだ。

　「闇の都市」では自動車修理工場の開業を追うように、アフリカ各地の味を提
供する食堂が生まれている。ある程度の現金収入があり、働き盛り、食べ盛り
の独身の若い男たちがたくさん働く自動車修理工場街で、食堂はなくてはなら
ない存在となっていて、故郷を同じくする移民女性にとっては大事な現金収入
源となっている。

　労働者と食堂の関係は Jeppestown では新しいことではない。むろん、アフ
リカ各地の料理が食べられる国際色豊かな空間になったのは最近のことだ。だ
が、アパルトヘイト時代から、Jeppestown の黒人労働者は同様の食の供給シ
ステムに支えられてきた。アパルトヘイト時代には黒人の経済活動に規制がか
かっていたとはいえ、黒人労働者の食を支える程度のインフォーマル経済は黙
認されていたからである。

　インナーシティの工場街で働く黒人労働者の食を支えていたのが、coffee-cart
と呼ばれる移動式屋台であった。coffee-cart はコーヒー、紅茶、*vetkoek*（揚げ
パン）、簡単な食事などを供していた。工業化が進むなかで、1953 年にはヨハ
ネスブルグのインナーシティで働く工場労働者 15 万人のうち 3 分の 2 が黒人と
なった。居住地の人種隔離が進み黒人は郊外のタウンシップに強制移住させら
れていたから、インナーシティに日中働きにくる黒人を食べさせる設備が必要
となったのである。1920 年代に生まれた coffee-cart は第二次大戦後から徐々に
増加を始め、1950 年に 662 台、1955 年には 1,000 台以上に増加し、1960 年には
2,000 台を超えた。Jeppestown 周辺には 1960 年に 500 台が操業していた。鉄道
駅、ミニバスターミナル、工場の門の前などに出店した。だが、1970 年代に入
ると coffee-cart に対する取り締まりが強化されていった [Rogerson 1986]。

　「白人都市」の路上を汚す coffee-cart を排除しようという動きが進むなかで、
いかに coffee-cart の代替物を提供出来るかという問題に直面した。当時、白人
工場労働者は工場の社員食堂で食事の提供を受けていたが、黒人労働者はその

サービスを受けられなかった。黒人労働者にとって、工場の外で黒人が経営する屋台が社員食堂の役割を担っていたのである。

ヨハネスブルグ市は 1960 年代半ばごろから、産業界に黒人労働者に対してもケイタリングシステムを確立するように要請した。キャンペーンのスローガンは「労働者＋より良い栄養＝生産力増大」であった。だが、このキャンペーンは遅々として進まず、黒人が工場の社員食堂で食事を受けられるようにはならなかった。Coffee-cart の排除が進むにつれて、常設店舗が黒人労働者に食事を提供するようになっていった。1985 年になると、黒人のインフォーマル経済を促進しようという動きも生まれてきて、coffee-cart の代わりになると期待された小規模ビジネスを推進していく方向に転換した [Rogerson 1988; Rogerson 1989]。

このように、アパルトヘイト時代からインフォーマル経済は黒人の自立的経済活動のためではなく、より安く黒人労働力を調達するための白人経済の従属物としての役割を果たしてきた。Coffee-cart のような経済活動が、不平等な経済機会しか与えられなかったアパルトヘイト時代における、黒人による数少ない異議申立ての機会であったと評価出来るとしても、白人経済に絡め取られていたことに変わりはなかった。

闇の都市の現状を見る限り、黒人の自律のためのインフォーマル経済という語りはますます疑わしいものである。もはや白人経済に搾取すらされない人びとが Jeppestown を彷徨っている。不安定な労働者たちは、不安定な食に依存している。わずかな賃金を得た修理工は、2 ～ 3 人で 1 皿をシェアして空腹を満たす。だが、食堂の食にありつける人は、この街ではまだ幸せな方だ。

一掃作戦

ここまで見てきたように、ヨハネスブルグのインナーシティでは、移民が露店を開いて活発な経済活動を展開してきた。白人経済に取り込まれているに過ぎないという批判が妥当だとしても、彼らが生きる術はインフォーマル経済しかない。だが、政府や巨大資本は民主化後、たびたびインフォーマル経済活動を妨げてきた。これは、「企業家主義的都市政府」[ハーヴェイ 1997] がストリートを商品化し、利潤を生み出す土地に改変しなければならないというプ

レッシャーにさらされているからである。都市空間を都市改良地区化して、路上商人の営業を禁止したり、路上商人に常設市に移転することで「包摂」しようとしたりしてきた。この方針に従わずに路上で商売を続ける「目障りな」商人たちに対しては暴力的な介入を繰り返し、公権力によるゼノフォビアは日常茶飯事となってきた。ヨハネスブルグは弱者、貧困層、外国人にまるで恨みでもあるかのように振る舞う「報復都市」[スミス 2014] と化している。

「資本主義の搾取構造は、二重構造的差別を生み出すものであり、とりわけ、受入国の住民の間に、人種主義的偏見、外国人排斥の感情を維持させ、この偏見によって、外国出身者は未熟練であると先験的に見なされて、有無をいわさず賃金が低く、不安定な職域に追いやられる」とメイヤスー [1977: 205-206] は指摘する。ポストアパルトヘイトの南アフリカでは、アフリカ諸国から流入する移民・難民が上記のような境遇にさらされている。

公権力による路上商人の排除は目新しいことではない。民主化から4年後の1998年の新聞によれば、Yeoville で路上商人が道路交通法違反（交差点から5m以内での商売の禁止）で罰金4,000ランドを科されたという [Simmonds 1998, *City Vision*]。記事のなかで、常設マーケット建設を担当している地域経済省の担当官は「われわれは、プロフェッショナルにビジネスが出来る空間で商人の姿を見たい。……商人は所有権の感覚を持たなければならず、株式市場で自社の株を売買出来るようにならなければならない。彼らは路上商人から商店経営者へとハシゴを登ることが出来るはずだ」と、現実離れした野心的なアイデアを開陳して、この理想の実現に向けて「どこでも好きなところに店を開いてしまう路上商人に対する規制が必要である」と主張する。記事は「地域住民は路上がきれいになることは歓迎するものの、罰金をとるのはやり過ぎだと感じている」こと、ある商人は「われわれにこの場から去れと言うことは、生きるために犯罪に手を染めよと言うのと同じことだ」と憤っていることを伝えている。

2000年の新聞もヨハネスブルグ市の路上商人に対する規制を取り上げている [Simmonds 2000, *Reconstruct*]。記事によれば、Natal 大学開発学部の Francie Lund 教授は「ILO が雇用を創出するとして、小規模企業開発の重要性を広めているなかで、ヨハネスブルグ市の対応は時代の流れに逆行している」と批判し、「南アフリカの小規模企業政策では、理論上インフォーマル・セクターが

雇用創出源であり、かつ貧困緩和のためのセーフティ・ネットであると認識されているはずだ」と述べたという。Gauteng Hawkers Association の広報担当者は、「ヨハネスブルグ市が設置した Yeoville Market の 360 の商売区画のうち、埋まっているのは 100 にも満たない」と述べており、常設市化の目論見が外れていることを伝える。Hillbrow-Berea Hawkers Association の事務員は「路上商人を常設市へ移動させようとするのは馬鹿げている。なぜなら、商人は通りすがりの人びとを相手に商売をしているからだ」と述べるなど、行政の思惑どおりには進んでいない。

ヨハネスブルグ中心部の Joubert Park 地区は、ミニバスタクシーの一大発着ターミナルである。ミニバス乗客目当ての商売が盛んであり、モザンビーク人の修理工による自動車修理業や自動車部品販売をはじめ、Zulu 人の女性はモザンビーク人修理工向けにモザンビーク伝統料理を供したり、バスターミナルには「カート押し（Trolley pushers）[73]」と呼ばれる荷物運びが待ちかまえていたりする [Farouk 2009: 239-240]。「カート押し」はスーパーマーケットから組織的に盗まれたショッピング・カートを使っている。「カート押し」業者自身は直接的にショッピング・カートの盗難とは関係していないが、彼らに対する警察の取締りは厳しく、罰金が科されることも多い。「カート押し業の違法化」反対デモの参加者は「カート押し業は犯罪ではなく、雇用を生み出している」と主張している [Farouk 2009: 246]。地理学者でアーティストの Farouk は、アーティスト仲間と「カート押し業プロジェクト（Trolley Works Project）」を立ち上げて、盗難カートの代わりに専用トロリーを提供した [Farouk 2009: 241]。

公権力だけでなく、2011 年には与党 ANC 青年同盟や National Unions of Metal Workers の若者が路上商人を攻撃するという事件も起きている。「デモ行進をしている若者たちが、路上商人のカートをひっくり返し、リンゴをつかみ取り、嬉々として食べ始めました。年老いた女性の悲しみにくれた泣き叫ぶ声がまだ耳を離れません。ただただ胸が張り裂けそうな出来事でした。彼女たちには養わなければならない家族が居るのを私は知っていますから……」と目撃者は語った [Mazwai 2011, *Business Day*]。

ヨハネスブルグ大学小規模ビジネス開発センターの Thami Mazwai 所長は次のように批難した。「皮肉なことはインフォーマル商人たちが、『経済的自由

を！』と声を上げている ANC 青年同盟や『最低生活賃金を！』とストライキ
をしている労働組合によって虐げられていることです。普通の人びとが自由に
商売をすることを認めずに何が『経済的自由』でしょうか？　他者の生存権
を脅かしておいて何が『最低生活賃金』でしょうか？」[Mazwai 2011, *Business
Day*]。

　2013 年 10 月にヨハネスブルグ市とヨハネスブルグ市警によって、ヨハネス
ブルグのインナーシティの路上商人が大量に強制排除される事件が生じた。既
述のとおり、路上商人の追い立ては珍しい事ではなく、彼らは日常的に公権力
による監視や嫌がらせにさらされてきた。だが、今回のような大規模な事件は
めったになくメディアでも連日大きく取り上げられた。今回の強制排除は Tau
ヨハネスブルグ市長によるイニシアティブで始まった「一掃作戦（Operation
Clean Sweep）」の一貫であった。市の主張は、この作戦によって「無法地帯」
と化しているインナーシティの「犯罪と汚れ」を解決し、「違法操業」も排除出
来るというものだった。警察はゴム弾を用いて商人を排除するなど暴力的な実
力行使に出た。人権 NPO の Socio-economic Research Institute of South Africa
（SERI）は外国人の路上商人が攻撃のターゲットにされているとして、警察によ
るゼノフォビアを強く非難した [Nicolson & Lekgowa 2013b, *Daily Maverick*]。こ
の作戦によって、ライセンスを持つ路上商人でさえ営業が続けられなくなる事
態に陥った [Nxumalo 2013, *Mail & Guardian*]。路上商人の活動は経済に貢献し
ており、この作戦には貧しき者を排除しようとする意図があるとして、大きな
反発を招くことになった [Nicolson & Lekgowa 2013a, *Daily Maverick*]。

　South African National Traders Retail Association（SANTRA）と South African
Informal Traders Forum（SAITF）は SERI の支援を受けて、この作戦で排除さ
れた路上商人が元の場所で営業を再開出来るように高等裁判所に仮処分を求め
た。だが 2013 年 11 月 27 日に、高等裁判所は本件につき緊急性はないとして、
この要求を斥けた。そこで、SANTRA と SAITF は憲法裁判所に仮処分を求め
た。2013 年 12 月 5 日に憲法裁判所は本件の緊急性を認め、高等裁判所の判断
を斥け、路上商人がただちに元いた場所で営業を再開出来るように、ヨハネス
ブルグ市に対して「一掃作戦」の停止を命じ、路上商人のインナーシティでの
商業活動の再開を暫定的に許可した。2014 年 4 月 4 日に憲法裁判所は正式に路

上商人側の主張を認める判決を下した。[74]その際、憲法裁判所の Moseneke 裁判長代理は「一掃作戦は何千もの人びとに屈辱と不名誉を与えたものであり、何千もの路上商人を排除する格好の口実であり、この作戦はでたらめで欠陥があり、路上商人の権利を目に余るほど軽視して目的を達成しようとした」[75]とヨハネスブルグ市を非難した。

　一連の出来事が推移するなか、Wits 大学都市生活・建造環境研究所は南アフリカ労働組合会議（COSATU）と SANTRA からアプローチを受け、路上商人の権利をいかに守るのか、路上商人のための空間はどのようなものが適切なのかなどを話し合う会合を開いてきた。また、「一掃作戦」を実施した張本人のヨハネスブルグ市も Wits 大学に対して、本件に関する調査を依頼してきた。このプロジェクトを引き受けた Wits 大学の研究者たちは、「市は想定外に事が大きくなったことに衝撃を受けており、早急な対応を迫られている」と見ている。市のプロジェクトであるがゆえに純粋な研究プロジェクトとはならず、市の介入が避けられないこと、契約上情報公開を完全にすることは出来ないこと、早急な対応策を提案しなければならないこと、大学の声も1つではないこと、法廷での審判の方が大きな影響力を持つことなどといった研究者としてのジレンマを抱えつつ、提言をまとめる動きが進められた。

第3節　脅かされる貧困層の住まい

　ヨハネスブルグのインナーシティの空きビルや空き倉庫には、貧困者がやむを得ず「不法居住」しているが、当局は時折彼らの強制排除を試みている。2002 年 11 月にヨハネスブルグ中心部で実施された強制排除の際は、警察が目抜き通りの通行止め作業に徹するなか、Red Ants と呼ばれ恐れられる赤い制服に身を包んだ民間警備員がビルに突入し、居座る住民を強制的に追い出し、彼らの持ち物を路上に積み上げたという［Murray 2008: 212-224］。

　インナーシティでは弱者の強制退去が日常茶飯事で、ニュースや新聞紙面で頻繁に報じられる。われわれがこの場面を目撃するのは、建物のなかで住民と大家の間でくすぶってきた紛争が解決不能となったときの最終段階である。とはいえ、多くの中間・富裕層が直接この光景を見ることはない。インナーシ

ティに住むことは、こうした強制退去の現場を直接目撃することになることを意味している。ふだん何気なく眺めていた建物の裏側で、外部の人間が知る由もなかった物語に、突然巻き込まれることになる。

　ある日私は Maboneng のワンブロック先を散策していた。すると、歩道の一角で、立ち退きを強いられた子どもを含む 10 数人が、ベッドで仕切りを作って風雨をしのいでいる場面に遭遇した。商店が立ち並ぶ表通りから一歩入った裏手の建物に住んでいたという。建物から追い出されたという中年黒人男性は、経緯を次のように述べた。「次から次へと自分がオーナーだと名乗る人物が家賃を取り立てに来た。嫌気が差して、支払いを拒絶したら、追い出されたんだ」。弁護士や支援団体の支援を受けて、法的措置をとることになっているという。「週明けの月曜まで待っているように言われていて、土曜と日曜を寒い路上で過ごさなくてはならないんだ」と彼は言った。通りを行き交う人は彼らに目もくれない。マットレスで囲った即席のわが家で、子どもたちは無邪気に遊んでいた。

　2008 年 8 月に、人類学者の Arjun Appadurai はヨハネスブルグの Wits 大学社会経済研究所で「住居と希望」という表題の講演をした。ムンバイのスラムで精力的な調査をしてきた Appadurai は「住居は人間生活の根幹である」と強調した。同会に参加した Lindiwe Sisulu 住宅大臣（当時）は、政府が低所得層向け住宅を大量に供給してきたことを強調しつつも、アパルトヘイト後ますます空間分離が進んでいるという聴衆の非難の声に対しては同意していた。[76]

　2009 年に Zuma 政権になると、住宅省（Department of Housing）から人間居住省（Department of Human Settlements）に住宅問題担当省の名称が変更され、長らく民間企業を経営してきた Tokyo Sexwale が、政界復帰の初仕事として人間居住大臣に就任するなど、政府の意気込みを感じさせた。だが、住宅問題の解決は一筋縄ではいかなかった。

　マイク・デイヴィス［2010］の『スラムの惑星』は、世界の都市化がますます進み、結果として多くの人びとがスラム住民になることを示した衝撃的な作品であったが、南アフリカはこの典型であると言えるかもしれない。都市人口は増え続け、住宅政策は追いつかず、スラム化が進んでいる。これに対してスラム化を何としてでも抑えこみたい南アフリカ政府の意気込みは、皮肉なこと

Maboneng から数ブロック離れた場所にあるスラムビルにはたくさんの人が住んでいる様子がうかがえた。ほとんどの窓ガラスは破れており、ダンボールで塞いでいる。火事で焼けた痕も残る。
筆者撮影（2014 年）

に貧困層の居場所を奪っている。ヨハネスブルグのインナーシティは、都市の負の要素がすべて流れ込み、ここでは、ポストアパルトヘイト都市の弱者が理想主義的政策に振り回され、人間居住の権利が脅かされている。

　Kihato は、著書『ヨハネスブルグの移民女性』の副題の「宙ぶらりんの都市（an in-between city）」が示す通り、「ヨハネスブルグはアイデンティティを消去する都市である」と言う。Victor Turner のリミナリティの概念を援用しつつ、Kihato［2013: 78-79］は「移民女性たちは南アフリカと祖国との間で、そして美化された過去とどこか別の場所での未来を思い描きながら、どっちつかずの生活を送っている」という。自分が何者であるのかを自問しつつ、公権力の過剰な行使、公的サービスからの排除、身の回りに生じる暴力に向き合いながら、苦しいことも楽しいことも起こる日常が続いている。こうした移民女性にとって「家（home）」とは祖国に残してきたものであり、同時に仮住まいのヨハネスブルグでもある。そして不安定なヨハネスブルグの家で移民女性の日常実践は繰り広げられる。彼女たちにとって家という空間は会話、イメージ、日常

の物語の主役である。すなわち、家は権利を与えられる場所であると同時に権利を剥奪される場所でもあり、安全な場所であると同時に暴力が振るわれる場所でもあり、壊れやすく、はかない空間なのである [Kihato 2013: 92-93]。

　ヨハネスブルグのインナーシティでは、移民や貧困層が宙ぶらりんの家に何とかすがって生き抜いている。だが近年、その頼みの綱さえ取り上げられてしまう事態が頻繁に生じている。Socio-economic Research Institute of South Africa は Wits 大学で開催された会議で、貧困層が劣悪な住環境に追いやられ、生活基盤を築けない状態にあることに警鐘を鳴らした。SERI 代表の Stuart Wilson は「近年ヨハネスブルグのインナーシティには投資が回帰しており、一度は価値を失い放棄された不動産が再び価値を得て、税収の見込める下位中間層が都心に戻ってきたことは市政府にとって朗報だった。だが、不良物件が優良物件に変わるジェントリフィケーションの過程で、既存住民が強制的、半強制的に追い出される事態が生じている。憲法裁判所は、移転を強いられた人びとに対して国が代替住居を提供しなければならないという審判を下しているが、これがうまくいっていない」と指摘する。

　SERI の Kate Tissington は具体的な数字をあげて以下のように現状を説明する。ヨハネスブルグのインナーシティの 68,891 世帯のうち、49% は世帯月収が 3,200 ランド（30,000 円）以下である。例えば家事労働者は 1,746 ランド、ミニバス運転手は 2,400 ランド、警備員は 2,600 ランド程度の月収しかない。最貧困層はハイジャックされた不良物件に住まざるを得ず、スラム大家（slumlord）によって搾取されている。国境なき医師団の調査によれば、インナーシティにはスラム化した建造物が 1,305 棟あり、そこで 25 万人が生活していると言われている。

　Tissington［2013］はインナーシティのおもな低所得層向け住宅を以下の 3 種類に分類している。

①フォーマル民間物件：もっとも安い物件でも、ルームシェアの 1,700 ランド（最大 2 人で利用可能だが月収 5,200 ランド程度ないと借りるのは厳しい）、ワンルームアパート 2,500 ランド、1 ベッドルームアパート 2,900 ランド、2 ベッドルームアパート 3,900 ランドが相場である。

表8　ヨハネスブルグ・インナーシティの低所得者住宅事情

住宅の種類	住宅供給者	月額家賃の目安	問題点
フォーマル民間物件	民間企業	1,700 ～ 3,900 ランド	5,200 ランド程の月収が必要。インナーシティの49% が月収 3,200 ランド以下。
社会住宅	公的企業	1,000 ～ 3,000 ランド	数が不十分。貧困層には高い。
インフォーマル小規模民間物件	民間企業・個人	800 ～ 2,000 ランド	複数人でシェアして節約するので住環境は悪い。スラム大家に搾取されることもある。
ドミトリー型簡易宿舎	自治体	50 ～ 100 ランド（ベッド）	設備は新しいが、昼間は滞在できず、夫婦でも同居できない。
ホステル	国・自治体	27 ランド（ベッド）	アパルトヘイト時代の労働者ホステルを引き続き利用。住環境は劣悪。

出典：Tissington [2013] および現地調査に基づき筆者作成

②社会住宅：インナーシティで社会住宅を提供している公社は3社あり、44棟の集合住宅を保有している。家賃は 1,500 ～ 3,000 ランド（1物件のみ 1,036 ランド）であり、しかも多くの物件が満室となっている。よって社会住宅は貧困層のための住宅とはいえない。

③インフォーマル小規模民間物件：フォーマル民間物件と社会住宅に手の届かない層の需要に応えているのが、インフォーマル物件である。だが、これらはルームシェアで一部屋 800 ～ 1,600 ランド（家賃を節約するためにさらに複数人で一部屋をシェア）、アパートだと 1,200 ～ 2,000 ランドするので、必ずしも安いとは言えず、同室を複数人でシェアするので住環境は劣悪となる。

このように、インナーシティで貧困層がそれなりの住居を手に入れることは不可能な状況となっている【表8】。最貧困層は市が提供している月 50 ～ 100 ランドのドミトリー型簡易宿舎に男女別（たとえ夫婦であっても）に収容される。

簡易宿舎の住民は日中、宿舎から外に出される。なぜなら、日中は仕事をする
か、職探しをすべきであり、社会住宅に入居出来る人間にならなければならな
いからである。この措置に対し、Wilson は「南アフリカ社会の現実を考えれば、
かなり非現実的な理想主義の押し付けだ」と主張する。さらに劣悪な住宅がホ
ステルであり、アパルトヘイト時代の労働者が単身ホステルを引き続き利用し
ている。

SERI の Tissington はこうした状況が生まれている要因の一端を、現在の都
市住宅政策が富裕層重視になっているからだと、次のように指摘する。

　　地元自治体は立退きによってホームレスとなった人びとに代替住居を提
　供する義務があるが、現在実行中の都市再開発はそれを妨げている。SERI
　は都心部で立退きさせられた人を保護するために何度も市を訴えてきた。だ
　が日々起こる強制退去の過程を見ると、そこに政治的配慮は感じられない。
　それどころか、市は立地条件の良い地区へのアクセスに関し、高所得層を
　優遇している。[Reid 2014, *IB Times*]

インナーシティの老朽化し放棄されたビルを改装して、労働者階級向けア
パートを 5,500 物件持ち、3 万人の顧客を持つという不動産開発企業の CEO は、
自社の不動産開発とインナーシティの住宅事情を次のように説明した。

　　わが社がインナーシティ開発を始めた当初の 1996 年ごろにターゲットと
　していた顧客層は月収 3,500 ランドの人でした。今は、だいたい月収 5,000
　〜 12,000 ランドの人たちをターゲットにしています。民間企業ですので、
　当然利益を出すことが第一ですが、社会問題にも取り組んでいきたいと考
　えています。
　　月収が 3,000 ランドの警備員と、月収が 2,000 ランドのメイドをしている
　妻からなる世帯の場合、そこらじゅうが水浸して、悪臭が立ち込め、ネズ
　ミがたくさんいる、朽ち果てたハイジャックビルにしか住めません。彼ら
　は別に何か悪いことをしているわけではないのです。単に他に住める場所
　ないだけです。

最近、わが社はフランス開発公社から低金利の融資を受けることが出来ました。そこで、われわれはもう一ランク下の市場をターゲットにした住宅供給もしていきたいと考えています。都市の低所得層がまともな暮らしを送ることが出来なければならないと考えているからです。[B1]

　低所得層向け住宅の供給に取り組むことは、Maboneng プロジェクトを進めている Liebmann も表明している。だが、B1 や Liebmann が供給しようとしている低所得層向け住宅ですら、多くのヨハネスブルグの低所得層には手が届かないものである。SERI の Tissington は「南アフリカのアパルトヘイト景観」と題するパネルディスカッションに登壇し、労働者階級向けの住宅ですら、最貧困層の行き場をなくしてしまう要因となっている現実を次のように説明した。[78]

　　月 2,000 ランドほどの賃貸住宅ですら、インナーシティの最貧困層にとっては手の届かないものです。なので、このクラスの住宅建設によって、ジェントリフィケーションが引き起こされてしまっています。
　　インフォーマル物件の住民は、ありとあらゆる公的サービスへのアクセスが制限されています。インフォーマル物件の家賃は一部屋月 1,000 ランドが平均で、こうした部屋を夜勤と日勤の2人で1つのベッドをシェアして、1人 500 ランドで済ませるというような状態すら見られます。
　　民間企業は補助金がなければ利益が出ないので社会住宅には参入しません。地元自治体は収入の最大限化を目指す新自由主義的住宅政策を進めています。われわれは何とか貧困層重視の方向に舵を切るように仕向けなければなりません。

　聴衆からは、ポストアパルトヘイトの住宅問題を銀行と民間に丸投げしたことに問題の根幹があるとの指摘が出る。「GEAR[79] は雇用のある人に対する住宅供給を論じていました。なので、住宅政策は自ずと 40% の人（失業者）に触れなかっただけなのです。今こそわれわれは根本に立ち返るべきです[80]」。
　ポストアパルトヘイトの住宅政策は、単に貧困層を念頭に置いたものではなかったという指摘である。したがって、政府は手っ取り早く成果が見えやすく、

税収を見込める都市改良地区や Maboneng のようなプライベート都市化を結果的に支援してきたに過ぎない。結果としてプライベート都市は大きく成長を遂げたが、この中間・富裕層の集まる「島」の周りに広がる「闇の都市」は放置されてしまったのである。

　政府は民主化後、RDP（復興開発計画）住宅と呼ばれる低所得層向け住宅を 330 万戸あまり建設してきたという実績がある［The Presidency 2010］。だが、これは大きな問題を抱えていると指摘されてきた。既にアパルトヘイト時代末期から始まっていた過剰蓄積の解消がタウンシップ開発の目的だったから、政府は民間企業に事業を丸投げしてきた［Bond 2005］。その結果、悪質な業者によって、低品質な住宅供給が進み、その修繕に 500 億ランド（100 万戸分建設費相当額）を要したり、汚職で 1,910 人の役人が逮捕されたりしている［Mokopanele & Downing 2012, *Business Day*］。また、RDP 住宅の裏庭には家主が勝手に裏庭小屋と呼ばれるバラック小屋を建てて賃借する仕組みが生まれている。生活に苦しい家主は現金収入源を確保出来、借家人は大家の電気と水道を利用出来るので、自分で掘っ立て小屋を建てるよりも暮らしやすく、立ち退きに遭う可能性も低いというメリットがある。ほとんどの賃借関係は血縁関係でなくビジネス関係に基づいており、市場ベースの恒久的な住宅になりつつある［Lemanski 2009］。

　このように市場原理に基づいて民間企業による開発が進められ、貧困層が自分たちの生活を自分たちで維持するために巧みな経済関係を築いている現状を、都市政府はただ追認しているだけなので、社会政策を実施しているとは到底言えない。また、民間企業は安い土地を求めたので、RDP 住宅は旧黒人居住区に建てられ続けたから、空間分離の構造に変化を及ぼさなかったばかりか、これをいっそう強化してきた［Tomlinson et al. 2003: 14］。

　ヨハネスブルグの都市空間の転換を目指したシンポジウムで、Nel 共同統治・伝統問題副大臣は「低所得層向け住宅建設は、アパルトヘイト地理の解消へはつながらなかった」とこれまでの政策を非難し、南アフリカの都市研究を牽引するケープタウン大学の Edgar Peiters 教授は「今の形での低所得層向け住宅供給は止めるべきだ」と進言し、Tau ヨハネスブルグ市長も「ただ単に住宅の需要に応えるのはおしまいにして、人びとの生活に変化をもたらすものを提供

していきたい」と述べた［Dulamini 2014, *Sunday Times*］。

第4節　労働者ホステルから失業者ホステルへ

ホステルの記憶

　鉱山のコンパウンド（compound）や市営ホステル（municipal hostel）は、単身の男性労働者を民族ごとに収容し、アパルトヘイト経済を支えた。したがって、「ホステル」という用語は南アフリカの文脈では単なる宿舎や労働者住宅を意味していない。そこはアパルトヘイト時代の監視と暴力を想起させる、「家というよりも監獄」［Legassick1974: 289］のような空間である。かつての労働者ホステルはポストアパルトヘイトの時代になっても、働き盛りの男を収容し続けている。だが、今ここは「労働者ホステル」ではなく、「失業者ホステル」となってしまった。

　キンバリーにおけるダイヤモンドの発見は、アフリカ人を管理するためのシステムの基礎を形づくったと言われている。ホステルによる出稼ぎ労働者の管理の原型は、コンパウンド制度に遡ることが出来る［トンプソン 1995: 221］。

　アフリカ人労働者は鉱山に付属する男性専用のコンパウンドに収容され、契約の全期間にわたりコンパウンドから退出出来ず、略式裁判や屈辱的な身体検査に服させねばならなかった。コンパウンドにおける年間死亡率は8％に達した。コンパウンド制度の表向きの理由はダイヤモンドの盗難を防ぐためというものであったが、この制度によって、鉱山会社は労働者に対する宿舎と食事の提供によって「規模の経済」を与えつつ、アフリカ人労働者を異常なまでに厳しく管理した［トンプソン 1995: 220］。鉱山は軍隊流に運営されていて、白人の将校（労働者部隊のボスやコンパウンドの管理人）の下、アフリカ人の下士官（地下の「ボス・ボーイ」やコンパウンドの「親分（*induna*）」）と一般労働者から成り立ち、コンパウンドへの女性の立ち入りは禁止されていた［トンプソン 1995: 298］。ヨハネスブルグで金が発見されると、キンバリーと同様に、農村出身のアフリカ人はコンパウンドに寝起きし、白人の会社幹部に責任を負うアフリカ人監督による厳しい統制の下に置かれ、一部屋に50名の労働者が押し込められることもあり、ベッドも与えられず、二段のコンクリート製の寝台の上で眠っ

た［トンプソン 1995: 223］。

「キンバリー・モデル」と呼ばれるコンパウンドによる人種隔離の手法は、南アフリカの都市づくりに応用されていった。なかでもヨハネスブルグはキンバリー・モデルを追求した都市の 1 つであった［Maylam 1990: 59］。ヨハネスブルグでは金の発見にともない、非常に多くのアフリカ人が流入した。鉱山労働者と非熟練労働に従事する市職員はコンパウンドをあてがわれたが、それ以外のアフリカ人労働者に対する住宅は準備されなかったので、第一次大戦末までに住宅危機が生じた［Parnell 2003: 617］。1904 年にインナーシティから 20km 離れた郊外に Klipspruit というアフリカ人居住区がつくられたが、距離があり、鉄道も 1 日 2 本しかなかったため、雇用主からも労働者からも好まれなかった［Parnell 2003: 620］。よって、多くのアフリカ人労働者はインナーシティの雇用主の敷地内か、インナーシティに拡大するスラムに住んでいた。1920 年代初頭までに、金鉱山以外では、5,000 人のアフリカ人の市職員が市営コンパウンドに、6,000 人のアフリカ人労働者が工場や倉庫に併設された私設コンパウンドに収容されていたが、60,000 人はヨハネスブルグ市内に散住していた。白人の土地の借地人として、掘っ立て小屋を建てたり空き倉庫に住んだりしていたから、キンバリー・モデルを追求していたとはいえ、初期ヨハネスブルグには厳格な人種分離はなく、時代の推移とともにしだいにこれが強化されていった［Maylam 1990: 60］。

アフリカ人の増加が続くことを受けて、人種隔離を厳格化し、スラム化を食い止めたいヨハネスブルグ市は、アフリカ人労働者を適切な監視下に置くためにホステルを建設した。1913 年にヨハネスブルグの全アフリカ人労働者を収容することを目標に、最初のホステル、Mai Mai Hostel が建設されたが、2,500 人しか収容出来なかった［Pirie & da Silva 1986: 174］。1923 年に Native（Urban Areas）Act が制定されて、人種別居住地分離が法制化され、自治体はアフリカ人のための住居を提供することを義務付けられた。1924 〜 1946 年にかけて、ヨハネスブルグのインナーシティには 3 つの男性用ホステルと 1 つの女性用ホステルが建設され、14,000 人を収容することが可能となった。だが、白人地区にホステルを開設することに対して反対が続いたため、1950 年代以降、Soweto などの郊外のアフリカ人居住区にホステルが建てられるようになった。こうし

て1970年代までにヨハネスブルグの11のホステルに41,000人が住んでいた。[81]
ホステルは白人の監督官の下で、アフリカ人の管理スタッフ・事務員・警察
（blackjacksと呼ばれた）によって管理運営されていた。彼らは賃料の徴収、不満
への対応などを実施するとともに、盗み、ホステル内への女性の招き入れ、ア
ルコール製造のような違反に対して罰金をとったり退去措置をとったりした
[Pirie & da Silva 1986: 174-175]。

　2014年4月からWits大学附属美術館、Wits Art Museum（WAM）で、ア
パルトヘイト経済に動員された移民労働者たちに焦点を当てた"Ngezinyawo:
Migrant Journeys"展が開催された。[82]オープニング・レセプションで、Wits大
学学長で政治学者のAdam Habibは「2012年のMarikana事件のように、移民
労働システムが生み出した負の遺産を南アフリカ経済は現在も引きずっており、
真の解放の日は遠い」ことを強調した。

　同じくこの場でスピーチをした元鉱山労働者で作家のKabelo Kgateaは、祖
父、父、そして自分と3代続く鉱山労働者一家だと前置きし、この展覧会に
「苦しみと希望、夢と貧困」と、「われわれ全員の歴史の一部」を見出すと述べ
た。「鉱山警察官と鉱山マネージャーはまるで王様のように振舞っていた。だが、
日曜日にはレクリエーションの時間があり、サッカーを楽しみ、夜は映画の時
間があった。聖書の時間もった。木の下でダンスをしたり歌を歌ったりもした。
同性婚もあった」とコンパウンドの日常生活を振り返った。「男性単身ホステル
は今も続いている。妻は家畜の世話のために農村に残さなければならないこと
もあるが、都市に十分な数の手頃な家賃の住宅がないこともこの制度を存続さ
せている原因だ」とKgateaは述べる。「Wits大学卒業生も深く関わってきた鉱
山資本主義と移民労働システムの再生産を何とか止めなければならない。これ
が達成されることで、はじめて黒人は解放される」。Kgateaは最後に「鉱山に
関わるすべてのみなさん、黒人の自立への長い道のりに、新しい歴史を書き記
して欲しい」と訴えた。

　展覧会名の"Ngezinyawo"はZulu語で「徒歩で」を意味する。同展覧会で
キュレーターを務めたFiona Rankin-Smithは、「南部アフリカの移民労働システ
ムを、人びとの旅と経験と捉えて、その軌跡をアートの形で示したかった」
と述べた。[83]移民労働システムは、アフリカ各地の農村から歩いて都市や鉱山を

目指した人びとの旅の物語であった。杖、パイプ、ビーズ細工といった遺物、アフリカ人を農村から切り離し労働力として確保するために決定的な役割を果たした小屋税に関する史料、労働者事故台帳などの興味深い史料が展示されている。メインを飾るのは Ernest Cole や David Goldblatt といった、アパルトヘイト時代に黒人労働者の姿を収め続けた写真家たちの作品であった。

David Goldblatt の 1984 年の作品 "Going Home" は、仕事帰りのバスで熟睡するアフリカ人労働者の姿を収めている。キャプションには「家路、午後 8:45。家に帰り着くのが午後 10 時になる者もいる。そして翌日は午前 2 時から始まる」とある。南部アフリカ各地から、南アフリカの農村部から、長い旅を経て都市や鉱山へとたどり着いたアフリカ人たちは、たどり着いた先でも毎日、長距離・長時間通勤という長い旅を強いられていたのである。

会場の中央には当時の鉱山ホステル内を再現した3段ベッドなどが並んでいた。労働者は頭がぶつかって、起き上がるのも苦労しそうなほどの蚕棚に押し込められ、目覚まし時計によって一斉に起床させられた。部屋の灯は常時点灯していたという。

「レジリエンスと創造性」と題されたコーナーでは、厳しい移民労働者の生活のなかでも、音楽、ダンス、ファッション、工芸といった創造的活動が続いたことを物語る数々の芸術作品が並んでいた。展示は Marikana 事件をおさめた映像作品とインフォーマル鉱業の実態をおさめた写真作品を展示して、現在も続く鉱山労働を取り巻く悲惨な現実に目を向けさせる。鉱山を中心に始まった移民労働システムは決して過去のものとなっておらず、現在まで続く南アフリカ社会の基盤を形づくり、その呪縛から逃れられない状況にある。

Jeppe Hostel の現在

Maboneng の南側に広がる軽工業地区と自動車修理工街を抜けた縁に、Wolhuter Men's Hostel（通称、Jeppe Hostel）がある。ヨハネスブルグ市によって 1931 ～ 1932 年にかけて建設され [Wilson 1972: 32]、1934 ～ 1937 年にかけてその規模は拡張された [Beavon 2004: 106]。ちょうど、この地区の工業化が進んだ時期であった。Jeppe Hostel はおもに Zulu 人男性を収容してきたホステルであった。かつて、軽工業地区に労働者を供給してきたホステルは現在、不

確実性と不安に覆われたポストフォーディズム時代を象徴する空間となっている。「ここが常に人で溢れているのは、ヨハネスブルグの富を目指して人びとが移り住んでくるからです。でも実際には多くの人は職にありつけません。ここはこうした人たちが仕事につけるまでの滞在を保証しています」とホステルを担当する人間居住省の職員［G1］は語る。ホステルは外界から遮断されていて、近寄りがたい威圧感を醸し出しており、犯罪者の巣窟であると見なされてきた。「犯罪と汚れを取り除く Jeppe のプロジェクト」［Tabane 2000, *IOL News*］と題する記事は、Jeppestown で都市改良地区化のキャンペーンが始まったことを伝えている。[84] 記事は、Wolhuter Men's Hostel が多くの犯罪を生み出すコミュニティの頭痛の種であると指摘する。このキャンペーンを率いるビジネスマンは、「犯罪者はホステルに隠れてしまいますが、警察はホステル内部に入ることを躊躇っていて、ホステルのセキュリティは保たれていません。われわれはホステルの管理部門と連絡を取り合っていて、彼らはわれわれに協力的です。もう1つの問題が、工場で誰かが銃の試し打ちをすることです」と語る。「ホステルが犯罪者を生み出している」という語りは、Maboneng の法定都市改良地区化の文脈でも見られる［Maboneng Improvement District 2014: 9］。

「IFP に投票を！」と書かれた IFP 党首の Buthelezi のポスターが至るところに貼られた Jeppe Hostel は、住民に Zulu 人が多いことを物語っている。[85] ゲートの入り口付近には、半分に切られたドラム缶に網を置き、その上で肉を焼いている店がある。傍らでは男たちが腰掛けてビールを飲んで肉を摘んでいる。ゲートの前で様子をうかがっていた私を若い男たちが呼び止めて、彼らの座っている長椅子にスペースを作ってくれる。私は彼らの横に腰掛けると、まな板の上にのった焼き肉の一欠片をいただく。塩と唐辛子を少しばかりつけて食べてみると、なかなか美味しい。「ここはみなクワズール―・ナタール州から来た男だけが住んでいるんだ。9割以上が Zulu 人だ」。一緒に肉を摘んでいる10人全員が失業しているという。食堂近くに掛けられた真新しい液晶テレビでは、サッカー・プレミアリーグの試合が始まろうとしていた。ホステルの敷地内には真っ昼間だというのに、所在なさ気な男たちで溢れかえっていた。

Jeppe Hostel は、現在、約1万人が生活していると見積もられている。ベッド数は 3,332 床なので、大半が床で寝ている計算となる。利用料金は1ベッド

第 7 章 「闇の都市」に生きる移民　269

Jeppe Hostel 外観。建物によって状態の差はあるものの、傷みの激しい建物が多い。　筆者撮影（2014 年）

Jeppe Hostel のなかでも、もっとも劣悪な状態の部屋の1つ。室内は真っ暗で明かりは差し込んでいなかった。　筆者撮影（2014 年）

で月27ランドである。ホステルは国の人間居住省が管轄している。事務所には
パソコンが導入されていないので、手書きの住民台帳で管理している。台帳に
は入居者名と連絡先が記載されているが、全住民が記載されているとは限らな
い。親戚や兄弟を頼って登録しないままで居住しているケースや、父親が故郷
に帰ったあと、父親の登録のままで、息子が引き継いでいるというようなケー
スもある。利用者は毎月、事務所に利用料金を支払う必要がある。滞納者も多
いが、取り立てることはない。劣悪な設備であるが、インナーシティでもっと
も安い住居であり、スラム大家に搾取されることもない。住民のほとんどが
Zulu人であるが、Venda人、Shangaan人、Pedi人、Sotho人もいるという。

　私を案内してくれた職員 [G2] は、クワズールー・ナタール州出身で、1996
年に叔父を頼ってヨハネスブルグに来た。当初は叔父と一緒にTroyevilleに住
んでいたが、おカネに困って、1998年にこのホステルに移った。2001年に住宅
省（現、人間居住省）の契約職員に採用され、2007年に正規職員になったという。
彼は今もホステル住民の一員である。かつて、39人の政府職員が事務や建物の
メンテナンスなどに従事していたが、現在は5人だけになってしまった。2007
年に建物のメンテナンスなどを民間委託に切り替えると、うまく維持管理出来
なくなったと職員は言う。外部業者を必要なときに呼んでもこないこともあり、
壁の塗替えなどを始めても途中で放り出してしまうこともあるという。「ただお
カネだけを持って行かれている」と職員は言う。ホステルの警備も民間委託さ
れている。南アフリカ政府の新自由主義化路線のしわ寄せは、ホステルにも押
し寄せていると言えよう。

　ホステルに立ち入るには、警備員以上に重要な人物の許可を得る必要がある。
私はもちろんのこと、ホステルを管轄する人間居住省の職員、ここを訪問した
ヨハネスブルグ市議会議長も含めて、必ずホステルのチーフ伝統医（sangoma）
に挨拶を済ませなければならない。チーフ伝統医の小屋には薬草がぶらさがっ
ていて、棚にはたくさんの瓶に詰まった薬品類が並んでいる。小屋の前のス
ペースには、イスが数脚並んでいて、いつも来訪者と世間話などをしている。

　Jeppe Hostelには全部で7棟の建物がある。6棟が3階建てで、地下のある
建物もある。1棟は平屋建てで、昔は労働者の妻が来訪した時に過ごすための
ユニットだったが、今は他の建物と同様に男だけのシェアルームとなってい

る。メンテナンスがほとんど行き届いていない荒廃した建物内には、キッチンルーム、バスルーム、相部屋が並んでいる。至るところで水漏れがあり、汚水が床面にたまっている。1つの部屋にだいたい3〜4台のベッドが入っている。日光が入る部屋はそれなりに明るいが、日光の入らない部屋は暗く湿気がある。何とか居住に耐えられる水準の部屋から、息を飲み、足がすくむほど劣悪な部屋もある。キッチン、バス、トイレは共用である。バスルームにはシャワーの蛇口が天井から何本か出ていて、各シャワーの間に仕切りはない。キッチンルームはいくつもの調理台が並んでおり、鍵のかかるロッカーに、各人が調味料などをしまっている。テーブルとイスが備えつけられていて、テレビが置いてあるキッチン兼食堂もある。洋服などをしまっておける鍵のかかるロッカーが付いている部屋もある。壁には *Bafana Bafana*（南アサッカー代表チームの愛称）のカレンダーや最後の晩餐を描いたポスターなどが貼られている。住民は洗濯をしたり、食事をつくったり、くつろいだり、思い思いに過ごしている。

　ホステル内は1つの街のようである。中庭には野菜、食品、日用雑貨品、音楽CDなどを売る露店が立ち並び、FNB（銀行）のATMも置かれている。建物内にも空き部屋を利用した商店があり、内廊下に面して商品を並べている。「雑貨、生活必需品、食品までなんでも揃う。酒も飲める」と私を案内してくれた警備員は言う。ホステル住民のなかには伝統医もいて、彼らは自分のベッドの下に大量の薬草の入った瓶を保管し、住民の治療にあたっている。ホステルで露店営業は正式には認められていない。だが、ホステルを管理する人間居住省の職員は「ホステルには *spaza shop*（露店）が溢れています。これらは実は違法です。われわれ政府の立場としては、本来はこれを取り締まらなくてはなりません。でも見逃しています。これは彼らの重要な収入源ですから。職の代替案が示せないなかで、露店営業を取り締まる事は出来ません」[G1]という。

　ホステルは南アフリカの経済構造の最底辺で行き場を失った働き盛りの男たちを収容している。住民は創意工夫して、劣悪な住環境のなかで何とかその日を生き延びている。人間居住省の職員はホステルがシェルターの役割を担っていると認識している。

　　南アフリカで犯罪が多いのは失業のせいです。政府はベストを尽くして

います。子どもたちに教育を施し、健康的な生活を提供しようとしてきました。でも、成功しているとは言えないかもしれません。

このホステルは行き場のない、職にあぶれた人たちに住居を提供しています。アパルトヘイト時代には人びとを強制移動させるようなことを平気でやっていました。でも民主化された南アフリカではこうしたことは許されません。政府は貧しい人びとにシェルターを提供しなければならないのです。

このホステルは人間居住省だけでなく、ヨハネスブルグ市、社会開発省、内務省、ごみ処理会社、City Power（電力会社）、Johannesburg Water Company（水道会社）などとも連携して運営をしています。[G1]

政府はホステルを、劣悪な状態で放置しておいて良いと考えているわけではない。私の訪問中にも、ヨハネスブルグ市議会議長と市職員10人による視察団の訪問があった。市議会議長は伝統医に挨拶を済ませてから視察が始まった。ゴミ箱の不足、雨漏り、窓の破損、水漏れ、電灯の不足など、問題点を見つけては、同行しているヨハネスブルグ市職員にメモをとらせていく。露店があるのを見つけると、「SME支援なども出来る」と言う。

現在、ホステルは国から市へと管理体制が移行する段階にあり、「より良いマネジメントを検討しているところだ」と議長は言う。もっとも状態の悪い地下の廊下は水が溜まっていて、歩くだけでも難渋する。議長はしきりに「ああ、危険だ、危険だ」と繰り返し、同行している市職員は「1時間もいられないわ」と泣き言を言っている。「設備は大切に使われている。でも、ところどころで水漏れが起きていて不衛生だ。これを最初に直したい」と議長は言う。1時間弱の視察を終えると一行はホステルを後にした。

すでに改修工事を終えたホステルもあるとウェブ記事は伝えている。それによると、「ハウテン州知事は2012年に、4億8,700万ランドを費やして第一フェーズが完了したSotwetoのJabulani Hostelの再開発プロジェクトのオープニングでアパルトヘイト時代に建てられた同性単身ホステルを、家族向けに改修し、新たな所得グループへも門戸を開く」と表明し、Tokyo Sexwale人間居住大臣（当時）は、このプロジェクトが人びとに希望と尊厳を与えるものであ

ると次のように述べたという。「われわれが見ているものは、人びとを1つにする新しい試み・ヴィジョン・戦略です。アパルトヘイトが行ったことを打ち消すのです。われわれの仕事は単に住居（house）を提供することでなく、家（home）を提供することです。いつか、人びとはこれらを売買することが出来るようになるでしょう。ここでわれわれが見ているものは、不動産開発なのです」と Sexwale 大臣は言う。記事は、「このプロジェクトが無収入から月収3,500ランドまでの『ギャップ・マーケット』にいる人びとの利益となる」と結ぶ。

　私はビジネスマンとしての才覚を発揮した Tokyo Sexwale らしい言葉に、危うさを覚える。彼は誰もがホモ・エコノミクスとなり、私有財産を手に入れることこそが成功への道であると説いている。ホステルの改修が必要であることは論をまたない。だが、市場原理に委ねることで、果たして本当に「ギャップ・マーケット」にいる人びとの利益となるのであろうか。Jeppe Hostel の改修が今後どのような形でなされるのか、あるいは、現状のまま放置されるのかは不明である。改修されるときは、十分な議論が必要であろう。単身で職のない男性が農村から都市を目指す限り、彼らのシェルターとなりうる数少ない空間がホステルである。「人間は家族で暮らす」のが望ましいとされるならば、それが不可能な人びとはどこへ行けば良いのだろうか。ホステルが美しく改修され、露店が取り締まられるようになったとき、人びとはどのように生計を立てていけるのであろうか。

　2015年4月のゼノフォビアによる暴動で Jeppe Hostel はその舞台となった。重装備の警察は Jeppe Hostel に住む「暴徒」めがけてゴム弾を打ち込み、制圧した。今後、Jeppe Hostel に対する締め付けはさらに強化されるであろう。アパルトヘイトの負の遺産の代表とも言えるホステルは、ポストアパルトヘイトになってもなお、変わることのないアパルトヘイト経済の構造をまざまざと見せつける。

注

64 出版記念式典、David Krut Bookstore, Johannesburg（2014年3月8日）

65 Senzo Shabangu（http://davidkrutprojects.com/artists/senzo-shabangu）（2014年2月5日閲覧）

66 聴衆の多数を占める「白人の移民」たちを見回して問いかけた。

67 「赤アリ」と呼ばれ恐れられる赤い服に赤いヘルメットをかぶった民間警備員。ヨハネスブルグの立退きで頻繁に登場する。

68 「インフォーマル経済（インフォーマル・エコノミー）」は「インフォーマル・セクター」と呼ばれることも多い。Devey et al.［2006: 227］は、「セクター」よりも「経済（エコノミー）」という用語を好むという。その理由は「経済（エコノミー）」という概念がより大きな範囲の活動を暗示するので、「フォーマル」と「インフォーマル」の活動を経済の一部と見ることで、両者の結びつきをより適切に見ることが出来るからだという。本稿では煩雑さを軽減するために、典拠文献が「インフォーマル・セクター」という用語を使用している場合でも、出来る限り「インフォーマル経済」に統一した。

69 ギャングの意。彼らを主人公にした映画『ツォツィ』（南アフリカ・英国合作、2005 年、Gavin Hood 監督）の題名ともなった。

70 University of South Africa のこと。通信制大学で、アフリカ大陸を中心に世界中に学生がいる。本部はプレトリアにある。学生数は 20 万人。

71 ゴミ拾いで生計を立てる人たちは、scavenger、waste recycler、garbage picker、よりポジティブに waste salvager、reclaimer などとも呼ばれてきたが、より活動の実態を表す用語として waste picker を好むと Viljoen et al.［2015: 2］は言う。本書では waste picker を「廃品回収人」と訳し、主にこの用語を使用した。「廃品」とはダンボール、紙、ビン、カン、金属片、ペットボトル等のリサイクルされる資源ゴミを指す。

72 "Recycle Change 2" by Tanya Zack, Sarah Charlton and Bronwyn Kotzen, The South African Informal City Online Exhibition（http://informalcity.co.za/recycle-2）（2014 年 2 月 18 日閲覧）

73 2009 年 2 月 3 日午前、Joubert Park 地区に 104 台の「カート押し」がおり、ジンバブエ人が 50％、モザンビーク人が 40％、南ア人が 10％であったという。こうした「カート押し」の生活は厳しいものがあり、基本的な公共サービスへのアクセスが絶たれている事が多いという［Farouk 2009: 244］。

74 "South African Informal Traders Forum and Others v City of Johannesburg and Others"（http://www.seri-sa.org/index.php/19-litigation/case-entries/206-south-african-informal-traders-forum-and-others-v-city-of-johannesburg-and-others-saitf）（2014 年 4 月 12 日閲覧）

75 "Con Court condemns Operation Clean Sweep as an act of "humiliation and degradation"

第 7 章　「闇の都市」に生きる移民　*275*

(4 April 2014)"（http://www.seri-sa.org/index.php/38-latest-news/239-saitfjudgment）
（2014 年 4 月 12 日閲覧）

76 "Housing and Hope," Prof Arjun Appadurai (New School, New York), Respondent: Dr.
Lindiwe Sisulu (Minister of Housing), hosted by Wits Institute for Social and Economic
Research & Public Culture (27 August 2008).

77 Southern African City Studies Conference, School of Architecture and Planning, Wits
University (27-29 Mar 2014). SERI は主として貧困層の強制移転や住宅問題で精力的に活動
している南アを代表する研究・実務 NPO である。

78 Kate Tissington, "South Africa's Apartheid landscape" Panel discussion hosted by
Friedrich Ebert Stiftung South Africa Office and The South African Civil Society
Information Services at Rosebank, Johannesburg (17 April 2014).

79 GEAR は 1996 年に出された経済政策で新自由主義的な方向を加速化させたと左派から批
判された。

80 "South Africa's Apartheid landscape" Panel discussion hosted by Friedrich Ebert
Stiftung South Africa Office and The South African Civil Society Information Services at
Rosebank, Johannesburg (17 April 2014).

81 ヨハネスブルグ市はホステルとコンパウンドを明確に区別しようとしていたが、生活条
件と住環境の実態に大きなばらつきがあるので、両者は明確に区分出来るものではない
[Wilson 1972: 31]。

82 The Opening of *Ngezinyawo*-Migrant Journeys (9 April 2014), Wits Art Museum,
Johannesburg.

83 Walkabout of *Ngezinyawo*-Migrant Journeys (12 April 2014), Wits Art Museum,
Johannesburg.

84 この記事は 2000 年のものであり、Maboneng 開発が実施されるよりもかなり前である。
同記事には「50 社が都市改良地区化に関心を示している」とされる。だが、近年の都市改
良地区化の話で Jeppe 改良地区の話は耳にしたことはないので、キャンペーンだけで頓挫
したものと思われる。

85 IFP（Inkatha Freedom Party）は Zulu 人を支持基盤とする政党。党首は Mangosuthu
Buthelezi。Zulu 人の多いホステルは IFP の集票基盤として重要である。2014 年 5 月 7 日に
実施された South African General Election 2014 の直前だった。

276

86 Small Micro Enterprise（SME）支援は、南アフリカ政府のレベルでも声高に叫ばれる最
重要課題と認識されている。だが、具体的な施策は停滞している。

87 "From Apartheid Hostels to Family Homes"（30 March 2012）（http://www.southafrica.
info/about/social/soweto-300312.htm#.Uz6uNMfuajE）（2014 年 4 月 4 日閲覧）

第8章　「光の都市」のネオアパルトヘイト

第1節　批判にさらされる「光の都市」

　北部郊外の生活に閉塞感を感じていたクリエイティブ・クラスがインナーシティの新たな都市空間に解放されて、クリエイティブ・コミュニティを創造するという Liebmann による試みは、この街に続々と惹きつけられている人びとの姿を目にする限り成功を収めていると言えるかもしれない。海外からヨハネスブルグを訪れたアーティストなども、郊外暮らしは嫌なので、Maboneng を選んだという。だが、彼らはこの街にたどり着いたときに、南アフリカ社会の構造的不正義を目の当たりにすることになる。

　北部郊外暮らしをやめて Maboneng に移り住んだ写真家［A9］は、産業ビルのワンフロアを自宅兼スタジオとして使っている。このビルは PT 社所有だが、改修は済んでおらず、別の階ではまだ工場も操業中だった。A9 はヨハネスブルグの南部郊外に育ち、その後北部郊外へ移り、最近、インナーシティに引っ越してきた。「まあ、白人中産階級の変遷物語だよ。Sandton は、車も多いし、住みにくかった」。彼はゲーテッド・コミュニティへの閉じこもりを問題視する。「南アフリカ人はヨーロッパへの関心は高いけれど、自分たちの身の回りのことには関心がないんだ。これは大問題だと思うよ。現実を見ようとしないんだ」。彼は Jeppestown に移り住み、毎日のように新しい発見があるという。「この前、この辺りを歩いていたら、ヨハネスブルグが誕生したころの1800年代末の石碑を見つけたんだ。Jeppestown は Jeppe さんというドイツ人がつくった町だということも、ヨハネスブルグでもっとも古い町の1つだということも、僕はこれまで全く知らなかったんだ」［A9］。

このビルは、Mabonengのセキュリティ網からはずれた位置にある。「ここに来て驚いたことは、ご覧のとおり、セキュリティ・フェンスも、バーグラー・バーも、セキュリティ・アラームも、警備員も、何もないということさ。なので、自分の安全を考えるときに、まず周囲の世界のことをきちんと知ろうとしなくてはならなかった。高い壁に囲まれた郊外暮らしとは違って、目の前を遮る壁もないからね」[A9]。

　部屋はビルの4階なので、周囲がよく見渡せる。向かいのビルは火災で焼け落ちており、屋上のペットボトル回収所には、たくさんの貧しい身なりをした廃品回収人たちが作業している姿が見える。「彼らはレソト人さ。僕は彼らを現代の探鉱者と呼びたいんだ。かつてヨハネスブルグで人びとは金を求めて彷徨っていた。現代の探鉱者は街なかを彷徨ってペットボトルを探し求めているんだ。アーバン・ノマドと言っても良いかもしれないね」[A9]。

　Maboneng開発を成功に導いてきたJonathan Liebmannはインナーシティの救世主として賞賛されている。だが、賞賛の声と同じか、それ以上に批判の矢面に立たされる。彼は運転手付きの上級グレードのメルセデスでMabonengに颯爽と舞い降りる。長めの髪にサングラスをかけた姿は、どこか冷たさを感じさせるものだ。彼と仕事をしたことのある者は皆一様に、彼の頭脳明晰さと仕事に対する厳しさ、瞬時の判断力の見事さに驚嘆し、彼がいかに合理的な人物であるかを語る。あたかも合理的近代人の模範であるかのようなLiebmannは「Maboneng市長」と揶揄されたり、「独裁者」とまで言われたりすることもある。興味深いことに、こうした批判の声は、Mabonengに住んでいたり、頻繁にここに遊びに来たり、仕事に来たりしている人びとから聞かれることだ。彼らは退屈な郊外から開放されて新たな都市空間を獲得したことに喜びを覚えながらも、これを素直には喜ぶことの出来ないもどかしさを抱えている。

　ロンドンのBrixton[88]に住んでいたことがあり、ケープタウンから最近Mabonengに移り住んだという社会起業家の男性は「MabonengはBrixtonにとても良く似ている」と前置きしてから、「Brixtonではもともと住んでいた住民だけでなく、商店なども皆追い出されてしまいました。たった2～3年のうちに全く別の街になってしまったんです。Maboneng開発もこういったことを念頭に置いておく必要があると思います」[SE1]と語った。

Maboneng に対する批判はおもに、新聞記事やウェブサイトといったマスメディア上で繰り広げられている。いわゆる、ジェントリフィケーション批判がその中心である。代表的な語りは「投資が、貧民地区を『見識ある』住宅と商業空間に転換し、芸術家きどりのエリートに手渡した」であるとか、「『融和的な』近隣が必要とされている時代にあって、この開発によって、いかに既存住民のアンダークラスが疎外されているか」[Mabandu 2013, *City Press*] といった類の内容のものである。タイトルだけでも、「誰もが光を見るわけではない――先般発表された Maboneng 地区の拡大計画への疑問。インナーシティ計画から取り残されるのは誰か？」[Wilhelm-Solomon 2012, *Mail & Guardian*]、「Maboneng 地区、『私は島である』――安心感、清潔さ、秩序を提供する再生空間が、いかにして地区を統合するのか？」[Rees 2013, *Mail & Guardian*]、「ヨハネスブルグは新しい光を放つが、古い影はそのままだ――『ある金曜日の Jeppe』は 8 人の女性映像作家によって、ある日に撮影された心をつかむドキュメンタリーである」[Zvomuya 2013, *Mail & Guardian*]、「インナーシティ再生の社会的費用」[Tissington 2014, *Daily Maverick*]、「かつてアパルトヘイトで名を馳せたヨハネスブルグで、ジェントリフィケーションは貧民の強制退去を意味する」[Reid 2014, *IB Times*]、「都市再生のブルジョアの呪い――賃料は上がり、近隣は同じように見え始めた時、国中でアーティストは寒空に放り出される」[Jason 2014b, *Mail & Guardian*] といったものが並ぶ。近年の都市再生の学術的議論を抑えた読み応えのある記事も多い。これらの記事は Maboneng 批判に終始するというよりは、ポストアパルトヘイト都市のヨハネスブルグが直面する構造的不正義を浮かび上がらせる。こうした記事に呼応するかのように、人びとは日常の会話、都市問題セミナーやワークショップ、学会、アート作品や映画、映像作品などを通して、Maboneng 自体やインナーシティ再開発を批判する。

　「Maboneng に対して批判が出ていますが……」との新聞記者からの問いかけに、Liebmann は「批判のほとんどがジャーナリストによるものです。ここで働いたり、住んだりして、ここで過ごす人たちからのものではありません」[Mabandu 2013, *City Press*] と応じる。もちろん、Liebmann は、ここに集まる人びとから多くの批判の声があがっていることを認識していないわけではない

だろう。「誰でもここをブラつくことが出来ますし、実際そうしています。ここ
の路上を寝床にすることは出来ませんが……」[Mabandu 2013, *City Press*] と周
辺住民を排除しているわけではないと Liebmann は言う。

　私は Maboneng で調査を始めてすぐに、PT 社の社員として都市戦略を担当
し、同社の CSR 部門である社会開発団体、GOODCITY を率いるディレクター
の所に挨拶に出かけた。彼らによれば、GOODCITY とは「都市再生が世界中
で実施されているが、グッド・プラクティスがシェアされていないので、世界
の都市再生プロジェクトを結びつけ、より良い都市再生を目指すために作られ
た組織である」という。フランスで都市戦略の修士号をとったというフランス
人女性ディレクターは、私が「Maboneng を題材にヨハネスブルグの都市再生
に関する研究を進めている」と言うと、私の調査を歓迎しつつ、開口一番に次
のように述べて、一連の Maboneng 批判に釘をさして牽制した。

　　都市再開発は、貧しい人を追い出して、企業だけが儲かっているとよく
　非難されます。ジェントリフィケーションだと言われて。でもそんなこと
　はないんです。ここでは、周辺コミュニティの人たちに新たに働く場を提
　供しています。小さな店をオープンした黒人青年のように、たくさんのサ
　クセス・ストーリーがあるんですよ。周辺住民の利益になっているんです。
　PT 社は社会住宅も造っていて、この街で働く従業員たちの住宅だって提供
　しているんです。[U3]

第 2 節　ヨハネスブルグのジェントリフィケーション

　2000 年代後半から、Maboneng を含むヨハネスブルグのインナーシティは、
新たな投資先として注目を浴びてきた。かつてスーパーブロックとして開発さ
れた地区とその周辺地区を中心に、都市改良地区をつくり、安全を確保し、人
びとを呼び戻し、地価下落を食い止めるという作戦が実行されている。貧困層
が住んでいたスラムビルが改修され、中間層や労働者階級の住宅に生まれ変
わってきた。Hillbrow や Berea のアパートが住宅都市改良地区となり、新た
な住民を呼び込んでいることはすでに見たとおりである。インナーシティ回帰

が進むなかで、都市関係者、研究者、市民社会、メディア、建築家、アーティストなどの間で頻繁に耳にするようになった用語が「ジェントリフィケーション」である。ジェントリフィケーションという用語は、ヨハネスブルグにおいて、都市関係者のみならず中間層の日常の語りのなかにかなり浸透しているように感じられる。ヨハネスブルグの中間層を相手に私が自己紹介で、「インナーシティの都市再開発の研究をしておりまして……」と口を開くと、「ああ、ジェントリフィケーションの研究をしているんですね」と返されることが多かった。各人の用語の理解度はともかく、少なくとも批判的に使われている用語であることを前提に話が進んだ。

　ジェントリフィケーションという用語は、社会学者の Ruth Glass が 1964 年にロンドンの研究で生み出した言葉である。Glass の古典的定義によれば「労働者階級地区にミドルクラスが次々と侵入し、古びて見すぼらしいアパートや小屋は賃貸契約期間が終了すると買い取られ、エレガントで高級な住居に変えられてきた。……ジェントリフィケーションの過程がひとたびある地区で開始されると、もともとの労働者階級の居住者のすべてもしくは大半を立ち退かせ、当地区の社会的性格のすべてを変えるまで、止むことなくめまぐるしい勢いで起こり続ける」というもので、Glass はジェントリフィケーションに批判的な意図を込めており、この言葉が一般的に用いられるようになって広く知られる事になった［スミス 2014: 58］。

　ジェントリフィケーション研究の大家である地理学者の Neil Smith が 1976 年にフィラデルフィアでジェントリフィケーション研究を始めた当時は「この不可解な学術用語が正確には何を意味しているのか」を、「あらゆる人——友人、同期の学生、教授、たまたま出会った知人、パーティでの立ち話の相手——に説明しなければならなかった」［スミス 2014: 55］と言うから隔世の感がある。当時の場面をスミスは以下のように振り返る。

　　私はこう説いたものだ。ジェントリフィケーションとは過程であり、民間資本とミドルクラスの住宅購入者や賃借人が流れこむことで、インナーシティの貧民や労働者階級の近隣が改造されることを意味します。そして当の近隣とは、それまで資本の引き揚げとミドルクラスの流出を経験して

きた場所です。もっとも貧しい労働者階級の近隣が、作り替えられようと
しているのです。なるほど資本とジェントリとが舞い戻ってくるわけだね、
そして特定の人にとってそのような事態はまったく悲惨な場合もあるわけ
だ——と、このようにして会話はたいがい終わるものだった。なかには、
ジェントリフィケーションはすばらしいアイデアだと思っていたのに、と
いって驚きの声をあげる人もいた。それはあなたの思いつきですか？　そ
う尋ねられもしたものだ。[スミス 2014: 55-56]

　その後、10年も経たずに、「ジェントリフィケーションの過程に対する悪評」
のとおりに世界の都市の実態は追いつき、「活動家、居住者、あらゆる人びとは
ジェントリフィケーションが何を意味するのか、それらが彼らの日常生活にど
のような影響を及ぼすのかをはっきり知る」こととなった [スミス 2014: 56]。
　近年、過剰蓄積の投資先を求めて世界で資本がさまようなか、世界中の都市
のインナーシティではますますジェントリフィケーションが活性化している。
Smith [2002: 446] は、1990年代以降のジェントリフィケーションはグローバル
都市戦略の一環であり、ネオリベラル・アーバニズムの巧妙な言い換えである
と主張する。つまり国家がグローバル資本と手を組んで（国民の資産をグローバ
ル資本に差し出し）都市空間を再編しているというのである。
　ジェントリフィケーションの波は脱工業化とアパルトヘイト撤廃、ポストア
パルトヘイトの混沌を経て、近年ヨハネスブルグのインナーシティにも教科書
通りに押し寄せてきた。ヨハネスブルグの中間層はジェントリフィケーション
という用語を使うときに、これを強い批判的な口調で、「ジェントリフィケー
ションをダーティ・ワードとして使い」[スミス 2014] ながらも、どこか自責
の念を抱えたような、奥歯に物が挟まったかのような口ぶりとなる。それは、
ジェントリフィケーションという用語によって、今起きているヨハネスブルグ
のインナーシティの都市再生の方法に批判的な態度を示しつつも、自らがその
加担者の1人となっているかもしれないというもどかしさ抱えているからかも
しれない。都市研究者と実務者が集まった学術会議で、インナーシティ再生事
業を進めている企業のCSR部門にあたる団体が、自社の開発によるポジティ
ブな側面を強調して発表を終えた後の質疑応答の場面で、聴衆の1人が「何と

言われようとジェントリフィケーションは悪いと思うわ。なぜならジェントリフィケーションは悪だから」と発言し、会場は笑いに包まれた。英語を母語としない者の発言であったので、その真意までをうかがい知ることは難しかったが、彼女の言葉は、さまざまな立場と見解のなかで煮え切らないわれわれの言動を、一刀両断するかのようなインパクトを持つものであった。

　ジェントリフィケーションが何となく嫌な感覚を人びとに引き起こすのはなぜだろうか。ここでわれわれは、ヤング［2014］の構造的不正義の議論に登場したシングルマザー、サンディを思い起こすことになる。サンディは新たな住居探しに奔走するものの、適切な住宅を見つけることに苦労を重ね、最終的にホームレスになってしまう可能性すらあった。ヤング［2014: 64-65］は「ほとんどの人びとが、直感的に何かが間違っていると応えるだろう。しかし、何が間違っているのか、そして、誰にその責任があるのか」と問いかけてから、この不正こそが構造的不正義だと言っていた。南アフリカでジェントリフィケーションに対して感じる嫌な感覚とは、自分たちの行動が構造的不正義を引き起こす要因となってしまう可能性に思い至るからかもしれない。

　ところで、南アフリカのジェントリフィケーションは、最近始まったわけではない。すでに一足早くジェントリフィケーションが始まっていたケープタウンのインナーシティに関しては、いくつかの研究成果も発表されている［Donaldson et al. 2012; Garside 1993; Kotze & van der Merwe 2000; Visser 2002; Visser & Kotze 2008］。ヨハネスブルグでも Maboneng が最初のジェントリフィケーションの地ではない。Maboneng の近所の軽工業地区にオフィスを構えてアート産業に携わる人は、自身がジェントリフィケーションを経験したと次のように語った。

　　これまでもジェントリフィケーションは起きていました。アーティストがまず安いエリアに移り住み、それを追いかけるようにカフェとかが出来て、おしゃれなエリアに様変わりして、中間層が移り住み、その結果地価が上がってアーティストが住めなくなって移動を余儀なくされるという、あれのことです。実は私も 1994 年ごろ Newtown に、10 人のアーティストと一緒に住んでいたんです。でも開発が進んで、家賃が上がって住み続け

ることが出来なくなりました。[A4]

　民主化後インナーシティの放棄が長い間続いたこともあり、ヨハネスブルグのジェントリフィケーションは停止していた。近年の都心回帰はヨハネスブルグにおける最初の本格的なジェントリフィケーションを予期させるものであり、研究者だけでなく、社会問題に関心の高い人にとっては無視出来ない話題となっている。

　　私の友だちにはジェントリファイされた地区には行かないって言い張っている子がいるわ。そんなこと無理だと思うけれどね。インナーシティだけではなくて、タウンシップでもジェントリフィケーションみたいなものが起きているでしょ。Soweto の Vilakazi Street [89]はきれいに改修されたわよね。でも Soweto の人が追い出されたわけではないから、ジェントリフィケーションとは呼ばないのよね？　これってジェントリフィケーションの正しい理解かしら？ [P2]

　他方で、ジェントリフィケーションを歓迎したいという言い回しをする人もいる。購入したインナーシティのマンションの管理が上手くいっておらず、維持管理をほぼ放棄している管理会社を相手取り訴訟を起こした経験もある人は、「本当に、いっそのこと誰か来て、ジェントリフィケーションをしてほしいと思っているんだ」と冗談めかして、だが真剣に語る。人びとは具体的な経験と見聞を通して思い思いにジェントリフィケーションの意味付けをしていく。
　Maboneng で展覧会を手がけた、デトロイト出身のキュレーター、Ingrid LaFleur はジェントリフィケーションを「同時代の植民地化」と呼んでいる。「同時代の植民地化とは、土地所有者やデベロッパーがカネをあまり持っていない人びとの側ではなく、資本家の側に付くことであり、デベロッパーが地区の住民に気配りをせずに、強制移転をもたらしてしまうことである」という。LaFleur は、無慈悲なジェントリフィケーションを避けるために、自治体は町づくりのプロセスに直接関わり、デベロッパーと一緒に腰をかけ、「ここはもっと良い方法があるのではないか」と指摘するような役割を担うべきだと主張す

る。「地元自治体は市民をより良く保護するべきです。ある男ないしは女が、カネを持っているからというだけの理由で、彼らに何でも許してはならないのです。いかに市民と向き合うかは、われわれの文化そのものなのです」[Jason 2014b, *Mail & Guardian*]。

　LaFleur はしっかりとした民主主義のプロセスを機能させることの重要性を説いている。だが残念ながら現実は、民間企業の振る舞いを公的機関がしっかりと規制する役割を果たしてはいない。むしろ、官民連携の名の下で公的機関は民間企業の振る舞いを支援してきた。ヨハネスブルグ市は少ない費用で大きな効果（グローバル都市としてのステータス獲得のような）を得ることが出来、成果も見えやすい都市の民営化を推進しがちなのである。

第3節　インナーシティ開発業者が求められる倫理

　インナーシティ再開発が進むにつれて、新たな開発によって既存住民が住み続けることが出来なくなってしまったり、貧困層が新たな中間・富裕層向けの都市空間から排除されたりしてしまう（消費者として立ち入ることが出来ない）可能性に対する批判が生じている。Maboneng に対する批判も、他のインナーシティ開発業者に投げかけられる批判と同様のものである。

　「Maboneng は、直接的に既存住民の建物を取り上げたことはない」と、PT 社は繰り返し主張してきた。だが、レポート記事などでは、Maboneng 開発によって実際に強制退去させられたストーリーなども報じられている [Reid 2014, *IB Times*]。記事によれば、Jeppestown の産業ビルに住んでいた Jabu Khwela という若いアーティストとその家族が、ある日、警備員によって住んでいた家から路上へと、着の身着のままの状態で追い出され、賃貸契約なしにインフォーマルにそのビルに住んでいた 50 人の低所得住民も強制退去させられたという。「Khwela 一家と隣人はホコリまみれの産業地区から、Maboneng 開発に道を譲るために追放されたのである」。彼らはその後、別の地区に家賃 3,000 ランド（追い出された家と同額）の普通の住宅を見つけることが出来た。だが、そこは以前より狭く商売は許されていない。Khwela はアーティストとして Maboneng を訪れる。「アーティストとして、僕は Maboneng のような場所

で何とかやっていける」。彼は「Maboneng は家のように感じる場所さ」と言う。「Khwela はデベロッパーによって追い出され、アーティストとして帰ってきたというユニークな経験の持ち主である」と同記事は結ぶ。

　私は上記のようなケースを目にしたり耳にしたりしたことはなかった。だが、間接的に転出を余儀なくされたという話を耳にした。Main Street Life の隣に、Trafalgar 社というインナーシティで精力的にアパートの開発管理をしているデベロッパーの所有するアパートがある。そこに住んでいたという無職の青年［O1］は、Maboneng 開発が始まると、月 1,900 ランドだった家賃が 2,600 ランドまで上がったという。「住み続けることが出来なくなったので引っ越さざるを得なかった。うちだけでなくて他にも家賃が払えなくなって出て行った人たちはいるよ」。彼は憤りを押し込めるかのように、淡々と語った。母親と弟との 3 人暮らしだという彼は Bertrams 地区に引っ越した。「今の家賃は電気・水道込みで、1,500 ランド。だいぶ楽になった」。

　Liebmann は「ニューヨークのような所とは違って、ヨハネスブルグではたくさんの手頃な価格の住宅が手に入る」と主張する［Reid 2014, *IB Times*］。したがって、貧民は新たな住居を手に入れればよいのであり、上記のような移転はやむを得ないという本音がある。市場原理に従って、人が移動するのだから、PT 社は違法行為をしているわけではない。PT 社の物件は中間層がターゲットであるが、開発規模はまだ小さいので、欧米都市のように周辺地区で労働者階級が住めなくなるほどの家賃の上昇は起きていない。誰にとって不動産価格が手頃であるのかが争点となる。したがって、生存ラインぎりぎりを生きる人びとで溢れるヨハネスブルグのインナーシティには、人権 NPO の調査によれば、低所得者層が住むことの出来る手頃な住宅はないに等しいのである［Tissington 2013］。

　デベロッパーは、ヨハネスブルグの経済的・社会的背景を踏まえた都市再生を担うことを倫理的に要求されている。よって、Liebmann は「わが社は、ハイジャックビルを購入することはありません」と強く主張するとともに、同社が最近開発した 2 つのアパートの家賃は月 1,300 ランドに抑えてあり、「真に最低所得者層へ配慮したもの」を提供する準備もあることをアピールするのである［Reid 2014, *IB Times*］。

「アパルトヘイト時代のセグリゲーションへのカウンター理論」と Liebmann が呼ぶ、新たな都市空間の創造を目指している Maboneng にとって、Main Street Life の元住民が発する「肌の色ではなく、文化と階級による排除」、すなわち「経済アパルトヘイトを生み出している」[Rees 2013, *Mail & Guardian*] というような事態は、もっとも望ましくない。Liebmann は「私は異なる背景を抱えたコミュニティを統合するにあたって、困難に直面しているという事実を否定しません。私が出来ることはこの困難に取り組むためにもっとも良い環境をつくり出すことだけです。私がこの近隣で好きなことは、つながりです。それが完璧だとは感じていませんが、北部郊外の同業者よりはうまくやっていると思います」[Rees 2013, *Mail & Guardian*] と応答する。だが同時に、「インナーシティの開発は、貧困層のニーズを満たすというだけのものであってはならないと思います。良い都市を創造するためには、貧困層に加えて、中間・富裕層にも気を配らなくてはならないのです」[Wilhelm-Solomon 2012, *Mail & Guardian*] と、やや苦し紛れとなる。

　インナーシティ開発を手がける者は、貧困層に配慮した包摂的開発を目指していることを表明しなければならない。ジェントリフィケーションという用語はインナーシティ開発業者にはナイーブな用語である。彼らは北部郊外の無節操な開発業者よりはずっとマシであると主張して、インナーシティ開発の正当性を表明しなければならない。彼らが北部郊外の開発業者よりも苦しい立場に立たされる理由は、ヨハネスブルグの都市構造のせいである。民主化後に南アフリカ農村部や周辺諸国から来た移民・難民は、経済的・社会的・政治的権利へのアクセスが難しかった。インナーシティ住民の大半は、いわゆる「アンダークラス」と呼ばれる人びとであった。インナーシティは、ヨハネスブルグの負の側面をすべて引き受けてきた。近年のジェントリフィケーションが起こる以前から、インナーシティの住民はヨハネスブルグという都市全体の構造のなかで排除されてきた。

　北部郊外のゲーテッド・コミュニティがネオアパルトヘイトを生み出しているというような議論で想定される構図は、北部郊外 vs インナーシティ／タウンシップという対立構造であった。つまり、郊外開発は、インナーシティやタウンシップのアンダークラス、移民、難民の存在を無視しており、彼らを見捨て

てしまうのではないかとの懸念であった。ところが、インナーシティのジェントリフィケーションによるネオアパルトヘイトとは、ワンブロック隔てた文字通り目の前に住む人びととの間に格差を顕在化させてしまうのではないかという懸念である。したがって、インナーシティ開発業者は、直接的な貧民の排除に手を染めているとの批判を受けやすく、「貧民の排除は間接的なもので結果に過ぎない」と主張出来る北部郊外のゲーテッド・コミュニティや都市改良地区開発を手がけるデベロッパーたちよりも、倫理的行動と説明責任を要求されやすいのである。

第4節　インナーシティのネオアパルトヘイト

Jeppestown に生まれた壁

カナダ人の映画監督 Shannon Walsh と南アフリカ人の映画監督 Arya Lalloor が中心となり、複数の南アフリカ人映画監督が参加して制作された映画『金曜日の Jeppe (*Jeppe on a Friday*)[90]』は、Maboneng と周辺地区を舞台に「廃品回収人、野心的な不動産デベロッパー、ホステルに住むフォークミュージシャン、ビジネス移民のレストラン経営者、商店主の5人の主人公の交錯による、夢と恐れ、希望と歴史」を描いた作品である [Zvomuya 2013, *Mail & Guardian*]。同映画の制作会社 Parabola Films のウェブサイトは、映画の内容を次のように紹介している。

　8人の女性映像作家によって、1日ですべての撮影を終えたこの共同作品は南アフリカ、ヨハネスブルグの労働者階級地区の生活の浮き沈みをたどる。民族誌的実践をはるかに超えて、この映画は近隣のなかに、洞察力に富んだ文化横断的な要素を見出す。この映画のなかに、われわれは隣に住む実在の人物を見つけ出し、彼らの個性と微妙な葛藤を観察する。この映画は、最後にわれわれ全員を1つに結びつけるような何かを持っている。
　日の出の数時間前、Vusi Zondi はすでにヨハネスブルグの富裕層郊外を歩きまわっている。リサイクル品を仕分けしている家もあれば、ゴミ箱をあさらなければならない家もある。プラスチックと紙が Vusi が苦心して

作った手作りトロリーに積み上げられる。朝のラジオが流れ、鳥がさえずりを始めるころ、彼は坂道を勢いよく下る。Jeppestown の金曜日、Robert はバンド仲間とルームメートとともに、Jeppe の男性用ホステルで歯を磨いている。同じ頃、Arouna は静かなアパートで朝の祈りを捧げ、Arouna の妻、Zenaib は静かに階段を降りて、2 人で切り盛りをするレストランに出す美味しいカレーとシチューの準備を始める。高級マンションの角で、JJ は Jeppestown に大きな夢を思い描く。ヨハネスブルグのダウンタウン東部の荒廃したストリートに、ロフト、アートギャラリー、レストランが立ち並ぶ都市オアシスを空想する。だが、Jeppe は常にそれ自体で生命を持っていた。南アフリカの映画監督らによって撮影された『金曜日の Jeppe』は、いかにアイデンティティとコミュニティが、変わりゆくアフリカのメトロポリスで定義されているのかを、ある日の生活を通して見つめるものである。表面下で繰り広げられている日々の苦悩、笑い、愛、他者とともに生きる様、他者と別れる様をそこに見い出すことが出来る。[91]

　地元紙は「『金曜日の Jeppe』は、今はまだ小さいが、これから拡大していく芽であり、ひとたび拡大すれば、移民、ジェントリフィケーション、コミュニティといったさまざまな問題を引き起こすであろう地区の歴史を凝縮した物語である。Liebmann を思わせる野心的なデベロッパーや、彼と対照的な存在である周辺地区の貧しい主人公たちが織りなす「光の場所」と「闇の場所」を行き来する弁証法的な表現に溢れている」[Zvomuya 2013, *Mail & Guardian*] と同映画を紹介している。
　映画監督へのインタビューなどを踏まえたインターネット記事は、本作品を以下のようにまとめている。

　　『金曜日の Jeppe』は Shannon Walsh の手がけた近隣ドキュメンタリー三部作の二作目である。一作目はモントリオールのジェントリファイ地区の Saint-Henri を題材にした作品であった。
　　「私は南アフリカの映画監督グループを招いて、ジェントリファイされた Jeppestown を素早く歩きまわり、ある日そこで生じた出来事、人間、躍

動感を描き出しました」と Walsh は言う。

　Saint-Henri と Jeppestown の違いは衝撃的だった。「明らかに２つの街は全くことなる原動力を持っていました。南アフリカは究極の格差を抱えた場所です。富と権力を持つ者と持たない者との間に大きな分断があります。いまだに人種的分離も抱えています」と Walsh は言う。

　Lalloor は Jeppestown の住民で、映画監督であり、アイデアを Walsh に持ち込んだ。「Jeppe は歴史地区のようなものです。ここには非常に多くの経験の層があります。ヨハネブルグの歴史の重層性を見ることが出来ます」と Lalloor は言う。Lalloor は、地元の店が次々に閉店し、カフェやブティックに変わっていくような Jeppestown の再生のペースに批判的である[92]。

　『金曜日の Jeppe』は歴史に溢れ、独特な生を生み出してきた Jeppestown のコミュニティが、Maboneng の誕生によって、光と闇の間にそびえ立つ見えない壁によって隔てられるようになってしまった現実をうまく描いている。この２つのコミュニティの住民の交流は基本的にはほとんどないと言って良い。

インナーシティ再開発とジェントリフィケーション批判

　ヨハネスブルグのインナーシティ再開発をめぐってジェントリフィケーション批判がひときわ高まる理由は、アパルトヘイト政策により地理的不均等発展が続いてきた南アフリカにおいて、都市空間の不均等発展の是正こそが新たな社会を生み出す鍵であると考えられているにも関わらず、これが一向に是正されるどころか、むしろ不均等発展が強化されているのではないかという実感から生じている。

　郊外化とゲーテッド・コミュニティ化により、中間・富裕層が現実世界から逃避するなか、劣悪なインナーシティの社会環境を生み出している根本的な社会問題を正視することなく、インナーシティの都市空間の浄化こそが健康で安全な生を享受するための適切な手法であり、さらには不動産価格の上昇により利益を生み出すと目されている。こうした方向で都市空間の再編が進むなか、ジェントリフィケーションがネオアパルトヘイトを生み出してしまうとの批判

が多く聞かれるようになってきたのである。

つまり、現在ヨハネスブルグで盛んとなっているジェントリフィケーション批判とは、ネオアパルトヘイト批判とほぼ同義であると考えて良いだろう。新たに生まれるアパルトヘイトは人種・民族による分類というよりは、階級に基づくものとなってきた。すなわち、アパルトヘイト時代につくられた「人種」の分類が新しい分類に生まれかわり、再び「人種主義」が蔓延るのではないかとの懸念が表明されているのである。とはいえ、従来の人種分類に基づく差別も根強く残っているので、実態は複雑である。

ジェントリフィケーションをテーマに学位論文を書いた Zackara Raitt は「Maboneng 地区のジェントリフィケーションは機関投資家が目をつけて、トレンディな生活の機会と市場を発見し、それを搾取することで生じているものである。あらかじめ定式化された空間の構築は、高級市場が提案する商品に、単に金銭的に手が届かないという理由で、既存コミュニティは自然に排除されてしまう」[Rees 2013, *Mail & Guardian*] と指摘し、Maboneng は完全なトップダウン式のジェントリフィケーションである点で、欧米都市とは異なると主張する。

ヨハネスブルグのジェントリフィケーションの物語は欧米都市のジェントリフィケーションで見られるような、アーティストやクリエーターといった複数の中間層が労働者階級の地区に移り住むことによって、結果として労働者階級を追い出してしまうという物語よりも、いっそう急進的で深刻な結末となる。なぜなら、ヨハネスブルグでは労働者階級に組み込まれない「アンダークラス」のシェルターの周りに突如、大変革が生じているからである。

ある都市研究者は、「Maboneng 開発についてはよく知らないのだが」と断りを入れつつ、ヨハネスブルグのインナーシティのジェントリフィケーションの一般的見解は次のようなものとなると述べた。「インナーシティの新たな住民の多くは中間層というよりは労働者階級である点が、欧米都市で生じているジェントリフィケーションと大きく異なる点です。その結果、労働者階級を新たに取り込みつつ、アンダークラスのような、より脆弱な人びとを追い出すことになっているのです」[R4]。

現在、ヨハネスブルグ市やヨハネスブルグ市警は、路上商人などを含むイン

フォーマル経済への取り締まりを強化しており、急進的なフォーマル化を促進して弱者を抑圧している。こうしたヨハネスブルグの経済的・社会的背景があるからこそ、Maboneng に対する批判的な語りが厳しいものとなる。よって、以下で取りあげるネオアパルトヘイト批判の数々は、Maboneng 自体への批判というよりは、不均等発展を遂げてきたヨハネスブルグという都市の構造を踏まえた時、Maboneng を含むプライベート都市が生まれることによって、都市の貧困層や弱者に、どのようなしわ寄せが行くのかを懸念する声なのである。

　まず、周辺コミュニティと Maboneng との格差が鮮明化されることへの懸念がある。既に存在する持つ者と持たざる者の格差を、目の前に見せつけられることで生まれる相対的剥奪感への懸念である。Wits 大学の建築・計画学部の Margot Rubin 講師は次のように述べている。「Maboneng が生まれたことで、周辺コミュニティがあざけりの対象となったり、Maboneng が富をひけらかしたり、周辺コミュニティにとって手の届かない存在となることを気にかけています。もし Maboneng が憧れの姿ならば、そこへたどり着くためにどのような道筋が提案されているのでしょうか？　Maboneng は光に溢れていますが、そこに包摂されているのは誰なのでしょうか？」[Wilhelm-Solomon 2012, *Mail & Guardian*]。

　Maboneng 開発によって、すでに排除されてきた人びとの居場所がいっそう奪われてしまうのではないかという指摘もある。たとえ Maboneng が強制退去のようなことをしていないとしても、自然と持たざる者は追い出されてしまう現実がある。廃品回収人の調査をしている Wits 大学建築・計画学部の Sarah Charlton 講師は、「インナーシティは都市の周縁部に追いやられ、経済機会の欠如によって適切な住居を得ることの出来ない多くの人びとにとって大切な生活空間である」と指摘する。また、住宅問題や法的問題でコミュニティを支援している、Inner City Resource Centre の Shereza Sibanda は民間部門の開発の拡大と不動産価格の上昇が、インフォーマル経済で働く人びとが属する「見えないコミュニティ」により大きなプレッシャーをもたらすことを懸念している[Wilhelm-Solomon 2012, *Mail & Guardian*]。

　公権力の行使によって、弱者の排除が現実に生じているという指摘もある。ヨハネスブルグのインナーシティの貧困層の住宅問題や強制退去問題などを取

り扱っている人権 NPO、SERI の Kate Tissington は以下のように、インナーシティ再開発を批判している。

> インナーシティでは、Maboneng、Newtown、Braamfontein の再開発のような急進的なプログラムが進行中であるが、これを後押ししてきたヨハネスブルグ市の都市再生政策によって、弱者が切り捨てられて、排除されている。
> 富裕層に歓迎されている都市再生であるが、これにともなう社会的費用を公的機関が負担するのではなく、市はその責任を減らし、出来る限り義務の範囲を狭めようとしている。そればかりか、「一掃作戦（Operation Clean Sweep)」のようなキャンペーンを実行し、インナーシティから路上商人を追い出そうと試みている。
> 市の都市再生政策は、代替住居が存在すると想定して、スラムから貧民を立ち退かせているが、これは間違った想定であり、市は必要な住居を提供しようとしていない。[Tissington 2014, *Daily Maverick*]

　Maboneng のようなプライベート都市は、都市再生を後押しする都市政策と公権力の行使の恩恵を受けており、Maboneng がいかにクリーンなイメージを打ち出そうと試みても、これは動かすことの出来ない事実である。同時に、弱者が排除されてしまう構造を解消するといった大きな課題への対処は、プライベート都市だけで解決出来る範囲を超えており、Maboneng を批判すれば済む問題ではないのである。

　Wits 大学建築・計画学部の Mpho Matsipa 講師は、次のように現状への懸念を示す。「もし、良く統治された空間がうまく機能している理由がプライベート化された結果であるとされるならば、プライベート空間の外側を生きる人びとにとって、これはいったい何を意味するのでしょうか？　彼らがユートピアを獲得する場所はいったいどこなのでしょうか？」[Reid 2014, *IB Times*]。

消費空間の分断
　ネオアパルトヘイトによる分断を、もっとも分かりやすく示す事例は、

Maboneng と周辺地区の消費空間の分断であろう。Main Street Life に住むコロンビア人のジャーナリストは、Maboneng の生活が当初思い描いていたものとは違っていたと述べている。「私がここに引き寄せられたのは、都心に暮らす人びととの交流を望んでいたからです。でも、私は Melville にいる時と同じ人たちと交流していることに気づいたのです」[Wilhelm-Solomon 2012, *Mail & Guardian*]。さらに、このジャーナリストは Maboneng の住民は周辺コミュニティと交流したり、そこで消費したりしているわけではないと指摘する。「私はこの辺りの商店主の何人かと話をしました。店主たちはこの辺りの工場で働いていた人びとは彼らの客だったが、Maboneng の建物へと改修されると、客を失ってしまったと言っています。店主たちは『Maboneng 住民の多くが Spar[93]を好んでいる。彼らはどこへでも運転して行ける』と言っています」[Wilhelm-Solomon 2012, *Mail & Guardian*]。

Maboneng 住民が周辺コミュニティで食品や日用品を購入しないという批判は耳が痛いものである。Maboneng の一住民だった私もこの事実を率直に認めなければならない。Maboneng 暮らしは悪いことをしているわけではないのに後めたい感情を引き起こす。Maboneng 暮らしは、ヨハネスブルグの構造的不正義をより強く認識させるからであろう。

私は当初、Maboneng の周辺コミュニティで消費をしようと意気込んでいた。だが、それは早い段階で崩れ去った。理由を一言で言うならば、私が欲しいものは何も売っていなかったからである。オーガニック食品にこだわるといった贅沢をしたかったわけではない。パンや牛乳、コーヒー、紅茶といった基本的な食品ですら、郊外生活で入手していたときと同質のものは近隣商店に置いていなかった。肉、魚、野菜といった生鮮食品に至っては購入を躊躇する鮮度のものしかなかった。チーズやハムも気に入るものはなかった。本屋はなく、新聞すら手に入らなかった。周辺コミュニティには、私が郊外生活で慣れ親しんだスーパーマーケットはただの1つもなかったのである。周辺コミュニティで買い物することもなかったわけではないが、非常に限られていた。私はたいてい週末に Maboneng から東に 6km から 8km のところにある巨大ショッピングモールの Eastgate Shopping Centre か、Bedfordview Shopping Centre まで出かけていた。ときには Sandton、Rosebank、Hydepark といった北部郊外の

ショッピングモールに出かけることすらあった。平日に買い物が必要なときには、大学の帰り道にあるガソリンスタンドに併設された小さなスーパーで簡単に済ませていた。ゲーテッド・コミュニティ的な都市空間を問題視し、ゲーテッド・コミュニティから解放される喜びを満喫することを表明しながら、私のインナーシティ暮らしの基本的な消費行動は、都市要塞の呪縛からは逃れきれなかったのである。

　私に限らず、多くの Main Street Life の住民は Eastgate などの巨大モールやスーパーマーケットで買い物をしていると言った。週末になると量販店の買い物袋を抱えて帰宅する人に出会った。インナーシティにも Woolworth などの大手スーパーがあるが、品揃えは限られており、郊外店とは置かれている商品が異なっていた。インナーシティの Woolworth は牛乳の 6 本セットや、丸ごとの鶏肉がメインに並んでいて、1 人暮らしかカップル暮らしの Maboneng 住民を対象とする品揃えではなかった。インナーシティのスーパーはインナーシティに働きに来る黒人労働者向けの品揃えになっているのである。こうした Maboneng 住民の消費行動を反映して、私が調査地を去った後の 2015 年に自動車修理工場だった建物を PT 社が購入し改修して、小さいスーパーマーケットが誕生した。

Maboneng と周辺地区の価格差

　Jeppestown のなかに浮かぶ Maboneng という都市空間がいかに異質な空間であるかは、両者の商品価格の違いに端的に表れる。例えば、ビールの値段は Maboneng（PT 社開発物件）の飲み屋と Maboneng 以外（PT 社開発物件以外）の飲み屋では 3 倍以上異なり、パンは 2 つの都市空間で全く別ものが販売されており、食事の値段も大きく異なっている【図 16; 表 9】。

　「光の都市」のコーヒーはエスプレッソ・マシーンを使用して入れるタイプのものであり、カフェラテ、カプチーノ、カフェモカ、エスプレッソなどがメニューに並び、どの店も価格はだいたい 20 〜 25 ランドである。他方、「闇の都市」のインスタントコーヒーは、4 ランドで飲むことが出来る。パウダー状ミルク（*Creamore*）と砂糖がたっぷり入ったものである。私以外にこの全く別物のコーヒーを両方とも消費する生活をおくる人間は、Maboneng 住民の側にも

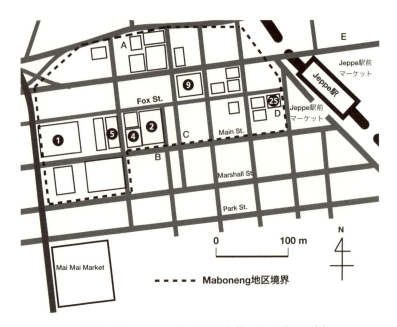

図16　Mabonengと隣接地区の価格差地図（2014年）
出典：PT社制作地図を利用し、現地調査に基づき筆者作成

Jeppestown 住民の側にもいないだろう（たとえ Maboneng 住民が自宅でインスタントコーヒーを飲むとしても、外でインスタントコーヒーを購入して飲むことは通常ないだろう）。

　Maboneng の外側で暮らす人びとにとって、Maboneng で消費することは不可能とまで言わなくとも非合理であり、周辺コミュニティに住む私のインフォーマントを Maboneng の飲み屋で見かけることはなかった。興味深い点は、Maboneng で消費出来る人びとも Maboneng の店に高いカネを払っていると感じていることである。例えば、新進アーティストとして評価を受けていて、不安定だがそれなりに収入を得ているアーティストでも、Maboneng の物価に対していつも文句をつけていた。Maboneng の飲み屋で飲んでいると、「Maboneng にこれ以上カネを落とすのはいかがなものか」というような話題になり、1ブロック南の飲み屋、Fox Den や Maboneng の領域内にあるが、PT社開発物件ではない飲み屋、Zebra Inn に移動した。時には、初めから Zebra

表9　Maboneng と隣接地区の価格差（2014 年）

商品	PT 社開発物件入居	PT 社開発物件以外
コーヒー	❶ ドリップコーヒー（19 ランド） ❷ ドリップコーヒー（10 ランド） ㉕ インスタントコーヒー（4 ランド）	C. インスタントコーヒー（4 ランド）
パン	㉕ 揚げパン（4 ランド）、菓子パン（7 ランド）、調理パン（15 ランド） ❶ ハンバーガー（50 ランド） ❺ チョコレートクロワッサン（26 ランド）	
食事	❶ パエリア［日曜マーケット］（60 ランド） ❺ 南部アフリカ料理（40 ランド） ❹ 西アフリカ料理（60 ランド） ❾ エチオピア料理［ランチプレート］（30 ランド）	D. 南部アフリカ料理（25 ランド） E. タンザニア料理（30 ランド）
ビール	❷ ビール[340ml]（22 ランド） ❹ ビール[340ml]（25 ランド）	A. ビール[340ml]（14 ランド） B. ビール[340ml]（7 ランド）

※上記丸数字とアルファベットは図 16 の黒丸数字とアルファベットに一致。

出典：筆者作成

Inn に行った。また、付近の酒屋でビールや酒を買い込んで、Maboneng の飲み屋や食堂に堂々と持ち込んで飲むこともあった。

日曜マーケットのテイクアウト食品は、50 ～ 70 ランドである。他方、周辺コミュニティの食堂で定食を食べれば 25 ～ 30 ランドで済む（量が多いので、2人でシェアしている人も多い）。Maboneng の社会住宅の 1 階部分でナイジェリア人が営むパン屋は、Jeppe 駅前マーケットに面していて、駅前を通り過ぎる人、Jeppestown の住民、自動車修理工などをターゲットに商売をしており、Maboneng 住民をターゲットにしてはいない。後述する GOODCITY が開催した会合で「Maboneng に欲しいもの」をリストアップする機会があった。その時に、Maboneng 住民は「Maboneng にパン屋さんが欲しい」と口にする人が多かった。私は上記のナイジェリア人のパン屋の存在を指摘したが、誰一人として、そのパン屋のパンを自分たちが消費出来るものと認めようとはしなかった。Maboneng 住民が欲しいのは、洗練されたクロワッサンであった。

注

88 ロンドン南部にある、移民地区がアート地区となったジェントリファイされた地区として有名。

89 ネルソン・マンデラの生家を改装したミュージアムを中心とした地区が、サッカー・ワールドカップに向けて整備された。タウンシップツアーに参加した観光客が訪れる。

90 *Jeppe on a Friday* (2012) Parabola Films (Canada), directed & written by Shannon Walsh & Arya Lalloor.

91 http://www.parabolafilms.ca/films/jeppe-on-a-friday-2（2014 年 3 月 12 日閲覧）

92 http://www.adambemma.com/2013/09/23/a-portrait-of-gentrification-in-johannesburg/（2014 年 3 月 12 日閲覧）

93 大手スーパーマーケットの Spar のこと。Maboneng から一番近い Spar は 1.5km ほど東にある。Maboneng から大手スーパーマーケットで一番近い店舗はここだった。

第9章　「光の都市」の社会工学

第1節　包摂的コミュニティへの転換

　ヨハネスブルグの中間・富裕層の多くは、「闇の都市」の現実を直視することを避けるか、この存在を実際に目にすることすらないまま、北部郊外のゲーテッド・コミュニティに引きこもり、「アフリカ化」してゆく世界からの逃避を試みていることは既に見たとおりである。外国人恐怖症に苛まれる官憲は「ゼロ・トレランス」政策によって、貧民や「ならず者たち」を排除しようとしており、ヨハネスブルグは「報復都市」と化していることも既に見たとおりである。だが、「闇の都市」といかに向きあえば良いか、どう折り合いをつけて生きるべきかを模索している人たちもたくさんいる。とりわけ、Maboneng のような新しい都市空間に集い、目の前に広がる不平等を見過ごすことの出来ない人びとにとって、都市はいったい誰のものであり、どのような都市空間が真に包摂的なものとなりうるのかといった都市の公共性に強い関心を寄せている。彼らは国家や都市政府といった行政機関の機能不全に幻滅していて、自分たちの手で何とか新しい南アフリカ社会を創造しなければならないという義務感と正義感に満ち溢れている。

　Maboneng はいまだ、広大な「闇の都市」にポツリと浮かぶ小さな「光」に過ぎない。ヨハネスブルグのインナーシティの負の要素を見なかったことにしてしまいたい行政や、出来れば消し去ってしまいたいと考える警察とは対照的に、Liebmann は慈愛に満ちた包摂を柱に掲げている。まるで、布教活動と慈善事業を展開し、人びとを啓蒙する聖職者のようである。

　Maboneng を支える価値観は「社会的包摂」であると言えるだろう。社会的包摂は人種差別がまかり通っていた南アフリカで、新しい社会を構想しようと

するなかキーワードとなっている。社会的包摂は人種差別を受けて機会を喪失してきた人びとや、不利益を被ってきた貧しい人びとに、社会的・経済的権利と平等な機会を提供するという理念である。Maboneng に集まる多くの企業家が上述のような価値観を共有しているか、ないしは、この価値観に基づく振る舞いをしている。したがって、Maboneng は社会的包摂を実現するために「包摂的コミュニティ」づくりを始めていると言えるだろう。

Maboneng 2.0

2012 年 11 月 1 日に始動した「Maboneng 2.0——都市生活の変革——(Maboneng 2.0: Shifting Urbanism)」は、Maboneng 開発を高次元に転換するための見取り図である。Maboneng 2.0 の特徴を一言で言うならば、草創期のアーティストやクリエーターといったクリエイティブ・クラスによるクリエイティブ・クラスのための「クリエイティブ・コミュニティ」から、Maboneng の周辺コミュニティに住む弱者や貧民を含めた開発を目指した「包摂的コミュニティ」づくりへの転換と言えよう。

Maboneng 2.0 は「広範囲の都市環境の理解が、持続的な未来の基盤を形づくる」という考えに基づいて、Maboneng の境界を越えて、より大きな空間を視野に入れたものとなっている [Maboneng Precinct 2013]。Maboneng 2.0 は、「移動性、街路の向上、社会空間統合のような都市開発の重要な局面」に介入する計画であり、「公園の建設、街灯の設置、ランドマークの建造といったキープロジェクトによって、都市環境を共有し、協同的な空間を生み出し、革新的な近隣」をつくり出そうとしている [Maboneng Precinct 2013]。つまり、貧しい住宅街と軽工業地区を、完全に統合された混合利用コミュニティへと転換したいという野心が見える。Liebmann は、新たな空間の創造によって、これまでのような芸術的ニッチへの提案から、ヨハネスブルグの多様な人びとのほぼすべてを横断して組み込むものに転換すると、次のように述べる。

われわれが成長すればするほど、よく管理され、統合され、優れたデザイン性のある近隣に参加したいという人たちがたくさんいることに気づきました。当初考えていたことは単にクリエイティブ・クラスを対象とす

ることでしたが、われわれは今、社会の広いセクターで働く人びとを組み込むことの重要性に気づきました。……今年の終わりまでに、われわれは、収入が月 3,000 ランドから月 10 万ランドまでの幅広い所得層を対象とする住宅をご提案します。[Rees 2013, *Mail & Guardian*]

「どんな人にも相応しい提案を実現することによって、富める者も貧しき者も、黒人も白人も、保守的な人もイケている人も、1 つの調和のとれた空間で隣り合って暮らすという希望がそこに語られる。これは、南アフリカのユートピア的言説である虹の国の縮図を形づくろうとするプロジェクトなのである」[Rees 2013, *Mail & Guardian*] とレポート記事は伝える。

　PT 社は「歩き回ることが出来、多様性に富み、持続的な近隣を生み出すことは、産業ビルの改築と同様に重要である」[Propertuity 2013: 12] と表明しており、新たな空間に物語を生み出すことを重視している。したがって、Maboneng 拡大計画は、例えば、公園や苗木の育苗圃、子どものためのスケートボード・イベント、地区の学校支援にまで及ぶ。「Maboneng 産」という哲学は「都市形成の協同的創造過程」を促進することである。これは、「周辺コミュニティを歓迎する態度である。よって、既存の建築を破壊せず、リサイクル（例えば、近隣から調達した貨物コンテナの再利用）し、Sharp Braai のようなアフリカ料理店や、自転車修理店のような地元の小売店やサービス提供者を、Maboneng 住民が利用することを推進していきたい」と考えている [Wilhelm-Solomon 2012, *Mail & Guardian*]。Maboneng の拡大は、必然的にインナーシティの不均等発展の現状に挑戦することになる。Maboneng の拡張先となる New Doornfontein 地区は、インナーシティでもっとも貧しい地区だからだ [Wilhelm-Solomon 2012, *Mail & Guardian*]。

　Maboneng 2.0 を主導するのは、PT 社とともに Maboneng の建築をこれまで一手に担ってきた Daffonchio and Associates 社と、Maboneng の公共空間のデザインを手がけてきた UrbanWorks 社である。Maboneng 地区のデベロッパー、都市デザイナー、建築家、都市戦略家同士の協同プロセスが Maboneng 2.0 の構想へとつながった [Maboneng Precinct 2013]。とりわけ、次世代 Maboneng の理想像を描いた壮大なフレームワークで、空間的発展（駐車戦略、公共空間、

特別プロジェクトなど）のアイデアを導き出す、「都市デザインフレームワーク（Urban Design Framework: UDF）」を手がける UrbanWorks 社の役割は大きい [Propertuity 2013: 12]。UrbanWorks 社は2人の共同経営者によって運営されている。1人はドイツ人で 2010 年から南アフリカに滞在していて、地元の大学の建築学科で教鞭もとっている建築家である。彼は次のように自分たちの役割を述べる。

　　わが社は建築と都市デザインを手がけている会社で、人間中心的な都市再生を目指しています。ヨハネスブルグ開発公団（JDA）とも一緒に仕事をし、インナーシティの公共空間の向上にも取り組んできました。もともとは、Braamfontein にオフィスを構えていたのですが、Liebmann と一緒に仕事をすることとなり、Maboneng に移転してきました。われわれの仕事は、さまざまなクライアントに都市デザインと都市戦略文書を提供することです。[U2]

　Maboneng 2.0 はインタラクティブ展覧会の形でお披露目された。Arts on Main で開催されたオープニング・イベントの様子を伝えるレポート記事によれば、ライブ・ミュージックとストリート・アートによって祝われ、空き工場・倉庫の改装過程を示したパネル展示と、この地区で発見された古い工業機械が飾られていたという。順路の最後に「あなたの Maboneng」と表題の付いたセクションがあって、そこで観覧者は、Maboneng 地区の将来に関して、自分のアイデアを黒板に書くか、意見箱に入れることが出来た [Wilhelm-Solomon 2012, *Mail & Guardian*; Propertuity 2013: 17]。同レポート記事を書いた都市研究者の Matthew Wilhelm-Solomon は、「この展覧会はヨハネスブルグで生じている、より広い意味での都市問題、すなわち、ジェントリフィケーション、セキュリティ、強制退去、都市の不平等といった問題に触れていなかった」ことに不満があると言う。そして、オープニングは「入場無料だったにも関わらず、地元住民を惹きつけることに失敗していた」と指摘したうえで、「コラボレーションと包摂性を謳う Maboneng プロジェクトが、Maboneng から排除されていると感じている人びとに本当に届くのかどうか」と疑問を呈している [Wilhelm-

第9章 「光の都市」の社会工学　*303*

Solomon 2012, *Mail & Guardian*]。

包摂的コミュニティづくりのハブ

　Maboneng 2.0 が目指している社会的包摂は、いかにして実現されるのか。Maboneng をクリエイティブ・コミュニティから包摂的コミュニティへと転換させるために重要な役割を果たしているのが、PT 社の下に設立された同社のCSR 部門とも言える団体、GOODCITY である。2014 年初頭から正式に実働したGOODCITY は、良き都市再生を実現していくためのプラットフォームであり、「都市イノベーションを通した新しい再生（Neo-Regeneration Through Urban Innovation）」をキャッチコピーに掲げている。

　私は GOODCITY がオープンして間もない頃に、そこで活動する人びとに出会った。まだ、別の階では工場が操業している古い産業ビルの6F にGOODCITY はあった。古びたエレベーターは、木製のドアを手で引き開ける年季の入ったもので、目的階のボタンを押すと、折りたたみの柵が自動的に閉まり、轟音を立てながら低速で昇降した。

　GOODCITY のオフィスは仕切りのないワンフロアで、出入口近くにプラスチック製のイスが 20 脚ほど並び、セミナー会場として使われるゾーンがある。南側はオフィスゾーンで GOODCITY のスタッフと、プロジェクトリーダーたちの机がいくつか並ぶ。ディレクターは 1 つの机を使い、他のスタッフは 1 つの机を 2 人ぐらいずつでシェアしている。北側は応接ゾーンになっていて、ソファとテーブルがある。テーブルの上には、建築・インテリア関係のコーヒーテーブルブックが置かれている。窓に沿って本棚があり、*Monocle*、*Wallpaper*、*Good Living Life*、*One Small Seeds* のような「クリエイティブな都会生活者」に必須の雑誌が並ぶ。窓からは、Hillbrow Tower、Carlton Centre、ABSA ビル、Ellispark Stadium といったヨハネスブルグ中心部のビル群が見渡せる。フロアの中心に置かれた "Architectural Metamorphosis" と表題が掲げられた巨大パネルが、Maboneng の発展の歴史を紹介し、古い倉庫や工場が、いかにおしゃれな空間へと転換されてきたのかが一目で分かるようになっている。

　フランスで都市戦略の修士号をとった PT 社社員で GOODCITY ディレクターのフランス人女性は、南アフリカに来てから 3 年経つという。南アフリ

カのフランス開発公社から、PT 社に転職した。テキパキとした身のこなしで、自信に満ち溢れた彼女は、自分たちのプロジェクトの概要を説明しつつ、Maboneng 開発が周辺住民の包摂にいかに役立ってきたかを力説した。私は定期的に GOODCITY で開催されるイベントに参加することとなり、都市問題に関心を寄せる多くの人びとと知り合いになることが出来た。GOODCITY は私の研究に高い関心を示すとともに、私が何をやっているのかにナーバスになっているように感じられた。「私たちのウェブサイトに、GOODCITY の活動がいかに素晴らしいか。どんな都市再生が望ましいか。ぜひ、書いて頂ければ有難いのですが……」と依頼を受けたりもした。だが、私は彼らと付かず離れずの距離感を持って調査を続けた。

　GOODCITY の活動目的とは何であろうか。彼らはウェブサイトで広報活動をしている。開設当初は情報量が限られていたが、現在はかなり充実したものとなっている。私の手元には、GOODCITY が始動した当初に配布していた小さな 3 つ折りの案内パンフレットがある。そこには、GOODCITY が「都市再生が実施されている地区で都市イノベーションを促進する組織」で、「2014 年に、ヨハネスブルグの有名な Maboneng 地区の創造と開発を手がける南アフリカ企業、PT 社の支援によって設立された」とある。

　GOODCITY は①土地所有者、組織、デベロッパーの手によって再生された近隣同士をつなぐための国際ネットワークであり、②都市再生が生じている地区における都市研究と革新的都市プロジェクトを推進するためのスタジオスペースのネットワークである。パンフレットには、GOODCITY リオデジャネイロ、GOODCITY パナマシティ、GOODCITY アクラの開設が計画中であることが明記されている。2015 年現在、GOODCITY リオデジャネイロ、GOODCITY パナマシティ、パンフレットには記載されていなかったGOODCITY ケープタウンが開設されている。

　まず、「GOODCITY 国際ネットワーク」とは何かを見てみよう。これは「世界の都市再生のベスト・プラクティスをシェア」し、「近隣同士の連携によって、都市イノベーションと投資を推進し、資金と技術的知識へのアクセスを手助けし、メンバーの国際的な認知度を強化」する役割を果たすために、大学と連携してリサーチをすることが重要であるという。GOODCITY Lab を通して、都

市再生イニシアティブ（計画ツール、資金モデル、評価方法）の国際調査を推進するとされていて、優れた国際的な大学であるスタンフォード大学、パリ政治学院、ハーバード大学、MITと提携するという。

　つぎに、「GOODCITY スタジオ」の活動を見てみよう。GOODCITY スタジオは、あらゆる分野で経験を積み、都市再生に意欲を持つ人たちに宿舎を提供してプロジェクトを実行してもらうものであるという。彼らはスタジオスペースで働き、コミュニティプロジェクト、アート、建築、テクノロジー、マーケティング・コミュニケーション、社会学の分野で、近隣開発に好ましいインパクトをもたらす革新的な都市プロジェクトを実施することを期待されている。既に複数のプロジェクトが実施中である。ソルボンヌ大学、パリ政治学院、スタンフォード大学といった欧米の一流大学の大学生や大学院生がインターンとして訪れて数ヵ月を過ごし、都市再開発の実践と調査をしていた。

　これら2つの柱に加えて、GOODCITY はコンサルティングサービスや都市・建築ツアーなども手がけている。

　GOODCITY が包摂的コミュニティをつくり出す上でとくに重要なのが、GOODCITY スタジオの活動である。GOODCITY スタジオの活動の中心は、上記の「GOODCITY が宿舎を提供して、プロジェクト実行者を募り、さまざまなプロジェクトを GOODCITY の名の下で実施する」というレジデンシィ・プログラムである。宿舎は3ヵ月間、Maboneng 地区にあるバックパッカーズのドミトリーのベッドが無料提供される。私が滞在していた2014年前半は、有機野菜デリバリー、パフォーマンス・アーティストの活動、クラウドファンディングといったプロジェクトが実施されていた。

　GOODCITY スタジオでもう1つ重要な活動が、セミナーやワークショップの開催である。都市問題に関心のある研究者、実務家、建築家、NGO/NPO関係者などのスピーカーが、さまざまな都市関連のトークをする。こうしたイベントには、都市問題に関心の高い人びとが集まって交流を深めている。GOODCITY は社会的包摂のための出来事と物語を創造するための役割、いわば、包摂的コミュニティづくりのソフトの側面を担っているといえるであろう。

GOODCITY でのイベントの様子。さまざまなイベントが毎週開催されていた。　筆者撮影（2014 年）

包摂的コミュニティづくりのアイデア

　Maboneng は包摂的コミュニティを目指すなかで、Maboneng 住民の需要と周辺住民との需要を掘り起こして、両者の需要をうまく接合する形で発展していく可能性のあるプロジェクトを探し求めている。

　GOODCITY スタジオのレジデンシィ・プログラムで滞在中のオランダ人女性［N8］は、クラウドファンディングによる資金調達によって、コミュニティに貢献するような案件形成をしようとしていた。彼女はオランダで社会住宅や都市計画関係の仕事をした経験があり、当時、ヨハネスブルグに引っ越してきてから 3 ヵ月足らずであった。

　GOODCITY で開催されたクラウドファンディング・プロジェクト内容説明会の案内ビラには、「皆さんが Maboneng に欲しいものを教えて下さい」と書かれていた。N8 はプレゼンテーションの冒頭で、このプロジェクトが周辺コミュニティの包摂を重視していると、次のように強調した。「第一に、クラウドファンディングの仕組みによって、コミュニティを生み出して、都市における信用を醸成することを重視しています。よって、プロジェクトは近隣で信頼関

係を構築していけるようなものでなければなりません。第二に、Maboneng コミュニティだけでなく、周辺コミュニティも視野に入れています。よって対象は広域 Maboneng 地区の住民、商店主、オフィスワーカー、そして周辺地区の住民と、Maboneng に頻繁に訪問する人なども含まれます」。

このプロジェクト説明会に参加したのは、Maboneng の生活経験が6ヵ月の写真家、2年半のウェブデザイナーとアーティストのカップル、4年（ただし常に滞在していない）になるジャーナリスト、1ヵ月の私だけであった。このイベントの案内は Main Street Life のエレベーター内に掲示されていたが、住民の関心は薄いようだった。平日の夕方6時からでは、関心があったとしても参加出来ない人が多かったのかもしれない。われわれの会の前に、夕方5時から、Maboneng の商店主等テナントを対象とした会が既に実施されていた。N8 の事業計画のプレゼンが終わると、ポスター大の用紙が1人一枚配られて、参加者は Maboneng のコミュニティづくりに必要だと考えるアイデアを、壁に貼り付けたその用紙に書き出していく。その作業を終えると、書き出されたアイデア群を眺めながら、全員で議論をした。

私が参加した会の参加者に加えて、GOODCITY ディレクター、当プロジェクトリーダー、そして、商店主等テナントを対象とした会に参加した人も含めた約16人のアイデアを分類してみると以下の通りになる【**表10**】。アイデアは重複しているものも多かったが、表中の記載は重複させなかった。多くの住民、テナントがある程度、同一の認識をしていて、似たようなものを欲していることが分かった。

多岐にわたる Maboneng 住民の希望を、①商業サービス、②公共施設・サービス、③環境・インフラ、④社会サービス、⑤ストリート、⑥イベント、⑦教育・スポーツ（含施設）、⑧コミュニティ、⑨治安、の9種類に分類した。

①「商業サービス」に関する希望を見てみると、ここはいまだ陸の孤島であることが分かる。食品・日用品の配達サービスは忙しいクリエイティブ・クラスに重宝だろう。当時スーパーマーケットはまだなく、PT 社が開設を計画中であった（2015年オープン）。Maboneng のレストランやカフェは若いクリエイティブ・クラスにとって割高感があり、北部郊外の Sandton や Rosebank と遜色ない物価なので、安いレストランが必要だという意見は納得のいくものであ

表 10　Maboneng 住民がコミュニティに必要だと考えているもの一覧

分類	住民のアイデア
①商業サービス	商品配達、新聞販売店、携帯電話エアタイム販売店、パン屋、野菜・果物売店、安い食堂、スーパーマーケット、グローサリーストア
②公共施設・サービス	公園、菜園、公衆トイレ、屋上庭園、犬用公園、ベンチ、Rea Vaya 停留所、Gautrain へのアクセスサービス、バスサービス
③環境・インフラ	路上清掃、街路樹、街灯、色彩のある街、自転車専用レーン、噴水、鳥小屋、道路標識、洗練されたリサイクルシステム、広い歩道、静かな空間、森、育苗圃
④社会サービス	ホームレス支援、周辺コミュニティの生活状況改善、マボネン労働者のための補助住宅、低所得層住宅、所得混合住宅、デイケアセンター、保育所、薬物・アルコール依存者リハビリ所、老人のための空間
⑤ストリート	路上ブランコ、路上パーティ、路上フェスティバル、路上マーケット、路上劇場、子どもが遊べるストリート、グラフィティ、路上ピアノ教室、ダンスグループ
⑥イベント	ファッションショー、屋上フェスティバル、企業家ワークショップ（単なる成功者のトークだけでなく、実践的なもの）、土曜日もマーケットを開催、夜間の人出を増やす仕組み
⑦教育・スポーツ（含施設）	アートカレッジ（Maboneng を南アフリカのアートの拠点に）、Zulu 語・Sotho 語教室、図書館、放課後学級、ヨガ教室、ダンス教室、テニス教室、屋上ゴルフコース、サッカー場、スケートリンク、スイミングプール
⑧コミュニティ	コミュニティセンター、集会所、アイデアを提案できる場、コミュニティメンバーシップ（ウェブサイト、メーリングリスト）、Jeppestown の歴史を反映した空間
⑨治安	Jeppestown 全体を視野にいれた包括的警備、ゼロ犯罪対策

出典：筆者作成

る。新鮮な野菜・果物は後述する配達サービスが始まっており、需要があるだろう。新聞の入手も私は苦労していた。Jeppe 駅前には新聞キオスクがあるのだが、客は駅前を歩いている黒人労働者なので、タブロイド新聞か、あっても *Sun* ぐらいまでで、*Mail & Guardian* や *Business Day* といった中間層向け新聞は手に入らなかった。パン屋が欲しいという希望もたくさん上がっていた。「毎日、焼き立てパンが食べたい」、「ベーグル、ピタ、ホットドッグが欲しい」などと紙には書かれている。Maboneng のコーヒースタンドで売っているチョコレートクロワッサンは美味しいが 26 ランドもした。私は Maboneng 地区の縁にあるナイジェリア人のパン屋と仲が良く、ひいきにしていたので、「パン屋はありますよ」と発言すると、「あのパン屋はひどいよ。食べたことある？　パンじゃないよ」などと皆言う。皆の言うことは分からなくもないが、「いや、でもあのマフィンを綺麗に包装して Rosebank にでも持っていけば、皆美味しいと言うと思うよ」などと反論を試みる。一緒にいた人類学者も「彼が美味しいクロワッサンを作れるようになれば、サクセス・ストーリーになるぞ」などと言って説得を試みるが成功しなかった。

　②「公共施設・サービス」の分類では、軽工業地区において公園や庭園といった憩いの場の不足を指摘するものが多かった。菜園の希望も複数見られる。自然回帰やスローライフなどの健康的生活のための必需品とも言えるかもしれない。屋上菜園や屋上庭園、屋上ゴルフコースといった古い産業ビルの屋上の有効活用に関心があることも分かる。ヨハネスブルグをめぐる都市の議論で、公共交通の欠如は中心的話題となる。バス専用レーンを走る BRT システム（愛称、Rea Vaya）の停留所は Maboneng から 1 ブロック離れたところにあるが、夜間の歩行は安全上難しい。Jeppe 駅は徒歩 5 分だが、利便性、安全性を考えると Maboneng 住民の利用は考えられない。よって、多くは自家用車で移動する。安くて安全な公共交通はインナーシティの中間層にとって夢である。

　③「環境・インフラ」関連では、整備された歩道の確保と自転車専用レーンの希望が多く出ていた。南アフリカでは自転車の利用者は少ない。だが、ヨーロッパの都市に見られるような自転車専用レーンは Maboneng 住民にとって憧れとなる。自転車は健康で環境にやさしいライフスタイルを提供する。なお Maboneng には貸し自転車サービスがある。街路樹、森、植物育苗圃といった

緑を求める声もある。植物育苗圃と書いた人は「くつろげ、ボランティア活動も出来、収益は Maboneng の発展に使うことが出来る」と付け加える。「静かな空間」を求める声も多い。Maboneng はとくに土曜・日曜は夜中まで騒がしく、周辺コミュニティの飲み屋からも大音量の音楽が聞こえてくる。いくら活気ある都会生活が好きでも、「逃げられる静かな場所」が欲しくなるのである。リサイクルへの関心も高く、より洗練された方法が導入されるべきだと感じている人もいる。

　④「社会サービス」関連は、周辺コミュニティへの配慮が見られる。Maboneng の住民の多くが、自分たちさえ良ければそれで良いという考えは持っていない。眼前の貧困問題に大きな関心を寄せている。ただし、「Maboneng で働く人たち（ウェイターやコック）のために安い住宅を提供すべし」というような、自分たちにサービスを提供してくれる人をきちんと保護して、確実なサービスを受けられるようにしたいという意識も見え隠れする。所得混合住宅は南アフリカの都市関連の会議でもよく話題にのぼる。1階は商店、2〜4階ぐらいは中間層向け住宅、屋根裏（ロフト）部分は低所得層向け住宅にするというものであるが、南アフリカにおいてこれがどれほど現実的なのかは不明である。

　⑤「ストリート」は、ストリートを取り戻すという Maboneng の本質的な願望に関連してくるものである。ストリートが自由な公共空間となり、誰もがアクセス出来るような空間が生まれることを、皆、理想として語る。しかしながら、Maboneng のストリートは、あくまでも管理されたストリートである。私もストリートへの期待を書いたのだが、果たして誰もが楽しめるストリート文化などというものが存在するのであろうか。一緒にいた都市人類学者も「Maboneng がストリート性を生み出せるかどうかが、他の開発との差異化を図る上でも重要だ」と述べた。

　⑥「イベント」は、すでに頻繁に実施されているが、平日の夜は人出が少ない。Maboneng は自然に人波が生まれる場所ではないので、イベントによって人を惹きつけ続けなくてはならないのである。

　⑦「教育・スポーツ（含施設）」では、Maboneng は学びの空間であるべきだと考える住民が多いことが分かる。周辺コミュニティの子どもたちのために

教育機会を生み出したいという希望も多く聞かれる。アートカレッジの創設によって、ここを「南アフリカのアート拠点に」というような野望から、ダンス教室、ヨガ教室のような手ごろなものまである。実際ヨガ教室はすでにある。図書館は「Maboneng をもっと知ってもらうため」や「子どもたちに学びの機会を与えたい」という願いが込められている。モバイル図書館も提案されている。スケートリンクに関しては、後述する NGO が PT 社と一緒に準備中である。Zulu 語・Sotho 語教室の開設希望は、Jeppestown は元々 Zulu 人が多いコミュニティであること、レソト人など Sotho 語話者も多いことから、周辺コミュニティの人たちとコミュニケーションを取りたいということであろう。

　⑧「コミュニティ」は Maboneng コミュニティの創造と Jeppestown などを含めた広域のコミュニティの創造の 2 つの異なるコミュニティが想定されていて、どちらの話をしているかは参加者ごとに異なる。コミュニティセンターや集会所の提案は広域のコミュニティを想定していると推測出来た。他方で、Maboneng 住民のコミュニティが必要であると感じている人も多い。この会のような、「アイデアを自由に提案出来る場所が欲しい」という声や、コミュニティ・メンバーシップ制度（メーリングリスト、ウェブサイト）によって意見交換や情報共有をしたいという希望が出されていた。これによって「単に PT 社の顧客ではなく、われわれ自身が意思決定出来る空間を獲得出来る」と指摘する。Maboneng にはすでに年会費 50 ランドを支払うと、Maboneng のさまざまな店のサービスが割引になったり、イベントに優先的に参加出来たりするというメンバーシップ制度が始まっている。だが、これはあくまでも PT 社のサービス戦略の枠組みに収まったものであり、自治的なコミュニティづくりとは言えない。

　⑨「治安」の問題は、ヨハネスブルグのインナーシティを語る上で避けられない話題である。「Jeppestown 全体を警備することで、Maboneng はさらに安全になり、警察にも喜ばれる」という意見が書かれていた。これは都市改良地区よりも、さらに広い範囲に民間警備網を敷くことを意味しており、警察権を代行してほしいという希望である。Maboneng から 1 ブロックのところに Jeppe 警察署があるが、住民の信頼は低い。

　上記のアイデアのなかには、PT 社が企業としてコミュニティづくりをするう

えでの実施プランとしてすでに組み込まれているものも多い。例えばコミュニティ公園、安全イニシアティブ、都市農業のようなものは将来的に実現の方向に向かっており、スーパーマーケットは開業した。

　クラウドファンディングのスキームが、上記のアイデアの実現に向けてどのように使われるのかは不明である。PT 社が単におカネを付けてしまえば、PT 社のプロジェクトに過ぎない。クラウドファンディングで住民からおカネを募ったとしても、Maboneng 住民の声を反映したプラットフォームすらない状況では、PT 社の開発戦略にうまく乗せられてしまう可能性が高い。こうしたジレンマにいかに応えていくのであろうか。いずれにせよ、ここで明らかになったのは、PT 社というデベロッパーだけでなく、Maboneng に住む個々の住民も社会的包摂に大きな関心を寄せていて、貧しい周辺コミュニティも含めて、健康で安全な生活を生み出していくことに強い使命感を持っているということである。

海外学術機関と Maboneng

　2014 年 3 月 14 ～ 16 日にかけて、Maboneng の Fox Studio ビルの 2 階に Studio-X Johannesburg が盛大にオープンした。Studio-X とはコロンビア大学建築・計画・保存学大学院（Graduate School of Architecture, Planning and Preservation: GSAPP, Columbia University）による都市の未来の探求プロジェクトである。

　2008 年にマンハッタンに生まれた Studio-X は、瞬く間に世界各地に広がった。[94] Studio-X のウェブサイトによれば、Studio-X はもっとも差し迫った課題に立ち向かうために、クリエイティビティとアイデアに投資し、実験する場所であり、都心部における活発な思考の培養器、世界中の仲間との交流地点、都市環境とともに進化する躍動的な空間であるという。世界各地のスタジオで研究プロジェクト、展覧会、コンテスト、ワークショップ、出版、パフォーマンス、ディベートが繰り広げられてきた。たいていブックギャラリー、読書室、ビデオコーナー、ギャラリースペース、会議場、講演会場、レクチャー室、キッチン、スタッフ・訪問者用オフィスなどの設備を持つ。Studio-X は、通常出会うことのない人たちを結びつける文化センターであり、すべての Studio-X が、グ

ローバル・ワークショップで結び付けられるという[95]。

Studio-X ヨハネスブルグは、「グローバルな結びつきと、エージェンシーの個別的行動、集合的行動、コラボレーションを重視し、都市の代替的な想像力の探求に向けて、クリエイティブな公共プラットフォームを創造すること」を目標とし、「将来に向けた創造的で新しい都市のヴィジョンと実践を探求し表現する研究者、都市計画専門家、理論家、映像作家、アーティスト、アクティビスト、建築家、政策立案者の出会いの機会を築く」ものとなる[96]。Studio-X の理念と実践は、クリエイティビティを重視し、社会的なものへの介入によって、包摂的コミュニティづくりを目指す Maboneng の目標と合致するものであり、Maboneng にとって世界的な学術機関を誘致出来た意義は大きいだろう。

3日間にわたるオープニング・イベントは、ヨハネスブルグの都市研究者、コロンビア大学の都市研究者、建築家、アーティスト、都市関連実務家などが一堂に会する有意義なものであった。堅苦しい学術シンポジウムではなく、毎晩、ライブ・ミュージックなどを組み込んで、ヨハネスブルグの都市問題に関心のある人びと（研究者、実務家、市民）、建築家、アーティスト、Maboneng 住民など、幅広い層の関心を呼び起こすことに成功していた。

Maboneng に Studio-X が来た意味と今後の可能性をどのように考えれば良いのだろうか。「都市限界——Studio-X がヨハネスブルグに来る——」と題するレポート記事［Jason 2014a, *Mail & Guardian*］は、「ジェントリフィケーションや巨大都市に関する議論が沸き起こるなか、アフリカに Studio-X の『実験場』が到来したことに、何を期待出来るのか？」と切り出す。Studio-X ヨハネスブルグのディレクターを務める Wits 大学講師の Mpho Matsipa は、記者に対して次のように、Studio-X の役割を述べる。

　都市を考察し、書き、デザインしてきた蓄積をさらに伸ばしつつ、変化させることを Studio-X に期待しています。先端コンピューター技術、批判的で学際的な取り組み、クリエイティブなアウトプットが、これに貢献するでしょう。Studio-X は、デザインおよび関連分野に携わる人びとのためのオープン・プラットフォームを創造する計画です。彼らはヨハネスブルグで計画を具体化するとともに、再帰的な役割を果たすのです。

記事は「Studio-X というプラットフォームが、都市生活の抱える問題に、い
かに独自の答えを出すことが出来るのだろうか？　同質の巨大な世界都市が生
まれ続けるなかで、各都市の文化的多様性を広げられるのだろうか？」と疑問
を投げかける。これに対して、Studio-X プロジェクトを率いるコロンビア大学
の Mabel Wilson は「グローバリゼーションは確かに同質性を生み出しています。
しかしながら、どんな都市であっても、独自性と社会的・文化的歴史を持って
おり、それらは物理的な輪郭を形づくり、都市に特徴を与えます。ネットワー
ク化が進むなか、格差は単にその土地の状況を反映しているというよりは、世
界との関係性として理解される必要があります」と応答する。

　続けて、記事は Studio-X がジェントリフィケーション批判にさらされて
いる Maboneng に設立されたことの意味を問う。Studio-X ヨハネスブルグの
Matsipa ディレクターは、「ジェントリフィケーションは不平等と資本主義的発
展のグローバル化の帰結です。ヨハネスブルグは例外ではありません。私はい
かにして、すべての都市住民の生活水準を改善する方向に都市再開発を進めら
れるかに興味を持っています。おそらく Maboneng はこうした関心に応えるベ
ストな場所となるでしょう」と述べる。

　次に記事はコロンビア大学が West Harlem にキャンパスを拡張した際に、
ジェントリフィケーションを引き起こしたことを伝えてから、コロンビア大学
と Maboneng のコラボレーションが、果たして中立的なプラットフォームとな
り得るのであろうかと疑問を呈する。これに対してコロンビア大学の Wilson は
「知識にしても、組織にしても、中立なものは決してありません。知識の生産は
常に権力の回路に結びついています。Studio-X は実験的なプラットフォームと
して運営されます。そこでは、都市生活に関する新しい想像力と知識の創造を、
人びとが生産的に醸成することで、変革を促すのです」と応じる。

　記事は最後に、今回のオープニング・イベントで展開された「未来都市に向
けた議論が、住民を包摂し、住民にとって有益なものとなることを望む」と結
んでいる。

　Studio-X の出現は、アフリカの都市の一角が、海外学術機関が生み出すソフ
トパワーに吸収されていく過程を示す一例であると言えるだろう。Maboneng

はヨハネスブルグのグローバリゼーションの重要なゲートウェイの1つである。「クリエイティビティ」や「公共性」をキーワードに、主体的で活動的な市民が、さまざまな人びとと交流することを促される。Maboneng住民は常にグローバルな動きの最先端に巻き込まれる。それはMaboneng住民自身が活発なグローバル市民であるからだろう。彼らは批判の矢面に立ちながら、再帰的に不確かな未来に向けて歩み続ける。こうして、良くも悪くも、知らず知らずのうちに、グローバリズムの装置に埋め込まれていく。Mabonengに生まれた新たな空間は、新たな空間から分離されていく人びとを話題にし、彼らへの想像力を働かせようと試みる。しかしながら、この空間の外側にいる人びとが、こちら側の世界に入場する機会はほとんどない。

第2節 「光の都市」の起業家精神

優れたアートと建築によってクリエーターやアーティストを引きつけて、さまざまな小規模企業家が活動するMabonengは起業家精神に満ち溢れた空間であると言えよう。Mabonengは南アフリカ経済に関する言説でよく耳にする「起業家精神に乏しい南アフリカ」とは異質の空間である。南アフリカでなぜ起業家精神が育まれてこなかったのかを一言で説明することは難しいが、アパルトヘイトによって黒人の経済活動が大きく制限されていたこと、国家が経済活動に深く関与してきたこと、大企業の寡占状態があり、中小零細企業の入り込む余地はないこと、白人の雇用を守るために無数の国営企業が存在していたことなどがよく聞かれるところである。アパルトヘイト撤廃後も経済構造に大きな変化は見られないので、「起業家精神に乏しい」という状況に変わりはない。既に見た通り、路上商人などインフォーマル経済を牽引しているのも周辺諸国から来た移民であった。

Mbeki［2009: 95］は、現在の南アフリカでは私有財産権、普通選挙権、言論の自由、結社の自由、定期的な民主主義選挙、独立したマスメディア、三権分立が揺るぎないものとなっていて、現代自由資本主義社会のあらゆる衣装を身にまとっているが、起業家精神だけが見当たらないという。なぜなら「白人経済エリートから見返りを受けている黒人政治エリートにとっても、黒人政治エ

リートに見返りを渡すことによって国内外の競争から守られている白人経済エリートにとっても、起業家精神を醸成していくインセンティブはない」からである［Mbeki 2009: 95］。それにも関わらずポストアパルトヘイトの南アフリカ経済を転換するには、起業家精神が必須であるとされ、政府の経済政策ペーパーには「起業家精神の醸成」が決まり文句のように繰り返される[97]。新自由主義の価値観が広まっている南アフリカにおいて、起業家精神に富んだ競争力のある主体が賞賛される。だが、現実は巨大資本が経済の根幹を握っている。新進起業家とは、まるでゴールド・ラッシュ時代を彷彿とさせるような一攫千金を目指す *tenderprenuer* や BEE 長者のことを指している。政治的なコネクションを持った企業家たちが巧妙に保護される一方で、多くの人びとにチャンスは巡ってこない。中小零細起業家やインフォーマル商人たちは、起業家精神や競争力ある主体となることを強いられてはいるものの、現実はこうした機会から排除されているのである。

　さて、こうした南アフリカ社会の背景を踏まえると、Maboneng 開発の主体とこの空間に集まる起業家たちは、南アフリカの平均とは大きく異なっていると言えるだろう。彼らの活動は、大企業が絶大な権力を握る南アフリカ経済へのアンチ・テーゼでもあり、*tenderprenuer* や BEE 長者のような「下品な」企業家とも一線を画し、路上商人のような生存ラインぎりぎりを生きる起業家たちとも異なっている。Liebmann の目指す包摂的コミュニティは、Maboneng らしい起業家精神に溢れる人びとの交流によって実現されるのである。

シェアオフィス

　Maboneng の起業家精神を象徴している空間がシェアオフィスである。PT 社所有ビルの 4 階にシェアオフィスは入居している。4 階のシェアオフィスに行くためには、まず地上階のセキュリティカウンターで、訪問者登録用紙に名前、携帯電話番号、訪問先などを記入する必要がある。ここまでは南アフリカのオフィスに入場するときの通常の手続きであるが、ここではさらに、パソコンを持ち込むかを聞かれる。パソコンを持ち込む者はメーカーや品番などを申告する必要があり、出場の際に申告したパソコンかどうかの確認がある。シェアオフィスではモバイルパソコンを持ち込むことが多いので、盗難防止策がとられ

第 9 章 「光の都市」の社会工学   317

シェアオフィスを会場に開かれている起業家ネットワークイベント。参加者は若い黒人起業家がほとんどで、新しい時代を感じさせるものである。　筆者撮影（2014 年）

ているのである。以上の入場手続きを済ませると、バイオメトリクス認証の扉を警備員が開けて入場出来る。

　改装された産業ビルのワンフロアに入居するシェアオフィスは、間仕切りがなく広々としている。エレベーターホールからオフィスに入ると、簡単な受付がある。オフィスの中央にはバーカウンターがあり、昼間はコーヒーや紅茶、夜のイベントの際にはアルコール類も出す。シェアオフィスの利用方法にはいくつかのオプションがあって、共有の席を借りるだけのコースから、コーヒーや紅茶が飲み放題になるコースもある。バーの後ろにはパットゴルフがあって、オフィスを使う人たちが気分転換に使うことが出来る。オープンスペースなので会議をしているグループや、1 人でパソコンに向かっている人、ソファでゆっくりとパソコンを使っている人、ソファで面会をしている人たちを一望出来る。先進国ではもはや珍しくはなくなりつつあるシェアオフィスは、南アフリカではまだ珍しい。このシェアオフィスの幹部によると「ここは南アフリカで最初のシェアオフィス」である。

ある日、私は同シェアオフィスの経営幹部［B4］にアポイントメントを取ってインタビューに出かけた。受付でアポイントメントがあることを伝えると、私を奥のソファで MacBook をいじっている青年のところに案内してくれた。彼がシェアオフィスの創業者の 1 人であった。

　2012 年 8 月に開業して以降、常時 50 〜 75 人ぐらいの人が、このシェアオフィスを使っているという。業種はさまざまで、化粧品製造業、電飾製造業、映画産業、デジタル関連業、シェフ、不動産業、金融業などである。多くの企業は従業員が 3 〜 5 人の極めて小規模なものだが、中には社員数 600 人ほどの大企業が 3 〜 4 人のスタッフをここに配置しているケースもある。「大企業がここにオフィスを置く理由は、従来のオフィス・スペースでは官僚主義的となってクリエイティビティが生まれないと考えているからだと思います」と B4 は分析した。入居企業はここでオフィスをシェアすることでネットワークを築き、新たな価値を生み出している。こうした異業種間の結びつきは必ずしもジョイントベンチャーの形をとる必要はないが、ゆるやかなコラボレーションを形成するのである。

　　　われわれのようなシェアオフィスは、ヨーロッパやアメリカなどではかなりポピュラーなものとなってきています。伝統的なオフィスのスタイルを打ち破るために生まれてきたものです。われわれは起業家の起業段階をサポートし、協同的なコミュニティづくりを目指しています。ここはいわば「サンゴ礁」と言ってよいでしょう。起業家たちがサンゴ礁の周りに集まる魚のようなイメージです。［B4］

　B4 はヨハネスブルグ出身の南アフリカ人である。彼と一緒に創業した人物はオランダ人であり、ユトレヒトでシェアオフィスを経営していたという。ヨーロッパと違って、南アフリカではシェアオフィスの需要がそれほど高まっていたわけではなかったが、近年はその状況が変わってきたと感じている。「私たちはやや先行しましたが、徐々に社会が追い付いてきた気がします」と彼は言う。事実、ヨハネスブルグでは、Braamfontein の The Hub Johannesburg、44 Stanley の Jozi Hub、Newtown の NewARC Studios、Parkhurst の At the

Table など、つぎつぎとシェアオフィスが生まれている。それぞれが特徴を持っていて、The Hub Johannesburg は「イノベーター、クリエイティブ、IT マニアが集い、働き、結びつくために完璧な場所」、Jozi Hub は「技術イノベーターたちがビジネスやリサーチコミュニティと連携をとる活発で相互作用的なコミュニティ」、NewARC studiosは「絵画、彫刻、写真、映像、版画などのメディアを手がけるビジュアルアーティストのハブ」、At the Table は「シェアオフィスではないが、シェアオフィス的な使い方をされている空間であり、本、アート、ファッション、テクノロジー、流行といったトピックに関して、経験、知識、意見をシェアするためのイベントを開催している空間」であると言う[98]。

　彼らが Maboneng を選んだ理由は、ここが「暮らし、働き、遊ぶ」という3つの活動を同時に実行出来る南アフリカでは数少ない空間だからである。「すでにたくさんの起業家たちもこの街に移り住んでいたので、さらに市場が伸びると感じたのです」[B4]。Maboneng の持つユニークさも、彼らがここで事業を始めた理由だという。「Maboneng は独自の考えを持つ人びと（independent thinkers）が寄り集まって、常に新しいものをつくり出そうとしている空間だと思います。富める者も貧しい者も、さまざまな国籍や民族的背景を持つ種種雑多な人びとが1つの空間に同居しています。これは世界的にもあまり例がないと思います」[B4]。

　このシェアオフィスの内装や調度品は手の込んだものであり、バーカウンターやパットゴルフなども備えている。「ここを使う人たちが快適でリラックス出来る空間をつくることを目指しました」。オフィスの内装を手がけたのは、Maboneng の他の空間デザインも手がけてきた建築家、Daffonchio である。デスク、イス、テーブルやソファなどの調度品も一流品を揃えている。したがって、初期投資は多くかかり、回収にも時間がかかる。だが、内装にはこだわりたいと彼らは言う。

　Maboneng で成功をおさめた彼らは、ヨハネスブルグで Maboneng 同様に文化主導開発が進む Braamfontein で2番目のシェアオフィス開設を準備しており、Braamfontein にある Wits 大学と連携するという。3番目に開設準備をしている場所はケープタウンで、こちらはケープタウン大学と連携することになっている。将来的には南アフリカに5ヵ所ぐらいのシェアオフィスを造りたいと考え

ているようだ。

起業家ネットワーク

シェアオフィスでは常にイベントが開催されていて、起業家同士が交流を深めている。その1つ、Hookup Dinner は、2012年8月に、さまざまなバックグラウンドを持つ起業家が、毎月一度リラックスして、食事をしながら、ビジネスの内容、不満、事業立ち上げ文化を語り合うイベントとして始まった。1年後、Hookup Dinner は質の高い起業家の獲得や起業開発プログラムの提供を計画している大企業と起業家をつなぐ場となった[99]。

2014年4月4日の Hookup Dinner に私は参加した。この日、会場は150人ぐらいの若い男女で溢れていた。95%の参加者が黒人という印象で、白人は10人いるかいないかだった。会場入り口付近には写真撮影エリアがあり、カメラマンは続々とポーズを決める参加者たちを写真に収め、写真はそのままネット上にアップロードされていく。傍らではステーキを焼く煙が漂っている。ステーキを挟んだ豪華なサンドイッチは60ランドもするが飛ぶように売れている。

19時になると席につくよう促され、参加者はプラスチック製のイスに着席を始める。前方のスクリーンにはツイッターの画面が映しだされていて、参加者たちは次々に、このイベントに関して「つぶやいて」いる。入口で配られたプログラムの表紙には無料 WiFi に接続出来るパスワードが書かれていた。司会者は「お手持ちのスマートフォンや iPad を無料 WiFi に接続して、皆さん、どんどん、このイベントのことを、つぶやいてくださいね。でも、ツイッターだけにしてください。大量ダウンロードはしないでね」と笑いをとる。イベントが終わるまで、ツイッター上には参加者による実況中継が続いていく。これによって会場の参加者は会に主体的に参加している感覚を持ち、参加出来なかった人たちもリアルタイムで会場の様子を追うことが出来る。この日のスポンサーは大手ビールメーカーの SABMiller 社だった。司会者が「今回が初めての方？」と質問すると、聴衆の2割ぐらいが手を挙げた。

まず、5組の若い起業家が事業案をプレゼンテーションして、聴衆が5段階評価を下すというコンテストがあった。持ち時間は各組3分間で、タイムキーパーが厳格に管理する。この日の5組の事業案は次の通りだった。

① 「子どもたちのかけがえのない思い出本」は、忙しい親に代わって、子どもたちの写真を収めたテーブルブックを作るというものであった。とくに親が目にしない子どもの学校の様子を撮影するという。すでにハウテン州の学校の協力を得て事業を始めているようだ。

② 「オリジナルビデオ制作」は、ヨハネスブルグの軽工業地区にスタジオを持っているという映像制作会社の提案だった。音楽ビデオ、テレビ番組、企業広報ビデオなどを手がけるという。

③ 「洗濯式生理用ナプキン」は、使い捨てナプキンが手に入りにくい田舎の子どもたちのために、洗濯することで1年間は繰り返し使えるナプキンを開発したというものだった。生理用ナプキンが手に入らないために学校に通えなくなる子どもたちがいるが、こうした事態の解消に貢献するとともに、再度使用出来るので環境にも優しいと主張する。

④ 「廃棄される広告看板の布を再利用したカバン・ラップトップバッグ・iPadカバー」は、単なるリサイクルではなくて付加価値を付けるので「アップサイクル (upcycle)」であるという。郊外の工業地区の工場で生産しているので、地元産でありカーボン・フットプリントもないと言う。「同じものは2つとない」ことも売りである。聴衆より「材料となる広告看板はどのように入手しているのか？　盗んできているのか？」と質問が出たのに対して、事業主は「廃品提供は広告主の大企業にとって中小零細企業支援の実績として BEE のスコア稼ぎにもなるので喜んで提供してくれる」と応じる。

⑤ 「移動式職業訓練開発」は、教育省や民間企業と協力して各地に出向いて、子どもたちのキャリア教育を実施するもので、「キャリア開発は個人開発である」という。聴衆からは「1ヵ所に1回行ったきりで持続的なフォローは出来ないのではないか？　どのようなオペレーションを考えているのか？」、「こういった事業に対し、国のガイドラインはないと思うがどのように考えているのか？」、「どのようにして、正しいキャリアはこれだということを教えられるのか？　子どもたちが出来ることと、出来ないことをどのように伝えることが出来るのか？」といった質問が出た。これに対して、彼らは「子どもたちに、あなたには何が出来て、何が出来ないとい

うような答えを与えるようなことはしません。常に何になりたいかを自問し続けることが大切ではないでしょうか。子どもたちには夢を持つことの大切さを伝えたいのです」と応じた。

すでに事業を開始している起業家から、まだアイデア段階の起業家までが参加するコンテストであったが、単に「金儲け」をしたいというよりも、社会貢献、社会開発、コミュニティづくり、環境問題などに気を配っている若い起業家であるという共通点がある。大企業や公的機関が手を付けないような事業を、大企業や公的機関のリソースをうまく活用しながら事業展開していくことを目指している。社会を変革しなければならないという責任感は Maboneng を象徴している。聴衆は 5 段階で各起業家に評定を下し投票した。結果は、この日のイベントがすべて終わった後に発表された。4 組目の廃棄広告看板からカバンを作っている起業家が優勝し、SABMiller 社から賞金 2,000 ランドが授与された。優勝した起業家は若い黒人女性であったが、コンテストのあと、人だかりが出来て、会場にいるさまざまな人とネットワークづくりをしていた。こうした出会いがさらに事業を発展させていくのであろう。

コンテストの後にはネットワークづくりの時間が設けられていた。その後、司会者はここまでの感想を聴衆に聞いていく。聴衆からは「このイベントを皆に伝えていきたいと思う」、「このイベントが今後も続いていくことを希望する」、「今回、私は初めてこのイベントに参加したが、すでに私の中で何かが変化し始めている」、「このイベントは南アフリカ社会に立ち向かう上でとてもパワフルなツールだ」といった肯定的な感想が並んだ。

この後、今日のメインゲストによるトークショーがあった。ゲストは Shaka Sisulu だった。彼の祖父母は反アパルトヘイト活動家の Walter Sisulu と Albertina Sisulu であり、父は議会議長の Max Sisulu、彼の母方の祖父は前 ANC 財務部長の Mendi Msimang で、彼の叔母は住宅大臣の Lindiwe Sisulu で、南アフリカ最初の女性大統領になるとも目される人物である。Shaka Sisulu はプレトリア大学のビジネススクール、GIBS（Gordon Institute of Business Science）で学び、ラジオパーソナリティなどをして発信を続けており、ANC 青年同盟のメンバーでもある。司会者は Shaka Sisulu をゲストスピーカーに選んだ理由として、「民主化後 20 年を迎えた南アフリカの今後をどう考えていけば

第 9 章 「光の都市」の社会工学　*323*

よいのか。これを Shaka に聞きたかった」と言う。Sisulu の話は、黒人がいか
に植民地支配に取り込まれ搾取されてきたかを歴史的に振り返り、現在もそれ
が変わっていないという状況をうまく整理した以下のようなものであった。

　　民主化後 20 年が経ちました。われわれは自由を獲得したはずです。でも、
　どうでしょう。何も変わった気がしないのではないでしょうか。
　　ところで自由とは何でしょうか。自由とは抑圧からの解放のことでしょ
　う。では、われわれにとって抑圧とは何だったのでしょうか。それは、
　たった一欠片のダイヤモンドが発見されたときに始まりました。われわれ
　を抑圧したものは、黒人経済を抑圧するためにつくられたさまざまな法律
　でした。それまで黒人は土地を持っていたし、われわれ独自の経済を持っ
　ていたのです。でも、小屋税がかけられたせいで賃金労働に出なければな
　らなくなり、原住民土地法によって、われわれが所有出来る土地はたった
　7% になりました。黒人は土地所有者から賃金労働者になったのです。都市
　部ではまるで「この部屋から出て行け」と言わんばかりの集団地域法が制
　定されました。これらの法律は 1948 年に国民党政権が出来てアパルトヘイ
　ト政策が施行されるよりもずっと前に制定されたものです。つまり、すべ
　ては経済システムの問題なのです。人種の話はずっと後になって出てきた
　話です。
　　さて、今、民主化から 20 年が経ちました。でも、100 年も 200 年も続
　いてきた仕組みを変えることは大変なことです。タクシー（ミニバス）産
　業がどうやってタクシー（ミニバス、バン）を買うか、ご存じですか？
　Wesbank が金を貸してくれるわけではないので、*Stokvel*（頼母子講）に頼
　ります。皆さん知っていますか、*Stokvel* の規模は 500 億ランドにも上るの
　です。こうした経済の存在にも注目することが重要でしょう。
　　民主化によって法律上の制度は変わったはずです。でも現実はあまり変
　わったように見えませんね。中国も韓国も輸出によって経済を成長させま
　した。韓国の貿易大臣は毎日、大企業の社長にどれだけ輸出したかを電話
　で聞くそうです。南アフリカの大臣でこんなことをしている人がいるとは
　聞いたことがありません。

民主化後、20 年の今がようやく、ゆりかごなのです。貿易産業省は黒人向けインセンティブをたくさん用意しています。公共企業省も同様にサポートしてくれます。われわれはこのチャンスをつかまなくてはなりません。われわれは起業家精神を発揮することで、政策にフィードバックしていく必要があるのです。今、われわれはルールを自分たちでつくることが出来るようになったのです。これが自由です。

　会場からはいくつかの質問やコメントが出た。「アフリカの権力者はなぜ、資源の独占をするという植民者と同じ過ちを繰り返すのか」、「政府は口先だけで、われわれのような零細起業家への空間を与えてくれることはない」、「リーダー層と草の根の間の大きなギャップがあるが、これをどう解決したらいいか」など、若い黒人起業家たちが率直な不満を述べる。こうした質問のなかで、この会場では圧倒的なマイノリティの若い白人男性が「私は若い白人ですが、私はいったいどうしたら良いのでしょう」と質問した。これに対して Shaka Sisulu は「あなたのしたいことをすればいいんです。ここにいる黒人起業家たちは、ことあるごとに親戚や家族から、たかられています。あなたたち白人にとって黒人社会が家族なのです。黒人社会にどう貢献すればよいかを考えてほしいと思います」と応じた。

　Hookup Dinner は新たな黒人中間層の出現を感じさせるものであった。新進黒人起業家たちは社会貢献を目指して模索しているが、彼らのコメントからは、大企業偏重の経済構造からの脱却への道のりは前途多難であることをうかがわせた。

国際 NGO

　プライベート都市の包摂的コミュニティづくりに貢献する主体として重要な存在が、社会問題の解決を目指して活動する NGO/NPO や社会起業家と呼ばれる人たちである。以下で、Maboneng を舞台に活動を始めた国際 NGO の事業立ち上げからの半年間をまとめておきたい。

　オーストラリア人の青年 [N3] が主宰している NGO は子どもたちにスケートボードを教えることを通して、民族や階級間の対立を解消し、社会関係を構

築することを目標に掲げている。同NGOはすでにアフガニスタンとカンボジアで事業を成功させて、3番目の土地として南アフリカを選んだ。N3は世界で社会的なインパクトを与えている人たちが登壇するTED Talkにも出演したことのある著名人である。ドイツで過ごした大学時代に、ドイツ人とトルコ人移民が一緒にスケートボードを楽しむ姿を見て、スケートボードの可能性を感じ、偶然移り住んだアフガニスタンで、4つの民族間対立と貧富の差を目の当たりにし、スケートボードで社会関係資本を生み出せるのではないかと考えてNGOを興し脚光を浴びた。

　「スケートボードはよく不良のすることで、ドラッグやタトゥーなどと同列視されることが多いけれど、それは間違いだと思う。人びとを結びつける力を持っているんだ」と、彼は言い、人間の生を躍動させるような支援こそが必要であり、「創造性と面白さ」こそが人間開発にもっとも大事だと感じている。彼は自分自身を援助関係者というよりは、社会起業家であると語る。したがって、ドナー諸国や国際機関による「現場をきちんと見ずに、カネだけつける開発援助」に対して批判的である。そして、社会起業家としてオルタナティブな開発を目指していることを強調する。「私たちの方法は新自由主義的だと批判を受けることもあります。でも、私はこれが正しいと思って進めています。もちろん、常に外の人たちの意見を聞きながら、自分たちのやっていることは間違っていないかを、自省しながら続けていかなくてはならないと思います」[N3]。

　彼はアパルトヘイトの負の遺産を抱えた南アフリカ社会の変革に、スケートボードが役立つ可能性を感じて、この地にたどり着いた。バックパッカーズに泊まり、シェアオフィスにスペースを借りて立ち上げ作業をしていた彼は、関係省庁との折衝と協力依頼、NGO登録、スポンサーの発掘、メディアへの露出、プロジェクト候補地の視察などを、現地アシスタントと一緒にこなしていた。彼らはJonathan Liebmannの協力を得てGOODCITYにオフィス・スペースを無償提供され、PT社が最近完成させた学生アパートの最上階の3部屋をスタッフ用宿舎として2年間の賃貸契約を結ぶことが出来た。Liebmannは後に、自社の所有地を同NGOのプロジェクト用地に提供するなど、このNGOに対して積極的な支援に乗り出した。2ヵ月ほどのうちに、N3の後を追うように続々と同NGOのスタッフが集結した。3人のスタッフが揃い事業がほぼ立ち上がっ

た時点で、彼は Maboneng を後にした。

　彼らにとって、事業立ち上げの段階では、地元の人びとに自分たちの活動を知ってもらい賛同を得ながら、地域の情報を集めて、ネットワークを広げることが大切である。N3 が南アフリカに来て、1ヵ月半程たった 2014 年 3 月 23 日に、GOODCITY を会場に同 NGO の活動を追ったドキュメンタリー上映会が開催された。会場には聴衆が 40 人ぐらい集まった。上映会の前に N3 が挨拶をし、活動の概要を説明した。ドキュメンタリー映像は 2008 〜 2009 年にかけての彼らのアフガニスタンの活動をまとめたものであった。ノルウェー政府の支援を獲得し、スケートパークを完成させるまでを追った作品だった。アメリカからプロスケートボーダーを招聘してパフォーマンスをしてもらう様子、地元の有力者と関係構築をしていく様子、同 NGO スタッフと地元ボランティアとの友好関係の構築と決裂の様子などをテンポよく展開し、聴衆を飽きさせない。上映会の後は、質疑応答だった。ヨハネスブルグでは Hillbrow、Troyeville、Orangefarm がプロジェクト候補地として上がっていること、ヨハネスブルグでの経験を再びアフガニスタンやカンボジアに持ち帰りたいと考えていること、ヨハネスブルグ市文化芸術局と連携をとっていること、なによりも、地元の知識を大切にし、地元の人の意見を反映させて、地元の人とともに活動をしていきたいと考えていることを強調する。同 NGO にとってトップダウン式の開発はもっとも避けるべき事態であり、ボトムアップ式でなければならない。「Soweto の人たちが Soweto を変えることが出来るのです。私たちが、ある日突然トップダウン的に何かを始めるということは避けたいのです。地元の人たちがずっと続けてきた方法というものがあります。こうした実践を大切に考えたいのです。そして地元の人たちが主体的に私たちを通じてリソース（金銭面と人的なリソース）を獲得して活動をしてほしいと思っています」[N3]。「具体的に地元の人をどのように巻き込んでいきたいと考えているのか」との質問に対しては、「まずはボランティアとして参加していただきたい。ゆくゆくはスタッフとして雇用することによって地元への職の創出に貢献していきたい」と応じる。

　Maboneng に隣接する Troyeville の公園では、すでにプロジェクトが始まっていた。この経過報告は、N3 ではなく同地区出身のボランティアが行った。聴

衆は、すでに地域のボランティアが育っていることを感じ取る。同ボランティアは、公園が「ドラッグ天国」（ドラック中毒者のたまり場）となっていて、とても子どもたちが遊べるような環境ではなく、スケートリンクはゴミ捨て場になっていたが、自分たちですべてのゴミを撤去した結果、再び子どもたちが戻ってきたことを報告した。

　私はこのイベントの数日前に、N3とその同僚のカナダ人女性スタッフ［N4］と一緒に掃除が終わった直後の公園を見ていた。TroyevilleにあるDavid Webster公園[101]がプロジェクト地であった。N3とN4の2人は数日前に、地元の人たちと一緒にスケートリンクを埋めていたゴミを取り除き、落書きされたリンクを白ペンキで塗り、改めて絵を描いた。この作業にかかった費用はペンキとハケとゴミ袋を購入した250米ドルぐらいであり、この初期投資だけで、あとは地元の人たちが自分たちのリソースで活動を続けていくように促すという。真っ白にペンキが塗られたスケートリンクの脇には、このリンクが相当のゴミで埋まっていたことを推察させる数のゴミ袋が並んでいた。彼らが持参したスケートボードで滑走を始めると、早速、公園にいた子どもたちが集まってくる。

David Webster公園のスケートリンクはゴミで埋まっていたが、清掃し色を塗り直すと、子どもたちがスケートボードに挑戦し始めた。
筆者撮影（2014年）

1人の子どもがボードを貸して欲しいと頼みに来る。貸してあげると、なかなかの腕前を披露する。他の子どもたちも皆、興味深げだ。「まずは、週2回ぐらいの教室を開きたい」とN3はいう。

そうこうしていると、地元の議員がやって来た。彼も先日、一緒にスケートリンクの掃除をしたようだ。議員は開口一番に、「ゴミ袋が足りないので、ゴミ袋が欲しい」とN3に頼む。N3は困惑と失望感に包まれた表情をして、「何度も説明しているとおり、これ以上の金銭的援助は出来ない」こと、「われわれは十分に初期投資をしたので、今後は人的リソースを投入するのみとなるので、地元の人たちの貢献が必要だ」ということを何度も説明する。だが、議員は「そう言われても……」と曇った表情をして、「ゴミ袋がないので困っているんだ……」と何度もゴミ袋の提供をN3に依頼する。議員は彼らの活動を決して拒絶しているようには見えない。むしろ感謝の意を表しつつ、出来る限り協力してこのプロジェクトを成功させたいという意思を表明する。それでも、今はゴミ袋が欲しいのである。

私はNGOが地元コミュニティとプロジェクト形成していく初期段階のやりとりを興味深く眺めていた。話し合いが平行線をたどるなか、N3は「出来ることと、出来ないことを最初にはっきりさせたいんだ」という。議員は納得しきってはいないが、やむを得ず引き下がる。そして議員は「ゴミはきちんと市に回収させるから心配はいらない」と自信を持った顔で言う（後日、ゴミはすべて回収されていた）。N3は帰り道に「過去10年以上にわたって、彼（議員）は公園を管理するという義務を果たして来なかったんだ。どこでも、こんな感じで出だしは大変だが、それほど心配はいらない」と語った。「ドラッグ天国」の公園で、ゴミ箱代わりとなっていたスケートリンクに子どもたちを呼び戻すという理想の実現に向けて、現場に立ち会った私が「やや強引すぎるのではないか」とハラハラするような療法が施される。こうして、地元コミュニティに自己統治の仕組みが自然と埋め込まれていくのである。

2014年6月6日、N3がMabonengを去ってから2ヵ月半ほど経った日に、このNGOの南アフリカ支部が正式に立ち上がった。「メディアオープニング」と題されたこの組織の「お披露目会」は、再びGOODCITYを会場に行われた。

メインスポンサーはTony Hawk Foundationであり、ヨハネスブルグ市は

公共空間の無料使用を約束してくれたと報告がある。他にもデンマーク大使館、TSE、ZERO、Fallen、The Sk8room、Spitfire、Black Box などがスポンサーとなっていた。続いて、現在実施中の2つのプロジェクトが紹介された。1つが David Webster 公園のスケートリンク、もう1つが "Let's go Jozi" という名称のプロジェクトで、Bree タクシー乗り場の近くの元ナイトクラブを改修した青少年センターの屋上にスケートリンクを造っているという。長期ヴィジョンも4点示された。①地元へのオーナーシップの移譲、②既存のスケートボード・コミュニティの支援と協力、③南アフリカからアフリカ全土に向けて活動の拡大、④若者リーダーシップ・プログラムを通した教育機会と雇用機会の創出である。

この後「今日ここで大きな発表があります」と前置きしてから、「Maboneng 地区の PT 社所有地を長期間提供されることが決まった」と発表された。この土地にスケートリンクと教育訓練施設を造ることになるという。さらに、Facebook とウェブサイトが開設されたことも公表され、そこで常時、情報がアップされることになるのでチェックしてほしいとのアナウンスがあった。

4人ほどの本部スタッフと数人の現地採用スタッフの力で、数ヵ月間でプロジェクトが立ち上がった。このプロジェクト遂行能力の高さは目を見張るものであった。小さな組織の機動力と決断力の早さによって、公的機関のプロジェクトでは考えられないほどの短期間で船出した。

Troyeville 出身の黒人青年現地スタッフは大学を出たばかりで、卒業後はオンライン英会話の教師をしていたが、同 NGO スタッフに採用された。彼は同 NGO のアフガニスタンでの活動映像を見て、大きな可能性を感じ、門を叩いたという。給料はそれほど良いわけではないが、仕事は楽しく、キャリアのスタートアップとしては相応しいと思っている。「Maboneng はいろいろな可能性を与えてくれる場所だと思います。この辺りで育ったのですが、今の姿は想像もつきませんでした。同時に周辺コミュニティとの格差が生まれているのも事実です。これをいかに解消出来るかを考えていきたいのです」[N5] と彼は述べた。

包摂的コミュニティづくりを目指す PT 社と Maboneng にとって、この NGO の活動は、今後ますます重要になるだろう。

社会起業家

　Maboneng 住民にとって、納得のいく品質の生鮮食品を地区内で入手することは難しい。Jeppe 駅前では、露店の野菜売りたちが、トマト、ジャガイモ、タマネギ、オレンジ、ホウレンソウなどを販売していたが、品揃えは少なく、品質も良いとは言えなかった。私はたまに露店で野菜を手に入れることもあったが、たいてい郊外のスーパーマーケットで購入していた。Maboneng 住民は Jeppe 駅にすら近づくことはないので、露店での買い物は考えられないことである。

　Maboneng 住民の置かれたこの状況に目をつけたのが、レソト出身の若い男女［N6; N7］の社会起業家である。大学で都市計画を学んだあと、ビジネスを学んだという N6 は、Maboneng 住民に野菜・果物を定期配達するプロジェクトを思いつく。彼らは GOODCITY スタジオのプロジェクトとして GOODCITY からオフィスを無償提供されていた。

　GOODCITY を会場に、彼らのプロジェクトの立ち上げ発表と宣伝を兼ねたプレゼンテーションが開催された。会場には新鮮な野菜と果物が詰められた小さな木箱が展示され、バナナやパイナップルを試食に配っていた。聴衆は顔見知りの GOODCITY 関係者が半分で、外部からの来客は 6 人ほどであった。

　野菜配達プロジェクトの概要を、2 人の社会起業家［N6; N7］がパワーポイントを使って交互に説明していく。冒頭で、ジェイン・ジェイコブス[102]を引用し、人工的で無機質な街区ではなく、有機的な人びとの結びつきが生まれるような都市空間こそが目指すべき方向であると指摘してから、以下のように続ける。

　　健康的な都市生活をおくる上で、新鮮な野菜や果物を摂取することはとても大切です。このプロジェクトでお届けするのは地元の野菜です。ここから歩いて 15 分ほどの農園の採れたて有機野菜と、ヨハネスブルグ中央青果市場から選りすぐりの野菜を、毎週火曜日の朝 7 時に皆様のお宅へお届けします。配達日の早朝に採れた野菜を速やかにお届けします。農園からは歩いて野菜を運びますので、低炭素フットプリント（low carbon footprint）です。

2つコースをご用意しました。1つは Urban Legend で、もう1つは Host with the Most と名づけました。前者は一人暮らしやカップルで外食が多めの世帯向けで、後者は野菜を頻繁に食べる世帯向けです。前者は9種類の野菜と果物、後者は10種類の野菜と果物が入っています。開業記念特別価格でのご提供で、Urban Legend は月額388ランド（1回97ランド）で、2週間お試しセットは156ランド、Host with the Most は月額588ランド（1回147ランド）で、2週間お試しセットは236ランドとなります。木箱は一箱75ランドで、配達時に前回の箱を回収させていただきます。もし木箱をご入用ならば、お売りします。木箱は地元の木工職人に作ってもらいました。このプロジェクトは地元の農園から野菜を買い、地元の人びとによって配達されますので、地域の人の経済機会にもなるのです。最初は Maboneng から始めますが、ゆくゆくは Braamfontein、Marshalltown、Killarney といった地区に拡大していきたいと考えています。例えば CBD で働いている人たちのオフィスへの配達も計画しています。

インナーシティの軽工業地区で、健康で、エコロジカルで、上質な消費生活を追求するには、デザイン感覚に優れた建築物、おしゃれなレストランやカ

筆者の元に配達された野菜配達プロジェクトの配達品
（Urban Legend1 回分）。　筆者撮影（2014 年）

フェ、ショップの利用だけで達成されるわけではない。ここで暮らす人びとにとって、毎日の食卓を彩るものへの配慮が不可欠である。「オーガニックって、近頃とても大切なキーワードだと思うのよ。これはオーガニックなのよね」と聴衆の白人中年女性は確認する。「はい、そのとおりです。近くの農園から提供されるハーブに関してはオーガニックです」[N6]。彼はプロジェクトの説明のなかで、近隣の結びつき、地元の包摂、健康・安全・環境への配慮といったキーワードを散りばめて、Maboneng 住民の関心を誘う。彼らは GOODCITY のイベントの際には、スープを作ってイベント参加者に提供し、日曜マーケットではブースを借りて、プロジェクト紹介をして、顧客開拓をしていた。

　彼らの最初のプレゼンからしばらく経って、正式にプロジェクトが始まると、コースと値段の改定がなされた。コースは 3 コースになり、値段は上がった。① Urbanities Delight は「フルーツ・バスケットで、料理はせずに外食を好む独身男女に最適」なもの（月額 360 ランド）、② Urban Legend は「果物、オーガニックハーブ、野菜のバスケットで、2 人世帯ないしは料理をするのが好きな独身向け」のもの（月額 440 ランド）、③ Host with the Most は「果物、オーガニックハーブ、野菜のバスケットで、3 〜 5 人家族向け」のもの（月額 650 ランド）だと言う。まずは 3 ヵ月契約となる。

　私は 3 ヵ月間、Urban Legend を契約した。ある日のバスケットの中身は、レタス、コリアンダー、ナス 4 個、ニンジン 8 本、オレンジ 3 個、リンゴ 5 個、マッシュルーム 1 パック、グースベリー 1 パック、サボテン 3 個、ビートルーツ 4 個だった。私は 1 人暮らしで、外食の機会も多かったので、1 週間ですべての野菜・果物を消費するのは難しかった。だが、週末の買い物で、かさばる野菜を購入する必要がなくなった。配達の日の午後か翌日に、彼らはバスケットのなかの野菜を使ったレシピを Email で送ってくれた他、Facebook にもレシピがアップされた。使い慣れない野菜も多かったのでレシピ配信サービスは便利であった。だが、結局、1 人では消費しきれないので 3 ヵ月間で退会した。しばらくすると、彼らから、サービス利用への感謝のメッセージとアンケート用紙がメールで送付されてきた。「野菜・果物以外に配達を希望するものは？」という問いに対して私は、「新鮮な牛乳とタマゴ」と回答した。

　バスケットの中でハーブは Maboneng から徒歩 15 分の所にある Bambanani

農園（Bambanani Food and Herb Garden）の有機栽培のものであった。Ellispark サッカースタジアムの向かい側のクリケット場の隣に同農園はある。このプロジェクトは、ヨハネスブルグのインナーシティで実施されているアート・スポーツ・農業プロジェクトの一環として、Bertrams ボウリング・クラブの跡地を利用して、ヨハネスブルグ市の支援の下、21,000 ランドの資金と 10 人のボランティアの手で 2006 年に始まった。2013 年に同農園はハウテン州農業・農村開発省のベスト・コミュニティベース自然資源管理プロジェクト賞を受賞した。安い有機野菜を、地域コミュニティ、路上商人、Bertrams の Spar（スーパーマーケット）に提供している他、Braamfontein で毎週土曜日に開かれるマーケットや Maboneng 野菜配達プロジェクトへと販路を拡大している。ヨハネスブルグ社会開発省の元職員は取材に対して、「自分たちの手で土を耕し、最初の苗を植えました。とても骨の折れる仕事でしたが、このプロジェクトは多様なエコシステムを創造するための重要な一部となり、地域コミュニティを結びつける重要な道具なのです」と述べている。南アフリカの農村部から移住してきたボランティアたちは、農業の知識を持っていたので、彼らが中心となって活動している。コンゴ出身の移民が故郷の野菜の種を植えて欲しいと持ち込むこともあったという。先の元職員は「Bambanani 農園のアイデアの背後には、近隣の再生と新鮮な有機野菜・果物を住民に利用出来るようにすることで、地域住民の健康増進を図ることにありました。これが住民の心を捉えました。彼らは新鮮で健康的な食べ物の重要性と、都心で緑に囲まれて働く空間の必要性を理解したのです」と語る。[103] 有機野菜を摂って健康的なライフスタイルを追求するという思想は、もはや、限られたアッパークラスだけの嗜好にとどまらず、あらゆる人種・階層の人びとに向けて広まってきていると言えよう。

　Maboneng の野菜配達プロジェクトは始まったばかりであり、今後どのように展開していくかは不明である。私が加入していた当時、まだ会員は 10 人程度であった。彼らは事業に手応えを感じとっており、3 ヵ月間の GOODCITY スタジオのレジデンシィ契約の期限がきた後も GOODCITY で引き続きデスクを構えることとなった。「これからは、オフィス借料を支払っていくことになります。事業はまだまだ初期段階ですが、徐々に発展させていきたいと考えています」と、N6 は決意を新たにした。

第3節　都市改良地区というアーキテクチャ

　ここまで、包摂的コミュニティづくりに向けたさまざまな「出来事」[吉見1987]に注目してきた。都市空間が「出来事」から成り立つと考えるとき、「出来事」の舞台となっている構造にも注意を払う必要があるだろう。Mabonengは、都市改良地区という制度に基づいて、再開発されているということを思い起こす必要がある。

　都市改良地区の仕組みは、社会的包摂を目指し、包摂的コミュニティづくりを展開するための「アーキテクチャ」[レッシグ 2007]として、Mabonengで活動する人びとにさまざま制約を課していると考えられる。「アーキテクチャ」とは、現代社会において社会的規制を促す「法」、「市場」、「社会規範」に加えて、ますます重要性を増している生の統治の装置である。レッシグのアーキテクチャの概念を発展させる形で、アーキテクチャは現代世界を支配する目に見えない権力として認識されるようになってきた。つまり、かつて権力の担い手は、国家、官僚、資本家階級など、ある種の人格を持ったイメージのし易いものであったが、いまや権力の担い手はもはや人格を備えたものとしてイメージ出来ない不可視な存在に変わりつつある[東・北田 2009]。

　2014年3月ごろ、Mabonengの中心部にあるピザ屋、Chalkboardの黒板に、「都市改良地区にイエスと投票を！（Vote Yes for CID）」と大きく書かれ、Mabonengの法定都市改良地区化に賛同するように住民に訴えていた。現在はPT社が地区の公共空間の維持管理に責任を持つ自発的都市改良地区であるMabonengは、地区の他の不動産所有権者とともに地区の管理をすることで、PT社物件以外の建物と周辺環境の整備が促進され、より持続的な地区再生を目指すことになる。

　既に論じたように、法定都市改良地区化には、予定地区の51%の不動産所有者の賛同を取り付ける必要がある。予定地区内には、PT社の所有ビルが多数を占めているものの、マンションの一部屋のような小規模不動産所有権者（section title所有者）にも投票権がある。したがって、ヨハネスブルグの都市改良地区化に力を注いできた専門家は、Mabonengの法定都市改良地区化に向け

Maboneng のピザ屋の黒板では、都市改良地区化に賛成票を投ずるように呼びかけていた。「価値と安全が向上し、犯罪とコストが下がる」と両サイドの矢印は示している。　筆者撮影（2014 年）

た道のりは容易ではないと指摘する。「Maboneng には、おそらく 450 ぐらいの section title 所有者がいるので、過半数の賛同を取り付けるには、大変な作業となるでしょう。都市改良地区の申請作業は通常でも、14 〜 18 ヵ月要します」［N1］。

　Maboneng の法定化に向けた事務作業をしているのは、PT 社傘下の社会開発団体 GOODCITY である。地元の大学の建築学部に通う大学生がインターン［U4］をしており、このインターンが申請書類作りに追われていた。「世界で他に例のない都市再生プロジェクトに携われることを誇りに思っています。法定都市改良地区化によって、市もリソースを提供してくれることになります。地区を美化し、セキュリティを強化し、不動産価格を高めることが出来るんです。Rosebank や Sandton のように成功した都市改良地区を模範にしています」［U4］。

　彼は法定化の話がどのような経緯で生じたのかなどは知らないが、GOODCITY ディレクターは都市戦略家としてたくさんの知識を持っているので、PT 社が主導していることは確かだと述べた。GOODCITY ディレクター

は法定都市改良地区化に関して多くを語らなかった。申請前ということもあり、情報提供出来る段階ではなかったのかもしれない。同時に、都市戦略家として実務と研究を積んできた彼女は、都市改良地区の方法がさまざまな批判にさらされてきたことを当然知っている。したがって、外部者の応対にはナーバスにならざるを得ない。「Sandton や Rosebank と Maboneng は全く異なる環境です。Maboneng ならではの特性を活かして、これまでにない独自の都市改良地区を目指すことが出来ると思います」[U3] と述べるにとどまった。

2014 年 1 月に発行された『Maboneng 改良地区ビジネスプラン草稿』（以下『ビジネスプラン』）[Maboneng Improvement District 2014] は、Maboneng の法定都市改良地区化のために、当該地区の不動産所有者に配られ、インターネット上にも公開されているもので、Maboneng がどのような都市改良地区を目指しているのかを知ることが出来る。[104]

Maboneng の法定化に向けてフィージビリティ調査を実施したのは、ヨハネスブルグの都市改良地区開発・管理を一手に引き受けている UG 社だった。『ビジネスプラン』は冒頭で、「UG 社の調査報告書は、関係者へのインタビュー、ワークショップ、都市調査の結果、ハウテン州都市改良地区法に則って、Maboneng 改良地区を設立することが適切であると提言している」と明記する [Maboneng Improvement District 2014: 6]。

『ビジネスプラン』の作成には、長年、ヨハネスブルグの都市改良地区に助言をしてきたコンサルタント [N1] が携わっている。UG 社のフィージビリティ調査報告書は、「とても使える代物ではなかった」[N1] ので、N1 がビジネスプラン作成を引き受けた。したがって、『ビジネスプラン』は「都市改良地区業界」の標準的な視点と重なっている。以下で『ビジネスプラン』に従って、Maboneng がどのような都市改良地区を目指しているかを整理したい。

『ビジネスプラン』は、「Maboneng 改良地区は Maboneng における都市開発の管理運営と持続を目的に設置される」ことを明記し、2013 年に開かれたMaboneng 改良地区設立のための不動産所有者会議で合意されたという以下のような文章の引用から始まる。そこには明確に包摂的コミュニティづくりへの意志が示されている。

Maboneng 改良地区の不動産所有者は、持続的で、よく管理され、よく
維持された、清潔で、安全で、絆のある、活気溢れる混合利用近隣となる
ことを望みます。ここはイノベーションのための実験場であり、多様な利
用者、ステークホルダー、投資家を惹きつけます。社会的上昇を支援する
環境と機会を創出し、あらゆる所得グループのニーズに応えるものとなる
でしょう。この構想の実現と公共空間の環境の持続的な管理を確かなもの
とするために、不動産所有者は Maboneng に都市改良地区を設立すること
を希望します。[Maboneng Improvement District 2014: 3]

　Maboneng改良地区の管理は、企業法が適用される非営利企業が担い、不
動産所有者からなる専任理事と市が任命したディレクター１名で構成される
[Maboneng Improvement District 2014: 3]。「ヨハネスブルグ市の役割と責任を
取って代わるわけではないが、地元自治体のサービス・デリバリーに関し引
き続き働きかけるために、目を光らせ続ける仕組みを創出する」[Maboneng
Improvement District 2014: 3]と明記され、「頼りにならない行政サービス」に代
わって、社会的なものに介入していく決意がまず述べられる。
　『ビジネスプラン』は持続的で、効果的な都市の経営手法には５つの鍵と
なる指標があると指摘する。それは「民間部門と公的部門の間の戦略的提
携」、「全ステークホルダー間の双方向的な継続的コミュニケーション」、「可視
的な民間と公的部門による警察行動」、「サービス・デリバリーの監視」、「明確
な『場所』アイデンティティとブランド戦略の創造と実施」である [Maboneng
Improvement District 2014: 4]。いずれも、都市改良地区の戦略の教科書的手法を
網羅しており、とりわけプライベート都市と行政機関との官民連携を重視して
いる。
　これに続けて、「アイデンティティあるいは、場所の DNA」の重要性に言及
している。「他の場所と異なる特徴」を見出し、ここを利用するすべての人びと
に「場所のオーナーシップ」を与えることが大事だと指摘する。これによって、
「地区の経済を改革」し、ビジネスを惹きつけ、コミュニティ開発を促進し、投
資環境の改善につながって、「他の地区に対する優位性」を獲得出来るという
[Maboneng Improvement District 2014: 4]。

Maboneng には Braamfontein というライバルが生まれており、いくら Liebmann が才覚に恵まれ、これまで PT 社が良いサービスを提供してきたとしても、将来性は不確かである。Sandton や Rosebank のような北部郊外には典型的な「豊かな郊外生活」を満喫出来る職住遊一体型の都市改良地区づくりが進んでいるから、インナーシティへの関心をいつまで持続出来るかは分からない。インナーシティに一度は戻ってきた人びとも、結局、便利で快適な北部郊外に戻ってしまうかもしれない。Maboneng が出来たぐらいでは、北部郊外のグローバル都市改良地区の優位性は揺るがない。よって、いかに魅力的な出来事と物語を生み出して、「場所のアイデンティティ」を確かなものにするかに、将来がかかっているのである。

第1節 都市環境分析 『ビジネスプラン』は「第1節 都市環境分析」と題し、Maboneng 地区と周辺コミュニティの現状を報告する。

「社会経済状況」の項目では、「Maboneng 地区が、数百の職（警備員、清掃人、ビル管理人、建設作業員）を地域に創出し、たくさんのローカル・ビジネスが地区に集まり、Arts on Main の訪問者も増加している（毎週日曜日に 2,000 人以上の訪問者）」ことを伝え、「都市改良地区化が起業家精神と地元経済の促進に寄与する」と主張する [Maboneng Improvement District 2014: 8]。このように、地元民を労働者として調達し、Maboneng の理念に相応しい企業家を歓迎するというポリシーを都市改良地区化によって、さらに強化するよう提案する。

「セキュリティと安全」の項目では、多くの不動産所有者が地区の治安に不安を抱いていて、「犯罪を恐れて、地区の被雇用者は通勤時にタクシー（ミニバス）ターミナルから職場まで歩けない」、「ホステルや放棄されたビルが犯罪者やドラッグ・ディーラーを囲っていて、これがストリートを歩く子どもたちにとってとりわけ危険を及ぼすと地元住民が主張している」と明記されている。そして「不動産所有者は Maboneng 都市改良地区に効果的で革新的なセキュリティシステム（例えば IT の利用）の導入によって、ストリートを常に開かれた状態にし、誰もがアクセス可能な空間を維持することの大切さを認識出来る」と指摘する [Maboneng Improvement District 2014: 9]。それはホステルや放棄されたビルに住む人びとを、あたかも犯罪者であるかのように印象付ける。同時に、

「誰もがアクセス出来る」空間をつくるには、誰かを排除する装置を稼働させる必要があるという矛盾を露見させている。

「清掃」の項目では、「ゴミの管理は都市経営の本質的要素」であるとして、「地区の美化のためにあらゆるゴミが回収処分される必要がある」と言及する。そして、「Maboneng地区の中心部はよく管理されているものの、それ以外のエリアでは適切な対応がなされていないことや、住民の増加によってゴミの量も増加していること」への懸念が示され、この状況に対する「1つの解決案として、地区の廃品回収（リサイクル）コミュニティとの提携も考えられる」と指摘する［Maboneng Improvement District 2014: 11］。つまり、Mabonengが排出するゴミの処理に有用であるので、周辺コミュニティの包摂が必要であると認識されている。加えて、「ビジネスプラン」は、放棄ビル、建物の壁のグラフィティ、火災など、Maboneng周辺地区は多くの清掃関連の問題を抱えていることを強調している［Maboneng Improvement District 2014: 11-12］。

第2節　都市改良地区　「第2節　都市改良地区」［Maboneng Improvement District 2014: 13-16］では、都市改良地区の一般的な解説が明記されるとともに、この手法を取り入れることがいかにMabonengにとって、有益であるかを説いている。「持続的な都市・場所経営」のためには、「戦略的な官民連携」、「双方向的・継続的コミュニケーション」、「行政サービス・デリバリーの監視」、「場所づくり：投資環境の創造」、「可視的な官民連携」の5つの柱が重要であると主張する［Maboneng Improvement District 2014: 16］。「サービス・デリバリーの監視」のように、「自分たちが行政サービスに取って代わってサービス提供者となるのではなく、あくまでも補完的役割を担う」という立場を表明して、いかに公的サービスを自分たち（プライベート都市）のために使わせるかを重視していることが分かる。

第3節　都市改良地区の提供する典型的サービス　第3節でも、冒頭部で「都市改良地区内で提供されるサービスは、ヨハネスブルグ市のサービスにとってかわるのではなく、これらのサービスを補完するものである」と太字の注意書きが記されている。そして、「清掃と維持」、「犯罪防止」、「都市モニタリング」、

340

「場所マーケティングとブランディング」、「駐車と交通」、「社会的サービスとインフォーマル商人管理」が柱となると指摘する［Maboneng Improvement District 2014: 17-18］。

　第4節　Maboneng改良地区　第4節では、短期介入（法定化後6～12ヵ月）、中期介入（法定化後12～24ヵ月）、長期介入（法定化後25～36ヵ月）のロードマップが示される。同節でも公的機関との連携が強調されている。例えば、ヨハネスブルグ市の開発計画と合致した形で、公共空間に投資されるという。周囲地区に介入することで、「不動産価格の下落を食い止め、公的課税評価額を維持する」ために、「都市改良地区は官民間の公式な構造関係」を築くことが重要であると認識されている［Maboneng Improvement District 2014: 22］。加えて、行政サービスが滞りなく実施されるように、地元自治体との間で「サービス水準合意」を結ぶことが重要であると指摘する。サービス水準合意によって、行政サービスが都市改良地区に適切に行き渡っているかということと、都市改良地区の役割はあくまで補完的であるということを確認出来るからである［Maboneng Improvement District 2014: 23］。

　第5節　課税算定　第5節では、ハウテン都市改良地区法が、課税率の算定基準を明確にしていないという事実を指摘してから、Mabonengにおける課税率算定の方法案が提言される。「地元自治体の査定に基づきモデル化された古典的な課税割り当ては変則的なので、都市改良地区設立チームは、公平な課税算定公式の合意のために、不動産所有者と非常に創造性のある仕事をしなければならなかった」という。「地元自治体の査定の一貫性のなさと、地区の開発による急激な変化を鑑み、別の公式の適用も検討されたが、最終的にMaboneng都市改良地区にとってもっとも公平かつ持続的な課税法は、戸別・小区画別（Erf）[105]の土地面積に対する課税である」と判断したという［Maboneng Improvement District 2014: 25］。

　第6節　提案サービス　第6節ではMaboneng改良地区の提供サービスを示している。Mabonengの「場所づくり」に配慮したサービスを提供することが第

一であるので、「セキュリティ」、「清掃とメンテナンス」、「景観づくり」、「マーケティング」が重要であると指摘する。加えて、「都市監視・報告制度」の導入によって、「経営陣と都市改良地区のメンバーが、改善点と課題を追跡出来るようになる」と指摘する。とりわけ、「場所づくり」のためには、「公共空間が安全で、清潔で、魅力的であることが重要である」と主張し、そのためにヨハネスブルグ市との連携が不可欠であり、「制圧作戦（Blitz）[106]」の実行が有効であるとされる。「制圧作戦」の対象は、道路、歩道、建物前の3ヵ所であり、道路では路面表示の修繕、路面の修復、マンホール（の修繕・再設置）、雑草除去、障害物の除去を、歩道では道路標識の修復、信号機の修復、通り名の再塗装、歩道の修繕、雑草と障害物の除去、公共設備の修繕を、建物前では雑草除去、プロジェクト関連ビルのマーキング、街灯、障害物の除去、建物前部のセキュリティ改善を実行するという。「制圧作戦」を完了してから、公共空間インフラ水準維持のサービスが提供され、これによって場所づくりイニシアティブの実施準備が整うのである［Maboneng Improvement District 2014: 26］。

　「セキュリティ」に関しては、「武装対応、監視、自動車によるパトロール、パニックボタンサービスを提供している定評があり、経験を積んだ都市改良地区運営会社」に委ねられるとし、「1年以内に、監視カメラ網と警備コントロールルームが設置」されるという。また都市改良地区セキュリティ・フォーラムを設置し、南アフリカ警察、ヨハネスブルグ市警、市の都市安全戦略プロジェクト部局との連携を強化し、24時間警備体制がとられるという。セキュリティ体制は、「昼番（06:00 ～ 18:00）月～金」が武装応対部門と連携した10人の公共安全大使（Public Safety Ambassador）、「昼番（06:00 ～ 18:00）週末と祝日」が武装応対部門と連携した6人の公共安全大使、「夜番（18:00 ～ 06:00）、平日、週末、祝日」が武装対応部門と連携した8人の公共安全大使に加え、武装したグレードB応対警備員1名とグレードC応対警備員1名の乗り込んだ応対車1台の配置が推奨される［Maboneng Improvement District 2014: 27-28］。

　「清掃とメンテナンス」は、清潔な公共環境を提供して、Maboneng の経験をより良いものとすることを目的としており、清掃・メンテナンス作業員の仕事は「歩道、縁石、排水溝からゴミの除去」、「違法ポスター、落書き、ステッカーの除去」、「街路樹周りの清掃」、「基本的な道路維持、ポールの再塗装」、

「毎日2回のゴミ箱のゴミの除去」である［Maboneng Improvement District 2014: 29］。

　次に「マーケティング・コミュニケーション」であるが、これに対する予算配分は少ないと指摘する。予算は都市改良地区の企業アイデンティティづくり、ニュースレター、標識、バーナーなどに使われる。「すでに、PT社がマーケティング部門を持ち、メディアへの露出も高いので、委員会はMaboneng改良地区のために別のマーケティング組織を立ち上げるか、PT社のマーケティングを活用することで十分とするかを決定しなければならないだろう」と指摘する［Maboneng Improvement District 2014: 29］。

　以上をまとめてみると、Mabonengは、「制圧作戦 (blitz)」という、かなり高圧的介入が「場所づくり」には不可欠であり、場所づくりの成功こそが、投資を引き寄せ、資産価値の維持と上昇につながると考えていることが分かる。自分たちのビルだけが美しく維持されるだけではMabonengプロジェクトは存続しえず、自ずと包摂的コミュニティづくりが必要となる。プライベート都市の繁栄に向けた装置に、周辺コミュニティは否が応でも巻き込まれてしまう。北部郊外の新開地やゲーテッド・コミュニティと異なり、既存の荒廃した街に突如として生まれたMabonengにとって、周辺環境への介入と場所づくりに向けた活動はより精力的なものでなくてはならず、Mabonengの立場から言えば、ハードルはとても高く、何としてでも乗り越えなくてはならないものなのである。

　　第7節　予算　第7節では、2013年12月19日に策定された向こう3年間（2014年から2015年）の予算見積もり（毎年10％の予算増を見込んでいる）が記載されている。2014年の都市改良地区税収は月30万ランドを見込んでおり、年間予算は360万ランドとなる。予算が大きく配分されている費目だけをかいつまんで見てみると、「清掃契約・公共空間維持」に42万ランド、「貸倒準備金」に36万ランド、「一般経営費」に30万ランド、「セキュリティ費」に180万ランドが計上されている［Maboneng Improvement District 2014: 31］。予算の半分がセキュリティ費用であり、Mabonengがいかに治安維持にコストを掛けなければならない状況にあるかが分かる。長年、都市改良地区づくりに携わってきた

人は、「Maboneng 改良地区は比較的大きい予算規模である」[N1] と評した。

　第8節　不動産所有者は何をしなければならないのか？　第8節では、Maboneng 改良地区に不動産を持つ人びとに対して、法定化に賛成票を投じるよう呼びかける内容となっている。「不動産所有者は当ビジネスプランに添付された投票用紙に、都市改良地区化に賛成か反対かを記入して、2014年2月7日までにファクスするか、スキャンした用紙を Email で送るか、Main Change ビルの受付の投票箱に投票しなければならない」と明記されている。「私たちは少なくとも 50% の賛同を必要としています。投票用紙の未回収は、『ノー』とカウントされることをお忘れなく！」と締めくくる。

　Maboneng はいまだ自発的都市改良地区のままであり、法定化されてはいないが、PT 社は『ビジネスプラン』にまとめられたような方向性ですでに動いている。それが、Maboneng 2.0 というより包摂的なコミュニティづくりへの転換であり、GOODCITY という PT 社傘下の社会開発団体がハブとなって、さまざまな実践が展開されているのである。

　PT 社はこうした実践を自社と Maboneng のブランド化のための物語として活用していると言えるであろう。つまり、Maboneng に集う人びとは好むと好まざると、Maboneng のアーキテクチャに従って、この物語づくりに動員されることになる。つまり、すでに見たような Maboneng で活動を展開している社会問題に敏感で、起業家精神に溢れる人びとの実践や、彼らの中核を持たない「リゾーム」[ドゥルーズ & ガタリ 1994] のような新時代のネットワークは、Maboneng のアーキテクチャによって制約を受けることになる。

第4節　「光の都市」のセキュリティ

　PT 社の開発物件に徐々に囲まれながらも、30年前から Jeppestown で小さな自動車部品製造工場を続けている経営者は「ついこの前まで、ここはとても危険な地区でした。私は郊外に家があるので毎朝、自分の車で通っています。かつては、車のまま逃げ込むように敷地内に入りました。とても表を歩けるよう

な地区ではなかったのです。今では表を歩けるようになり、ジョギングをする人まで見かけます。歩道もきれいに整備されました。バックパッカーズ（安宿）も出来て、海外からの若い旅行者もたくさん来るようになりました。ここは見違えました」[B2] と語る。

　Maboneng から数ブロック離れたところで、曾祖父がインドから移住し1914年に創業した衣類・雑貨店を受け継ぐ商店主は、かつては店の裏に住んでいたが、1985年に郊外へ引っ越したという。「この辺りは黒人の居住が認められていない地区でした。それでも、裏手に住んでいました。でも1985年に郊外に家を買って引っ越しました。人種的な取り締まりが強まったということもありますが、この辺りの治安がとても悪くなったのも理由です」[B3]。

　Maboneng の成功物語は常に「ヨハネスブルグのダウンタウンの東の果てで、20代の若者グループが、立ち入り禁止地区（no-go area）を、流行に敏感な、活気溢れる都市空間につくり変えた」[Pitman 2013: 43] といった一節から始まる。インナーシティを訪れることは、郊外に住む中間層にとって想像すら出来ないことであった。地元紙の記者は、Maboneng が誕生してからまだ間もない2010年4月に「さようなら、郊外」という記事 [Bongele 2010, *Mail & Guardian*] を書いている。そこには、私が当初、Maboneng に対して抱いたものと同様の率直な感動が語られている。

> 　都心に住むというアイデアはたいてい、言うは易し行うは難しだ。とりわけ、*Johazadousburg* と揶揄してヨハネスブルグ CBD を忌避している郊外住民たちにとっては。彼らは犯罪への恐怖、散らかったゴミ、貧困者に怯え、郊外だから安全だという間違った認識を持ち続け、都心では何もすることがないという噂を信じ続けている。だが、こうした認識は古びてきた。[Bongele 2010, *Mail & Guardian*]

　記者は北部郊外の Illovo に住み、上流の郊外生活を楽しんできたことを認める。そして、数ヵ月前に、友だちと初めて Maboneng に映画を見に訪れたときに、「その空間と恋に落ちた」。記者は「今では週一回は Maboneng を訪れ、映画を観たり、ギャラリーを訪れたり、食事をしたりするようになった」と言い、

いかに Maboneng がクールな空間であるのかを記述している［Bongele 2010, *Mail & Guardian*］。

　危険で汚れたインナーシティのイメージの払拭に、Maboneng は他のインナーシティの都市改良地区とは比較にならないほど成功してきた。PT 社の Liebmann は、インナーシティに対する誤解を解く必要性があると主張する。「疑いの余地なく、南アフリカの犯罪は制御不能な事態にあります。でも、インナーシティの治安は、世間で考えられているほど悪くはありません。統計上、インナーシティで犯罪被害に遭う確率よりも、Sandton で遭う確率の方が高いのです。なので、人びとの持っているイメージの問題でもあるのです」［Pitman 2013: 45］。同時に Liebmann はヨハネスブルグ開発公団（JDA）がインナーシティに監視カメラと街灯の設置を進めていることを評価し、「Hillbrow と Joubert Park を除き、インナーシティの犯罪件数は 65% も減少した」と述べ［Magoulianiti-McGregor 2010: 55］、インナーシティのセキュリティ対策が功を奏していると主張する。

Maboneng の警備体制

　Maboneng の安心感は、単に優れた建築やデザインによって印象的な操作に成功したからではなく、他の都市改良地区が実施しているのと同様に徹底したセキュリティ対策をとってきたからである。前節で見た法定都市改良地区の予算案で、もっとも多く予算配分された項目がセキュリティ費用であったように、「光の都市」を維持管理する上で、セキュリティの果たす役割は大きい。

　Maboneng の歩道は、至る所に設置された監視カメラでモニタリングされていて警備員が巡回している【図 17】。Main Street Life 内に置かれた警備室内では十数台の監視カメラの映像を 24 時間チェックしていて、不審人物が現れると、警備室から無線で路上にいる警備員に対応するように指令が出される。Maboneng の警備は、ヨハネスブルグで都市改良地区の開発と維持管理を独占的に担っている UG 社が PT 社より委託されて実施している。UG 社は地区の警備と清掃に責任を持つ。UG 社の黒いバンが常に地区内を巡回するとともに、警備員が路上の至る所に立っている。警備員の日常的な任務はおもに、路上駐車する車の誘導である。とくにマーケットの開かれる日曜日と、金曜日と土曜

日の夜は、次々と駐車スペースを探す車で溢れるので、警備員による誘導が不可欠になる。他にも酔っ払いへの対応や喧嘩の仲裁など繁華街につきものの問題解決に奔走し、秩序維持に努めている。

　Main Street Life の出入口のドアはバイオメトリクス認証で管理されており、指紋登録をした居住者しか入室出来ないようになっている。バイオメトリクスの装置はエレベーターホールの出入口ドアの内側と外側の脇に設置されており、出入りの際に指紋認証が必要となる。Main Street Life は2階に駐車場があるので、2階の駐車場とエレベーターホールを仕切るドアの脇にもバイオメトリクス認証機器が設置されている。私は入居日に指紋登録を、すべての機器で実施した。数ヵ月後に地上階の出入口の指紋登録をすべて一旦消去したということで指紋の再登録をした。Main Street Life 訪問者は必ず警備窓口に届け出ることが義務付けられている。居住者と一緒にアパートに来た場合は、訪問者は警備窓口で ID を提示し、訪問者登録用紙に必要事項を記入してから入室が認められる。居住者と一緒でない場合は、手続きはやや複雑になる。訪問者はまず警備

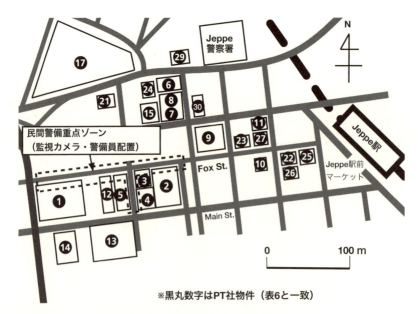

※黒丸数字はPT社物件（表6と一致）

図17　Maboneng の警備重点ゾーン
出典：筆者作成

窓口で訪問先の居住者の名前と部屋番号を申告する。すると、警備員は事前に登録してあった訪問先の居住者の携帯電話に電話をする。居住者からの確認が取れれば、ID の提示と訪問者登録用紙の記入を経て入室が認められる。

　こうした仕組みは Maboneng のアパートが特に厳重であるわけでも特殊なわけでもない。インナーシティの労働者階級以上の住む管理された民間アパートは、ほぼこれと似たような仕組みを持っている。ある時、私は Maboneng から数ブロック離れたアパートに住むアーティストの友人を訪ねた。そこはインナーシティに多くの物件を持つ Itemba 社所有のアパートであった。地上階には警備員室があり、カードをかざすとロックが解除される回転扉が設置されており、1 人ずつ入室出来るようになっている。友人はアパートの出入口がこのような仕組みになっていることも、ID が必要だということも教えてくれなかったが、私は念のためにパスポートのコピーだけは持っていた。想定以上にセキュリティが厳しそうだったので、私は友人に電話をしてアパートの入口まで降りてきてもらった。案の定、パスポートのコピーではダメだと警備員に言わ

Maboneng 地区の目抜き通り Fox Street は警備員が常に巡回しており、高級車の路上駐車も安心である。　筆者撮影（2014 年）

れたが、交渉して今回だけの特例ということで、何とか入室することが出来た。

このようにインナーシティのアパートは厳しい入場管理を実施しており、ときには煩わしいと感じられるものである。ある時、Main Street Life の警備窓口で知り合いの白人アーティストが警備員と揉めていた。彼は Main Street Life の住民ではないが、恋人が Main Street Life に住んでいた。常に出入りをしているので、警備員も彼が何者であるかは認識している。だが、この日は恋人が海外に出張中で、その留守宅を訪問する必要があったようだ。だが、彼女と連絡が取れない警備員は入場を認めようとしなかった。最終的には何とか事情が通じて特別に入場することが出来た。「いつもこんな感じだぜ。毎日毎日だ。本当に嫌になるよ」と彼は怒りを露にした。

このように、警備員たちは慣れ合いにならずに、かなり厳格に職務を全うしている。監視されていることは分かりつつ、警備員、監視カメラ、指紋認証による安心感から、住民は安心して暮らし、訪問者は夜中まで地区内のバーで酒を飲んで、踊り、通りを歩くことが出来るのである。

監視カメラと警備員で管理された Maboneng から一歩出た空間は、Maboneng の警備員には管轄外である。実際に Maboneng から一歩出た通りを歩いていた人が強盗に遭う事件も起きている。Maboneng 住民の白人男性は Maboneng の危うさを、皮肉を交えて次のように語った。「5 〜 6 週間前に友人が Maboneng エリアから一歩出たところで、ホールドアップにあった。ハンドバッグを奪われてケガを負ったよ。その場を遠目から見ていた警備員は逃げ出したんだ。この事件に関して、Maboneng では大きく取り上げられていないし、住民もそのことに触れようとしない。ここに住んでいる人たちはみな、北部郊外の厳重な警備網が敷かれ、フェンスに囲われた生活に嫌気がさして、ここに住んでいると思うけれど、もしこのようなことが頻繁に続くとなると、人びとが去り、ビジネスが去るという状況になるだろう。もっともそれを望んでいる人もいるだろうけどね」[SE2]。

私が Maboneng で生活していた期間にも、地区内にあるガソリンスタンドで強盗殺人事件が起きた。PT 社の物件とその付近だけの安全は何とか確保されているものの、1 つ隣の建物での安全は確保されないのである。

とはいえ、PT 社の物件ではない地区内のアパートの居住者も Maboneng の

セキュリティの恩恵を受けていると感じている。Main Street Life の隣には、インナーシティのビルを改装してアパートとして供給している Trafalgar 社のアパートがある。そこに住む公共企業に務める黒人青年はクワズールー・ナタール州出身で、ヨハネスブルグ暮らしを始めてまだ1年である。彼は Maboneng の雰囲気が気に入ってここに住み始めた。Maboneng はセキュリティがしっかりしていて安心出来、また北部郊外の生活は面白いとは思えないので、このアパートを選んだという［C2］。Maboneng の警備員は他社の不動産を警備しているわけではないが、PT 社の物件の隣に位置することでその恩恵を受けることが出来、不動産価値も上がるのである。

　危険と隣り合わせの環境にある Maboneng だからこそ、警備と監視の目はより厳しいものとなる。監視カメラや警備員によるセキュリティは歓迎される客と招かれざる客を峻別する権力を行使することもある。人びとは自由に動きまわっているつもりだが、この権利はここを往来するすべての人に無条件で付与されているわけではない。入場資格は規則に則っているわけではなく、明確な判断基準はなさそうだ。よく批判されるような人種や階級による差別だけとも言い切れない。こうした場面に私は何度か出くわしたり、話を伝え聞いたりした。2つの事例を紹介しよう。

　【黒人「浮浪者」】
　ある時、アフリカ料理を食べさせる店の軒先で、私はアーティストたちと食事をし、酒を飲んでいた。そこへ Maboneng でよく見かける「浮浪者」が来て、私にカネをせびった。一緒にいた黒人女性アーティストが、「5ランドあげて」と私にいう。私は普段はむやみやたらにカネを渡したりしないのだが、その時はやむを得ず渡した。こうしたやりとりをしていると、Maboneng の警備員が飛んできて、「浮浪者」を追い払おうとした。これを見て、その黒人女性アーティストは「彼は私の友だちよ。そういう風に扱わないで」と警備員に抗議した。

　【白人外国人】
　Maboneng にオフィスを置く NGO のオーストラリア人とカナダ人の若

者が、夜中に空腹だったので Fox Den という名前の Maboneng から通り一本隔てたところにある地元民が多く集まる飲み屋に買い出しにいった。平日の Maboneng のレストランは比較的早い時間に閉まってしまうが、Fox Den は毎日、夜中まで大きな音楽をかけて賑わっている場所である。Fox Den は Maboneng の境界の一歩外側にある異界であり、Maboneng 住民や郊外からの訪問者が訪れることはまずない。

　彼らは Fox Den でフライドポテトとソーセージを入手して、Maboneng のアパートまで帰ろうとした。すると、Maboneng のゾーンに入る所（そこには何も物理的な障壁はない）で、Maboneng の警備員に止められて、「どこに行っていたのか、どこに行くのか」を執拗に聞かれた。彼らは「Fox Den で食べ物を買ってきただけで、Maboneng のアパートに住んでいて、自分のアパートに帰るだけだ」ということを滔々と説明しなければならなかった。押し問答の末、ようやく Maboneng ゾーンへの立ち入りが認められたという。私がこの話を聞いたのはこの出来事が起きた翌日のことだったが、彼らは「昨日はとても酷い目に遭ったんだ」と怒りは収まらない様子で、Maboneng のセキュリティに対する嫌悪感を示した。

監視のなかの「自由」

　たとえ監視カメラで自分の姿がモニタリングされ続けていても、自分が監視の対象となっているということを明確に認識する出来事に遭遇しない限り、さほど気にならないものである。むしろ、「不審者」の取り締まりがなされているという安心感とともに生活しているというのが実状であろう。治安の悪い南アフリカの街づくりにおいて、監視をともなうセキュリティが必須とされてしまうことはやむを得ないのかもしれない。それは、デイヴィッド・ライアンやジグムント・バウマンらによる監視社会の危険性に警鐘を鳴らす議論［cf. ライアン 2011; バウマン・ライアン 2013］などをフォローしている人であっても、現実問題としてセキュリティが一番重要であることを認めざるを得ない。監視社会にいつも批判的な態度を示していたイギリス人アーティストは「南アフリカでは誰もが、まずセキュリティのことを気にするのは当然だと思う。Melville のレコード屋では、オープンして6ヵ月の間に客が何度か店の近くで強盗被

害に遭ったらしい。その後、客足が途絶えて店を閉めざるを得なかったそうだ。Mabonengでも何か大きな事件が起きて、人が途絶えた時に、その後の存続が危ぶまれる事態に陥る可能性があるだろう」［A5］と、この都市においてある程度の監視体制は許容せざるを得ないという。監視のなかの「自由」という現実を受け止めながら、人びとはこの街で生きることとなる。だが、これが人びとに与えるストレスは計り知れないものであろう。

　Mabonengの居住者や訪問者は、嫌悪感と安心感という相反的な感情を抱えながら、この装置に取り込まれている。この装置は誰を包摂し、誰を排除するかを、瞬時に、だが極めて不明瞭な基準で決定していく。ジェントリフィケーションを主題に学位論文を書いたZackara RaittはMabonengが要求する規範を次のように分析する。

　　Mabonengは安全とセキュリティを提供するために地区の監視が不可欠である。だが、監視の結果、Maboneng（PT社）はそれを否定するが、この空間から、Jeppestownで生活する人びとを遠ざけてしまう両刃の剣である。……Mabonengは物理的な壁を築いてはいないが、警備員の存在感によって、入場する権利があるかどうかを人びとに強く意識させる。「どなたでも歓迎いたします。でも、もしあなたにMabonengの求めに応じられる力量がないならば、ただちにお見送りいたします」ということだ。［Rees 2013, *Mail & Guardian*］

　この種の批判に恒常的にさらされているLiebmannは、新聞記者の質問に対して、よく準備された極めて優等生的な回答をする。彼の主張の要点は、Mabonengのセキュリティは懲罰的なものではないということだ。これは、警察による懲罰的な犯罪者や貧困者の取り締まりが横行していることを念頭に置いているのかもしれない。Mabonengは北部郊外型生活へのアンチ・テーゼであると主張してきた。よってLiebmannはまずMabonengのコンセプトはゲーテッド・コミュニティとは正反対であると主張する。彼によれば、Mabonengは決して排他的でも好戦的でもなく、警備員の配置は「非閉塞型のセキュリティ手法」であり［Pitman 2013: 45］、誰にでも開かれた空間である。Liebmann

は「Maboneng は開かれたコミュニティです。私たちはストリートを自分たちで清掃し、そこかしこに明かりを灯します。ストリートは建物からの明かりで照らされます。私たちは既存のコミュニティと関わります。それがもっとも良い犯罪防止策になるのです」[Brodie 2011, *Mail & Guardian*] と言う。

ゲートに閉じこもるのではなく、外に開かれたコミュニティとして、既存のコミュニティと関わり合いを持つことを目指す理由は、貧富の差こそが犯罪を生み出す要因であると Liebmann は認識しているからである。Liebmann は以下のように、貧しい人びとと積極的な交流を図りたいと理想を語る。

　　私たちはコミュニティ交流を育成するために一生懸命働いてきました。どこの近隣も、お互いのことを知ることは重要だと思うからです。これはマイクロ・エコノミーの話でもあるのです。私たちは低価格商品と高価格商品の両方を取り揃えています。私たちの物件と物件の狭間には貧しい人びとが住んでいます。この地区の改善のために、貧しい人びとに機会を提供し、起業家精神を醸成し、私たちの精神を浸透させることで、やがて彼らは利益をあげるために自ら立ち上がることを願っています。これが長期的な意味で、治安問題を解決するのです。[Pitman 2013: 45-46]

Liebmann の描く理想が、「非現実的だ」、「単に不動産開発業者のリップサービスに過ぎない」、「開発を実施する上での自己正当化に過ぎない」、「弁済に過ぎない」、「CSR（企業の社会的責任）（＝利益をさらに上げることを目的とした倫理的振る舞い）に過ぎない」などといった批判にさらされることは容易に想像される。だが、こうした批判は、上記の試みが結局のところ達成されないであろうという認識に基づくものである。だが、懸念すべきは、むしろ逆なのではないだろうか。たとえ非現実的であったとしても、Maboneng が現在推し進めているのは、上記のような理想に向けた実践である。私はこの実践が及ぼす影響を問題視したい。つまり、Maboneng は、地区に住む貧しい人びとが犯罪者に陥らないために、起業家精神を醸成して市場経済で競争出来る主体を生み出す必要があると考えているのである。民間企業が「社会的なもの」に責任を持ち、自社関係の住民だけでなく、周辺コミュニティも含めた広範な人びとの生

に介入しようという意志を暗示している。これを簡単に受け入れて良いのだろうか？

第5節 「場所づくり」とグラフィティ

　法定都市改良地区化の『ビジネスプラン』にも明記されていたとおり、Maboneng は魅力ある「場所づくり」とアイデンティティを確かなものにし、ブランド化と景観の管理を重要視している。この役割を果たすもののうちの1つが、50 を超える公共アートである。PT 社所有物件の壁面や高速道路の橋脚には、著名なグラフィティ・アーティストによる作品が描かれている。PT 社はグラフィティ散策ツアーを実施している他、公共アートマップも準備されていて、訪問者が自分たちで見て回ることも出来る。公共アートは Maboneng コミュニティだけでなく、周辺コミュニティに向けたメッセージでもある。Maboneng の公式ホームページは「Maboneng の草創期から、公共アートは重要な役割を果たしてきました。それは近隣の美的向上だけでなく、Maboneng に躍動的なアイデンティティをもたらしてきたのです。地元そして国外の複数のアーティストが新しい息吹を吹き込み、Maboneng 地区に彼らの印を刻み込んできました。大規模な芸術作品は地区の独特な美観を高めてきました」と記載している。[108]

　2014 年 7 月 に Maboneng の 小 劇 場、POPART で Pechakucha Night（Pechakucha 20 images × 20 seconds）が開催された。日本語の擬音語「ペチャクチャ」を名称に掲げたこのイベントは東京で始まり、世界中の都市に広まったトークイベントである。1 人につき 20 枚のスライドを前方スクリーンに投影することが出来、20 秒おきに次のスライドへと自動的に切り替わっていく。登壇者は映し出されているスライドに合わせて、テンポよく自分の活動や主張を聴衆に伝える。

　この日、壇上に上がった 1 人が、壁画を中心に公共アートを創作している Haroon Gunn-Salie だった。彼はケープタウンを拠点にしていたが、Jonathan Liebmann の誘いを受けて、Maboneng でアーティスト・イン・レジデンスを経験した。彼はケープタウンではアパルトヘイト時代に有色人種の強制退去が実

Mabonengの公共アート。　筆者撮影（2014年）

施された District Six 地区を題材とした作品を作り、ヨハネスブルグでは「黄金の場所」という作品を作った。彼は一貫して都市の景観に関心を持ち続け、インナーシティの分裂の遺産に抗し、同時に巧みな社会政治的紛争が都市再開発に内在していると指摘する。「自分たちを閉じ込め、他者を締め出すフェンス作りは、南アフリカ人がお手の元としてきた美学です」。確かに「Maboneng にはフェンスも、バーグラー・バーもありません」。だが、彼はそこに、「うわべだけの輝きとまやかしの安心感」を見出す。

> 「黄金の場所」という作品名は、より良い生活が出来るという約束を皮肉っています。そして、新たに生まれているジェントリファイされた都市空間が、かつてのヨハネスブルグと非常に似かよってきていることに注意を喚起しています。ヨハネスブルグは、農村からこの都市へと移動した移民労働者の上に、そして彼らに富と繁栄もたらすという約束の上に建てられました。しかし、実際にはそうはなりませんでした。ヨハネスブルグへ来た90％以上の人が労働者の権利など全くない劣悪な労働者居住区で一生を終えたのです。[109]

Maboneng における Haroon Gunn-Salie の代表作に PT 社所有物件の壁画がある。彼は、ビルの壁に、まるで窓ガラスが本当に割れているかのように見える絵を描いた。この作品は「割れ窓理論」を踏まえたものである。「割れ窓理論」とは、犯罪に溢れる都市コミュニティの安全を維持するには、地区の建物の窓ガラスを割れたままにしたり、落書きをそのままにしたりしてはならず、窓ガラスを直し、落書きを消し、清潔な空間をつくれば自ずと犯罪が減るという理論である［ケリング & コールズ 2004］。Maboneng で講演をする実務家は、この理論に素直に賛同を示すことが多い。例えば、タウンシップで植樹活動を行っている NGO の代表者は割れ窓理論を持ち出して「荒れ果てた地区では犯罪が起きやすいのです。これには木がないことも関係しています」と言い、タウンシップで植樹をし、美しい公共空間を生み出すことで犯罪率の低下を目指すと述べた。だが、ジェントリフィケーション批判の文脈では、強権的な「割れ窓理論」は批判的に捉えられている。Gunn-Salie はジェントリフィケーショ

ンの中心地である Maboneng に滞在し、ジェントリフィケーションを推し進めていると批判されている Liebmann の招聘の下で、ジェントリフィケーション批判を意図するアートを生み出した。Liebmann は自分を批判しているともとれるアーティストを支援しているので、懐が深いとも言えるし、アーティストをうまく手なづけていると言えるのかもしれない。Maboneng 批判すらも、Maboneng は包摂的コミュニティづくりの物語の創出に利用していると言えるかもしれない。

　Maboneng 地区を飾るグラフィティは、イスラエルがパレスチナとの境界に築き続けている隔離壁に対する抵抗を示した Banksy のグラフィティのような政治運動をともなうグラフィティではない。個々のアーティストたちがどのように彼らの作品を説明するかはさておき、Maboneng の壁にほどこされたものの多くは、洗練された、飼いならされた、管理されたアートであると言えよう。Maboneng の空間には「オフィシャルな」グラフィティ以外が全く存在しないわけではない。この空間に「相応しくない」落書きが常に消されているわけでもない。だが、管理されたアートの力とプレゼンスはあまりに大きい。「うわべだけの輝き」はこうして、いっそう輝きを増し、Maboneng の存在感を示し続けて、ブランド化と景観管理に一躍買うのである。

注

94 現在スタジオを置いているのは、アンマン、イスタンブール、ムンバイ、北京、東京、ニューヨーク、サンティアゴ、リオデジャネイロ、サンパウロ、ヨハネスブルグである。

95 http://www.arch.columbia.edu/studio-x-global/about-studio-x（2015 年 2 月 3 日閲覧）

96 http://www.arch.columbia.edu/studio-x-global/locations/studio-x-johannesburg（2015 年 2 月 3 日閲覧）

97 例えば、2006 年に発行された南ア政府の経済政策ペーパー、ASGISA（Accelerated and Shared Growth Initiative of South Africa）には、「政府は中小零細企業のための新しいベンチャー基金を設立する努力を支援している」というような起業家への支援を表明している。

98 "5 Creative Co-Working Spaces in Johannesburg"（http://www.10and5.com/2013/08/15/5-creative-co-working-spaces-in-johannesburg/）（2014 年 3 月 19 日閲覧）

99 "The Hookup Dinner" by Alison Job, 18 June 2013. Entrepreneur Magazine website

（http://www.entrepreneurmag.co.za/entrepreneur-today/the-hookup-dinner/）（2014 年 4
月 4 日閲覧）

100 自動車ローンに特化した金融機関の 1 つ。

101 David Webster は反アパルトヘイト活動家の人類学者で Wits 大学教授を務めた。1989 年
に Troyeville の自宅で暗殺された。公園には彼の功績を称えたモザイク板があり、「David
Webster 1945-1989、反アパルトヘイト闘争のために Troyeville で暗殺された。正義、平和、
友情のために生きた」と記されている。

102 米国の作家で都市計画や再開発など都市問題を論じた。古典的代表作は『アメリカ大都
市の死と生』。

103 "Urban Organic Agriculture in Downtown Joburg," by Sulaiman Philip (19 November
2013)（http://www.mediaclubsouthafrica.com/land-and-people/3559-organic-agriculture-in-
the-joburg-inner-city）（2015 年 2 月 1 日閲覧）

104 http://www.mabonengcid/.co.za（2015 年 1 月 30 日閲覧）

105 Erf は、a plot of land を意味する。

106 Blitz は第二次世界大戦でドイツ軍が用いた「電撃戦（blitzkrieng）」に由来する用語で、
現在では「集中的なキャンペーン」を意味して使われる。南アフリカでは警察がタウン
シップにおける暴動や騒乱などに対して、治安回復のために装甲車などを用いた制圧作戦
や、薬物乱用者の一斉検挙作戦など、警察の強行作戦が blitz と呼ばれることが多い。

107 Johannesburg と hazardous（危険にみちた）をかけているのだろう。

108 http://www.mabonengprecinct.com/entertainment/public-art/（2015 年 11 月 10 日閲覧）

109 http://www.goodman-gallery.com/artists/haroongunnsalie (2014 年 8 月 1 日閲覧）

第10章 「光の都市」の葛藤

第1節 アイデンティティ政治

　不確実な時代を生きるために、確かなるアイデンティティを希求することは自然なことであろう。ポストアパルトヘイトの南アフリカ社会を生きる人びとは、アイデンティティを模索し続けることを要求されている。とりわけ、先祖の土地を追われ、生産手段を失い、植民地統治の最末端に組み込まれ、根無し草になってしまった黒人の子孫たちは、自分たちのルーツの不明瞭さに苛まれる。

　Maboneng に集まる新世代の若者たちは、精神世界に強い関心を寄せていて、拠り所を探し求めていた。Maboneng のようなグローバルな空間では、人びとは外部からの影響を日常的に受容する。それは、グローバルな文化とライフスタイルである。流暢な英語を話し、欧米のライフスタイルをすっかり自分たちのものにしている彼らは、それがゆえに、失われてしまった「アフリカ」に思いを馳せることになる。

「白人植民地」からの挑戦

　Maboneng のカフェでアルバイトをしながらミュージシャンとして活動を続けるヨハネスブルグ育ちの黒人青年［A16］は「アフリカン・アイデンティティ」を模索し続けていた。「この街にくる欧米人はみな、ここがヨーロッパやアメリカの街によく似ていると言って褒めてくれる。そのとおりかもしれない。でも、そのたびに僕はとても悲しくなるんだ。僕らは本当にアフリカらしさというものを失ってしまったんだなと感じてね。確かに Maboneng は白人植民地だよ。でもここから何かを生み出せないかって、いつも考えているんだ」［A16］。

A16 は 3 人組のバンドでヴォーカルをしている。彼の BlackBerry（スマートフォン）に入った彼らの曲をカフェのスピーカーにつないで聞かせてもらう。「フォークとジャズが合わさったような音楽だ」と彼が説明するとおり、どこか懐かしさのあるゆったりとした曲調である。

　　欧米音楽の影響がやはり強い。どうしてもそうなってしまうんだ。自分が聞いてきた音楽は U2 とか Miles Davis とかそういったものだからね。でも最近は Hugh Masekela や Miriam Makeba を聞き始めたんだ[110]。アフリカならではの音楽や伝統音楽を取り入れたいと思っている。僕らはすっかり西洋化されてしまっていて、アフリカの伝統を失ってしまったんだ。アジアはどうもそうではない気がするんだよね、どうかな？　このコーヒー屋もアフリカらしさ、アフリカン・スピリットを取り戻したいという信念のもとでやっている。僕の音楽もそうさ。商業的なものにはしたくないんだ。音楽は僕そのものだからね。[A16]

　彼は朝から 13 時ぐらいまで店に立ち、午後は音楽の練習の時間に当てることが多い。Maboneng のナイトクラブ Zen や、SABC のスタジオ、Yeoville のスタジオで練習し、Newtown の Bassline や Maboneng の Zen などヨハネスブルグのライブハウスで舞台に立つ。彼は 3 人の兄弟たちと Maboneng から Carlton Centre に向かう途中のアパートをシェアしている。「Maboneng に住みたいけれど、とても高くて住むことは出来ない。Maboneng は 4,000 ランドとか、場合によってはそれ以上払わなければいけないだろう。でも、ここからちょっと離れれば、2,500 ランドぐらいで借りることが出来る」。

　彼は音楽に「アフリカらしさ」を取り戻そうとしているだけでなく、生き方も「アフリカらしさ」を取り戻そうとしている。彼は音楽で稼いだカネで母の故郷のクワズール・ナタール州に、将来の家族のために土地を買った。彼はその土地を畑として耕したいという。「クワズール・ナタールは雨も多いし、土地も肥沃なのでたくさん野菜を作ることが出来る。ここの近所で路上商人は野菜を売っているけれど、どれも高い。しかも白人農場でとれた野菜だろう」。白人大農場の土地をいかに黒人の手に戻していくかは、ポストアパルトヘイト

の南アフリカでもっとも重要な課題だと語り合う。

ラスタファリアン

　モザンビークからヨハネスブルグに移住したA13は、ラスタファリアンである。伝統医のための薬や道具なども販売している巨大マーケット、Mai Mai Marketを寝床にして、マーケットの家具工房で家具に彫刻を施したり、Mabonengのレストランの壁に壁画を描いたり、アクセサリーや小物入れなどを作ってMabonengの店に置いてもらい生計を立てている。以前は、ヨハネスブルグの南部郊外のRosettenvilleの家具製造会社で働いていて、住居もあてがわれていた。しかし、そこをクビになり、このマーケットに住まざるを得なくなった。彼の「家」は家具工房の作業場兼倉庫である。商品となる家具が衝立となってプライバシーを守っている。トタンの屋根は高く、雨漏りし、冬はとても冷え込み、木工をしているので埃っぽい。

　ある日曜日の午後、A13をアクセサリー細工アーティストの黒人女性［A12］が訪れた。「私はラスタなの。ほらこれがハイレ・セラシエ皇帝よ」。A12はハイレ・セラシエ皇帝のステッカーが貼られた赤い縦長の箱を私に見せる。なかには彼女の作品がたくさん詰まっていた。耳飾りや指輪といったアクセサリーをSowetoの工房で制作し、Mabonengの3つの店、44 Stanleyの店、Melvilleの店などヨハネスブルグのトレンディ・スポットに置いてもらっている。彼女が50ランドで店に提供したアクセサリーは、200ランドで販売される。「私の作品の材料で買うものはほとんどないのよ。使い古しのレザーに、使い古しの布を貼り付けてイヤリングを作るの。耳にかける金属の部分だけインド人の商店で買うわ。指輪はチャイナタウンで買ってきて、上からアフリカ風の布を巻くのよ」。Sowetoでも観光客相手にも、アクセサリーを売っているが、都心の方が売れ行きは良い。「Mabonengは私たちアーティストにとって素晴らしい場所よ。私たちにチャンスを与えてくれた。ユダヤ人ビジネスのおかげね。SowetoにもMabonengのようなクリエイティブな環境が必要だと思うのよ」。アートフェアで注目されるような芸術作品を生み出しているわけではないA12やA13のような零細アーティストにとっても、Mabonengは新たな空間として受け入れられている。彼らは自律的な創造性が要求されると認識している。「ア

フリカのものを自分たちの手でつくらなければならないと思うわ。洋服もクツもすべてが外から入ってくるでしょ。でも、それではダメなのよ。南アフリカで一番儲かっているのはユダヤ人とインド人ね。中国人はいろいろと批判されているけれど、彼らはしっかりと私たちの経済に入り込んでいて、上前だけを跳ねていくのとは違うわ」[A12]。

ポストアパルトヘイト社会でアフリカ人が創造的な活動を続けるには、アーティストが支援を受けられなければならないと彼女は思っている。「アーティストは大事にされるべきだと思うのよ。私たちは何も支援を受けられていない。学生はいろいろと支援があるのにね。私はアクセサリー作りだけでなく、映像作品を作ったり、歌を歌ったりもしているの。歌、詩、デザイン、建築、映像といった境界を超越するような1つのアートね。そういったアートが出来ないかなって思っているの」[A12]。

脆く儚いアイデンティティ

「アフリカらしさ」というものは、脆く儚い生と外部からの要因によって常に不確実性を帯びている。コンゴ（DRC）出身のアーティスト[A3]のテーマは「脆さ」である。彼はナッツを燻して灰の状態にしたものを絵の具がわりに使っている。これによって、さまざまな濃度の茶褐色の作品が生まれる。描き上げた絵を雨に当ててぼやかすのが特徴的である。「構築と脱構築が作風だ」と彼は言う。この「脆さ」をテーマに最近、描き続けているものが、子どもたちのポートレートである。「コンゴは長年、紛争を抱えてきて、人びとはみな苦しい生活をしているんだ。（子どもの顔の絵を指しながら）子どもの顔が半分ははっきりしていて、半分はぼやけているだろう。これは片方に希望を、片方に不安を描いたんだ」[A3]。

大量のクツが描かれた「中国製品に囲まれた生活（Life in Made in China)」と名づけられた作品もある。よく見ると、すべてのクツの中敷きの部分に "Made in China" と記されている。場面はコンゴの市場のクツ売り場の軒先である。すべてのクツが片一方しかない。実際の市場でもこのように売られているという。盗難対策で、片一方は店の奥に隠してあるそうだ。A3は中国製品に溢れる祖国の市場のなかに、アフリカらしさが失われていく様子を見出している。

アジアと精神世界

アジアがアフリカを脅かしているという懸念が生まれている一方で、日本のアニメを見て育ったというA16はアジア的価値観への憧れを率直に語る。アジアは西洋的テクノロジーと伝統が上手くかみ合った社会というイメージを持っていて、「アフリカらしさを取り戻したい」という時にアジアはロールモデルとなる。A16はあくまでも想像上のアジアを念頭に置いて語る。だが、実際にスリランカに数ヵ月滞在してヨハネスブルグに戻ったばかりだという黒人ミュージシャンは、「アジア的」なるものに強い感銘を受けたと興奮とともに語った。「アフリカが失ってしまった自分たちの文化や伝統」を取り戻さなくてはならないという強い思いを多くの20～30代の新世代の黒人が抱えているように感じられる。彼らはスピリチュアルなものへの関心が高く、それは仏教への関心であり、精神世界とつながる実践（例えば伝統医療）である。

日本に数年間住んだ経験のある黒人女性［A8］はMabonengで小さなショップを開いている。ショップには中国茶から緑茶まで並び、誕生日には日本酒を友人に振る舞い、好きな音楽は日本の演歌で、たまに浴衣を着て現れ、台湾系南アフリカ人の友人が作るイチゴ大福が好物である。A8の友人の黒人カップルは仏像を暖炉の上に飾って「崇拝」している。A8のショップはコンテナ製で、Main Street Lifeの1階に複数あるコンテナ・ショップの1つである。A8はショップのプロモーションのティーパーティや、自分の誕生会を開いたりして、同じようなショップを経営する若者たちや友人たちが集まる。こうした場で彼らが話題とすることもスピリチュアルなものであり、自分たちのアイデンティティを失ってしまったという意識を抱えていて、目に見えないものへの価値を見出そうとしている。彼らのなかにはベジタリアンやビーガン[111]も多い。

A8は最近、伝統医療にはまっているという。わざわざ郊外の伝統医（*sangoma*）のところに通っていて、家でも毎朝3時に起きてお祈りをしている。両親はクリスチャンで伝統医療は信じていない。とくに母親は彼女が伝統医療に頼るのを止めさせようとする。「面白いでしょう。伝統医療を再発見しているのよ」。彼女はNewtownの伝統医療用品店で、香を焚くための土器を買い込む。「ヨハネスブルグの生活がこうさせるのよ」。A8のショップは同世代の黒人女性と共同経営しているが、その女性もネイティブ・アメリカン・スタイルのヒー

リングにはまっている。

肌の色の話

Maboneng とは別の旧工場街に生まれたアーティスト・プラットフォームの Plat4orm で、若い黒人女優が、人種問題を扱った1人芝居を行った[112]。顔を真っ白に塗りたくって Bianca White という名前の白人女性に扮した彼女が、白人の特徴を捉えた身振りと語り口調で、白人であることの特権を語る1人芝居であった。大げさな演技で、アフリカーナー系白人の独特な英語の発音を真似し、彼らがメイドや庭師といった黒人を「取り扱う」時の、慈愛に満ちた眼差しと、同時に醸し出す冷たさをうまく表現していて、会場は大笑いとなった。

Plat4orm ではパフォーマンスの後、演者と聴衆の討論会の機会が設けられていることが多い。この日も公演後にディスカッションが繰り広げられた。今回は「アグレッシブなバージョンだった」と演者は言う。過去にはアムステルダム等、海外公演もしたことがあるというこの作品は、場所によって聴衆の反応は異なっていて、「客の反応が全くないか、大笑いが続くかのどちらかで、中間がない」と言う。演技は場所によって調整している。「実はアイデンティティの問題は自分ではあまり演じたくないんです。でも、この問題をやらなければならないという気にさせる出来事が日常的に起きます。つまり白人と黒人の差異が明らかとなる瞬間や、人種差別を感じる瞬間が日常に溢れているのです。人種差別の問題は南アフリカだけの問題にとどまりません。先日、ケニアを旅行してきました。ケニアは私たちよりずっと前に自由を獲得したはずなのに、いまだにこの問題を抱えているのです」と彼女は言う。アフリカらしさ、黒人らしさを求めるアイデンティティ探しのなかで、黒人は人種問題に否応なく直面する。肌の色の話は、今も直視せざるを得ない最重要課題であり続けている。

反消費主義

「南アフリカのアートはビジネス志向で、純粋なアートが存在しない。何でもかんでもおカネなのよ。おカネがすべて、どんな車に乗っているかがすべて。ホントに嫌だわ」と黒人女性アーティストは語る。商業主義や消費主義への嫌悪感は新進黒人アーティストたちにある程度共有されていると言えるかもしれ

ない。彼らの日常の言葉の端々に、作品のなかに、これを垣間見ることが出来る。

　ある時、私は黒人男性アーティスト2人［A1; A2］とMabonengのピザ屋で飲んでいた。2人とも結婚はしていないが、パートナーがいて子どももいる。そこで、子どもがいるとカネがかかるという話になる。「良いものをクリスマスとかに買ってあげなきゃいけないだろう。Woolworth[113]とかナイキとかアディダスとかのモノをね。変なモノを買い与えるわけにいかないんだ。PEP[114]じゃだめなんだよ。とくにNyangaやGuguletu[115]といったタウンシップに住んでいるとそうなるんだ。みんな、どこのブランドがいいとか言ってさ。A2はTroyevilleに住んでいるからまだましだけど、もしSowetoとかに住んでいたら子どもに良いものを買ってあげなくてはならなくて大変だぞ」［A1］。

　私が「僕はPEPのモノを持っているよ」と言うと、2人は冗談だろうという表情をして「そうだろう。黒人だけなんだよ。こんなこと言っているのは」と言う。タウンシップ（旧黒人居住区）に住む方が、旧白人住宅街のTroyevilleに住むよりも消費主義的志向が強く、見栄をはらなければならない。アパルトヘイトからの解放は、誰もが借金を出来る権利を獲得したことも意味したので、多くの黒人が借金を背負い、野心的な消費行動に向かっているのである［James 2014］。衣料品チェーン店が発行する専用クレジットカードで長期ローンを組んで高い洋服を購入する姿は普通に見かけるものであり、黒人の借金づけは社会問題として報じられることも多い。A2は「PEPで買うのはスリッパぐらいだなあ」と言う。

　A1はポストアパルトヘイトの消費主義と政党政治の関係を指摘する。「黒人か白人かというよりも、階級の問題になっているんだ。どんな仕事をして、どんな所に住み、どんな車に乗っているか。それが判断基準だ。マセラティに乗っているならば、その人は賞賛に値するといったようにね。タウンシップのコミュニティ会議なんかでは、働いていない者には発言する権利はない。それにANC支持者でなければ、誰からも認めてもらえないんだ」。

　彼はこの国の政党政治には距離を置きたいと語る。2014年5月に国政選挙が実施されたが、彼は投票しなかった。「この国の政治の腐敗は酷いものだ。Mbekiは降ろされ、Malemaは使うだけ使われてANCを追われた。この汚い

政治ゲームに付き合いきれないんだ。1994 年に投票して以来、俺は二度と投票所に足を運ばないと決めた。投票権があるということは、投票しない権利も獲得したということだからね。選挙の前になると、政党は T シャツとミリミールとサラダ油を有権者に配って、出来もしない約束をして回るんだ」。

第 2 節　奇妙な Maboneng

　Maboneng に集まる新時代の黒人は、西洋化してしまった自己に直面し、オルタナティブな生き方を模索している。こうした場を提供しているのが、Maboneng という「白人植民地」であることは興味深い。だが、Maboneng が黒人に新たな可能性を与えていると考えるのは早計であろう。人びとは違和感を感じながら、都市改良地区というアーキテクチャのなかで、アフリカン・アイデンティティを探求しなければならないからである。

　Maboneng を訪れる人たちは、世界各地にある Maboneng 的空間の経験者が多い。彼らはアーティストやクリエーターのようなクリエイティブ産業に属する人たちで、Maboneng は「ロンドンの Brixton に似ている」、「ロンドンの東部に似ている」、「ニューヨークの Brooklyn や Williamsburg に似ている」、「将来的にはベルリンの Prenzlauer Berg のようになるのではないか」、「ケープタウンの Woodstock と同じだ」というような語りをする。Maboneng 的空間は彼らにとって、見慣れた日常で、安心感をもたらす空間である。だが同時にそこは批判すべき空間でもある。彼らは時には自らがジェントリファイアーとなって、新たな空間を占有してきたが、ある時は、さらなる開発にともなう地価高騰によって、移転を余儀なくされた経験を持っている。Maboneng に厳しい批判を投げかけるジャーナリストとは一線を画しつつも、程度の差こそあれ、皆、Maboneng に批判的な態度をとっている。これは Maboneng に集まるような社会問題に対する意識の高い人びとにとって、Maboneng 開発を無条件に賛成するような態度は倫理的に不正義で、政治的に正しくないからである。彼らは一方的な Maboneng 批判をするのではなく、Maboneng に対してある種の潜在力も感じている。だが、うまく言葉にならない違和感を口にする。ニューヨークやパリでも活動しているヨハネスブルグ在住の米国人女性アーティストは

「Maboneng は変な（weird）な所だわ」と発してから、Maboneng とニューヨークのアート地区との類似点と相違点を語った。Maboneng に集う人びとの口から「変な」という表現を聞いたのは一度や二度ではなかった。Maboneng はまず「変な、奇妙な」という形容詞を付されてから語られる存在なのである。

　Maboneng は欧米都市のアート地区と比べると、街の生成過程が大きく異なっていると、ロンドン南部のジェントリフィケーション地区に住んだ経験があり、Maboneng に住むイギリス人アーティストは以下のように分析する。

　　Maboneng はとても組織化され、計画されたスポットだと思う。この場所だけがセキュリティが堅牢で、ここから一歩出たら不安になる。ここは、ロンドンやニューヨークのアート地区を目指しているのは明らかさ。でも似ているようで、それらとは違う。南アフリカならではのコンテキストで考える必要があると思う。例えば、ロンドンの南側、テムズ川の南側は北側よりも家賃がずっと安いので、移民やアーティストが多く住み着く地区なんだけれど、こうした地区で 1 つの開発が始まると、どんどんと周辺に広がっていくんだ。オーガニックにね。でもここは違う。1 つのデベロッパーが仕切っている。もし、Maboneng に可能性を感じて 3 ブロック先に洒落たレストランをオープンしたとするだろう。でも、だれも歩いて行けないよね。Newtown も同じだ。Newtown はさらに大きな開発だけれども、あの 1 点だけだ。数ブロック先のバーまで夜、歩いて行くのは怖い。強盗事件も起きていると聞くよ。［A5］

　このように欧米都市のアート地区の生成とは異なる Maboneng の「不自然さ」が語られる。Liebmann は Maboneng のコミュニティは、この街に住む人びとの手によるものであると主張するが、現実はデベロッパーによるお膳立てがなければ、南アフリカの都市再生は難しい。南アフリカの治安の悪さと相まって「奇妙な」空間が生まれてくる。

　Maboneng の持つ商業主義や消費主義の強さに対する違和感も、多くの人が口にする。とりわけアーティストたちにとって、アートは商品であるということを認めざるを得ないとしても、あからさまにこれに迎合する態度をとること

はない。

Newtown にあるアーティスト・プラットフォームは、南アフリカ国内のみならず、世界中からアーティストを呼び寄せており、常駐アーティストの他に、アーティスト・イン・レジデンスのプログラムによって、短期滞在アーティストを常時数名招聘している。このプログラムに参加しているアーティストたちは、Maboneng の Main Street Life に住居を提供されていた。アーティストたちは毎日、Newtown までインナーシティのなかを歩いて通わなくてはならず、彼らは道中を恐れていた。このアーティスト・プラットフォームに古くから所属する南アフリカのアート界の重鎮アーティスト［A7］は Maboneng の印象について、「Maboneng はビジネスの世界だからね」と Maboneng 的世界と自分たちの活動とは一線を画したい思いをのぞかせた。同プラットフォームは短期滞在アーティストのための住居を Newtown に所有することを検討しているという。そうすればアーティストたちは Maboneng から毎日 Newtown まで歩いてくる必要はなくなるからである。A7 自身は昔と変わらず、Alexandra タウンシップに住んでいる。

Maboneng が出来たことにより、アーティストたちは Maboneng に住んだり、ここで遊んだりしているが、彼らにとって、Maboneng がなくてはならない存在であると認識されているわけでは必ずしもない。Newtown のアーティスト・プラットフォームに所属している若手黒人アーティスト［A2］は、Maboneng に隣接する Troyeville に住んでいる。Troyeville は白人住宅街だったが、白人が郊外へと逃げ出した後に黒人が移り住んできた。家賃が比較的安いのでアーティストに好まれている。したがって、Maboneng に隣接しているから Troyeville に住んでいるわけではない。A2 は Newtown のスタジオに通って日中仕事をし、夜になると Maboneng に頻繁に遊びに来た。彼は Troyeville に住んでいる理由を「単に家賃が安いからだ」という。「将来は車を入手して、どこか郊外に住みたいと考えているんだ。まだ具体的にどこがいいかを考えたことはないけどね。郊外のほうが広い敷地を手に入れられるだろう。自宅に併設して、自分のスタジオを作りたいと思っているんだ」［A2］。

ニューヨークで活動し南アフリカに戻ってきて、イベント準備のために 2 ヵ月間、Maboneng で仕事をしてきた南アフリカ人女性舞台芸術家は、Maboneng

のことを「あまり面白いとは思わない」と言う。「ここ 2 ヵ月は、Maboneng
で仕事をしていたから通っていたけれど、今後はそんなに来るとは思わない
わ」［A10］。彼女の夫のアーティストも「Maboneng は商業的すぎて面白くな
い」［A11］と言う。とは言いつつも、この日は Maboneng のピザ屋でアーティ
スト仲間とともに酒を酌み交わし、語り、酔いつぶれ、大いに楽しそうだ。私
が「アーティストたちにとって、相応しい空間というものは果たしてあるのだ
ろうか？　ヨハネスブルグならどこだろうか？」と質問を投げかけると、「そん
な空間はないわ。どこでもよ。アーティストはどこでも活動出来るのよ。それ
がアートよ」［A10］と言う。彼らは郊外の Linden という白人の多い地区に住ん
でいる。

　アーティストにとって、とりたてて「相応しい」場所というものがないとし
ても、アーティストたちがどこに滞在し、活動し、遊ぶのかは、アート主導開
発の歴史とともに変遷してきた。南アフリカに 7 年滞在しているという米国人
女性アーティストは、移り変わるアートの拠点に関して次のように述べた。

　　昔は Newtown に住んでいたの。Sandton から Newtown に引っ越した
　のよ。Sandton の生活が本当につまらなくて。車での移動ばかりで隣近
　所との付き合いもないでしょ。Newtown に移ってから生活がガラッと変
　わったわ。Sandton 時代の友だちは誰一人として Newtown を訪れてくれ
　ることはなかったけれど。怖いと言ってね。だから Sandton 時代の友人は
　すべて失ったわ。でも、それ以上に Newtown で新しい友だちが出来たの
　よ。Newtown は歴史的にアートの拠点だったの。Market Theatre（劇場）、
　Bassline（ライブハウス）、Bag Factory（アート・スタジオ）、City Varsity
　（アーティスト養成学校）などが集まっていた。Maboneng よりもずっと歴史
　的にアートと強い関係を持っていたけれど、Maboneng の登場で一気にこ
　こに重心が移ったような気がするわ。Newtown の Sophiatown や Capello
　のようなレストランは毎晩のように人で賑わっていた。でも今はすっかり
　寂れてしまった。そして今ショッピングモールを造っているでしょう。全
　く違う街になってしまうわ。悲しいことだわ。10 年前は Melville に人が集
　まっていた。でも今は頻繁に行かなくなった。つぎが Newtown、そして今

は Maboneng。その次はどこかしら……。[A6]

　彼女の言葉は、今まさに輝きを与えられ、日々成長を続ける Maboneng の永遠の存続を信じて疑わない人びとに対して、現実を突きつける。Maboneng がアートの拠点として存続し続ける保証はどこにもない。

Maboneng に相応しいマイノリティ

　起業家精神に溢れ、競争力を持ち、社会問題に積極的に取り組むような責任感のある人間が Maboneng でもっとも歓迎される主体である。Liebmann が Maboneng プロジェクトのゴールを「賢明な（見識ある、啓蒙された）コミュニティ（enlightened community）」の創造であると明言していることは、すでに見たとおりである。

　Liebmann は「このコミュニティに集う人びとは自分自身を、代わりの利かない人間、あるいは、正面切って主流へ適応出来ない人間と意識しているタイプである」と分析し、よって「この地区はさまざまな所得グループに属する人びとに、ショップであれ、オフィスであれ、住居であれ、居場所を提供する」ことで、彼らを魅了しようとしている [Wilhelm-Solomon 2012, *Mail & Guardian*]。あからさまに利益を追求するようなグローバル資本主義の申し子のようなタイプはこのコミュニティには相応しくなく、クリエイティビティに富み、自己責任の下で、野心的に活動する小規模企業家を歓迎する。よって、路上商人はこれに含まれることはない。Maboneng はこの理想に相応しい人びとを惹きつけるための舞台を整えることに余念がない。

　Liebmann の理想が示すように、Maboneng は、ある種のマイノリティを受け入れる開放的な空間であると認識されている。Maboneng のコーヒーショップのバリスタは次のように語る。「ここは 2 つの世界が一緒になっています。ここは人びとが交じり合っていて、すごい人たちが集まっているんです。差別もありません。どんな人にも出会えます。ゲイにもレズビアンにも。しかも、彼らはみんなクールで、互いに語り合うんです。素晴らしいと思いませんか？　ここは大学のようです。まるで子どものように、楽しみ、生活し、良い暮らしをし、一生懸命働きます」[Rees 2013, *Mail & Guardian*]。

だが、Maboneng の目標は、この目標にそぐわない人を自ずと排除してしまい、この都市空間に入場したいものに、Maboneng 的な生き方を追求するための規律に従うことを暗黙のうちに強制する規律権力を備えていると言えるかもしれない。このコミュニティにもっとも相応しいのは「クールなマイノリティ」で、貧民や弱者ではない（貧民や弱者が包摂されるとすれば、援助を受けるときだけだ）。ゆえに、既述のような、階級文化に基づくネオアパルトヘイトが生じている。だが、この生権力に対する違和感は、階級の別なく、感じ取ることが出来るものでもある。よって、単純に富める者が、貧しき者を排除してしまうという経済アパルトヘイトの図式に落としこむことが出来ない側面を持っている。

　Afrikan Freedom Station というライブハウスが Sophiatown 近くにある。[116] ジャズを中心にさまざまなジャンルのミュージシャンたちが週末にパフォーマンスを繰り広げる空間で、そこはアート・スタジオとギャラリーも備えていて、若い黒人アーティストたちに活動の場を提供している。狭いライブハウスなので、目の前で演奏が聞け、客同士もすぐに打ち解けることが出来る。Maboneng とはひと味違う空間が気に入って、私は頻繁に通っていた。ある時、このライブハウスにいた女性医師［P1］とその夫と Maboneng の話題になった。彼らにとって、Maboneng は会食の場所という位置づけであり、日曜日のマーケットは「オーガナイズされすぎてつまらない」という。「Maboneng のことはあまり好きにはなれないわ。何というかクリエイティビティのある空間とは感じられないのよ。ここ（Afrikan Freedom Station）と違ってね」［P1］。P1 の夫も同意している。クリエイティビティの感じられないアート地区という評価は Maboneng にとって手厳しいものである。

　Maboneng で小さなショップを経営している黒人女性も Maboneng の醸し出す規律権力に対する違和感を口にする。「実を言うと、私は Maboneng が好きじゃないのよ。私はこの店を始める前も、ここでダンス教室などを開いていたので、けっこう初期のころからこの街との付き合いになるわ。でも、うまく言葉に出来ないけれど、Maboneng のやり方、哲学というものかな。それにあまり肌が合わないのよ。でも、稼がなきゃならないし、しょうがないわね。ヨハネスブルグには Maboneng の代わりがないのよ。そうはいっても、ビジネスの面でも Maboneng は良いとは言えないわ。だって、平日は全くお客さんが来ない

からね」［A8］。

包摂的コミュニティの理想との乖離

包摂的コミュニティという理想を掲げる Maboneng は、果たして本当に社会的包摂など目指しているのだろうかという疑念は、頻繁に呈されるものである。

私の家の窓から暗闇に包まれたストリートを見下ろして目を凝らすと、恐怖に怯え、発狂し、荒々しく飛びあがり、わめき声をあげている男の姿があった。男は警備員の手、警備員のひどく機械的な金切り声、振りかざされる懐中電灯の光から逃れようとしていた。

残念ながら、この光景は、Jeppestown のコミュニティメンバーが、Maboneng 地区の主動脈である Fox Street から分かれた路地を抜けて、道路の向かい側にある Fox Den という名前の *shebeen*（大衆飲み屋）の辺りで、よく目撃してきたものだ。彼は今、「光の場所」から迅速かつ強引に、暗闇の中へとエスコートされていくところであった。部屋のなかにいる私は安全であった。しかし、Main Street Life の元住民として私の胸を刺すような記憶の１つとなっている。この出来事は、Maboneng が掲げる「共に属する」というスローガンの持つ温かさを感じさせるものでは到底なかった。Maboneng のメッセージは明白であると思われる。「あなたのことを歓迎します。ただし、この色に染まれる場合に限って」。［Rees 2013, *Mail & Guardian*］

「Maboneng、私は島である」と題する Malcolm Rees という経済ジャーナリストで Main Street Life の元住民によるレポート記事の冒頭は上記のように始まる。記事は闇の都市に異様な輝きを放つ光の島の「真実」が辛辣に描かれている。同記事は、警備と監視が行き届いた再生空間において、巧妙な排除が行われていると主張し、「見識ある統合的な都市近隣を、本当につくりあげる気はあるのだろうか」と疑問を投げかける。そして「さまざまな所得階層の融合を目指しながら、貧困地区で芸術家気取りのエリートばかりに、住居と商業施設を提案している矛盾に満ちた挑戦である」と言う。「すべての人びとのため

のコミュニティをつくるという Jonathan Liebmann の賞賛に値する理想に反して、実際は既存の Jeppestown のコミュニティを疎外してきたのではないだろうか？……Jeppestown のコミュニティはここにずっと長い間存在してきた。Maboneng がしたことは、この地に来て、真のコミュニティを追放したことだと批難されている」[Rees 2013, *Mail & Guardian*]。

　Maboneng が自己の発展のために周辺コミュニティを利用しているという声が聞こえることを、同記事は以下のように伝えている [Rees 2013, *Mail & Guardian*]。

　Maboneng の街路では周辺コミュニティの子どもたちが遊んでいる姿をよく目にする。北部や東部郊外に住むボランティアたちが、寄付されたスケートボードで遊ぶ経済的に恵まれていない子どもたちを見守っている。だが、すべての人が楽しめる場所となるまでは、長い道のりであろう。ボランティアを経験した Main Street Life の住民は、自分たちの活動がより広範なコミュニティと有機的に結びついていくにつれて、皮肉にも Maboneng のコミュニティから分離されている感覚に陥ったという。そこには、Maboneng の理念が生み出すパラドクスが露にされる。同ボランティアは「Maboneng はこうした活動を『利用』して、社会的責任を果たしたいと考えていますが、彼らは周辺コミュニティの人びとに、ここをうろついてほしくはないのです。Maboneng はストリート文化を欲していますが、それは良い物に限ります。彼らはグラフィティを欲しますが、それは管理されていなければなりません」と述べる。

　同記事を書いた Malcolm Rees は土曜の朝に、私有化されたストリートでスケートボードを楽しむ子どもたちの姿を眺めることが好きであった。だが、ピザ屋のそばで、いつも明るい笑顔で、Rees に挨拶をしてくれる友人たちが、容赦なく険しい顔をした警備員に追い払われるとき、呵責の念に襲われると吐露する。警備員は子どもたちがブラついていたり、物乞いをしたりしていれば追い払い、夜 7 時以降、外からくる子どもたちの入場は認めない。先のボランティアは Maboneng の従業員たちの持つもっとも素晴らしい志が、会社の野心によって汚されてしまったと感じていて、統合されたコミュニティという語りは「ごまかし」に過ぎないと言う。

　統合されたコミュニティという理想を目指す際の留意点を、インナーシティ

散策ツアーを実施している Dlala Nje 文化センターの Mike Luptak は次のように述べる。「統合を強制することは出来ません。それは社会を構成するすべての人びととの協力によって起きることです。もし有機的な転換を望むならば、内側からプロジェクトを実行することがとても重要です。都市の統合的コミュニティを機能させるには、その一部になるしか方法はありません。彼らを包摂し、コミュニティの一部になることで、彼らはあなたがたを尊敬します。あなたの行為そのものではなく、それをする理由に人びとは賛同を示すのです」[Rees 2013, *Mail & Guardian*]。

第3節　境界侵犯

ボーダーレス・ゴート

アーティストの Marcus Neustetter と Alexandra タウンシップ出身の 10 人のアーティスト、ジンバブエとモザンビーク出身の 6 人のアーティストとのコラボレーションによるインスタレーション作品、"Borderless" は、都市改良地区が生み出した境界を侵犯する試みで、Alexandra タウンシップから連れてきたヤギを、Sandton の 5 つ星ホテル、Michelangelo Hotel の玄関先に置くという作品だった。「早々につまみ出されるだろうという予測に反して、Michelangelo Hotel のドアマンの黒人男性がヤギをいかにして手懐けるかを披露してくれた」と Neustetter は言う。[117] 都市改良地区によって築かれた見えない境界線が、ほんの一瞬だけ綻びを見せた瞬間だった。Maboneng を中心にヨハネスブルグで活動するアーティストたちは、都市空間が物理的、非物理的境界線を築いて、他者を生み出していることに対して敏感に反応し、この状況に風穴を開けるために境界侵犯を試みる作品を生み出している。

アーティスト・イン・レジデンスで Maboneng に滞在していた英国人のアーティストは、音を主題に作品を作っていた。車の中から集音器で外部の音を収録してから音を編集し、展覧会場のスピーカーでその音を流し続けるといった作品を手がけていた。彼は作品の意図を次のように説明した。「南アフリカは治安が悪いということもあり、車の中という私的空間が重視されている。公共空間よりも私的空間が大事なんだ。なので、車のなかから外部の音を収録してい

る。つまり、彼らにとっての都市の音とは車のボディを通して耳にするものなんだ。これが彼らにとっての日常の音なんだ」［A5］。

　ヨハネスブルグの中間・富裕層にとって、インナーシティの混沌とした世界を歩くことはありえないことである。インナーシティのイメージが変化している昨今でも、中間・富裕層が都市を日常的に歩くことはまずない。点から点へと車で移動することが、ヨハネスブルグで安全に暮らすための鉄則である。インナーシティの路上商人を支援し、インナーシティ・ツアーを実施したこともある地理学者でアーティストの Ismail Farouk は「ヨハネスブルグを歩くことは、階級、人種、犯罪、恐怖、パラノイアに強く結びついている」と指摘し、この殻を打ち破る必要があると説いている［Buys 2009, *Mail & Gurdian*］。

　近年、インナーシティに対する偏見を打ち破ることを目的とする活動が始まってきた。毎月1回開かれている Critical Mass は、街歩きのハードルが高いならば、せめて自動車から降りようという運動である。これは夜間のインナーシティを数百台の自転車で、一斉に走り抜けるイベントで、Maboneng は休憩地となっていて、サイクラーが月一度大量に訪れる。インナーシティのガイド付きツアーも盛んになってきた。私はいくつかのツアーに参加したが、参加者はかつてインナーシティに住んでいて懐かしみを覚える白人、郊外生活に退屈している新世代の白人、外国人観光客などであった。

安全地帯からの脱出

　フランス人の女性パフォーミング・アーティスト［A18］は、GOODCITY でアーティスト・イン・レジデンスとして3ヵ月間滞在して「歩きながら変わること」というプロジェクトを実施した。これは、ヨハネスブルグのインナーシティを歩き、その体験を他の人びとと共有するという試みであった。

　彼女は2013年に Strasbourg の芸術大学で修士号をとったところであり、都市空間にインパクトを与えるパフォーマンスをすることに関心があるという。公共空間と演劇との関係を研究したという彼女は「演劇は劇場のなかだけのものではなく、都市全体が劇場であり、そこにいる誰もが俳優である」と考えている。彼女は短期間だが、過去に一度ヨハネスブルグに滞在したことがあり、その時の経験が、今回のプロジェクトのきっかけとなった。その時は大学と宿

舎とナイトクラブの３点をアレンジされたバスかタクシーで移動するだけだった。この経験は彼女にとって衝撃的で、頭の片隅に残っており、いつかヨハネスブルグを歩きたいと考えていたと言う。大学院を終えて、ヨハネスブルグでプロジェクトを実施したいと、VANSA（Visual Arts Network of South Africa）のウェブサイトなどからヨハネスブルグでアーティスト・イン・レジデンスの募集をしている団体を探し出して、次々とメールを送ったところ、GOODCITYが受け入れを表明してくれ、Mabonengのバックパッカーズに３ヵ月間無料で滞在出来、GOODCITYのオフィスと設備を使わせてもらえることになった。彼女のプロジェクト概要を記したパンフレットには以下のように書かれている。

《歩きながら変わること》

　私にとって都市を歩くことは文字通り、思考し、実験し、出会い、生活するための《あなた自身の方法》を創造することを意味します。

　このプロジェクトは歩くことです。他者と都市の実践を共有することであり、歩行者と周囲の空間との間に起こる摩擦を伝えることです。歩くことは身体を使って都市に線を引くことです。それは、非常に脆い、同時にさまざまな場所と場所を結びつけるような、結び目となるでしょう。歩くことは、ヨハネスブルグを描く決まりきった方法を変化させ、ヨハネスブルグに蔓延（はびこ）っている、ある種の偏見を乗り越えるための過程の始まりとなります。歩くことは芸術活動でもあります。つまり、新しい視点と態度を創造する方法でもあるのです。このプロジェクトでは、歩くことが都市におけるパフォーマティブな行為へと進化して、主体的で創造的な要素が加わることを想定しています。

　私たちは何をするの？　私たちは歩きます……たくさん！

　Maboneng地区が出発点ないしは終着点となります。

　2種類の歩き方を実験します。①１人で歩くこと。②一緒に歩くこと。

　私は歩きながら一緒に歩いてくれる人を見つけて、都市における彼らの経験（これは知識とは違います）を共有します。歩行の結果は、この主体的な実験を伝える作品へとまとめあげます。

　次の段階で、都市におけるパフォーマティブな行為を実施します。これ

は「歩行を演じること」です。例えば行商人が使っているトロリーのようなモノを使って、モノとともに歩きます。

　レジデンシィの最後に小冊子を発行し、この経験を共有してから、バトンを次の人に手渡します。

　ヨハネスブルグのインナーシティを女性1人で闇雲に街歩きをすることは憚られることなので、彼女はMabonengや周辺地区の人びととネットワークを構築して、彼らと一緒に歩いた。地元の人たちと一緒に歩いた記録は地図とともに1冊の小冊子にまとめられ、GOODCITYの最終プレゼンテーションで販売された。小冊子の冒頭には次のように書かれている。

　2012年8月に私が初めてヨハネスブルグに来た時のことを思い出します。私はまず、フラストレーションを感じました。地面に触れることが全く許されないかのようでした。きちんと都市を「見る」時間はありませんでした。タイヤの厚み、車体、セントラル・ロッキングによって外界から遮断され、アスファルトの上を回転する車の窓枠を通して、私はヨハネスブルグを見ました。歩くこと、漂流すること、道に迷うことなく、都市で生きることは可能なのでしょうか？　その後、私は歩くチャンスを得ました。でも私がフランスで慣れ親しんだものとは全く異なる感覚でした。自分の振る舞い、私の見た目、近隣の醸し出す雰囲気、歩く時間帯を気にしながら……

　パリからヨハネスブルグへの移動は地理的な変化を意味しますが、とりわけ精神的な変化なのです。いかに都市のなかで身体の場所を捉えるのかという問題を私に突きつけます。

　私は歩くというプロジェクトをするために、ここに戻ってきたかったのです。ヨハネスブルグを理解するためでも、私が学んだことを教えるためでもありません。ヨハネスブルグに対する偏見を克服するために、私が都市を描く際に、その方法が変化していく過程を示したかったのです。これは私自身が安全地帯から脱出することでもあります。

結局、A18 は 19 人の地元住民と一緒に 20 のルートを歩いた。小冊子には手描きの地図と、各歩行の記録が 1 ページで紹介されている。彼女が一緒に歩いたのは、コンゴ人アーティスト、ナイジェリア人パン屋、南アフリカ人アーティスト、ジンバブエ人の宿泊施設従業員、南アフリカ人の宿泊施設従業員、レソト人の社会起業家、南アフリカ人の警備員などであった。インナーシティにしっかりと根を張って生きる人びとの暮らしを垣間見ようという試みであった。彼らが家やオフィスに向かうときや、ガイド役を買って出てくれたときなどに彼女は一緒に歩いた。小冊子には一緒に歩いた人の紹介、目にしたもの、自分の心の変化、都市との対話、社会的背景などが、コンパクトに文学的に記されていて楽しめる。黒人の街となったインナーシティを白人女性が歩くことの意味、そしてインナーシティ歩きが彼女にいかなる影響を及ぼしているかを巡る興味深い一節がある。

> （同行者の）Charles が「数年前まで黒人コミュニティを歩いている白人は警官かカトリックの宣教師だけだった」と言いました。私はここに来て、NGO の人ですかとよく尋ねられます。でも私は銃も十字架も隠し持っていないし、チャリティでここに来たわけでもありません。ただインナーシティを歩くことが好きなんです。賑やかなストリートと、自分自身とその環境を意識することが好きなんです。しっかり意識しなければならないという事実が好きなんです。フランスでは気づくことすらなく、容易に都市によって操作され、吸収されてしまいます。ヨハネスブルグでは、都市空間が私を目覚めさせ続けるのです。

彼女の歩いた全歩行記録を描いた地図が、最終プレゼンテーションで展示され、彼女独自のさまざまな発見の記録を聴衆とシェアした。聴衆にはふだんは GOODCITY のイベントに訪れることはない彼女と一緒に歩いた地元の人びとが招待されていて、それぞれ感想を述べた。都市問題に関心のある中間層の集まり的なものとなりやすい GOODCITY のイベントに普段とは異なる空気を運び込むことに成功した。

宝（ガラクタ）探し

2014年3月にGOODCITYで"Trashure Hunt"というアートイベントが開催された。主催したのはプレトリア大学芸術学部で講師を務めるパフォーミング・アーティストで舞台監督［A19］だった。Trashure Huntとは宝（treasure）をガラクタ（trash）ともじった宝（ガラクタ）探しゲームである。街全体を舞台に「宝探し」をすることで、人びとがインナーシティを歩くという新しい経験をする機会を生み出すことが目的だった。

私はこのイベントのオープニングの1週間前に、街歩きプロジェクトを実施していたフランス人アーティスト［A18］と一緒に宝探しの予行演習をした。まずヒントが書かれた地図を見せられ、それを記憶して、街に出て、目的地に備え付けられている「宝」を探しあてるという手順になっていた。この予行演習でComissioner StreetにあるFairview消防署の火の見櫓が宝探しのための第一目標であるということが分かった。

1週間後、GOODCITYで「宝（ガラクタ）探し」のオープニング・イベントが開催された。明日から1週間のうちに誰が一番早く「宝物」を探し出すかを競うゲームであると説明された。会場には20人ぐらいが集まっていた。私の友人の都市人類学者［R1］も会場にいて、彼はA19と友人だと言った。

オープニングから4日が経ち、終了日の3日前になっても、まだ誰も「宝物」を発見していないと私は伝え聞いた。そこで、最終日の前日に、先の都市人類学者と「宝探し」に出かけた。私は「宝箱」がどこに設置されているかをすでに知っていたので、彼にすべてを託すことにした。「ヒントを覚えているか」などと言いながら、われわれはJeppe駅前のマーケットを抜けて、伝統医の絵が描かれた壁を眺めながら、Comisioner Streetに出た。後はひたすら消防署を目指すのみで順調である。R1は毎日のようにこの通りを車で通過するが、歩いたことは初めてだったようだ。まず教会の多さに驚いている。通り沿いの塀や家の壁の至る所にグラフィティが描かれている。有名なアーティストの手によるものもあるようだ。彼は熱心に写真に収めている。

ようやくわれわれは消防署にたどり着き、窓口で「宝探しをしているんだけれども……」という。署員に話は通じていて、1人の消防士が案内してくれる。この1週間誰も来なかったという。消防士とともに火の見櫓を登る。予行演習

の時にはなかった「宝箱」がしっかりと鎖留につながれていた。私が知っていたのはここまでで、ここから先は私にとっても「宝探し」の始まりとなった。頂上の手すりにはプラスチック製の金メダルが掲げられていて、マジックで"Tailor @ Station" と書かれていた。「宝箱」を開けるとなかには A4 の紙が一枚入っていた。紙には紙飛行機が折れるように点線が書き込まれていて、"Fly back to the station" と書かれている。これで駅のテイラーのところに行けば良いという見当がついた。われわれは火の見櫓の頂上で、消防士からヨハネスブルグ市の消防事情の説明を受けて、消防士と一緒に記念撮影をし、何段もの階段を降りて地上に戻り、消防士に礼を言ってから、Jeppe 駅に向かった。

　帰路は表通りから 1 本入った Fox Street を引き返した。消防署を出てすぐに火事で焼けおちた一軒家に出くわす。消防署の目の前だというのに皮肉である。われわれがその建物を眺めていると、近所から人が出てきて、「火事になっても消防車も来なければ、誰も助けてくれなかったんだ」とわれわれに訴える。Fox Street には 1920 年代の一軒家も多く残っている。朽ち果てた建物の外壁にはグラフィティが描かれていた。途中に古い郵便局跡のビルなども残っている。白人住宅街はすっかり新たな住民に入れ替わっている。大量の生きたニワトリをカゴに入れて売っているニワトリ屋もある。われわれは歴史ある西洋建築と新たなアフリカ移民の異種混交を発見して感激していた。

　Jeppe 駅まで戻り、駅前のマーケットでテイラー探しをする。駅前には何人ものテイラーが店を開いているので、どのテイラーかは分からない。Jeppestown の町をつくったのは Julius Jeppe という人物で、ヒントには Julius Jeppe の名前も書かれていた。われわれは当てずっぽうで 1 人のテイラーに「宝探しをしているんだけれど、何か知っていますか？」と聞いてみる。だが、彼は何の話か分からない様子だった。彼に名前を聞くと「Julius」だという。Julius Jeppe と同じ名前である。われわれは彼がしらばっくれているものと思い、しばし世間話などをして、「宝物」を差し出しくれるのを待つが、どうやら名前は偶然の一致で、彼は全く関係なかったようだ。そこで、別のテイラーに「宝探しをしているんですが……」と探りを入れてみる。すると、しばらくして、彼は笑いながらミシンの脇に置いてあったポーチのなかから、古いメダルを取り出す。ついにわれわれは「宝物」を見つけ出すことに成功した。R1 は

A19 に「宝物」を見つけたことを携帯メッセージで報告すると、A19 より「明日の報告会に来るように」と返信があった。

　GOODCITY で開かれた翌日の報告会で、R1 は道中熱心にとった写真をおりまぜながら、いかにわれわれが宝探しをして、街歩きを楽しんだのかをプレゼンした。結局、われわれ以外に「宝物」を発見した人も、「宝探し」をした人もいなかった。R1 と私は友人で、R1 と A19 も友人で、私も A19 と一緒にこのイベントの予行演習までしていたので、結局、このイベントは「身内の会」で終わってしまった。ヨハネスブルグの平均的中間層から逸脱した人類学者の 2 人だけしか参加しなかったということだ。このようにイベントによる街歩きの経験の機会を生み出しても、中間層がインナーシティを歩くことの障壁はとても大きいものなのである。

第 4 節　「闇の都市」のアジール

　「報復都市」的な公権力の横暴に苛まれる「闇の都市」でも、ささやかなアジールを難民に提供することもある。

　Maboneng の映画館で働くジンバブエ人の青年［A17］は、映画カメラマンでもある。数々の有名なドキュメンタリーやフィクションでカメラを回してきた。ジンバブエにいたとき、彼は映画産業に携わっていたわけでも、アーティストだったわけでもない。ヨハネスブルグに来て初めてカメラに触ったという。彼はジンバブエにいた時は交易商人だった。ザンビアやコンゴなどに越境してモノを売りさばいていた。しかしながら、政情不安が続きジンバブエで仕事が見つけられなくなった。もはやジンバブエにとどまるという選択肢はなくなった。

　初めて南アフリカ国境を越えたのは 2005 年のことだという。当時は南アフリカのことは何も知らなかった。Masvingo からバスに乗ってリンポポ川の手前の国境の町、Beitbridge まで来た。夜になるのを待ち、20 時ぐらいに闇夜に紛れて川を渡った。「クロコダイルのいるような川だよ。どのくらいの川幅なのかまったく検討もつかない真っ暗闇をただひたすら渡ったんだ。渡り終えたところは国立公園のなかだった。途中でいなくなった人たちもいた」と彼は語る。

　リンポポ州の農園で 1 年ぐらい働いた。その間も定期的に両国を行ったり来

たりしていた。サッカー・ワールドカップに向けて建設された Polokwane のスタジアム建設にも携わった。「僕は溶接技術も持っているから、重宝されたんだ」。ジンバブエに一端戻って、訪問者ビザを取得して再入国したこともあったという。

2007 年の終わりに、スタジアム建設が終わり、仕事を失ったときに、彼はヨハネスブルグに行くことを決心した。ミニバスに乗って夜の 22 時にヨハネスブルグの中心街で降ろされた。「ここがヨハネスブルグだぞと言われてね。ポケットの中には 20 ランドしかなかった」。

彼は路上生活を余儀なくされた。そして 2008 年に警察に窃盗容疑で捕まった。警察官から乱暴な扱いをうけ、携帯電話もパスポートも取り上げられて、パスポートは破り捨てられた。彼は再び路上生活を続け、再び警察に捕まった。今度は違法入国容疑だった。パスポートを持っていなかったからだ。彼は 5 ～ 6 ヵ月間、留置場に入れられた。釈放されたとき、彼はまさに着の身着のままの状態で、手元には何もなかった。こうしてたどり着いたのがヨハネスブルグのインナーシティにある Central Methodist Church だった。ジンバブエ難民をはじめ、外国人たちのアジールとして Central Methodist Church は中心的役割を果たしてきた [Kuljian 2013]。2008 年当時、ゼノフォビアによる暴力がヨハネスブルグで吹き荒れていた。彼が教会にたどり着いたとき、多くの外国人がこの教会に身を寄せていたという。この教会が彼の人生を大きく変えた。教会ではさまざまな教育支援を受けられたが、そのひとつに映像カメラの撮り方があった。「自分が映画を撮ることになるなんて考えたこともなかった」と彼は言う。最近、少しずつ撮影の仕事の機会をもらえるようになってきた。「いろいろな人とネットワークをつくることを大事にしている」という。自分でインナーシティのドキュメンタリーを撮る機会も得た。その作品が評価されて *Miners Shot Down* の第二カメラマンを務めることが出来た。「Sandton で Ramaposa のインタビューも撮ったし、毎日のように Marikana に出かけたよ」。イタリア人監督と撮ったモザンビーク人の女性交易人の物語は編集作業中だという。「彼女たちはモザンビークから食品を持ってきて、それらを売り、ヨハネスブルグに一晩滞在して、電化製品などを Faraday のマーケットで買い込んで、モザンビークに戻って販売する。これを 2 週間ごとに繰り返しているんだ」。

カメラマンの仕事は不定期なので、Maboneng の映画館でアルバイトをしながら何とか生計を立てている。突然仕事が舞い込んでくることも多く、一度私と飲みに行く約束をしていたときに、突如撮影の仕事が入って延期となったこともあった。そのときは労働組合の会議の場面を撮影に行ったという。

これまでオランダ人、スペイン人、イタリア人、アメリカ人の映画監督と一緒に仕事をしてきた。彼はそろそろ自分の映画を撮りたいと考えていて、Goethe Institute のアート支援プロジェクトに申請準備をしている。内容はジンバブエ難民である。自分を育ててくれた Central Methodist Church 付属の Albert School を舞台にしたドキュメンタリー作品を撮りたいと考えている。10人のジンバブエ難民学生に焦点をあてるという。Albert School で学んだ後、大学に入学した最初の学生が今年、大学を卒業する。そこで、彼らの生活を追いたいと考えている。

彼はこのようなチャンスを掴む可能性を得られたのも Maboneng のおかげだと感じている。「Maboneng は Sandton と違っていろいろな人を惹きつける魅力がある。ここでいろいろな人に出会い、アイデアを分かち合うと、自分が難民だということを忘れることが出来るんだ。ここが自分の場所だってね。だから僕はここが好きだ」。だが、同時に難民への風当たりが強いと感じるときもある。「こうしたとき、そろそろ南アフリカを出たいと考える」。彼はこの相反する感情を常に揺れ動きながら、新たな空間でアイデンティティを探し求めている自分と同じような境遇にある移民・難民たちの姿を映像に収め続けている。

第5節 アフロフューチャリズム

アフリカン・ディアスポラであるアメリカ黒人芸術家や活動家たちが、SF 的世界感を前面に押し出し、未来志向型の新たなアフリカン・アイデンティティを探し求める、「アフロフューチャリズム（*Afrofuturism*）」と呼ばれる芸術運動が米国で始まっている［Womack 2013］。これは新時代のパン・アフリカニズムの到来なのかもしれない。

アフロフューチャリズムの影響を受けて運動しているデトロイト出身の黒人女性キュレーター、Ingrid LaFleur は、Maboneng に短期滞在して、『パラ

ダイスが育まれる場所（Where Paradise Grows）』という題名の展覧会を行った。[118]
Maboneng の Goethe on Main を会場に開かれた同展覧会の解説パネルは以下の
ように展覧会の主旨を説明する。

Where Paradise Grows「パラダイスが育まれる場所」

「未来はすでここにある。だがそれは平等に分配されてはいない」

——William Gibson

"Where Paradise Grows" はデトロイトに拠点を置くアーティスト集
団 Complex Movements による双方向的パフォーマンスアート・インス
タレーション、"Beware of the Dandelions（タンポポに注意）" の活動の
舞台裏を垣間見るものである。活動開始から 2 年間たち、Beware of the
Dandelions は、ヒップホップの美学の上に建てられたポスト終末論的 SF
寓話として、そして、複雑科学の教訓を具体化するために出現した。

Complex Movements は視覚アーティストの Wesley Taylor、詩人で活動
家の Invincible、クリエイティブ・テクノロジストの Carlos Garcia、音楽
プロデューサーの Waajeed からなる。建築家 Aaron Jones とのコラボレー
ションで、Complex Movements は双方向的ヒップホップ・パフォーマン
ス、オリジナルの歌、プロジェクション・マッピング、クリエイティブ・
テクノロジーを通して刷新を続け、アート、音楽、科学、社会正義運動を
連動させる探求である。本展覧会は完了前の彼らの活動を、瞥見するまた
とない機会である。

タイトルの "Where Paradise Grows" はデトロイトの侵襲性のある非自
生種植物の Asian Paradise Tree にちなんでいる。これはデトロイトが現
在経験している同時代の植民地化のメタファーである。

"Where Paradise Grows" は AFROTOPIA と呼ばれるより大きなプロ
ジェクトの一部分である。AFROTOPIA はデトロイトとその周辺地区で展
開されているトランスフォーマティブ教育のツールの 1 つであり、アート
運動であるアフロフューチャリズムを活用している。

Ingrid LaFleur, キュレーター

　「この展覧会は変貌を遂げゆくメトロポリスであるデトロイトに触発されたデトロイト在住のアーティストたちのコラボレーションを通して、複雑科学と社会正義を連動し探求するもの」で、「デトロイトとヨハネスブルグというディストピア的な空間こそがパラダイスを生み出す潜在性を秘めている」と LaFleur は言う。

　キーワードは「タンポポ（dandelion）」、「波粒子（wavicle）」、「アリ（ants）」、「ムクドリ（starling）」である。いずれも定形を持たずに常に揺れ動き、偶然性をもとに新たな形を生み出して常に刷新を続けるようなイメージを想起させるものだ。それぞれの用語は壁面に貼られた A2 用紙で解説がなされていた。各用語の本来の特性をまず説明し、これをいかに社会正義のための運動に活用出来るかを模索したものとなっていた。

　彼らの展示には、ドゥルーズ & ガタリ［1994］の「リゾーム」や、ネグリ & ハート［2003, 2005a, 2005b］の「マルチチュード」の概念に触発された痕跡を見ることが出来る。地下茎がからみ合うかのように、核を持たないさまざまな社会組織が結びついて、どこからともなく機能し、社会正義を追求していくマルチチュードの出現というポストモダン的世界を描き出す。これを都市の統治にいかに応用して機能させるのか。彼らは都市が 1 つのエコシステムであることを強調する。展示パネルには次のように書かれている。

　　どんな都市も 1 つのエコシステムである。都市を変革するためのどんな運動も、複雑で自己組織化されたシステムで、相互依存関係の層から成り立っている。Beware of the Dandelions の登場人物やグループは、今日のデトロイトとその周辺におけるコミュニティメンバーのマルチチュードと、シナリオによって喚び起こされた合成のスケッチに基づいている。これらのプレイヤーは彼らの旅を通して多くの緊張と挑戦に対して、仲裁することを任されているのである。

　展示では社会におけるキーパーソンが、網目状に形成された都市のエコシス

テムを形づくり、問題解決に向かうことを図示している。デトロイトでいかにマルチチュードの活動が生まれているのかを展示は強調している。デトロイトの抱えている問題は、ヨハネスブルグも同様に抱えている。これらは果たしてヨハネスブルグに応用可能なのだろうか。同展覧会のウォークアバウトが2014年8月3日に開かれた。

　LaFleur は、昨今デトロイトで起きていることは、公園の私有化や水の私有化のような、公共財の私有化であると指摘する。このプロジェクトが目指していることは、科学と社会正義を一緒にすることで新たな価値観を創造することにあると言う。LaFleur は今回が3回目のヨハネスブルグ訪問だが、ますますヨハネスブルグとデトロイトとの共通性を感じている。彼女は両都市の共通点として、荒廃した CBD とその再生への動き、両都市とも移動に車を必要とする点、公共空間が限定されている点、分断された境界線が存在する点、セキュリティの民営化が生じている点などを挙げる。「この2つの都市の対話が今こそ必要で、これからデトロイトのアーティストをヨハネスブルグに送り込み、逆の動きも促していきたい」と LaFleur は希望を語る。

　「アフロフューチャリズムは黒人の解放運動である」と LaFleur は言う。その手段は建築であり、ファッションであり、音楽であり、文学であり、ありとあらゆる表現手段を用いたものである。場所ごとにアフロフューチャリズムの意味合いは異なってくる。当然、ブラック・アメリカンとアフリカ人とではその捉え方は異なる。とはいえ、ディアスポラたちは文化的根幹のつながりを大事にしており、アフリカにいつも立ち返りながら、そのコスモロジーを体現しようとする。したがって、「アフリカは常にアフロフューチャリズムの中心」である。

　聴衆から「アフリカに生まれ、アフリカで生活してきたけれども、まだアフリカとは何か分からない」というコメントが出る。これに対して LaFleur は「だからこそ、未来の世代を担う子どもたちに私はアフロフューチャリズムを教えています。未来とは現在のことであり、現在について考えることでもあるのです。アフロフューチャリズムはリアリティを持ったものなのです」と応じる。

　聴衆の大半は南アフリカ人か南アフリカに拠点を置くアーティストのようだった。会場には何人かの顔見知りのアーティストと社会運動家がいた。ある

第 10 章 「光の都市」の葛藤　　*387*

黒人アーティストが南アフリカの黒人アーティストが置かれた立場の葛藤を吐
露する。

　　タウンシップ出身のアーティストは、民主化後 20 年経ってようやく、黒
　人コミュニティと関与し始めていると思います。つまり、これまではタウ
　ンシップを離れて、ギャラリーとおカネを持っている白人をターゲットに
　芸術活動をしてきましたが、今、黒人アイデンティティの再創造を目指し
　始めているのです。でも、20,000 ランドの絵をタウンシップで販売するの
　は難しい。Soweto の黒人とわれわれアーティストはいかに対話をしていけ
　ばよいのかが問われているのではないでしょうか。アーティストはこれま
　で、黒人を対象としたとしても、それは一部の黒人が相手でしかありませ
　んでした。大衆との対話をして来ませんでした。どのようにしたら、こう
　した対話の空間はつくれるのでしょうか。アーティストは狭い世界にいる
　と思います。アーティストの集まりはいつも同じ顔ばかりで、新しい顔を
　見ないのです。

　Soweto 出身だという黒人女性アーティストはこれに呼応して次のように述べ
た。「アーティストは何を提供出来るかを常に考えるべきだと思うわ。Soweto
にもコミュニティホールもありますし、アート・フェスティバルもあります。
どういう形で、自分たちの出身地と関わるかを真剣に考えるときが来たと思う
わ」。
　これに対して、LaFleur は次のように応答する。「アーティストは両方のマー
ケットで働くことが出来るのではないでしょうか。20,000 ランドの絵を売るこ
とと、手頃な価格の絵を売ってコミュニティとの対話をすることは両立出来
るんじゃないかしら。米国でも同じようなことが起きています。デトロイトの
ギャラリーもほとんどが白人経営で、黒人経営のギャラリーは 2 つぐらいしか
ありません。こうしたなかでも、黒人アーティストによるダンスパフォーマン
スといった活動がオーガニックに生まれています」。
　ジンバブエ難民で映像カメラマンをしているという青年は「ジンバブエに
はアーティストが集まる空間（今いるこの場所のようなもの）がない。こうした

展覧会は他のアフリカ諸国でも実施して欲しい」とまず、このような機会を得られたことに謝意を示した。そして「ストリートを見回せば、たくさんの才能溢れる人に出会う。けれども彼らを受け入れる社会になっていない」と、Maboneng のような空間に立ち入ることの出来ない無数の無名アーティストたちの存在に気づかせる。

　他にも、アーティストたちがヨーロッパ基準でアーティスト活動をしており、自分たち（アフリカ人）のスタンダードというものがないことへの懸念が表明されるとともに、タウンシップや農村部は大きな潜在力を持っていて、経済的な側面でもインセンティブがあるのではないか、そのうえ社会的インパクトも大きいといった意見が出される。

　民主化後 20 年が経ち、黒人アーティストが育ってきて、彼らのなかには成功者も生まれてきた。これまで、白人マーケットを目指し、「白人化」することで成功してきた新世代の黒人のアイデンティティは揺れ動く。彼らは再び自分の生まれ育った世界や先祖の世界に思いを馳せるとともに、民主化後 20 年経ってもますます厳しい生活を強いられている大多数の黒人の具体的な生活に対して、アートの無力さを感じている。彼らはタウンシップの世界を描き、白人世界に伝える役割をこれまで果たしてきた。今後は、直接的にタウンシップにインパクトをもたらすような活動を始めるべきだと感じているのである。彼らの葛藤はまさに、構造的不正義への責任をいかにとることが出来るのかという問題にあると言えるだろう。

第 6 節　批評空間の提供

　PT 社の CSR 部門である GOODCITY は、Maboneng 開発に対する批判を和らげる役割を果たそうとしている。彼らは頻繁に都市関係者が集まるイベントを開催したり、都市関係の研究会や会議に出向いたりして、Maboneng 開発は批判にあたらないと主張する。ときには感情的な応酬になっていると感じられることもなくはなかったが、彼らのプレゼンテーションは説得力のある理路整然としたものである。GOODCITY のディレクターは常に「Maboneng はこれまでただの一度も既存住民を追い出したことはなく、空いた工場や倉庫を再利用

したに過ぎない」ことを繰り返す。こうした語りは、GOODCITY が主催・共催するセミナーやワークショップの冒頭に述べられるだけではなく、ときには路上の会話でも繰り広げられた。

　GOODCITY は月一回、CITYFORUM（仮称）というアフリカの都市問題を考えるグループのイベントに場所を提供している。アパルトヘイトが生み出した負の都市計画に足を取られ、ポストアパルトヘイト政府が公的な役割を放棄しているなか、いかに自分たちの手で都市問題に対処していくことが出来るのかなど、Maboneng に集まる人びとは、問題意識を共有して、自分たちの生活する都市をいかに変革していくか議論を重ねている。毎回、2 人程度がゲストスピーカーとして招聘され、都市問題に関するトークが展開される。話者は社会企業家、NGO・NPO 主宰者や法律家などで、仕事上ないしは都市に暮らす一市民として発言をしてきた人たちである。

　教育関連 NPO で働いている白人青年［N2］は、都市が抱える問題の解決に向けた提言をした。まず、彼は都市が非常に複雑な権力構造で成り立っていることを強調した。「都市は人がどこに住むのか、どう企業が関わっているのか、どう国が関わっているのかといったさまざまな要素が絡み合っていて、単独で物事が決定されるわけではありません。今、行われている都市開発の問題を解決するには、権力構造を変えることが出来ない限り、根本的な問題解決になりません。エリートは大衆に歩み寄らなければなりません」。

　そして、彼は以下のバランスのとれた提言をした。

①「人的・社会的・経済的資本」は、貧しい人や権力を持たない人を支えるために使われなければならない。都市においては空間がいかに、そして誰によって使われているかが重要だ。いかに中間層をこの運動に引き込むかを考える必要がある。

②「インフラ」整備の方向性への働きかけが必要である。インフラは長期スパンで計画されるもので、もっとも高額な投資であるから、一度決まったら容易に変更出来ない。国家によってトップダウンで決定されており、このプロセスにいかに民衆が関わることが出来るのかを考えなければならない。

③「土地」は都市の基盤であり、アイデンティティを付与するものである。例えばMabonengはわれわれに新しい経験と偶然性をもたらしている。土地がなくては、ネットワークも、起業家精神も、人的資本も生まれない。土地は固定化した生産物であるとも言える。誰がどこに住むか、どこに住むことが出来るのかを定める指標でもある。土地はマーケットでもある。インフォーマル居住区の住民は水・電気・交通に、より多くの使用料を支払っていると言われている。これはいったいどういうことなのかを考えなければならない。

④「需要供給」を考える必要がある。都市に住みたいという需要がスラム化をもたらしている。実はEskom（電力公社）やTransnet（運輸公社）などが持っているような国有地はたくさんある。これを貧困層のために使うべきである。ゾーニングの規制緩和も必要である。もちろん、何でもかんでも規制緩和せよというわけではない。より安い土地を貧困層のためにいかに提供出来るかを考える必要がある。Mabonengは土地価格を引き上げてしまっている。価格が高いので、特定の人しか住めない。パリの良い地区に住む人は、ロンドンやベルリンの良い地区に住む人、そしてSandtonに住む人と密接に結びつく。他方でSandtonに住む人はOrangefarm（ヨハネスブルグ市南部に隣接する旧黒人居住区）の人とは一切結びつかないのである。

提言の後に質疑応答がなされた。聴衆の白人男性は「国家の働きを強調されていたが、社会起業の分野などでもいろいろと面白いことが出来るのではないか」という質問をした。新自由主義的主体にとって、国家への幻滅と不信は強い。自分たちで何とかすべきである（するしかない）という意識の強い人が、こうした集まりには多い。国家の役割を持ち出すと、ひとまず拒絶反応が出る。登壇者は「社会主義や共産主義を目指すとか、暴力革命が必要だと言っているわけではありません。でも、国家の果たすべき役割は非常に大きいはずです」と切り返す。

別の白人男性は「お話いただいた社会正義のゴールはどこにあるのでしょうか」と尋ねる。これに対して「開発はどこにおいても権力のある者が実行するものですが、この仕組みを変える必要があります。例えば公共交通に大きな投

資がなされてきましたが、タクシー（ミニバス）産業をいかに組み込んで公共交通を発展させていくことが出来るのかといった議論が必要です。タクシー業界は民間システムです。国家によるものではありません。また、公共交通は貧困層だけの話ではないのです。ここにいるわれわれ中間層にとっても重要な課題です。公共交通が確保されれば、街歩きがもっと出来るようになるのです」と応じる。

　国家に対する不信と同時に、資本家への不信も強い。「1％の資本家が世界を牛耳っている」という糾弾の声は南アフリカではよりリアリティを感じさせるものである。そこで国家へ望みを託すものもいる。聴衆の銀行員だという黒人男性は「都市は自然に生まれているものではなく、資本の力で生まれています。資本によって、仕事がつくられ、土地に価格が付与されます。こうしたことを考えると規制が必要ではないでしょうか。国家はもっと積極的に資本に対する規制をとるべきではないでしょうか。こうした意味で、Maboneng プロジェクトは受け入れがたいものです」という。登壇者は「仰るとおりだと思います。規制がもっと必要だというご意見もごもっともです。ただ、都市は非常に複雑な仕組みを持っています。経済も同様に複雑です」と答える。

　富裕層や資本家が大きな決定権を持っていることに対する不信感は大きい。別の白人男性は次のようにコメントした。「富裕層が決定権を持っています。それも恐れに基づいた決定です。需要の話が出ましたが、いま、南アフリカでは都市再生の需要が生まれています。価値の増殖のためです。ダウンタウンの安いアパートを改修して3倍の価格で売り出すのです。こうした事が出来るのも需要があるからです。こうした決定がいかに下されているのかに関する内情はなかなか漏れてこないのです」。

　民間への批判が出されると、国家に対する不信感も呈される。銀行員だという白人女性は次のようにコメントする。「政府のアカウンタビリティはどのように担保されるのでしょうか？　活動的な市民による活動的な空間はいかに確保されるのでしょうか？　都市の問題に誰が責任を持つのか、誰がそれに答えるのかが重要ではないでしょうか」。

　こうした議論を経て、N2 は「Maboneng は、やはり排除の仕組みを持っていると思います」と言い切った。そこで、はっとした表情（言ってしまった…とい

うような）をして急いで付け加えるように「Maboneng は、これまで私たちが経験したことのなかった新しい都市空間を提供しているという意味では1つの実験的空間だとも言えます。その意味においては僕も Maboneng が好きかも……。あっ、何か言いたげだね」と、GOODCITY ディレクターの顔色を覗って、会場の笑いを誘った。

これに対して、GOODCITY ディレクターは「Maboneng の空間の優れているところは、さまざまな問題を議論する空間を生み出していることだと思うわ。この空間を通して新たな都市のあり方を提言していきたいと考えています。それから、Maboneng の排除的仕組みに関して言えば、構造はそんなに単純ではないのです。この場所に新しい仕事を生み出しているし、起業家精神に溢れた周辺住民が成功を収めたりしています。ここは空き倉庫や工場に溢れていました。われわれはこの空間に価値を付けたのです」といつもの調子で応じた。

そこで聴衆の1人の黒人男性が Maboneng 開発に対して助け舟を出した。「Maboneng を叩くのは止めたほうがいいと思う。土曜・日曜にここの路上に停まっている車を思い起してごらんなさい。ポルシェもあるし Tazz[119] もある。ここは人種的にも階級的にも混交した空間だと思います。今日、この場にいる人はおそらく中間層に分類される人間だと思います。われわれは富裕層と貧困層の間にいて、両者をつなぐ役割を担って行くべきではないでしょうか。Jonathan（Liebmann）だけが叩かれる言われもないと思います。Braamfontein はなぜ叩かれないのでしょうか」。

こうした議論のなかでよく上がるのが、果たしてヨハネスブルグを欧米の都市と比較出来るかどうかという議論である。「何を基準にヨハネスブルグの独自性を物語ることが出来るのか」、「ヨハネスブルグとはそもそも何か」、「アフリカ性とは何か」。これはアフリカ大陸にある大都市で都市再生を実施する際に「いったい何を期待されているのか」という問題にたどり着く。Maboneng はアフリカ大陸の大都市で、世界各地のジェントリフィケーションを目撃してきた人びとが、路上で意見を取り交わす空間でもある。とはいえ、こうした議論を交わす主体はあくまでも中間層以上で、南アフリカ国外から集まった人たちが多いという事実がある。周辺住民が話題の中心であるが、この場に周辺住民が実際に登場することはない。彼らはあくまでも Maboneng の外側の世界に暮ら

第 10 章 「光の都市」の葛藤　　*393*

す集団にすぎない。Maboneng に対するジェントリフィケーションの批評空間
は、Maboneng の開発主体自身が提供していることは興味深い。

　批判にさらされる Maboneng はしかしながら、何か不正を犯したり、法律に
違反したりしているわけではない。彼らの言うとおりであるならば、これまで
ただの一度も、スクウォッターを買い取って「不法住民」を追い出したことは
ないのだから、法的な面でも倫理的な面でも正しい行いをしている。したがっ
て、Maboneng（PT 社）がまるで犯罪を犯しているかのように非難される言わ
れはない。また、アパルトヘイト政策が撤廃されて、誰もが自由に移動出来る
ようになり、居住区の法的分離も解消されたのだから、政府が民族・人種的差
異に基づいた政策を実施しているわけでもないし、弱者を排除したり虐げたり
しようとする政策を展開しているわけでもない（すでに見たように、貧困層やイ
ンフォーマル経済の排除的な行為が目立つようになってきて、公共空間の抑圧が進ん
でいるという現実はあるが）。Maboneng という新たな都市空間がわれわれに突き
つけている問題は、ここがヨハネスブルグにおける構造的不正義の 1 つの表れ
であるという事実であろう。米国都市のインナーシティの住居から転居せざる
を得なくなったシングルマザー、サンディの物語［ヤング 2014］を再びここで
思い出す。彼女のような人びとに降りかかっている不正は、個人の過ちでもな
ければ、不正な政策によって起きているわけでもなかった。同様にヨハネス
ブルグのインナーシティで安心出来る住処を求めて彷徨う弱者たちは、構造的不
正義の犠牲者であろう。Maboneng に集まる人びとや Maboneng の住民は決し
て弱者たちを苦境に追い込もうとしてきたわけではない。それは PT 社も同様
であろう。Maboneng の消費空間で後ろめたさを感じながら、それでもヨハネ
スブルグの都市問題に取り組もうとしている人びとは、構造的不正義への責任
を感じていて、その責任をいかに果たすべきかを模索しているのである。

第 7 節　包摂とは何か？

　包摂的コミュニティづくりのハブとしての機能を果たしてきた GOODCITY
は、彼らの活動実態を公表することで、より多くの賛同者を集める必要があ
る。こうした活動の 1 つが地元大学との関係構築である。GOODCITY が立ち

上がって間もない時期に、地元大学の建築学部が定期的に開催している都市研究セミナーで、GOODCITY のディレクターが彼らの活動報告をした。このセミナーの発表者はたいてい研究者であるが、ときおり実務家による発表も含まれていた。「都市のイノベーションを通した包摂的な近隣再生」と題した発表は、2014 年 2 月に本格的な活動を始めたばかりの GOODCITY の現状を説明し、専門家の聴衆から「ご意見を賜りたい」という主旨であった。[120]

彼らはまず GOODCITY の創設の目的を 2 点挙げた。学術機関での発表であったせいか、GOODCITY のリサーチの役割を強調するものとなっている。

① 都市再生に関するさまざまな議論がなされているが、フォーマルなガイドラインはないので、世界中の都市再生に関する事例を集めてデータベースを作ること。
② Maboneng はまるでロンドンやベルリンのアート地区のようで、既視感（デジャ・ヴュ）があるとよく指摘される。そこで、こうした地区と比較しつつ、ローカルな経験をリサーチすること。

GOODCITY ディレクターは聴衆の大半が研究者であることを考慮に入れたのか、まず、近年の都市再生関連の学術的議論を紹介してから、彼らのプロジェクトの要旨を以下のように述べた。

　　都市再生に関する議論は、研究者のなかでも盛んになってきています。こうした議論では、都市再生が強制退去や排除、そして批判的な意味でのジェントリフィケーションを生じさせると言われています。逆に、インフラ整備が進み、職を創出し、若者文化を生み出し、活動的なエージェントを生み出すとも言われています。これまでは都市再生事業に対する批判的研究が多く見られましたが、最近は都市再生の可能性を論じた研究も増えてきています。
　　私はどちらか一方が正しいわけではなく、現実はもっと複雑だと思っています。これまで、Maboneng はさまざまな批判を受けてきました。でも、これらの批判はきちんとしたデータに基づいたものではありません。単な

る憶測からの批判も多く、ヨハネスブルグの事例に則したものでないものすらありました。まだ、Maboneng は何もきちんと調査されていないのです。今こそ調査が実施される必要があるのです。私たちはその役目を担いたいと考えています。[U3]

ディレクターは力強い口調でこう述べると、整理されたパワーポイントで、次々と GOODCITY の活動状況を以下のように説明した。

キーワードは Do、Document、Distribute、Dialogue です。頭文字をとって 4D と呼びましょう。

Do は、都市再生に関連するプロジェクトのリーダーを募り、実際にMaboneng を舞台にプロジェクトを展開してもらう活動などを指しています。私たちはプロジェクトリーダーに宿泊費を提供し、彼らは 3 ヵ月間、GOODCITY のオフィスを使用出来ます。現在、有機農園から Maboneng の住民に野菜を配達するプロジェクト、アーティストによるウォーキング・プロジェクト、クラウドファンディングを活用したプロジェクトなどが実施されています。この他にも、Maboneng 地区にある崩壊したスラムビルの屋上で働く貧しい廃品回収人の支援計画や、スマート（IT 化）近隣計画などの案も上がっているところです。

Document は、このようなプロジェクトを文書化し、データを回収し、アセスメントをすることを意味しています。

Distribute はオンラインプラットフォームを作り、情報公開をすることで、私たちの経験をシェアする活動を指しています。

Dialogue は、さまざまなトークイベント、上映会、展覧会、ワークショップなどを、私たちのスペースで実施することを意味しています。

こうした活動を積み上げることで、今後は保健や教育分野にも進出したいと考えています。[U3]

聴衆に研究者が多かったこともあり、質疑は手厳しいものとなった。「コミュニティの存在が見えないが、意思決定システムにコミュニティは入っているの

か」、「ヨハネスブルグ開発公団やヨハネスブルグ市とパートナーシップを結んでいるということだが、トップダウン式だと思う」、「リサーチと実務の両方を同時に出来るのか。PT社の介入があるだろう」。

GOODCITYディレクターは「周辺コミュニティにサッカーチームを作りたい、ストリートガーデンを作りたい、といったような地元の声を掬い上げて、クラウドファンディングで予算を付けたいと考えています」と応じ、周辺コミュニティとの関係こそが、Mabonengがもっとも大事にしている哲学であることを改めて強調した。

上記のような、プロジェクトの手法上の問題点の指摘や、周辺コミュニティとの関係性（いかに包摂するか）に関する質問が多く出されるなか、ある大学院生がプロジェクトの根幹に関わる違和感を口にした。

Mabonengのプロジェクトは生物学と美学を融合したプロジェクトのように感じます。従属化と一種のライフスタイルの押し付け、ないしは、単純化とでも言えるかもしれません。アフリカはいつもどこか別の所と比較をしたがるとMamdani[121]は言っています。Mabonengはクリエイティビティのコピーとでも言えるかもしれません。プレゼンのなかで、Mabonengは既視感があると言われるというようなことを述べていましたが、まさに、これは美のデジャ・ヴュとでも言うべきものではないでしょうか。既にどこかで起きてきたことを再現しているようにしか思えないのです。[R2]

R2は「Mabonengは1つの方向への方向付け」を目指しており、「同じ言葉を話す人間を生み出そう」としているプロジェクトであり、そのプロジェクトは「市場化を目指したもの」に代表されるものとなることを指摘する。そして、「これは自律性の問題にも関わってくるのではないか」、つまり、人びとの自律性を奪ってしまうのではないかということを大いに懸念しているという主旨のことを、言葉を探し求めながら何とか伝えようとしていた。「決して市場化された価値がなくても良いのではないでしょうか。たとえHillbrowで人びとが汚い所に住んでいるからといって、彼らが何も出来ない無能な人間なのでしょうか。なぜ、そのまま汚い所にいるのか。それを考える必要があるのではないでしょ

うか。建物を改修すれば、当然、価値は上がってしまうのですから」[R2]。

そこで別の大学院生が間に入って「そうはいっても、汚い所に住まざるをえないから住んでいるとも考えられます。彼らは教育の機会を十分に与えられなかったのかもしれません。例え彼らがそのままで良いように見えても、われわれは何もしないで良いのでしょうか」と反論した。

これに対し R2 は「そうかもしれないけれど、何というか人道主義的な匂いがぷんぷんするんだ。一部の人は利益を得られるかもしれないけれど、結局は不平等を生み出しているということなんじゃないだろうか」と述べてコメントを止めた。GOODCITY ディレクターは、このような根本的な批判に対応する術はなかった。

この議論は Maboneng の持つ生権力論として非常に示唆的であった。R2 の感じている違和感は、私が Maboneng 開発に対して感じていた違和感を「美学と生物学の融合」という、すっきりと的を射た言葉を用いて表現してくれたと感じた。R2 は排除された人びとと、「剥き出しの生」を生きる人びとをただ放っておけば良いと言っているのではない。別の大学院生のコメントを待つまでもなく、この点を含めた Maboneng の市場主義を追求するという条件付きの人道主義と、啓蒙主義的な態度に覆い隠された真実を見出そうとする思索の痕跡であった。

Maboneng に対する批判は、われわれの生を市場原理に基づいて管理する仕組みによって、1 つの方向に向かわされているのではないかというような得体のしれないものへの不安と違和感から引き起こされるものではないだろうか。そして、これらが Maboneng に対する期待感や可能性と入り混じって、人びとが口にする「奇妙な Maboneng」が生まれていると言えるだろう。

ヨハネスブルグの都市問題に関して優れた論考を定期的に掲載している都市問題を専門とする弁護士らが作るウェブサイト、Urban Joburg は、地元紙に掲載された Maboneng に対する批判的報告 [Wilhelm-Solomon 2012, *Mail & Guardian*] を評価しつつ、富める者と貧しき者の分断がますます進むヨハネスブルグにおいて、われわれが考えるべきことを次のように明快に述べている。[122]

　われわれが、既存の都市住民の生に対するインパクトに対して、

Maboneng や Braamfontein や他のインナーシティのデベロッパーに対して、説明責任を要求することは当然のことです。しかしながら、彼らがインナーシティの都市空間に侵入してきたことだけが、ヨハネスブルグを排外的にしているわけではありません。それ以上に、インナーシティからの中間層の資本の逃避と、貧困層が近づきがたい北部郊外に資本の集中が続いていることの方が、恐らく間違いなく、ずっと大きな周縁化の効果を持ってきました。ゆえに、こうしたデベロッパーだけが、包摂的で真に多様性のある都市を生み出す責任があるわけではありません。

　Mail & Guardian の記事によって投げかけられた問題は、すべてのヨハネスブルグの住民に投げかけられなければなりません。とくに、持たざる者の生へ影響を及ぼすリソースを持つ人びとに対して。包摂とは誰もが、どこでも、格好つけたフード・マーケットで、デザイナー・サンドウィッチを食べられるようになることではありません。包摂とは現実的な機会、歓待の空間、物理的・経済的アクセシビリティ、セーフティ・ネット、そして、参加のことです。われわれが熱意を傾けるべき場所は Fourways から Lenasia に至るまで無数にあります。[123] ヴィジョンを持つ企業家たちが、たまたま今、熱心に活動している都市の一角だけではないはずです。

　「誰もがみなジェントリファイアーなのだ」ということを意識しながら、都市全体を視野に入れて、インナーシティのジェントリフィケーションは論じられなければならない。単にプライベート都市だけに焦点を当てて、これらを批判的に取り上げ、その地点だけの個々の状況と影響を論じることに終始してしまうことは、結果として、問題を矮小化してしまうことになるだろう。つまり、プライベート都市によってお膳立てされた空間で、プライベート都市批判に終始し、知らないうちに他所の地区を見捨ててしまうことになるのである。Urban Joburg の上記の論考は、ヨハネスブルグの構造的不正義を言表しているものと言えるだろう。われわれは皆、構造的不正義が蔓延ったこの都市に住んでいる。そして、この都市に住む誰もが、この構造的不正義に対して責任があるということだ。

注

110 Hugh Masekela (1939-)：Witbank 生まれのトランペッター、歌手、作曲家。国際的に活躍してきた。彼の独特の音楽スタイルは教会、デモ、労働者の歌、アメリカのジャズを含むタウンシップ生活のリズムと活動の影響を受けている。アパルトヘイトが厳しさを増すなか、彼は英国、米国、ギニア、リベリア、ガーナと移り住み、反アパルトヘイト音楽を作り続けた。1991 年に南アに帰国した［Johnson & Jacobs 2012: 191-192］。

　　Miriam Zenzi Makeba (1932-2008): ヨハネスブルグ生まれのグラミー賞受賞歌手。「ママ・アフリカ」の称号を持つ。1959 年に Hugh Masekela（1964-1966 に婚姻関係にあった）、Abdullah Ibrahim らとヒットミュージカル King Kong で演奏した。1963 年に国連反アパルトヘイト特別委員会でスピーチし、Makeba の全曲が南ア国内で禁止され、市民権を取り消された。米国、ギニアに住み、1990 年に南アに帰国した。1992 年にヒットミュージカル *Sarafina* に出演した［Johnson & Jacobs 2012: 183-184］。

111 Maboneng はベジタリアンやビーガン（Vegan, タマゴや乳製品も口にしない完全菜食主義者）に出会うことがとても多い場所であった。彼らは宗教的な理由というよりは、健康やライフスタイルとして菜食主義を選択している。

112 2014 年 4 月 19 日　The Plat4orm, Johannesburg.

113 南アフリカの高級スーパーマーケットチェーン。プライベートブランドの質の良い服が売られている。

114 南アフリカの低価格衣料品量販店。

115 ケープタウン郊外のタウンシップの地区名。

116 黒人音楽・文化の拠点の盛り場であったが、アパルトヘイト政権によってとり潰された地区。

117 Symposium "New Imaginaries/New Publics," 21 February, 2013, at the Goethe-Institute of Johannesburg.

118 3 August 2014, GoetheonMain, Johannesburg.

119 Toyota Tazz のこと。カローラハッチバックの初期（廉価）モデルで、南アフリカで近年まで製造されていた。同様に南アフリカで近年まで製造されていたフォルクスワーゲンのゴルフの初期（廉価）モデル Golf Chico と並んで、南アフリカでもっとも普及しているエントリー大衆車。

120 "Inclusive neighbourhood regeneration through urban innovation," City Seminar, School

of Architecture and Planning, University of the Witwatersrand (18 March 2014).

121 Mahmood Mamdani のことだろう。Mamdani はインド系ウガンダ人の政治学者で、ケープタウン大学やコロンビア大学などで教鞭をとった。植民期、ポスト植民地期アフリカに関する数々の著作を発表してきた。代表作の *Citizen and Subject.* (1996, Princeton University Press) では、アパルトヘイト統治の特徴を分析した。

122 Urban Joburg website（http://www.urbanjoburg.com/who-is-responsible-for-making-our-city-inclusive/）（2014 年 3 月 13 日閲覧）

123 Fourways は北部郊外のゲーテッド・コミュニティの多い地区で、隣接して巨大なタウンシップがある。Lenasia は南部郊外の旧インド人居住区で、現在は黒人人口も多い。

終章　正義への責任のために

第1節　論点の整理

　本書は南アフリカの大都市ヨハネスブルグを題材に、ポストアパルトヘイト
の南アフリカ社会が抱える苦境を、ミシェル・フーコーの「生権力」と「統
治性」の概念、およびアイリス・マリオン・ヤングの「構造的不正義」の概念
を頼りに論じてきた。われわれは、新生南アフリカ社会が、アパルトヘイト政
権によって生み出された不正義の解消を追求しているかのように見えながらも、
むしろ不正義が再生産されてしまう現状を目の当たりにした。なかでも、本書
で取り上げた民間都市再開発と社会的包摂プロジェクトを追求する民間都市統
治の実態は、現代南アフリカ社会が抱える構造的不正義を具体的に明らかにす
るために、相応しい事例であったと考える。

　従来のプライベート都市やゲーテッド・コミュニティの批判的研究では、プ
ライベート都市が物理的・心理的な壁を築くことで、招かれざる他者を閉めだ
してしまい社会的排除を引き起こす可能性があると指摘されていた。このよう
な批判は、アパルトヘイト的な排除が、ふたたび生まれているとの懸念を表明
するものであった。他者を排除するプライベート都市は、こうした状況を引き
起こした主体として責任を負うべき対象となり批判にさらされていた。こうし
た問題を解消するために提示される言説と実践は、排除された人びとをいかに
包摂するかに重点が置かれていた。

　他方、本書でより注目した点は、プライベート都市が周辺コミュニティの貧
困層の生活改善に乗り出して、社会的包摂を試みている点であった。これは、
新自由主義的統治性による「救済の物語」とも考えられるものであった。ポス
トアパルトヘイトの市民の手による良き統治を目指した脱排除のシステムは、

しかしながら、誰もが包摂されるわけではなく、悪意のない選別作業によって、社会的分離を強化し、カステルのいう「社会喪失」に陥る人びとを生み出してしまう可能性があるだろう。したがって、プライベート都市の誇り高き理想とは全く正反対の結末を生み出してしまうかもしれないのである。

第2節　救済の物語が生み出す社会的分離

　国家が社会的なものへの関わりを減退させるなか、プライベート都市がそれらを代行しようという試みは一見合理的に見える。だが、この社会的包摂は、貧民や弱者を「われわれ」の側に引き入れなくてはならないという使命感に満ちており、眼前にあるリスクに立ち向かうという意識が強い。プライベート都市に包摂される条件は、起業家精神を有し、市民的道徳を理解し、自己統治が出来る人材となることである。この条件にそぐわなければ、貧困者は欠陥者と見なされたり、言うことを聞けない分からず屋であると見なされたりして、リスクの対象となりかねない。また、PT社は周辺地区に学校建設を始めており、将来的には保健分野にも参入したい意思を表明していた。誰がこのサービスを受けられて、誰が受けられないのか。新たな構造的不正義を生み出す可能性もある。

　齋藤［2008: 155］は社会保障の意義を、「退出の自由を保障することによって発言の自由を可能にする」ことと、「経済的に有用かどうかで測られるのではない自律的な生を人びとが生きることを可能にする」ことにあると主張している。ゆえに、プライベート都市が「社会的なもの」に責任を持つということは、社会保障の本来の意義とは相容れないものとなる可能性がある。すでに国家の企業化が進み、社会保障に上記の役割を期待するのは困難な状況にある。したがって、この働きをプライベート都市が担うことはまず期待出来ないであろう。さらに、上記の傾向は国家による再分配の利点である非人称による連帯を弱める道でもある。国家の世話になるのは特定の誰かからの世話になっているわけではなく、自発的ではなく強制的な連帯の仕組みが存在することで、嫌われ者でも、世間から見て「異常者」であっても、生きるための資源を請求出来るからである［齋藤 2000: 67］。

終章　正義への責任のために　　*403*

　プライベート都市化が賞賛され、国家や都市政府が社会保障や社会インフラ
への投資から手を引いたり減少させたりすることが正当化されたとき、貧民や
弱者が生まれながらに、ただそこに存在するということだけで有する公的サー
ビスを受け取る「権利」は失われ、国家や都市政府から「施し」としての各種
手当てを受け取るか、プライベート都市から「施し」としての社会的包摂プロ
ジェクトに組み込まれるかする「排除された存在」に陥って、結局のところ社
会的に分離され、そこから脱出することを想定出来なくなってしまうだろう。

第3節　新たな生権力の担い手たち

　包摂的コミュニティづくりが周辺への配慮という理想を掲げているとは言っ
ても、彼らの優先的目標と具体的な実践は、あくまでも周辺地区の悪環境のせ
いで自社開発地区のブランド価値や不動産価値が下がらないようにすることで
あった。プライベート都市は自社の開発地区内に住む人口の安全と健康、そし
てブランド（投資環境）を維持する役割を第一に託されている。これらの目的を
達成するために、周辺コミュニティが市場競争力のある主体へと変化を遂げる
必要があり、そのための介入を要していた。したがって、「光の都市」で社会的
包摂を目指したプロジェクトを展開する人びとが生み出す一見主体的に見える
出来事や物語も、「闇の都市」で生きる人びとの「脆弱な生」や「優れた生計戦
略」の物語や、彼らのなかで時折生まれる成功の物語も、プライベート都市に
よって、悪意はなくとも、うまく動員（従属化）されてしまう。しかも、プライ
ベート都市が思い描く周辺コミュニティの存在は、あくまでも集団的イメージ
に基づいたものであり、個々の生のあり方を踏まえたものではなかった。彼ら
の理想と願いをこめた働きかけは、したがって、一方向的なものに見える。
　Maboneng に集い、さまざまな社会的包摂プロジェクトを手がける人びとの
活動を個々に見れば、興味深いものも多く、新たな公共空間を生み出す上でも
潜在力を備えていると期待出来そうな活動もあるかもしれない。だが、彼らの
なかには、この街に来て数ヵ月という人びとも多かった。世界を股にかけて活
躍する彼らは各自、専門分野を持っており、これまでの知見と経験をこの空間
に一挙に投下しようとしていた。

社会問題に敏感で起業家精神に溢れる人びとがネットワークを構築し、どこにも中核はないが、無数の結節点を創造して、「リゾーム」のように網状に権力を張り巡らせていく。「このマルチチュードの手による社会運動は、最終的には新しい社会を切り開くはずだ」と、ネグリ & ハート［2005a: 167］は、生権力に対して「生政治的生産」という概念を提案し、「マルチチュードのプロジェクト」の開始に希望を託す。彼らは、生権力が主権的権威として社会の上に超越的にそびえ立ち命令を下すのに対し、「生政治的生産」は、社会に内在し、労働の協働形態をとおして、さまざまな社会的関係や社会的形態を創出するというのである。

　だが、これはやや楽観的に過ぎるのではないだろうか。こうした活動のベースとなっているものは、ネットワークである。フレイザー［2013: 176］は「一見すると、ネットワークは規律訓練的でフーコー的というよりも、リゾーム的でドゥルーズ的であると思われるが、ポストフォーディズム的統治性の新しい重要な媒体として現れているのかもしれない」と警鐘を鳴らす。つまりネットワークを駆使して新たな活動を展開する彼らは「フォーディズム的福祉国家がポストフォーディズム的競争国家へと変容を遂げている新自由主義的グローバリゼーションが進む」なかで、「私化され分散した、新しい社会規制の景観」［フレイザー 2013: 170］を生み出す規律権力を行使する張本人であるかもしれないというのである。

　Maboneng で活躍する人びとは、良くも悪くも、この新たな生権力の担い手となっていることに無自覚であってはならないだろう。同時に、この生権力の行使に対して、違和感を感じ取っている人たちが大勢いることも本書では指摘した。彼らは、Maboneng が醸し出す倫理の商品化に対して「奇妙さ」を口にしていた。これは生権力がそれ自体では良いものなのか、悪いものなのかという判断をつけられるものではないなかで、これが導き出す出来事や結末への違和感や懸念を吐露したものと言えるだろう。この違和感は階級に関係なく感じられるものであり、この色に染まることの出来ない人たちの退場を促しうるものとなっている（実際に促してもいる）。プライベート都市の生権力が新たな構造的不正義を生み出してしまうのではないかという懸念は、「美学と生物学の融合プロジェクト」という表現に明瞭に現れていた。

第4節　構造的不正義に抗する民主主義をめざして

　ここまで見たように、Maboneng 開発は、誰も不正を犯したり、違法行為をしたりしているわけではない。皆が良い社会を目指しているにも関わらず不正義が生み出されている。よって、プライベート都市の社会工学が生み出す諸問題を、個別の問題にとどめてしまうことは、本書の主旨に反することになる。プライベート都市化を推進することで、グローバル都市を目指してきたヨハネスブルグは、都市全体として構造的不正義を生み出してきたことを見逃してはならない。ヨハネスブルグそして南アフリカ全体として推進されてきた新自由主義的統治性が、構造的不正を引き起こしている要因であると結論づけなければならない。

　「社会的なもの」の商品化を進めることは、社会問題に対する責任を社会から個人へと転嫁させることにつながり、おのずと構造的不正義に対する責任を回避する態度を生むことになる。その結果、社会的分離を再生産したり、新たに生み出したりしてしまう。したがって、ヨハネスブルグの新自由主義的統治性が生み出す構造的不正義は、一企業や一個人が負うべき責任ではなく、都市全体（ここに生きる人びと全体）として負うべき政治的責任があると考えなければならない。ヨハネスブルグの社会構造に組み込まれている以上、罪を犯しているわけではなくとも、「分有されるべき責任」が誰にでもある。

　構造的不正義への責任をいかに果たすことが出来るのか。これがポストアパルトヘイト社会に投げかけられた問いであろう。構造的不正義という用語を用いずとも、社会的不正義に対して異議申立てをする活動を展開している人たちが大勢いることを本書では取り上げた。同時にこうした活動の限界も見てきたところである。したがって、構造的不正義への責任を果たすことがいかに難しいかをわれわれは知ることとなった。ここに至ってわれわれは、ありとあらゆる局面が分断されたポストアパルトヘイトの南アフリカにおいて、いかに複数性に基づいた民主主義を追求するための政治空間を生み出していくことが出来るのかという難題に直面することになる。

　「民主主義のもっとも重要な精神は、人が自己の生のありかたを主体的に決定

出来るということで」あり、「民主的な社会とは地域の歴史的・文化的な基盤に立ちつつ同時によりよき生のために自他の関係性を構築しなおせるような、未来へと常に開かれた社会のことに他なら」ず、「民主主義はある特定の政治制度に還元出来るものではなく、むしろオルタナティブな自己決定の可能性に開かれた社会的政治的条件こそを指す」［田辺明生 2008: 222］と考えるとき、ポストアパルトヘイト南アフリカ社会は前途多難であると言わざるをえない。

この難題へ解答は容易なものではない。ただ 1 つ言えることは、構造的不正義は、「周辺」への介入では解消出来ず、構造的不正義を引き起こしている「中心」の根本的な変革が必要となるということであろう。変革されるべきは、周縁化された「救済の必要な他者」ではなく、われわれ市民の側である。フーコーはさまざまな統治性のせめぎ合いのなかに政治をみた。今こそ、新たな統治性を生み出す政治を繰り広げる公共空間の創出が求められている。新たな統治性への希望に向けて、政治的責任を果たしていくことが、われわれに課せられた正義への責任となる。

参考文献

書籍・学術論文（日本語）

アガンベン，ジョルジョ（高桑和巳訳）2007『ホモ・サケル──主権権力と剥き出しの
生──』東京：以文社.

東浩紀・北田暁大編 2009『思想地図 Vol.3 ──特集・アーキテクチャ──』東京：日本
放送出版協会.

アパドゥライ，アルジュン（藤倉達郎訳）2010『グローバリゼーションと暴力──マイ
ノリティーの恐怖──』京都：世界思想社.

網中昭世 2013「移民政策の変遷──民主化後の国家における包摂と排除──」牧野久美
子・佐藤千鶴子編『南アフリカの経済社会変容』pp. 173-211，千葉：日本貿易振興
機構アジア経済研究所.

網中昭世 2014『植民地支配と開発──モザンビークと南アフリカ金鉱業──』東京：山
川出版社.

アレント，ハンナ（志水速雄訳）1994『人間の条件』東京：筑摩書房.

池野旬・武内進一編 1998『アフリカのインフォーマル・セクター再考』東京：アジア経
済研究所.

市野川容孝 2013「ネオリベラリズムと社会的な国家」市野川容孝・宇城輝人編『社会的
なもののために』pp. 3-59，京都：ナカニシヤ出版.

今村仁司 2000『交易する人間──贈与と交換の人間学──』東京：講談社.

伊豫谷登士翁・齋藤純一・吉原直樹 2013『コミュニティを再考する』東京：平凡社.

ヴァカン，ロイック（森千香子・菊池恵介訳）2008『貧困という監獄──グローバル化
と刑罰国家の到来──』東京：新曜社.

ヴィドラー，アンソニー（中村敏男訳）2006『歪んだ建築空間──現代文化と不安の表
象──』東京：青土社.

ヴィリリオ，ポール（竹内孝宏訳）2007『パニック都市──メトロポリティクスとテロ
リズム──』東京：平凡社.

ウィルソン，ウィリアム J.（川島正樹・竹本友子訳）1999『アメリカ大都市の貧困と差
別──仕事がなくなるとき──』東京：明石書店.

大澤広晃 2015a「長い 19 世紀におけるイギリス帝国主義と『人道主義』──研究の動向
と展望──」『南山大学紀要　アカデミア　人文・自然科学編』9: 115-133.

大澤広晃 2015b「『人道主義』と南アフリカ戦争」『歴史学研究』932: 24-35.

小川了 1998『可能性としての国家誌――現代アフリカ国家の人と宗教――』京都：世界思想社.

小倉充夫 2009『南部アフリカ社会の百年――植民地支配・冷戦・市場経済――』東京：東京大学出版会.

重田園江 2011『ミシェル・フーコー――近代を裏から読む――』東京：筑摩書房.

オング，アイファ（加藤敦典・新ヶ江章友・高原幸子訳）2013『《アジア》、例外としての新自由主義』東京：作品社.

春日直樹 2007『〈遅れ〉の思考――ポスト近代を生きる――』東京：東京大学出版会.

カステル，ロベール（北垣徹訳）2015『社会喪失の時代――プレカリテの社会学――』東京：明石書店.

川口幸也 2011『アフリカの同時代美術――複数の「かたり」の共存は可能か――』東京：明石書店.

北川勝彦 2001『南部アフリカ社会経済史研究』吹田：関西大学出版部.

北川勝彦 2004「植民地化とその経済的影響」北川勝彦・高橋基樹編『アフリカ経済論』pp. 47-69. 京都：ミネルヴァ書房.

木畑洋一 2014『二〇世紀の歴史』東京：岩波書店.

木村周平 2013『震災の公共人類学』京都：世界思想社.

クライン，ナオミ（幾島幸子・村上由見子訳）2011『ショック・ドクトリン――惨事便乗型資本主義の正体を暴く――』上・下　東京：岩波書店.

クラストル，ピエール（渡辺公三訳）1987『国家に抗する社会――政治人類学研究――』東京：水声社.

ケリング，G. L. & C. M. コールズ（小宮信夫監訳）2004『割れ窓理論による犯罪防止――コミュニティの安全をどう確保するか――』東京：文化書房博文社.

齋藤純一 2000『公共性』東京：岩波書店.

齋藤純一 2008『政治と複数性――民主的な公共性にむけて――』東京：岩波書店.

酒井隆史 2001『自由論――現在性の系譜学――』東京：青土社.

酒井隆史 2004『暴力の哲学』東京：河出書房新社.

佐藤嘉幸 2009『新自由主義と権力――フーコーから現在性の哲学へ――』京都：人文書院.

サッセン，サスキア（伊豫谷登士翁監訳）2008『グローバル・シティ――ニューヨーク・ロンドン・東京から世界を読む――』東京：筑摩書房.

サーリンズ，マーシャル（山内昶訳）1984『石器時代の経済学』東京：法政大学出版局.

ジジェク，スラヴォイ（中山徹・鈴木英明訳）2010a『大義を忘れるな――革命・テロ・反資本主義――』東京：青土社.

ジジェク，スラヴォイ（中山徹訳）2010b『暴力——6つの斜めからの省察——』東京：青土社.

柴田三千雄・木谷勤 1985『世界現代史（世界現代史 37)』東京：山川出版社.

渋谷望 2003『魂の労働——ネオリベラリズムの権力論——』東京：青土社.

篠原雅武 2007『公共空間の政治理論』京都：人文書院.

篠原雅武 2011a「過剰人類・壁・亀裂——現代資本主義下での生活世界の変容についての断章——」『現代思想』39(3): 187-205.

篠原雅武 2011b『空間のために——遍在化するスラム的世界のなかで——』東京：以文社.

ジョルダン，ベルトラン（山本敏充監修・林昌宏訳）2013『人種は存在しない——人種問題と遺伝学——』東京：中央公論新社.

辛美紗 2008『アート・インダストリー——究極のコモディティーを求めて——』東京：美学出版.

ジンメル，ゲオルク（居安正訳）1976「大都市と精神生活」『橋と扉（ジンメル著作集 12)』pp. 269-285，東京：白水社.

ズーキン，シャロン（内田奈芳美・真野洋介訳）2013『都市はなぜ魂を失ったか——ジェイコブズ後のニューヨーク論——』東京：講談社.

ストーラー，アン・ローラ（永渕康之・水谷智・吉田信訳）2010『肉体の知識と帝国の権力——人種と植民地支配における親密なるもの——』東京：以文社.

スネラール，ミシェル（高桑和巳訳）2007「講義の位置づけ」フーコー，ミシェル『安全・領土・人口——コレージュ・ド・フランス講義 1977-1978 年度講義——』 pp. 453-497，東京：筑摩書房.

スミス，ニール（原口剛訳）2014『ジェントリフィケーションと報復都市——新たなる都市のフロンティア——』京都：ミネルヴァ書房.

関恒樹 2011「ネオリベラルな都市統治における排除と包摂の動態」村上薫編『新興諸国における社会政策と統治性』pp. 13-22，千葉：日本貿易振興機構アジア経済研究所.

セネット，リチャード（北山克彦・高階悟訳）1991『公共性の喪失』東京：晶文社.

ソジャ，エドワード・W（加藤政洋ほか訳）2003『ポストモダン地理学——批判的社会理論における空間の位相——』東京：青土社.

高橋基樹 2014「アフリカ経済の現状とその『質』」北川勝彦・高橋基樹編『現代アフリカ経済論』pp. 111-150，京都：ミネルヴァ書房.

竹沢尚一郎 2010『社会とは何か——システムからプロセスへ——』東京：中央公論新社.

田崎英明 2000「公共圏」『現代思想（総特集 現代思想のキーワード)』28(3): 8-13.

田辺明生 2008「民主主義――ばらばらで一緒に生きるために――」春日直樹編『人類学で世界を見る――医療・生活・政治・経済――』京都：ミネルヴァ書房.

田辺繁治 2008『ケアのコミュニティ――北タイのエイズ自助グループが切り開くもの――』東京：岩波書店.

谷泰 1997『神・人・家畜――牧畜文化と聖書世界――』東京：平凡社.

谷泰 2010『牧夫の誕生――羊・山羊の家畜化の開始とその展開――』東京：岩波書店.

チャタジー，パルタ（田辺明生・新部享子訳）2015『統治される人びとのデモクラシー――サバルタンによる民衆政治についての省察――』京都：世界思想社.

デイヴィス，マイク（村山敏勝・日比野啓訳）2008『増補新版　要塞都市 LA』東京：青土社.

デイヴィス，マイク（酒井隆史監訳，篠原雅武・丸山里美訳）2010『スラムの惑星――都市貧困のグローバル化――』東京：明石書店.

デキーウィト，C. W.（野口建彦・野口知彦訳）2010『南アフリカ社会経済史』東京：文眞堂.

デランティ，ジェラード（山之内靖・伊藤茂訳）2006『コミュニティ――　グローバル化と社会理論の変容――』東京：NTT 出版.

ドゥルーズ，ジル & フェリックス・ガタリ（宇野報一ほか訳）1994『千のプラトー――資本主義と分裂症――』東京：河出書房新社.

ドゥルーズ，ジル（宮林寛訳）2007『記号と事件――1972-1990 年の対話――』東京：河出書房新社.

トンプソン，レナード（宮本正興・吉國恒雄・峯陽一訳）1995『南アフリカの歴史』東京：明石書店.

ネグリ，アントニオ & マイケル・ハート（水島一憲ほか訳）2003『〈帝国〉グローバル化の世界秩序とマルチチュードの可能性』東京：以文社.

ネグリ，アントニオ & マイケル・ハート 2005a『マルチチュード（上）――〈帝国〉時代の戦争と民主主義――』東京：日本放送出版協会.

ネグリ，アントニオ & マイケル・ハート 2005b『マルチチュード（下）――〈帝国〉時代の戦争と民主主義――』東京：日本放送出版協会.

バウマン，ジーグムント（森田典正訳）2001『リキッド・モダニティ――液状化する社会――』東京：大月書店.

バウマン，ジグムント（中島道男訳）2007『廃棄された生――モダニティとその追放者――』京都：昭和堂.

バウマン，ジグムント（奥井智之訳）2008『コミュニティ――安全と自由の戦場――』東京：筑摩書房.

バウマン，ジグムント（澤田眞治・中井愛子訳）2010『グローバリゼーション——人間への影響——』東京：法政大学出版局.

バウマン，ジグムント & デイヴィッド・ライアン（伊藤茂訳）2013『私たちが，すすんで監視し，監視される、この世界について——リキッド・サーベイランスをめぐる7章——』東京：青土社.

ハーヴェイ，デヴィッド（松岡勝彦・水岡不二雄訳）1989『空間編成の経済理論——資本の限界——』上　東京：大明堂.

ハーヴェイ，デヴィッド（松岡勝彦・水岡不二雄訳）1990『空間編成の経済理論——資本の限界——』下　東京：大明堂.

ハーヴェイ，デヴィッド（廣松悟訳）1997「都市管理主義から都市企業家主義へ——後期資本主義における都市統治の変容——」『空間・社会・地理思想』2: 36-53.

ハーヴェイ，デヴィッド（吉原直樹監訳）1999『ポストモダニティの条件』東京：青木書店.

ハーヴェイ，デヴィッド（本橋哲也訳）2005『ニュー・インペリアリズム』東京：青木書店.

ハーヴェイ，デヴィッド（渡辺治監訳）2007『新自由主義——その歴史的展開と現在——』東京：作品社.

ハーヴェイ，デヴィッド（平田周訳）2010「都市への権利」『VOL』4: 60-80.

ハーヴェイ，デヴィッド（森田成也・中村好孝訳）2011『〈資本論〉入門』東京：作品社.

ハーバーマス，ユルゲン（細谷貞雄・山田正行訳）1994『公共性の構造転換——市民社会の一カテゴリーについての探求——（第2版）』東京：未來社.

ハーバーマス，ユルゲン（川上倫逸監訳）1995「アメリカ合衆国と連邦共和国の新保守主義者たちの文化批判」『新たなる不透明性』pp. 39-73, 京都：松籟社.

檜垣立哉 2006『生と権力の哲学』東京：筑摩書房.

檜垣立哉 2011「生権力論の現在／生権力論の未来」同編『生権力論の現在——フーコーから現代を読む——』pp. 1-13, 東京：勁草書房.

ビュークス，ローレン（和爾桃子訳）2013『ZOO CITY ズーシティ』東京：早川書房.

フーコー，ミシェル（田村俶訳）1977『監獄の誕生——監視と処罰——』東京：新潮社.

フーコー，ミシェル（渡辺守章訳）1986『性の歴史 I ——知への意志——』東京：新潮社.

フーコー，ミシェル（北山晴一訳）2006a「全体的なものと個的なもの——政治的理性批判に向けて——」小林康夫・石田英敬・松浦寿輝編『フーコー・コレクション6——生政治・統治——』pp. 303-361, 東京：筑摩書房.

フーコー，ミシェル（西谷修訳）2006b「真理と裁判形態」小林康夫ほか編『フーコー・コレクション6――生政治・統治――』東京：筑摩書房.

フーコー，ミシェル（高桑和巳訳）2007『安全・領土・人口――コレージュ・ド・フランス講義1977-78年度――』東京：筑摩書房.

フーコー，ミシェル（慎改康之訳）2008『生政治の誕生――コレージュ・ド・フランス講義1978-79年度――』東京：筑摩書房.

フレイザー，ナンシー（向山恭一訳）2013『正義の秤――グローバル化する世界で政治空間を再想像すること――』東京：法政大学出版局.

ブレークリー，エドワードJ. & メーリー・ゲイル・スナイダー（竹井隆人訳）2004『ゲーテッド・コミュニティ――米国の要塞都市――』東京：集文社.

フロリダ，リチャード（井口典夫訳）2008『クリエイティブ資本論――新たな経済階級の登場――』東京：ダイヤモンド社.

フロリダ，リチャード（小長谷一之訳）2010『クリエイティブ都市経済論――地域活性化の条件――』東京：日本評論社.

ポランニー，カール（玉野井芳郎・平野健一郎編訳）2003「時代遅れの市場志向」『経済の文明史』pp. 49-79, 東京：筑摩書房.

ポランニー，カール（若森みどり・植村邦彦・若森章孝訳）2012『市場社会と人間の自由――社会哲学論選――』東京：大月書店.

ポランニー，カール（福田邦夫ほか訳）2015『経済と自由――文明の転換――』東京：筑摩書房.

前川一郎 2006『イギリス帝国と南アフリカ――南アフリカ連邦の形成1899～1912――』京都：ミネルヴァ書房.

牧野久美子 2005「民主化後の南アフリカにおける所得保障制度改革――社会手当と公共事業プログラム――」宇佐見耕一編『新興工業国の社会福祉――最低生活保障と家族福祉――』pp. 159-197, 千葉：日本貿易振興機構アジア経済研究所.

牧野久美子 2006「南アフリカにおけるベーシック・インカム論」『海外社会保障研究』157: 38-47.

牧野久美子 2007a「南アフリカにおける非正規雇用の増加と労働法・社会保障制度改革」宇佐見耕一編『新興工業国における雇用と社会保障』pp. 147-181, 千葉：日本貿易振興機構アジア経済研究所.

牧野久美子 2007b「『南』のベーシック・インカム論の可能性」『現代思想』35(11): 156-165.

牧野久美子 2013「民主化後の南アフリカの経済社会変容」牧野久美子・佐藤千鶴子編『南アフリカの経済社会変容』pp. 3-29, 千葉：日本貿易振興機構アジア経済研究所.

真島一郎 2006「中間集団論——社会的なるものの起点から回帰へ——」『文化人類学』71(1): 24-49.

マッケンジー，エヴァン（竹井隆人・梶浦恒男訳）2003『プライベートピア——集合住宅による私的政府の誕生——』京都：世界思想社.

マッシー，ドリーン（森正人・伊澤高志訳）2014『空間のために』東京：月曜社.

松田素二 2004「変異する共同体——創発的連帯論を超えて——」『文化人類学』69(2): 247-270.

水岡不二雄 2002『経済・社会の地理学』東京：有斐閣.

峯陽一 1995「解説『南アフリカの歴史』を読む——リベラル・ラディカル論争をこえて——」トンプソン，レナード『南アフリカの歴史』pp. 419-456, 東京：明石書店.

峯陽一 1999『現代アフリカと開発経済学——市場経済の荒波のなかで——』東京：日本評論社.

美馬達哉 2015『生を治める術としての近代医療——フーコー『監獄の誕生』を読み直す——』東京：現代書館.

メイヤスー，クロード（川田順造・原口武彦訳）1977『家族制共同体の理論——経済人類学の課題——』東京：筑摩書房.

ムフ，シャンタル（酒井隆史・篠原雅武訳）2008『政治的なものについて—— 闘技的民主主義と多元主義的グローバル秩序の構築——』東京：明石書店.

山崎吾郎 2011「研究動向——生政治と統治性の現在——」檜垣立哉編著『生権力論の現在——フーコーから現代を読む——』pp. 217-250, 東京：勁草書房.

山之内靖（伊豫谷登士翁・成田龍一・岩崎稔編）2015『総力戦体制』東京：筑摩書房.

山森亮 2009『ベーシック・インカム入門——無条件給付の基本所得を考える——』東京：光文社.

ヤング，アイリス・マリオン（岡野八代・池田直子訳）2014『正義への責任』東京：岩波書店.

ヤング，ジョック（木下ちがや・中村好孝・丸山真央訳）2008『後期近代の眩暈——排除から過剰包摂へ——』東京：青土社.

吉田栄一 2000「南アフリカの路商と移民の参入——ジョハネスバーグの事例——」『アフリカレポート』31: 24-28.

吉田栄一 2013「ヨハネスブルグの都市政策とチャイナタウン形成」牧野久美子・佐藤千鶴子編『南アフリカの経済社会変容』pp. 213-247, 千葉：日本貿易振興機構アジア経済研究所.

吉見俊哉 1987『都市のドラマトゥルギー——東京・盛り場の社会史——』東京：弘文堂.

米谷園江 1996「ミシェル・フーコーの統治性研究」『思想』870: 77-105.

ライアン，デイヴィッド（田島泰彦・小笠原みどり訳）2011『監視スタディーズ──「見ること」「見られること」の社会理論──』東京：岩波書店．

ラクラウ，エルネスト & シャンタル・ムフ（西永亮・千葉眞訳）2012『民主主義の革命──ヘゲモニーとポスト・マルクス主義──』東京：筑摩書房．

ラジャン，カウシック・S（塚原東吾訳）2011『バイオ・キャピタル──ポストゲノム時代の資本主義──』東京：青土社．

レッシグ，ローレンス（山形浩生訳）2007『Code』東京：翔泳社．

レルフ，エドワード（高野岳彦・神谷浩夫訳）2013『都市景観の20世紀』東京：筑摩書房．

若森みどり 2011『カール・ポランニー──市場社会・民主主義・人間の自由──』東京：NTT 出版．

書籍・学術論文・報告書（英語）

Alexander, Peter 2010. "Rebellion of the poor: South Africa's service delivery protests, a preliminary analysis," *Review of African Political Economy* 37(123): 25-40.

Alexander, Peter 2012. "Protests and police statistics: Some commentary." Johannesburg: South African Research Chair in Social Change, University of Johannesburg.

Ballantine, Christopher 2012. *Marabi Nights: Jazz, 'Race' and Society in Early Apartheid South Africa*. Scottsville: University of KwaZulu-Natal Press.

Ballard, Richard 2005. "Bunkers for the psyche: How gated communities have allowed the privatisation of apartheid in democratic South Africa (Dark Roast Occasional Paper Series No.24)." Cape Town: Isandla Institute.

Beal, Jo 2002. "The people behind the walls: Insecurity, identity and gated communities in Johannesburg. (Crisis States Programme Working Paper Series No.1)" London: Development Research Centre, LSE.

Beavon, Keith 1997. "Johannesburg: A city and metropolitan area in transformation," In C. Rakodi *The Urban Challenge in Africa*, pp. 150-191, Tokyo: United Nations University.

Beavon, Keith 2004. *Johannesburg: The Making and Shaping of the City*. Pretoria: University of South Africa Press.

Beinart, William 2001. *Twentieth-Century South Africa*. Oxford: Oxford University Press.

Bond, Patrick 2000. *Elite Transition: From Apartheid to Neoliberalism in South Africa*.

London: Pluto Press.

Bond, Patrick 2005. "Globalisation/commodification or deglobalisation/decommodification in urban South Africa," *Polity Studies* 26(3/4): 337-358.

Bond, Patrick 2007. "Johannesburg: Of gold and gangsters," In Mike Davis and Daniel Bertrand Monk (eds.) *Evil Paradises: Dreamworlds of Neoliberalism*, pp. 114-126. New York: The New Press.

Bond, Patrick & Jackie Dugard 2008. "The case of Johannesburg water: What really happened at the pre-paid 'parish pump'," *Law, Democracy & Development* 12(1): 1-28.

Bremner, Lindsay 2004. "Bounded spaces: Demographic anxieties in post-apartheid Johannesburg," *Social Identities* 10(4): 455-468.

Bremner, Lindsay 2010. *Writing the City into Being: Essays on Johannesburg*. Johannesburg: Fourthwall Books.

Bruce, David 2005. "Interpreting the body count: South African statistics on lethal police violence," *South African Review of Sociology* 36(2): 141-158.

Bruce, David 2010. "Our burden of pain: Murder and the major forms of violence in South Africa," In J. Daniel, P. Naidoo, D. Pillay and R. Southall (eds.) *New South African Review 1, 2010: Development or Decline?* pp. 389-409. Johannesburg: Wits University Press.

Bruce, David 2011. "Beyond Section 49: Control of the use of lethal force," *SA Crime Quarterly* 36: 9.

Burchell, Graham, Colin Gordon & Peter Miller 1991. *The Foucault Effect: Studies in Governmentality with Two Lectures by and an Interview with Michel Foucault*. Chicago: The University of Chicago Press.

Burger, J. & B. Omar 2009. "Can practice make perfect? Security and the 2010 FIFA World Cup," *SA Crime Quarterly* 29: 9-16.

Burger, J., C. Gould & G. Newham 2010. "The state of crime in South Africa: An analysis of the SAPS crime statistics for 2009/10," *SA Crime Quarterly* 34: 3-12.

Byrd, Antawan I. and Reid Shier 2013. *Art Cities of the Future: 21st-Century Avant-Gardes*. London: Phaidon Press.

Caldeira, Teresa P. R. 2000. *City of Walls: Crime, Segregation, and Citizenship in São Paulo*. Berkley and Los Angeles: University of California Press.

Castel, Robert 1991. "From dangerousness to risk," In G. Burchell et al. (eds.) *The Foucault Effect: Studies in Governmentality with Two Lectures by and an*

Interview with Michel Foucault, pp. 281-298. Chicago: The University of Chicago Press.

Charlton, Sarah 2014. "Learning from the field: Informal recyclers and low-income housing in Johannesburg, South Africa," In James Duminy, Jørgen Anderson, Fred Lerise, Nancy Odendaal and Vanessa Watson (eds.) *Planning and the Case Study Method in Africa: The Planner in Dirty Shoes*. pp. 202-223. Basingstoke: Palgrave Macmillan.

Chipkin, Clive 1993. *Johannesburg Style: Architecture and Society 1880s-1960s*. Cape Town: David Philip Publishers.

Chipkin, Clive 2008. *Johannesburg Transition: Architecture and Society from 1950*. Johannesburg: STE Publishers.

Comaroff, Jean and John L. Comaroff 1999. "Occult economies and the violence of abstraction: Notes from the South African postcolony," *American Ethnologist* 26(2): 279-303.

Cornelissen, Scarlett 2009. "Internationalisation and competitiveness in South African urban governance: On the contradictions of aspirationist urban policy-making," In Peter Kagwanja and Kwandiwe Kondlo (eds.) *State of the Nation: South Africa 2008*, pp. 226-250. Pretoria: HSRC Press.

Crampton, Jeremy & Stuart Elden 2007. *Space, Knowledge and Power: Foucault and Geography*. Hampshire: Ashgate Publishing Limited.

Davis, Mike & Daniel Bertrand Monk 2007. "Introduction," In Mike Davis & Daniel Bertrand Monk (eds.) *Evil Paradises: Dreamworlds of Neoliberalism*, pp. ix-xvi. New York and London: The New Press.

Dawson, Ashley 2006. "Geography of fear: Crime and the transformation of public space in post-apartheid South Africa," In S. Low & N. Smith (eds.) *The Politics of Public Space*, pp. 123-142. New York & London: Routledge.

Dean, Mitchell 1999. *Governmentality: Power and Rule in Modern Society*. Los Angeles: Sage.

Devey, Richard, Caroline Skinner & Imraan Valodia 2006. "The state of the informal economy," In S. Buhlungu, J. Daniel, R. Southall & J. Lutchman (eds.) *State of the Nation: South Africa 2005-2006*, pp. 223-247. Pretoria: HSRC Press.

De Soto, Hernando 1989. *The Other Path: The Economic Answer to Terrorism*. New York: Basic Books.

Didier, Sophie, Marianne Morange and Elisabeth Peyroux 2013. "The adaptive nature of neoliberalism at the local scale: Fifteen years of city improvement districts in Cape Town and Johannesburg," *Antipode* 45(1): 121-139.

Dirsuweit, Teresa 1999. "From fortress city to creative city: Developing culture and the information-based sectors in the regeneration and reconstruction of the greater Johannesburg area," *Urban Forum* 10(2): 183-213.

Donaldson, Ronnie, Nico Kotze, Gustav Visser, JinHee Park, Nermine Wally, Janaina Zen & Olola Vieyra 2012. "An uneasy match: Neoliberalism, gentrification and heritage conservation in Bo-Kaap, Cape Town, South Africa," *Urban Forum* 24: 173-188.

Dube, Faith N. 2009. "Better for Berea for whom?: City Improvement Districts as an urban management tool in Berea." MS Thesis, Development Planning, University of the Witwatersrand, South Africa.

Du Toit, Andries & David Neves 2007. "In search of South Africa's second economy: Chronic poverty, economic marginalization and adverse incorporation in Mt Frere and Khayelitsha (CPRC Working Paper 102)." Bellville: Programme for Land and Agrarian Studies (PLAAS), School of Government, University of Western Cape.

Farouk, Ismail 2009. "Planning for chaos: Urban regeneration and the struggle to formalise trolley-pushing activity in downtown Johannesburg," In Edgar Pieterse and Ntone Edjabe (eds.) *African Cities Reader* 1: 239-246. Vlaeberg: Chimurenga and African Centre for Cities.

Ferguson, James 2006. *Global Shadows: Africa in the Neoliberal World Order*. Durham and London: Duke University Press.

García, Beatriz 2004. "Cultural policy and urban regeneration in western European cities: Lessons from experience, prospects for the future," *Local Economy* 19(4): 312-326.

Garner, Gerald 2011. *Johannesburg Ten Ahead*. Johannesburg: Double G Media (Pty) Ltd.

Garside, Jayne 1993. "Inner city gentrification in South Africa: The case of Woodstock, Cape Town," *GeoJournal* 30(1): 29-35.

Gelb, Stephen 1987. "Making sense of the crisis," *Transformation* 5: 33-50.

Gelb, Stephen 1990. "Democratising economic growth: Alternative growth models for the future," *Transformation* 12: 25-41.

Giliomee, Hermann & Lawrence Schlemmer 1985. *Up against the Fences: Poverty, passes and privilege in South Africa*. Claremont: David Philip.

Glasze, Georg, Chirs Webster and Klaus Frantz 2006. "Introduction: Global and local perspectives of rise of private neighbourhood," In G. Glasze, C. Webster and K. Frantz (eds.) *Private Cities: Global and Local Perspectives*, pp. 1-8. London and New York: Routledge.

Goga, Soraya 2003. "Property investors and decentralization: A case of false competition?" In Richard Tomlinson et al. (eds.) 2003. *Emerging Johannesburg: Perspectives on the Postapartheid City*, pp. 71-84. New York & London: Routledge.

Gordon, Colin 1991. "Governmental rationality: An introduction," In Graham Burchell, Colin Gordon and Peter Miller (eds.) *The Foucault Effect: Studies in Governmentality*, pp. 1-51. Chicago: University of Chicago Press.

Hann, Chris & Keith Hart 2011. *Economic Anthropology: History, Ethnography, Critique*. Cambridge: Polity Press.

Hart, Deborah M. & Gordon H. Pirie 1984. "The sight and soul of Sophiatown," *Geographical Review* 74(1): 38-47.

Hart, Gillian 2006. "Post-apartheid developments in historical and comparative perspective," In V. Padayache (ed.) *The Development Decade? Economic and Social Change in South Africa 1994-2004*, pp. 13-32. Pretoria: HSRC Press.

Hart, Keith 1973. "Informal income opportunities and urban employment in Ghana," *The Journal of Modern African Studies* 11(1): 61-89.

Harvey, David 2012. *Rebel Cities: From the Right to the City to the Urban Revolution*. London & New York: Verso.

Hook, Derek & Michele Vrdoljak 2002. "Gated communities, heterotopia and 'rights' of privilege: A 'heterotopology' of the South African security-park [online]." London: LSE Research Online (http://eprints.lse.ac.uk/archive/952).

Hutton, Thomas A. 2008. *The New Economy of the Inner City: Restructuring, Regeneration and Dislocation in the Twenty-first Century Metropolis*. London: Routeledge.

ILO (International Labour Organization) 2002. "Women and men in the informal economy: A statistical picture." Geneva: ILO

James, Deborah 2014. *Money from Nothing: Indebtedness and Aspiration in South Africa*. Stanford: Stanford University Press.

Johnson, Krista & Sean Jacobs 2012. *Encyclopedia of South Africa*. Scottville: University of KwaZulu-Natal Press.

Jürgens, Ulrich, Martin Gnad & Jürgen Bähr 2003. "New forms of class and racial segregation: Ghettos or ethnic enclaves?," In Richard Tomlinson et al. (eds.) 2003. *Emerging Johannesburg: Perspective on the Postapartheid City*, pp. 56-70. New York & London: Routledge.

Kihato, Caroline Wanjiku 2013. *Migrant Women of Johannesburg: Life in an In-between City*. Johannesburg: Wits University Press.

Kotze, N.J. & I.J. van der Merwe 2000. "Neighbourhood renewal in Cape Town's inner city: Is it gentrification?," *Journal of Family Ecology and Consumer Sciences* 28: 39-46.

Kuljian, Christa 2013. *Sanctuary: How an Inner-city Church Spilled onto a Sidewalk*. Auckland Park: Jacana Media (Pty) Ltd.

Kurgan, Terry 2013. "Public art/private lives AKA Hotel Yeoville," In Terry Kurgan (ed.) *Hotel Yeoville*, pp. 28-44. Johannesburg: Fourthwall Books.

Labuscagne, Cobi 2010. "Reflections on the contemporary moment in South Africa: Art publics, art money, and art objects at Joburg Art Fair, 2008-2009." PhD Thesis, Wits Institute for Social and Economic Research, University of the Witwatersrand, Johannesburg, South Africa.

Landman, Karina 2006. "Privatising public space in post-apartheid South African cities through neighbourhood enclosures," *Geojournal* 66(1): 133-146.

Landman, Karina & Martin Schönteich 2002. "Urban fortresses: Gated communities as a reaction to crime," *African Security Review* 11(4): 71-85.

Landman, Karina 2000. "An overview of enclosed neighbourhoods in South Africa." Pretoria: CSIR.

Landman, Karina 2004a. "Gated communities in South Africa: A review of the relevant policies and their implications." Pretoria: CSIR.

Landman, Karina 2004b. "Gated communities in South Africa: Comparison of four case studies in Gauteng." Pretoria: CSIR.

Lash, Scott & John Urry 1987. *The End of Organized Capitalism*. Cambridge: Polity Press.

Legassick, Martin 1974. "South Africa: Capital accumulation and violence," *Economy and Society* 3(3): 253-291.

Lemanski, Charlotte 2004. "A new apartheid? The spatial implications of fear of crime in Cape Town, South Africa," *Environment and Urbanization* 16(2): 101-112.

Lemanski, Charlotte 2009. "Augmented informality: South Africa's backyard dwellings as a by-product of formal housing policies," *Habitat International* 33: 472-484.

Lemanski, Charlotte and Sophie Oldfield 2009. "The parallel claims of gated communities and land invasions in a Southern city: Polarised state responses," *Environment and Planning* A 41(3): 634-648.

Low, Setha 2003. *Behind the Gates: Life, Security, and the Pursuit of Happiness in Fortress America*. New York: Routledge.

Mabin, Alan 1986. "Labour, capital, class struggle and the origins of residential segregation in Kimberley, 1880-1920," *Journal of Historical Geography* 12(1): 4-26.

Mabin, Alan 1992. "Comprehensive segregation: The origins of the Group Areas Act and its planning apparatuses," *Journal of Southern African Studies* 18(2): 405-429.

Marais, Hein 2011. *South Africa Pushed to the Limit: The Political Economy of Change*. London & New York: Zed Books.

Maylam, Paul 1990. "The rise and decline of urban apartheid in South Africa," *African Affairs* 89 (354): 57-84.

Maylam, Paul 1995. "Explaining the apartheid city: 20 years of South African urban historiography," *Journal of Southern African Studies* 21(1) (Special Issue: Urban Studies and Urban Change in Southern Africa): 19-38.

Mbeki, Moeletsi 2009. *Architects of Poverty: Why African Capitalism Needs Changing*. Johannesburg: Picador Africa.

Mbembe, Achille 2008. "Aesthetics of superfluity," In Achille Mbembe and Sara Nuttall (eds.) *Johannesburg: The Elusive Metropolis*, pp. 37- 67. Johannesburg: Wits University Press.

Mbembe, Achille & Sarah Nuttall 2008. "Introduction: *Afropolis*," In Sarah Nuttall and Achille Mbembe (eds.) *Johannesburg: The Elusive Metropolis*, pp. 1-33. Johannesburg: Wits University Press.

Minnaar, Anthony 2007. "Oversight and monitoring of non-state/private policing: The private security practitioners in South Africa," Sabelo Gumedze (ed.) *Private Security in Africa: Manifestation, Challenges and Regulation* (ISS Monograph Series No.139), pp. 127-150. Pretoria: Institute for Security Studies.

Miraftab, Franak 2004. "Neoliberalism and casualization of public sector services: The case of waste collection services in Cape Town, South Africa," *International Journal of Urban and Regional Research* 28(4): 874-892.

Mottiar, Shauna & Patrick Bond 2011. "Social protest in South Africa." Durban: Centre for Civil Society, University of KwaZulu-Natal. (http://ccs.ukzn.ac.za/default. asp?3,28,11,3886, 2012 年 10 月 8 日閲覧)

Munslow, Barry & Anne McLennan 2009 "Introduction," In Anne McLennan and Barry Munslow (eds.) *The Politics of Service Delivery*, pp. 1-18. Johannesburg: Wits University Press.

Muntingh, Lukas 2008. "Punishment and deterrence: Don't expect prisons to reduce crime," *SA Crime Quarterly* 26: 3-9.

Murray, Martin J. 2008. *Taming the Disorderly City: The Spatial Landscape of Johannesburg after Apartheid*. Ithaca: Cornell University Press.

Murray, Martin J. 2011. *City of Extremes: The Spatial Politics of Johannesburg*. Durham and London: Duke University Press.

Ong, Aihwa & Li Zhang 2008. "Introduction: Privatizing China," In Li Zhang & Aihwa Ong (eds.) *Privatizing China: Socialism from Afar*, pp. 1-20. Ithaca & London: Cornell University Press.

Parnell, Susan 1988. "Racial segregation in Johannesburg: The Slums Act, 1934-1939," *South African Geographical Journal* 70(2): 112-126.

Parnell, Susan 1991. "The ideology of African home-ownership: The establishment of Dube, Soweto, 1946-1955," *South African Geographical Journal* 73: 69-76.

Parnell, Susan 1998. "Negotiating segregation: Pre-parliam entary debate over the Natives (Urban Areas) Act of 1923," *African Studies* 57(2): 147-166.

Parnell, Susan 2003. "Race, power and urban control: Johannesburg's inner city slum-yards, 1910-1923," *Journal of Southern African Studies* 29(3): 615-637.

Parnell, Susan & G. H. Pirie 1991. "Johannesburg," Anthony Lemon (ed.) *Homes Apart: South Africa's Segregated Cities*, pp. 127-145. Cape Town: David Philip

Peyroux, Elisabeth 2006. "City Improvement Districts (CIDs) in Johannesburg: Assessing the political and socio-spatial implications of private-led urban regeneration," *Trailog* 89: 9-14.

Peyroux, Elisabeth 2008. "City Improvement Districts in Johannesburg: An examination of the local variations of the BID Model," In R. Pütz (ed.) *Business Improvement Districts 14*, pp. 139-162. Passau: L.I.S. Verlag.

Pirie, G. H. & M. da Silva 1986. "Hostels for African migrants in greater Johannesburg," *GeoJournal* 12(2): 173-180.

Rabinow, Paul, George E. Marcus, James Faubion & Tobias Rees 2008. *Designs for an Anthropology of the Contemporary*. Durham & London: Duke University Press.

Reddy, Sue 2011. "The Arts on Main development as part of a cultural precinct in the city of Johannesburg." MA Thesis, Faculty of Humanities, University of the

Witwatersrand, Johannesburg.

Robinson, Jennifer 1990. " 'A perfect system of control'?: State power and 'Native Locations' in South Africa," *Environment and Planning D: Society and Space* 8: 135-162.

Robinson, Jennifer 1992. "Power, space and the city: Historical reflections on apartheid and post-apartheid urban orders," In David M. Smith (ed.) *The Apartheid City and Beyond*, pp. 292-302. London & New York: Routledge.

Robinson, Jennifer 2003a. "Johannesburg's 1936 empire exhibition: Interaction, segregation and modernity in a South African city," *Journal of Southern African Studies* 29(3): 759-789.

Robinson, Jennifer 2003b. "Johannesburg's future: Beyond developmentalism and global success," In Richard Tomlinson et al. (eds.) 2003. *Emerging Johannesburg: Perspectives on the Postapartheid City*, pp. 259-280. New York & London: Routledge.

Rogerson, Chris M. 1986. "Feeding the common people of Johannesburg, 1930-1962," *Journal of Historical Geography* 12(1): 56-73.

Rogerson, Chris M. 1988. "Humanizing industrial geography: Factory canteens and worker feeding of the Witwatersrand," *South African Geographical Journal* 70(1): 31-47.

Rogerson, Chris M. 1989. "From coffee-cart to industrial canteen: Feeding Johannesburg's black workers, 1945-1965," In Alan Mabin (ed.) *Organisation and Economic Change (Southern African Studies Volume 5)*, pp. 168-198. Johannesburg: Ravan Press (Pty) Ltd.

Rogerson, Chris M. 2001. "The waste sector and informal entrepreneurship in developing world cities," *Urban Forum* 12(2): 247-259.

Rogerson, Chris M. 2006. "Creative industries and urban tourism: South African perspectives," *Urban Forum* 17(2): 149-167.

Rogerson, Chris M. and J. M. Rogerson 1995. "The decline of manufacturing in inner-city Johannesburg, 1980-1994," *Urban Forum* 6(1): 17-42.

Rose, Nikolas 1996. "Governing 'advanced' liberal democracies," In A. Barry, T. Osborne, N. Rose (eds.) *Foucault and Political Reason: Liberalism, Neo-liberalism, and Rationalities of Government*, pp. 37-64. Chicago: University of Chicago Press.

Rose, Nikolas 1999. *The Powers of Freedom: Reframing Political Thought.* Cambridge: Cambridge University Press.

Saul, John S. & Patrick Bond 2014. *South Africa The Present as History: From Mrs Ples to Mandela & Marikana*. Auckland Park: Jacana.

Schenck, Rinie & Phillip Frederick Blaauw 2011. "The work and lives of street waste pickers in Pretoria: A case study of recycling in South Africa's urban informal economy," *Urban Forum* 22: 411-430.

Seekings, Jeremy & Nicoli Nattrass 2006. *Class, Race, and Inequality in South Africa*. Scottsville: University of KwaZulu-Natal Press.

Sloth-Nielsen, Julia 2007. "The state of South Africa's prisons, " In S. Buhlungu et al. (eds.) *State of Nation: South Africa 2007*, pp. 379-401. Cape Town: HSRC Press

Smith, Neil 2002. "New globalism, new urbanism: Gentrification as global strategy," *Antipode* 34(3): 427-450.

Smith, Neil 2010. *Uneven Development: Nature, Capital and the Production of Space*. (Third Edition) London: Verso.

Soja, Edward W. 2010. *Seeking Spatial Justice*. Minneapolis: University of Minnesota Press.

Steinberg, Jonathan, Paul Van Zyl and Patrick Bond 1992. "Contradictions in the transition from urban apartheid: Barriers to gentrification in Johannesburg," In D. M. Smith (ed.) *The Apartheid City and Beyond*, pp. 266-278. London: Routledge.

Swyngedouw, Erik 2005. "Dispossessing H_2O: The contested terrain of water privatization," *Capitalism Nature Socialism* 16(1): 81-98.

Tait, Sean & Monique Marks 2011. "You strike a gathering, you strike a rock: Current debates in the policing of public order in South Africa," *SA Crime Quarterly* 38: 15-22.

Tissington, Kate 2009. "The business of survival: Informal trading in inner city Johannesburg." Johannesburg: Centre for Applied Legal Studies.

Tissington, Kate 2013. "Minding the gap: An analysis of the supply and demand for low-income rental accommodation in inner city Johannesburg." Johannesburg: Socio-Economic Rights Institute of South Africa.

Tomlison, R., R.A. Beauregard, L. Bremner & X. Mangcu 2003. "The postapartheid struggle for an integrated Johannesburg," In Richard Tomlinson et al. (eds.) *Emerging Johannesburg: Perspective on the Postapartheid City*, pp. 3-20. New York: Routledge.

Urry, John 2014. *Offshoring*. Cambridge: Polity Press.

Valodia, Imraan 2006. "Formal/informal linkages in South Africa: Some considerations."

Pretoria: HSRC (Human Sciences Research Council).

Van Aardt, C. & M. Coetzee 2008. "The BMR income and expenditure model (2008 update)." Pretoria: Bureau of Market Research, University of South Africa.

Van Onselen, Charles 2001. *New Babylon New Nineveh: Everyday Life of the Witwatersrand 1886-1914 (Third Edition)*. Jeppestown: Jonathan Ball Publishers.

Viljoen, Kotie, Phillip Blaauw & Rinie Shenck 2015. "I would rather have a decent job: Barriers preventing street waste pickers from improving their socioeconomic conditions. (Economic Research Southern Africa Working Paper 498)" ERSA.

Visser, Gustav 2002. "Gentrification and South African cities," *Cities* 19(6): 419-423.

Visser, Gustav & Nico Kotze 2008. "The state and new-build gentrification in central Cape Town, South Africa," *Urban Studies* 45: 2565-2593.

Webster, Edward 2010. " 'There shall be work and security': Utopian thinking or a necessary condition for development and social cohesion?," *Transformation* 72: 225-246.

Webster, Edward, Asanda Benya, Xoliswa Dilata, Katherine Joynt, Kholofelo Ngoepe & Mariane Tsoeu 2008. "Making visible the invisible: Confronting South Africa's decent work deficit." Johannesburg: Sociology of Work Unit, University of the Witwatersrand.

Wolpe, Harold 1972. "Capitalism and cheap labour-power in South Africa: From segregation to apartheid," *Economy and Society* 1(4): 425-456.

Womack, Ytasha L. 2013. *Afrofuturism: The World of Black Sci-fi and Fantasy Culture*. Chicago: Chicago Review Press.

Wilson, Francis 1972. *Migrant Labour in South Africa*. Johannesburg: Christian Institute of Southern Africa.

Young, Iris Marion 2000. *Inclusion and Democracy*. Oxford: Oxford University Press.

Zukin, Sharon 1995. *The Culture of Cities*. Malden: Blackwell Publishing.

Zukin, Sharon 2010. *Naked City: The Death and Life of Authentic Urban Places*. New York: Oxford University Press.

新聞記事・一般雑誌記事・インターネット記事など

Alcock, Sello S. 2009. "Killings by cops at 10-year high," *Mail & Guardian*, October 16.

Bischof, Jackie 2013. "Johannesburg's upscale hosing boom: The city's Sandton district is rapidly adding luxury housing than offers low maintenance and high security," *Wall Street Journal*, November 21.

Blaine, Sue 2014. "The new old Joburg", *Business Day*, July 14.

Bongele, Milisuthando 2010. "So long Suburbia…," *Mail & Guardian*, April 16.

Boyle, Brendan 2008. "The great wealth gap," *Sunday Times*, November 30.

Brodie, Nechama 2011. "Regenerate behaviour: Making the city sexy," *Mail & Guardian*, September 16.

Buys, Anthea 2009. "Porters and performers," *Mail & Guardian*, May 29.

Davie, Lucille 2014. "Inner city rejuvenation: Child's play," *Saturday Star*, June 8.

Dugmore, Heather 2014. "Place of light: East side ease in Maboneng," *WitsReview: Magazine for Alumni and friends of the University of the Witwatersrand* (July 2014) 29: 26-35.

Dulamini, Penwell 2014 "City planning still chained to past," *Sunday Times*, March 7.

FIN24 2014/2/21. "Making a social impact and a profit," *Fin 24*, February 21.(http://www.fin24.com/Entrepreneurs/My-Business/Making-a-social-impact-and-a-profit-20140221) (2014 年 2 月 24 日閲覧)

Hartley, Wyndham 2009. "Police should focus on armed violence," *Business Day*, September 25.

Isa, Mariam 2008. "Income disparity widening, report: Research shows that more than 70% of South African are earning less than R12,000 per year," *Business Day*, July 4.

Jacobson, Celean 2008. "Jo'burg Art Fair stirs up debate," *Mail & Guardian*, March 14.

Jason, Stefanie 2014a. "City limits: Studio-X comes to Jo'burg," *Mail & Guardian*, March 13.

Jason, Stefanie 2014b. "Urban renewal's bourgeois curse," *Mail & Guardian*, August 8.

Jodelle blog 2014/6/12. "Jonathan Liebmann, It takes passion…" Interviews With Jodelle. (http://interviewswithjodelle.blogspot.jp/2014/06/jonathan-liebmann-it-takes-passion.html)(2014 年 12 月 23 日閲覧)

Mabandu, Percy 2013. "The interview: Jonathan Liebmann, one of Joburg's most exciting landowners," *City Press*, April 21.

Mabandu, Percy 2014. "The 10 best art cities of the future," *City Press*, February 16.

Magoulianiti-McGregor, Nia 2010. "Innercity artwork," *VISI Collector's Item, Decor, Design & Architecture*, (the English Issue) 50: 48-55.

Mazwai, Thami 2011. "Painful to see hawkers robbed by ANC youth," *Business Day*, September 7.

Mokopanele, Thabang & Roy Downing 2012. "Five annual budgets to fix badly built houses," *Business Day*, August 3.

Mould, Oli. 2014. "The southbank and the skaters: The cultural politics of subversion" (http://antipodefoundation.org/2014/02/03/intervention-the-southbank-and-the-skaters-the-cultural-politics-of-subversion/) (2014 年 11 月 12 日閲覧)

Murphy, Tim 2012. "Capital of cool: Johannesburg is shedding its painful, crime-ridden past to emerge as Africa's hippest hub for art, music, and fashion," *Wmagazine* September. (http://www.wmagazine.com/culture/travel/2012/09/johannesburg-south-africa-emerging-fashion-scene) (2014 年 3 月 19 日閲覧)

Nicolson, Greg & Thapelo Lekgowa 2013a. "Operation clean sweep: Not just a clean-up but a purge of the poor," *Daily Maverick*, November 14.

Nicolson, Greg & Thapelo Lekgowa 2013b. "Operation clean sweep: Johannesburg metro police arrests human rights lawyer," *Daily Maverick*, December 6.

Nxumalo, Manqoba 2013. "Fate still unclear for Jo'burg's informal traders," *Mail & Guardian*, November 26.

Pitman, Juliet 2013. "An entrepreneurial spirit revitalises downtown Joburg," *Entrepreneur* 83 (February 2013): 42-46.

Rees, Malcolm 2013. "Maboneng precinct: 'I am an island'," *Mail & Guardian*, March 11.

Reid, Skyler 2014. "In Johannesburg, once known for apartheid, gentrification means displacement for the Poor," *IB Times*, April 25. (http://www.ibtimes. com/johannesburg-once-known-apartheid-gentrification-means-displacement-poor-1576519)(2014 年 4 月 28 日閲覧)

SA Commercial Property News 2013/4/30. "New strategic partnership is good news for Joburg city centre renewal," *SA Commercial Property News*. (http://www. sacommercialpropnews.co.za/south-africa-provincial-news/gauteng-commercial-property/5914-new-strategic-partnership-is-good-news-for-johannesburg-city-centre-renewal.html) (2014 年 12 月 23 日閲覧)

SA Commercial Property News 2014/4/9. "Arrowhead secures eight buildings in Joburg's Maboneng for R180m," *SA Commercial Property News*. (http:// www.sacommercialpropnews.co.za/business-specialties/commercial-property-leasing/6721-arrowhead-properties-secures-eight-buildings-in-maboneng-for-r180m. html) (2014 年 12 月 23 日閲覧)

Shangase, Zwelakhe 2014. "Maboneng goes to Italy," *The New Age*, June 3.

Simmonds, Robert 1998. "Yeoville hawkers fined R4000 each," *City Vision*, August 7.

参考文献　　*427*

Simmonds, Robert 2000. "Is Joburg trading sense for apartheid-era order?," *Reconstruct*, April 30.

Tabane, Rapule 2000. "Jeppe project to remove crime and grime," *IOL News*, June 18.（http://www.iol.co.za/news/south-africa/jeppe-project-to-remove-crime-and-grime-1.40638#.U0bWOcfuajE）（2014 年 4 月 11 日閲覧）

Taraporevala, Persis 2013. "Creating subjects in Lavasa: The private city," *Open Democracy*, April 16. (http://www.opendemocracy.net/opensecurity/persis-taraporevala/creating-subjects-in-lavasa-private-city)（2013 年 12 月 31 日閲覧）

Tissington, Kate 2014. "The social costs of inner city regeneration," *Daily Maverick*, February 27.

Wilhelm-Solomon, Matthew 2012. "Not everyone sees the light," *Mail & Guardian*, November 9.

Zvomuya, Percy 2013. "Jo'burg cast in new light, but old shadows aside," *Mail & Guardian*, June 7.

Zvomuya, Percy & Stefanie Jason 2013. "The August home the fosters art," *Mail & Guardian*, August 16.

企業レポート・カタログ・未刊行物・ウェブサイトなど

Housing Development Agency 2012. "Regenerating a neighbourhood: Useful lessons from eKhaya." Houghton: Housing Development Agency.

Joburg Art Fair 2008. *Joburg Art Fair 2008 Catalogue*. Johannesburg: Artlogic.

Joburg Art Fair 2009. *Joburg Art Fair 2009 Catalogue*. Johannesburg: Artlogic.

Joburg Art Fair 2010. *Joburg Art Fair 2010 Catalogue*. Johannesburg: Artlogic.

Joburg Art Fair 2014. *Joburg Art Fair 2014 Catalogue*. Johannesburg: Artlogic.

Johannesburg CID Forum Website. (http://www.cidforum.co.za/content/cids)(2014 年 11 月 27 日閲覧)

Maboneng Improvement District 2014. "Maboneng Improvement District Draft Business Plan (2), January 2014." (http://mabonengcid.co.za/wp-content/uploads/2014/03/Business-Plan-Maboneng-CID-FInal-2014.pdf)(2015 年 11 月 3 日閲覧）

Maboneng Precinct 2013. "Maboneng 2.0: Shifting Urbanism." (http://www.mabonengprecinct.com/Maboneng20.pdf)

Propertuity 2013. "The Maboneng Precinct: Property growth report 2013." Johannesburg: Propertuity.

PwC（PricewaterhouseCoopers）2009. "UK Economic Outlook (November 2009)."

Turbine Art Fair 2014. *Turbine Art Fair 2014 Catalogue*.

Urban Genesis CID Guide (http://www.urbangenesis.co.za/ckfiles/files/CID%20Guide. pdf)（2015 年 11 月 3 日閲覧）

Urban Genesis 2014. "RIDGrow Report May 2014."

Urban Genesis Website (http://urbangenesis.co.ze)(2015 年 11 月 3 日閲覧)

WEF (World Economic Forum) 2011. "The Global Competitiveness Report 2011-2012." Geneva: World Economic Forum.

政府文書など

CoJ (City of Johannesburg) 2002. *Joburg 2030*.

CoJ (City of Johannesburg) 2004. *Inner City Regeneration Business Plan 2004-2007*.

CoJ (City of Johannesburg) 2006. *Guide to Inner City Urban Development Zone*.

CoJ (City of Johannesburg) 2007. *Inner City Regeneration Charter*.

CoJ (City of Johannesburg) 2009. *Joburg Inner City Urban Design Implementation Plan*.

CoJ (City of Johannesburg) 2011. *Johannesburg Inner City: Common Vision, Shared Success, End of Term Report 2006-2011*.

CoJ (City of Johannesburg) Website 2002/10/23. "Neil Fraser: Passion city man." (http://www.joburg.org.za/index.php?option=com_content&task=view&id=830&It emid=52) (2014 年 12 月 5 日閲覧)

CoJ (City of Johannesburg) Website 2012/2/6. "The incentive brings investment." (http://www.joburg.org.za/index.php?option=com_content&view=article&id=7703 &catid=88&Itemid=266)(2015 年 3 月 11 日閲覧)

CoJ (City of Johannesburg) Website 2013/1/17. "CJP counts its successes." (http:// www.joburg.org.za/index.php?option=com_content&task=view&id=1714&Itemid= 253)(2015 年 11 月 3 日閲覧)

Gauteng City Improvement Districts Bill 1997.

Gauteng City Improvement Districts Act, No. 12 of 1997.

National Treasury 2010. "Midterm budget policy statement by Pravin Gordhan, Minister of Finance (27 October 2010)." National Treasury, Republic of South Africa.

SAPS (South African Police Service) 2011. *Crime Report 2010/2011*.

SARS (South African Revenue Service) 2009. *Guide to the Urban Development Zone Tax Incentive*.

The Presidency 2009. *Development Indicators 2009*. The Presidency, Republic of South Africa.

The Presidency 2010. *Development Indicators Report*. The Presidency, Republic of South Africa.

インフォーマント

	性別	「人種」（民族）	国籍	職業・所属等	聞き取り年月日
A（芸術関係）					
A1	M	黒人 (Xhosa)	南アフリカ	画家	2014 年 2 月〜8 月
A2	M	黒人 (Shangaan)	南アフリカ	画家	2014 年 2 月〜8 月
A3	M	黒人	コンゴ DRC	画家	2014 年 2 月〜8 月
A4	F	白人	南アフリカ	アート会社経営者	2014/8/1
A5	M	白人	英国	コンセプトアーティスト	2014 年 2 月〜5 月
A6	F	黒人	米国	コンセプトアーティスト	2014/7/20
A7	M	黒人	南アフリカ	画家	2014/3/9
A8	F	黒人 (Tswana)	南アフリカ	グラフィックデザイナー、ショップ経営	2014 年 6 月〜8 月
A9	M	白人	南アフリカ	写真家、映像作家	2014/2/28
A10	F	黒人	南アフリカ	舞台芸術家	2014/3/16
A11	M	黒人	南アフリカ	映像作家	2014/3/16
A12	F	黒人 (Zulu)	南アフリカ	アクセサリー細工師	2014/2/23
A13	M	黒人	モザンビーク	アーティスト	2014/2/23
A14	M	黒人	南アフリカ	画家、ミュージシャン	2014/6/11
A15	M	カラード	南アフリカ	アーティスト・プラットフォームスタッフ	2014/5/3
A16	M	黒人	南アフリカ	ミュージシャン	2014/8/20
A17	M	黒人	ジンバブエ	映像カメラマン	2014/8/3 2014/8/14
A18	F	白人	フランス	パフォーミング・アーティスト	2014 年 2 月〜5 月
A19	M	白人	南アフリカ	パフォーミング・アーティスト、舞台監督	2014/2/20 2014/3/12
B（ビジネス）					
B1	M	白人	南アフリカ	不動産業経営者	2014/6/19
B2	M	白人	南アフリカ	工場経営者	2014/7/23
B3	M	インド人	南アフリカ	衣料・雑貨店経営者	2014/7/25

B4	M	白人	南アフリカ	シェアオフィス創業者	2014/8/11
C（会社員）					
C1	M	白人	南アフリカ	元新聞記者	2014/3/8
C2	M	黒人	南アフリカ	公共企業勤務	2014/7/31 2014/8/10
G（政府関係）					
G1	M	黒人	南アフリカ	南アフリカ共和国人間居住省職員	2014/4/10
G2	M	黒人	南アフリカ	南アフリカ共和国人間居住省職員	2014/4/3 2014/4/10
IE（インフォーマル経済従事者）					
IE1	M	黒人	ガーナ	修理工	2014/6/16
IE2	M	黒人	ナイジェリア	八百屋	2014/3/31 2014/4/28 2014/7/16
IE3	M	黒人（Venda）	南アフリカ	八百屋	2014/3/31
IE4	M	黒人	コンゴ DRC	床屋	2014/4/9 2014/6/9
IE5	M	黒人	タンザニア	床屋	2014/3/31 2014/7/16 2014/8/18
IE6	M	黒人	南アフリカ	家電修理業	2014/8/11
IE7	M	黒人	ナイジェリア	パン屋	2014 年 2 月～8 月
IE8	M	黒人	コンゴ DRC	電機関連修理工	2014/4/14
IE9	M	黒人	タンザニア	自動車修理工場経営者	2014/4/9
IE10	M	黒人	タンザニア	自動車修理工場経営者	2014 年 4 月～8 月
IE11	M	黒人	タンザニア	自動車修理工（塗装工）	2014 年 6 月～8 月
IE12	M	アジア人	バングラデシュ	雑貨店店員	2014/6/9
IE13	M	黒人	ソマリア	雑貨店経営者	2014/4/14
IE14	M	黒人	コンゴ DRC	雑貨店経営者	2014/4/28

N (NGO/NPO)					
N1	F	白人	南アフリカ	元 CJP メンバー	2014/4/21
N2	M	白人	南アフリカ	教育関係	2014/3/11
N3	M	白人	オーストラリア	スケートボード NGO 主宰者	2014/2/15 2014/3/16 2014/3/23
N4	F	白人	カナダ	スケートボード NGO スタッフ	2014/3/16 2014/3/23 2014/6/6
N5	M	黒人	南アフリカ	スケートボード NGO スタッフ	2014/6/6
N6	M	黒人	レソト	野菜配達プロジェクト主宰者	2014 年 2 月〜8 月
N7	F	黒人	レソト	野菜配達プロジェクト主宰者	2014 年 2 月〜8 月
N8	F	白人	オランダ	クラウドファンディング・プロジェクト主宰者	2014/3/20
N9	F	白人	南アフリカ	NPO 所属研究者	2013/2/27
O (一般人)					
O1	M	黒人 (Shangaan)	南アフリカ	無職	2014/7/16
P (専門職)					
P1	F	黒人	南アフリカ	医師	2014/4/20
P2	F	黒人	南アフリカ	教育関係職員	2014/8/17
R (研究者)					
R1	M	白人	南アフリカ	人類学者	2014/2/19
R2	M	黒人	カメルーン	大学院生	2014/2/25 2014/3/4 2014/3/18
R3	F	黒人	南アフリカ	都市研究・建築学者	2014/4/11
R4	M	白人	南アフリカ	都市研究者	2013/3/6

SE（自営業）					
SE1	M	白人	南アフリカ	社会起業家	2014/3/26
SE2	M	白人	南アフリカ	自営業	2014/3/30
SE3	F	黒人	南アフリカ	自営業	2014/6/25
U（都市関係）					
U1	M	アジア人	日本	建築家	2014/7/17
U2	M	白人	ドイツ	建築家	2014/6/20
U3	F	白人	フランス	GOODCITY ディレクター	2014 年 2 月～8 月
U4	M	白人	南アフリカ	GOODCITY インターン	2014/3/26

あとがき

　私と南アフリカとの出会いは、タンザニア調査の成果を修士論文にまとめた直後の2001年のことだった。その年、私は日本大使館員としてケープタウンに派遣されたのである。学部時代に古代オリエント史を専攻していた私は、現代社会にそれほど大きな関心を持っていたわけではなかった。ネルソン・マンデラの解放はニュースで見たような記憶がある程度で、私の南アフリカに関する知識は、高校世界史の教科書に載っている数行程度のものであった。

　人生の予測はつかないものである。当初2年間の滞在予定であったが、任期終了後すぐに現地大学院に進学し、その後、再び日本大使館に勤務する機会を得て、私の南アフリカ生活は連続10年間に及ぶこととなった。住んだ場所も、ケープタウン、グラハムズタウン、プレトリアと3ヵ所を数え、調査のために隣国ナミビアにも合計1年間住んだ。

　日本人である私にとって、南アフリカは快適な気候のもと、日本では考えられないほど良好な住環境で、洗練されたライフスタイルを追求できる土地であった。だが、同時に得も言われぬ嫌な感覚を抱かせる土地であった。それは何か私自身に後ろめたさを感じさせるものであった。だが、これをきちんと言語化することは難しかったし、学術的に体系化して同時代史を論じることなど到底できそうになかった。時折訪れる日本からの客人からは「アパルトヘイトが撤廃されたのに、なぜ人種差別が残っているのですか？」、「なぜこれほどの格差があるのですか？」、「治安が悪いのはなぜですか？」といった率直な質問を受けた。私はこれらに対してありきたりな返答しかできなかった。南アフリカは私が現代社会に生きる一員であるという事実を突きつけ、これに向き合う責任があるということを教えてくれた。

　本書は現代南アフリカ社会が抱える根本的な問いに、自分なりの答えを出そうと格闘した結果である。こうした問題を考える上で、都市空間が重要であると認識するようになったのは、南アフリカ生活も終盤になってからのことであった。2008年からプレトリアに住み始め、頻繁にヨハネスブルグに遊びに出かけるなかで、アパルトヘイトが生み出した都市構造に興味を持ち始めた。都

市のタウンシップでは、貧困層の怒りのデモがますます活発になっていた。リーマン・ショック後、世界中でオキュパイ運動が湧き上がり、日本でも格差の問題がもはや無視できないレベルに達していた。全ての根っこは同じように見えた。南アフリカの抱える問題を南アフリカ社会だけのせいにしていては答えが出そうになかった。都市問題を論じる地理学者や社会学者によるグローバリゼーション研究は、現代社会を読み解くための指針を示してくれているように感じた。フーコーの生権力論は、すっかり西洋化してしまった南アフリカ社会を論じる上で、重要な視座を与えてくれるように思えた。私はナミビア農村の牧畜民から、大都市ヨハネスブルグに生きるノマドたちに研究の焦点を切り替えた。

　本書は 2016 年 3 月に立教大学より博士（文学）の学位を授与された博士論文、「ポストアパルトヘイト南アフリカにおける都市統治の民営化と社会的分離——ヨハネスブルグのインナーシティ再生プロジェクトの事例から——」を再構成したものである。まず、博士論文の審査委員を引き受けてくださった以下の 3 人の先生方に感謝申し上げたい。栗田和明先生には、修士論文をご指導頂いて以来、紆余曲折する私の研究を気長に見守って頂き、折にふれて的確なご助言を頂いた。川口幸也先生は、私の成果物に対していつも励ましのお言葉を下さった。水上徹男先生からは、本研究に対して惜しみないご支援を賜った。

　2011 年以降、私の研究活動の基盤を提供していただいた立教大学アジア地域研究所、および本書に直接関わるフィールド調査の際に客員研究員として籍を置かせていただいたヨハネスブルグのヴィットヴァータースラント大学都市生活・建造環境研究所（Centre for Urbanism and Built Environment Studies, School of Architecture and Planning, University of the Witwatersrand）に感謝申し上げたい。

　ヴィットヴァータースラント大学都市生活・建造環境研究所の Claire Bénit-Gbaffou 先生（地理学）と Sarah Charlton 先生（地理学）は私を同研究所に快く受け入れて下さり、貴重なご意見と情報提供をいただいた（2014 年 2 月〜同年 8 月）。本書で使用したデータには、在南アフリカ共和国日本国大使館に専門調査員として赴任中に収集したものも含まれている。小澤俊朗大使をはじめ同僚の皆さんのご協力によって研究を続けることができた（2008 年 2 月〜 2011 年

2月)。南アフリカ留学時代(2003年6月〜2007年12月)を過ごしたローズ大学(Rhodes University)のChris de Wet先生(人類学)、Robin Palmer先生(人類学)、Paul Maylam先生(歴史学)には、南アフリカで研究生活を始めてから数々のご助言をいただいてきたが、本研究に対しても、さまざまなご教示をいただいた。私と同世代で興味関心も似通っているプレトリア大学(University of Pretoria)のDetlev Krige上級講師(人類学)からは、現地調査を進める上で有益な助言をいただいた。

博士論文をまとめる過程では、さまざまな場所で発表の機会をいただいた。2011年に帰国して以来、研究生活のペースメーカーとなったのは津田塾大学で開催されてきた武蔵野アフリカ研究会だった。同研究会で毎月のように顔を合わせた原口武彦先生や、網中昭世さん、河野明佳さん、眞城百華さん、丸山淳子さん、村尾るみこさんら、新進気鋭の女性研究者との交流なしには本書は完成しなかっただろう。同会の滞りない運営に労力を割いて下さった上林朋広さんにも感謝申し上げたい。京都大学の南部アフリカ地域研究会のシンポジウムや出版物制作では島田周平先生、水野一晴先生、高田明先生をはじめ、伊藤千尋さん、手代木功基さん、藤岡悠一郎さんら同会メンバーにお世話になった。関西大学の北川勝彦先生には関西大学経済学会で発表の機会をいただいた。筑波大学の山下清海先生には日本地理学会のエスニック地理学研究部会で発表の機会をいただいた。日本学術振興会ナイロビセンターにおける日本学術振興会と東京外国語大学アジア・アフリカ言語文化研究所共催のシンポジウムでは、本研究をアフリカで発表する機会をいただき、白石壮一郎ナイロビセンター所長からは有益なご教示をいただいた。日本貿易振興機構アジア経済研究所の研究会でも発表の機会をいただき、牧野久美子さんや佐藤千鶴子さんにお世話になった。立教大学大学院超域文化学専攻の合同ゼミでは、飯島みどり先生、野中健一先生、丸山浩明先生からご助言をいただいた。また、大使館時代の上司である武藤一郎氏からは、アフリカ協会の機関誌『AFRICA』に複数回、本書の基盤となる思索の一端を発表する機会をいただいた。こうした会でいただいた貴重なご意見をすべて反映させることができたかは心許ないが、本書の内容が大きく改善されることとなったことは間違いないだろう(上掲者の所属・肩書はすべて当時)。本書の出版に際しては、明石書店の兼子千亜紀さんと、分量の

多い原稿の編集作業を手がけていただいた岩井峰人さんにお世話になった。

　10 年間に及ぶ南アフリカ生活では、私生活でもさまざまな人びとに助けられた。とりわけ、グラハムズタウン時代の友人たち、野口光さん、Craig Renaud さん、Gill Maylam さん、千葉孝治さんに感謝申し上げたい。

　本研究が可能となったのは、何よりもヨハネスブルグで出会った人びとの暖かいご協力による。お時間を割いてくださった方々、さまざまな活動に参加する機会を与えてくださった方々、一緒に街を彷徨った方々に深く感謝申し上げたい。

　本書を、いつまでも迷走する私を支え続けてきてくれた両親に捧ぐ。

　2016 年 7 月

宮内　洋平

【著者】

宮内洋平　みやうち・ようへい　1975 年生まれ。

信州大学人文学部卒業、立教大学大学院文学研究科地理学専攻修士課程修了、南アフリカ共和国ローズ大学大学院人文学研究科人類学専攻博士課程単位取得退学。博士（文学）（立教大学）。専攻は経済人類学、政治地理学、アフリカ地域研究。

在南アフリカ共和国日本国大使館専門調査員などを経て、現在、立教大学アジア地域研究所特任研究員及び立教大学・東京外国語大学・城西大学非常勤講師。

ネオアパルトヘイト都市の空間統治
――南アフリカの民間都市再開発と移民社会

2016 年 8 月 25 日　　初版第 1 刷発行

<table>
<tr><td>著　者</td><td>宮　内　洋　平</td></tr>
<tr><td>発行者</td><td>石　井　昭　男</td></tr>
<tr><td>発行所</td><td>株式会社 明石書店</td></tr>
</table>

〒 101-0021 東京都千代田区外神田 6-9-5
電　話　03（5818）1171
ＦＡＸ　03（5818）1174
振　替　00100-7-24505
http://www.akashi.co.jp

装丁　　明石書店デザイン室
印刷／製本　日経印刷株式会社

（定価はカバーに表示してあります）　　　ISBN978-4-7503-4391-4

JCOPY 〈（社）出版者著作権管理機構 委託出版物〉
本書の無断複写は著作権法上での例外を除き禁じられています。複写される
場合は、そのつど事前に、（社）出版者著作権管理機構（電話 03-3513-6969、
FAX 03-3513-6979、e-mail: info@jcopy.or.jp）の許諾を得てください。

越境する障害者
戸田美佳子
アフリカ熱帯林に暮らす障害者の民族誌
◉4000円

アフリカの生活世界と学校教育
澤村信英編著
◉4000円

ネルソン・マンデラ 未来を変える言葉
ネルソン・マンデラ著　長田雅子訳
◉1800円

新装版 ネルソン・マンデラ伝 こぶしは希望より高く
ファティマ・ミーア著
楠瀬佳子/神野明/砂野幸稔/前田礼/峯陽一/元木淳子訳
◉4800円

ネルソン・マンデラ 私自身との対話
ネルソン・マンデラ著　長田雅子訳
◉3800円

セネガル・漁民レブーの宗教民族誌
盛惠子
スーフィー教団ライエンの千年王国運動
◉8800円

南アフリカの歴史【最新版】
レナード・トンプソン著　宮本正興、吉國恒雄・峯陽一、鶴見直城訳
世界歴史叢書
◉8600円

現代アフリカの紛争と国家
武内進一
ポストコロニアル家産制国家とルワンダ・ジェノサイド
◉6500円

叢書グローバル・ブラック・ディアスポラ
駒井洋監修
ディアスポラ5　駒井洋、小倉充夫編著
◉5000円

帰還移民の人類学
大川真由子
アフリカ系オマーン人のエスニック・アイデンティティ
◉6800円

アフリカの人間開発
みんぱく実践人類学シリーズ②
松園万亀雄、縄田浩志、石田慎一郎編著
実践と文化人類学
◉6400円

アフリカの王を生み出す人々
松本尚之　《アフリカ学会奨励賞受賞》
ポスト植民地時代の「首長位の復活」と非集権制社会
◉6000円

アフリカの同時代美術
川口幸也
複数の「かたり」の共存は可能か
◉4200円

フランスの西アフリカ出身移住女性の日常的実践
園部裕子
「社会・文化的仲介」による「自立」と「連携」の位相
◉7200円

ケニアの教育と開発
澤村信英、内海成治編著
アフリカ教育研究のダイナミズム
◉4800円

サハラ以南アフリカ
綾部恒雄監修　福井勝義、竹沢尚一郎、宮脇幸生編
講座 世界の先住民族―ファースト・ピープルズの現在05
◉4800円

〈価格は本体価格です〉

マラウィを知るための45章【第2版】
エリア・スタディーズ 36　栗田和明
●2000円

タンザニアを知るための60章【第2版】
エリア・スタディーズ 58　栗田和明、根本利通編著
●2000円

セネガルとカーボベルデを知るための60章
エリア・スタディーズ 78　小川了編著
●2000円

南アフリカを知るための60章
エリア・スタディーズ 79　峯陽一編著
●2000円

ガーナを知るための47章
エリア・スタディーズ 92　高根務、山田肖子編著
●2000円

ウガンダを知るための53章
エリア・スタディーズ 93　吉田昌夫、白石壮一郎編著
●2000円

ボツワナを知るための52章
エリア・スタディーズ 99　池谷和信編著
●2000円

ケニアを知るための55章
エリア・スタディーズ 101　松田素二、津田みわ編著
●2000円

マダガスカルを知るための62章
エリア・スタディーズ 118　飯田卓、深澤秀夫、森山工編著
●2000円

マリを知るための58章
エリア・スタディーズ 138　竹沢尚一郎編著
●2000円

ナミビアを知るための53章
エリア・スタディーズ 141　水野一晴、永原陽子編著
●2000円

アフリカ学入門　ポップカルチャーから政治経済まで
舩田クラーセンさやか編
●2500円

アフリカン・ポップス！　文化人類学からみる魅惑の音楽世界
鈴木裕之、川瀬慈編著
●2500円

開発社会学を学ぶための60冊　援助と発展を根本から考えよう
佐藤寛、浜本篤史、佐野麻由子、滝村卓司編著
●2800円

グローバル・ベーシック・インカム入門
世界を変える「ひとりだち」と「ささえあい」の仕組み
クラウディア・ハーマンほか著　岡野内正訳
●2000円

グローバル・ガバナンスにおける開発と政治
国際開発を超えるガバナンス　笹岡雄一
●3000円

〈価格は本体価格です〉

社会喪失の時代 プレカリテの社会学
□ベール・カステル著　北垣徹訳
●5500円

開発調査手法の革命と再生 貧しい人々のリアリティを求め続けて
□ロバート・チェンバース著　野田直人監訳
●3800円

開発なき成長の限界 現代インドの貧困・格差・社会的分断
アマルティア・セン、ジャン・ドレーズ著　湊一樹訳
●4600円

言語と格差 差別・偏見と向き合う世界の言語的マイノリティ
杉野俊子、原隆幸編著
●4200円

言語と貧困 負の連鎖の中で生きる世界の言語的マイノリティ
松原好次、山本忠行編著
●4200円

国際開発援助の変貌と新興国の台頭 被援助国から援助国への転換
エマ・モーズリー著　佐藤眞理子、加藤佳代訳
●4800円

国連開発計画(UNDP)の歴史 国連は世界の不平等にどう立ち向かってきたか
世界歴史叢書
クレイグ・N・マーフィー著　峯陽一、小山田英治監訳
●8800円

パリ神話と都市景観 マレ保全地区における浄化と排除の論理
荒又美陽
●3800円

スラムの惑星 都市貧困のグローバル化
マイク・デイヴィス著　酒井隆史監訳　篠原雅武、丸山里美訳
●2800円

バングラデシュの船舶リサイクル産業と都市貧困層の形成 高学歴失業青年のエスノグラフィ
佐藤彰男
●4200円

インド地方都市における教育と階級の再生産 開発・成長のパラダイム転換
世界人権問題叢書90
クレイグ・ジェフリー著　佐々木宏、押川文子、南出和余、小原優貴、針塚瑞樹訳
●4200円

中国都市化の診断と処方
名古屋大学環境学叢書4
林良嗣、黒田由彦、高野雅夫、名古屋大学グローバルCOEプログラム「地球学から基礎・臨床環境学への展開」編
●3000円

ホームレスと都市空間 収奪と異化、社会運動、資本・国家
林真人
●4800円

都市空間に潜む排除と反抗の力 差別と排除の〈いま〉②
町村敬志編著
●2400円

マイクロファイナンス事典
ベアトリス・アルメンダリズ、マルク・ラビー編　笠原清志監訳　立木勝訳
●25000円

スモールマート革命 持続可能な地域経済活性化への挑戦
マイケル・シューマン著　毛受敏浩監訳
●2800円

〈価格は本体価格です〉